国家社会科学基金一般项目（21BJY029）优秀结题成果

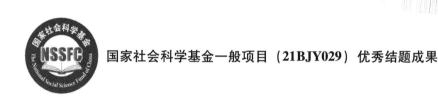

低密度旅游业态创新与景区高质量发展协同模式研究

杨莎莎　黄婉华　邢梦昆　著

中国财经出版传媒集团

经济科学出版社
Economic Science Press

图书在版编目（CIP）数据

低密度旅游业态创新与景区高质量发展协同模式研究/
杨莎莎，黄婉华，邢梦昆著 . －－北京：经济科学出版社，
2022.7

国家社会科学基金项目

ISBN 978 - 7 - 5218 - 3837 - 4

Ⅰ. ①低…　Ⅱ. ①杨…②黄…③邢…　Ⅲ. ①旅游区
－旅游业发展－研究－中国　Ⅳ. ①F592.3

中国版本图书馆 CIP 数据核字（2022）第 119394 号

责任编辑：李晓杰
责任校对：李　建
责任印制：张佳裕

低密度旅游业态创新与景区高质量发展协同模式研究

杨莎莎　黄婉华　邢梦昆　著

经济科学出版社出版、发行　新华书店经销

社址：北京市海淀区阜成路甲 28 号　邮编：100142

教材分社电话：010 - 88191645　发行部电话：010 - 88191522

网址：www. esp. com. cn

电子邮箱：lxj8623160@ 163. com

天猫网店：经济科学出版社旗舰店

网址：http：//jjkxcbs. tmall. com

北京季蜂印刷有限公司印装

710 × 1000　16 开　24 印张　430000 字

2022 年 12 月第 1 版　2022 年 12 月第 1 次印刷

ISBN 978 - 7 - 5218 - 3837 - 4　定价：98.00 元

（图书出现印装问题，本社负责调换。电话：010 - 88191510）

（版权所有　侵权必究　打击盗版　举报热线：010 - 88191661

QQ：2242791300　营销中心电话：010 - 88191537

电子邮箱：dbts@ esp. com. cn）

作者简介

杨莎莎，女，1981年1月生，壮族，广西河池人，中共党员。中南财经政法大学法学博士，中央财经大学经济学博士后，经济学二级教授。现任桂林旅游学院副校长、文化和旅游部科技教育司副司长（挂职），桂林理工大学、广西民族大学硕士研究生导师。入选国家旅游局"旅游业青年专家培养计划"、广西教育厅"广西高等学校高水平创新团队及卓越学者计划"、广西教育厅"广西高等学校优秀中青年骨干教师培养工程"、广西教育厅"广西高等学校千名中青年骨干教师培育计划"。

杨莎莎教授主要从事城市与区域旅游可持续发展方面的教学与科研工作。主持国家社会科学基金3项（含一般项目1项、青年项目1项、后期资助一般项目1项）、中国博士后科学基金项目1项、省部级科研项目11项。出版《桂滇黔乡村旅游业态创新与空心村治理协同模式研究》《西南民族地区旅游城市化进程中的新型城乡形态演化研究》（中、英、日、朝鲜四种语言版本）等著作5部（套）；在《社会科学》《自然辩证法研究》《经济问题探索》等中文核心期刊、CSSCI源期刊、EI源期刊上发表论文39篇，在省级期刊上发表论文14篇，在论文集上发表论文12篇，在《中国社会科学报》《中国旅游报》《广西日报》（理论版）上发表论文5篇。其中被EI检索7篇，被ISTP检索2篇，被CSSCI检索22篇。学术成果荣获广西社会科学优秀成果奖一等奖1项、二等奖3项、三等奖5项；荣获团中央全国基层团建创新理论成果奖二等奖1项；荣获民政部民政政策理论研究一等奖1项、二等奖1项、三等奖2项、优秀奖1项；荣获国家旅游局全国旅游优秀论文奖优秀奖1项；荣获广西高等教育自治区级教学成果奖一等奖1项、二等奖1项；荣获团中央全国社区共青团工作调研活动优秀调研奖一等奖1项；荣获桂林社会科学优秀成果奖三等奖2项；荣获广西高等教育自治区级教学成果奖二等奖1项；荣获广西教育科学研究优秀成果奖三等奖1项。

黄婉华，女，1995年4月生，汉族，福建漳州人，共青团员，广西民族大学旅游管理专业硕士研究生，主要从事区域旅游规划可持续发展方面的科研工作，参与国家社会科学基金一般项目1项。

邢梦昆，男，1995年9月生，汉族，河北石家庄人，中共党员，广西民族大学民族学专业博士生，主要从事民族地区与区域经济可持续发展方面的科研工作。出版《中国民政事业高质量发展研究（2010－2017）：功能定位、现状评估及发展战略》著作1部；在《自然辩证法研究》《广西民族大学学报（哲学社会科学版）》《统计与决策》《江西社会科学》等中文核心期刊、CSSCI来源期刊上发表论文5篇，在《中国社会科学报》《中国人口报》的理论版上发表论文3篇；参与国家社会科学基金重点项目1项，国家社会科学基金一般项目1项、省部级项目3项、厅局级项目4项；研究成果荣获广西社会科学优秀成果奖二等奖1项、民政部民政政策理论研究二等奖1项。

序　一

在新冠肺炎疫情这一突发公共卫生事件影响下，旅游产业受到前所未有的冲击，旅游企业和景区皆处于生存困境之中，游客的消费需求也发生了变化，更为追求安全性、个性化的旅游产品，因此旅游产业不能再走以往以"量"取胜的老路子，而是需要进一步创新以"质"为核心的新型业态。在急需快速复苏旅游产业的状况下，从兼顾旅游业态创新与景区高质量发展两个视角来研究低密度旅游业态创新与景区高质量协同发展的重要性、作用及影响具有非常重要的现实意义。

《低密度旅游业态创新与景区高质量发展协同模式研究》创新性地将视角转向多元主体协同治理，将低密度旅游业态创新、实施、营销与旅游景区的高质量发展、服务质量提升、旅游经济效益协同进行构成维度的划分，在维度划分的基础上使各自内部因素的配合具有合理性。低密度旅游具有小众性，相较于大众传统旅游更具安全性，更能满足游客的个性化旅游需求。创新低密度旅游业态作为经济复苏的关键所在，相较于传统旅游模型更具特色。首先，以往传统大众的旅游产业体验有着结构性的难题与发展思路上的困境，低密度旅游业态与景区高质量发展的联合建设在符合管理疫情防控要求的同时，能够提高经济效益；其次，传统旅游景区存在基础设施不完善，设备老旧等问题，完善"低密度+高质量"景区的内部各环节要素，更新旅游配套设施，完善旅游资源管理模式，有助于统筹发展"低密度+高质量"旅游景区的各要素，促进游客在实地游玩中实现最优体验，提升游客重游率；再次，游客需求在新时代发展中发生了很大的变化，需要提供个性化的服务，追求实际需求体验，在这一情况下，需要对旅游产业中的每个环节进行创新升级，构建新的旅游体验，提高游客体验价值，提升核心吸引力；最后，"景区内部过度商业化"与"重量轻质"等问题导致了旅游产品同质化现象严重，旅游业态创新联同景区高质量发展的建设将凸现旅游特色，减少旅游景区间同质化现象的发生。

杨莎莎教授长期关注旅游产业发展及旅游业态创新与景区建设的重大理论与现状难题，本书对低密度旅游业态创新与景区高质量发展的协同问题进行了深入的探讨。围绕低密度旅游业态创新的各个维度探讨了景区高质量发展的内在机理、概念模型和实现路径，为旅游产业链和服务链的延伸范围提供了新思路，为可持续的旅游经济发展提供了新模式，为激发旅游企业及景区生存困境提供了重要理论支撑与现实参考。

本书凝聚了杨莎莎教授团队的心血和努力，集中体现了他们求真务实、艰苦探索、脚踏实地的团队精神，具有一定的科研价值和实践价值。本书虽然对低密度旅游业态创新景区高质量发展的协同创新模式进行了深入研究，但仍然存在许多的不足和未解决的问题，在一些方面还可以展开进一步的研究，如果能激发更多的研究者加入这个研究领域中，产生更多的研究成果，则是我衷心期盼的。

山东大学经济研究院院长、长江
学者特聘教授、博士研究生导师

2022 年 8 月

序 二

　　我国的旅游业发展经历了一个长期的过程，改革开放后，中国旅游产业兴起；1986年，旅游产业进入产业化进程阶段，将旅游业确认为国民经济新的增长点；1998年起，国家推行"假日制度"，旅游产业市场迎来了繁荣兴旺。党的十八大以来，旅游产业推动"旅游+""全域旅游"等，创新升级成为旅游业新格局，人们对旅游产品的需求量增加；再跨度到如今的疫情防控常态化，人们更渴望自然，大多数人向往着拥抱自然、亲近山水的度假生活。时至今日，旅游业的高质量发展离不开新兴业态的创新和景区的高质量建设，只有这样才能够更好地满足人民对美好生活的向往。

　　从新兴业态创新的角度来看，受新冠肺炎疫情影响，低密度旅游成为了广受好评的旅游模式，这种模式既能够降低旅游过程中带来的疫情影响，又能够增强旅游过程中的体验感，为旅游业发展提供了发展动能。从景区高质量建设的角度来看，不仅仅要单纯地进行内部环境、基础设施的建设，更要从景区高端化和环境建设的角度出发，建设集景区环境、配套设施、服务质量、管理机制、文化内涵、交通于一体的高端旅游目的地，重点建设打造完善的全面高效、高端独特的服务链。当前景区建设可分为休闲度假型、原始自然生态型及民俗文化体验型三个类型，这三种类型的旅游景区需要着力打造高品质及个性化旅游产品和服务，以应对疫情时期的发展需求与机遇。在新时代拉动经济复苏快键的背景下，旅游业态创新与景区高质量联合是一个至关重要的模式，因此在旅游产业创新发展中应积极打造突破点，创新形成复合型的"低密度+高质量"旅游市场体系，突出"低密度+高质量"景区建设在我国经济发展中的实际影响。

2021年6月2日,《"十四五"文化和旅游发展规划》对未来五年的文化和旅游发展谋篇布局,规划中提出,"要深化旅游业供给侧结构性改革,深入推进旅游产业发展,提供更多高品质的旅游产品及高质量服务,加强区域旅游品牌和服务整合,完善综合效益高、带动能力强的现代旅游业体系,努力实现旅游业高质量发展"。因此我们可知,当前我国正处于高速发展的旅游产业向旅游业高质量发展的重要节点,"低密度+高质量"的景区建设为旅游业发展进一步指明了方向。杨莎莎教授所著《低密度旅游业态创新与景区高质量发展协同模式研究》结合景区自然条件与产业支撑等方面,基于旅游产业综合发展的架构,提出了低密度旅游业态通过"休闲服务""民俗文化"以及"原始自然"的发展路径,进而建设"核心吸引力""高质休闲中心"及"居民居住中心"融合的高质量景区。

杨莎莎教授长期以来对旅游业态创新与景区建设联合发展问题十分关注,在本书中以加快旅游经济复苏发展为研究目的,通过研究综述——分析框架与演化模型——研究假设与理论模型——实证验证——案例验证——实现路径的逻辑架构对低密度旅游业态创新与景区高质量发展之间的关系进行了分析和案例验证。运用定性的研究方法提出低密度旅游业态创新与景区高质量发展协同创新模式的分析框架、布局机理、研究假设、理论模型等,同时运用调查问卷所收集到的数据对低密度旅游业态创新与景区高质量发展之间的关系进行实证分析,建立结构方程模型,检验研究假设和理论模型,做到定量和定性的统一。该书能够为传统旅游业供给模式与旅游新需求不匹配的难题提供破解的重要建议,并深入研究了低密度旅游业态创新与景区高质量发展的协同模式。

为了保证本书的严谨性,在计量的基础上运用SPS案例研究方法进行案例分析,选择广东惠州的喜客野奢乡村俱乐部、广西桂林的Club Med度假村、云南腾冲的高黎贡山原始森林、西藏林芝市的雅鲁藏布大峡谷、黑龙江的桃山国际狩猎场以及北京房山区的天开花海露营作为案例地,集中体现了杨莎莎教授及其团队成员立足实际、求真务实的科研精神。通过典型案例的描述与分析,对低密度旅游业态创新与景区高质量发展协同创新模式进行案例验证，做到了理论分析与定量分析的深度结合，使本书具有高度的连贯性和逻辑性。面对范围广、内容复杂的论题，本书还存在着一些值得推敲的地方，有待于进一步深化和完善，但是总体来说不失为一项较高水平的学术成果。

北京大学城市治理研究院执行
院长、教授、博士研究生导师
2022 年 8 月

序 三

　　旅游产业是我国国家战略的支柱产业之一，具有重要地位，"低密度＋高质量"的景区建设顺应时代潮流，是应运而生的旅游业发展模式，是旅游业随着游客需求升级而转向高质量化的必经之路。一方面，旅游及景区的高端化和量身定制的旅游服务能够让游客得到极大的满足，为日益增加的消费需求打造一个新的突破口。另一方面，景区的高质量建设急需人才，可招聘当地居民，进而提升当地居民的生活水平，提高区域经济效益。

　　创新旅游业态与高质量发展景区相结合已然是促进旅游经济发展的关键路径。对旅游目的地的建设需要区别于其他类型传统景区建设过程中处理景区建设与景区资源的做法，不能够只考虑景区建设中旅游产业的某一资源，而要将低密度旅游各维度与景区建设的资源相结合，将旅游产业中的企业、当地居民及政府三大重要因素相结合发展是考虑重点。一方面，有助于识别旅游业态创新与景区建设的内外部影响因素以及促进景区高质量发展；另一方面，打造景区的品牌化、品质化及国际化，既可大幅度提高旅游相关产业的附加价值，进而提升市场竞争力，刺激游客消费，对于提高相关产业经济发展及区域经济发展有重要的理论和现实意义。

　　《低密度旅游业态创新与景区高质量发展协同模式研究》依托目前旅游市场现状，结合人们的需求变化，围绕低密度旅游业态创新的各个维度，探讨低密度旅游业态与景区建设协同的创新高质量发展模式的优化机理和优化路径。将低密度旅游业态创新与景区高质量发展相互融合进行探讨，有利于以"低密度＋高质量"景区建设为重要跳板，推动区域经济发展，将"低密度"旅游创新业态与我国景区的

"高质量"建设结合，重新打造旅游市场结构，从而形成后疫情时代下的经济发展突破口。同时本书将研究机理与旅游产业的实际情况相结合，为了进一步细分低密度旅游业态创新与景区高质量发展协同创新模式，分别构建了乡村俱乐部与休闲度假服务型协同、企业会奖旅游与休闲度假服务型协同、原始自然观光与自然环境依托型协同、原始自然探险与自然环境依托型、狩猎海钓体验与民俗文化体验型以及房车游艇宿营与民俗文化体验型协同等六种协同模式，强调在"低密度＋高质量"景区建设发展过程中提高游客体验价值与满意度使景区核心竞争力更为突出，强调旅游产业发展和促进旅游经济发展必须以旅游业态创新与景区高质量建设为核心。

本书认为，在规划设计上应当统筹考虑社区功能与旅游功能，充分考虑旅游产业与景区在发展过程中的特征、规模以及发展方向，基于旅游产业的综合发展架构，对"低密度＋高质量"景区的特征、规模和发展方向进行规划实施，在此基础上，应当针对"低密度＋高质量"景区建设的可持续发展设置长效监督机制，从而确保旅游产业可持续发展，使低密度旅游业态创新与景区高质量发展协同模式得以顺利架构，推动旅游目的地的建设与发展。这样一本集机理分析、案例研究、模式构建内容为一体的著作，将对我国发展高端旅游市场，加快旅游产业复苏，进而缓解当前旅游企业及景区生产困境的重大现实问题提供重要的学术支撑，同时也为进一步实现我国旅游业高质量发展和创新、提高经济效益具有重要现实价值。

广西民族大学研究生院院长、
教授、博士研究生导师
2022 年 8 月

目 录

Contents

第 1 章

绪　论

1.1　研究背景及问题提出

1.1.1　研究背景

新型冠状病毒肺炎疫情（以下简称"新冠肺炎疫情"）暴发于 2020 年初，突发性和全局性是这次事件的特点。新冠肺炎疫情具有全局性特点，错综复杂地关联着各行各业，使消费、外贸、旅游业、交通、投资等行业都受到了冲击。新冠肺炎疫情的暴发使中国的经济效益大幅度下滑，对居民收入水平、消费偏好、物价等都有着巨大的影响，尤其是第二产业和第三产业。同时世界经济受到了巨大的负面冲击，经济增长的速度日益缓慢，为各国各行业带来了巨大的危机。新冠肺炎疫情的冲击使我国跨境旅游和跨境服务贸易倍受打击，面临全球经济衰退风险，各国中央政府如何合理利用政策去刺激经济复苏是至关重要之所在。新冠肺炎疫情的暴发是全球百年不遇的重大突发公共安全事件，新冠肺炎病毒有着超强的易变异力和传播力，此次疫情对于人类的生活、生产和思想观念有着深刻影响。虽然我国防控疫情工作逐步到位，但国内与国外所采用的疫情防控措施相差巨大，使得国内外面临不同的旅游环境，这给我国的旅游产业带来了进一步的变化。新冠肺炎疫情还具有连续、长期、不确定性的特点，给游客的旅游心理也带来了极大冲击，导致旅游人数特别是出境旅游人数大大缩减。根据中国旅游研究院发布的《中国国内旅游发展年度报告 2021》的相关统计数据显示，2020 年国内旅游人数 28.79 亿人次，比 2019 年下降 52.1%。2020 年国内旅游收入 2.23 万亿元，比 2019 年减少 3.50 亿元。近五年来，文旅产业占国民经济贡献度超过 11%，是我国经济发展的重要支柱。在我国防控疫情工作初步取得成效的背景下，2021 年，整体旅游经济呈阶梯形复苏、波动式回暖的态势。

中国旅游产业的兴起始于改革开放后，综合性、经济性和敏感性是这个产业的特点。由旅游产业的综合性可以看出，旅游产业是一个集合吃、住、行、游、购、娱六大要素，旅游产业与各行各业都有着不可分割的关联。旅游业的兴起使中国的经济效益提高一个台阶，对旅行社、餐饮业与住宿业和交通业等产业都有着巨大的影响，这也正体现出经济性是旅游产业核心内容。世界经济快速增长引发旅游需求日益增加，旅游产业的积极发展也给各国各行业带来了新的发展机遇。各国中央政府如何合理掌握好时机去激发经济发展是一个非常关键的问题。旅游产业的全民化是新中国成立以来人民对美好生活向往内容之一，通过旅游感受不同的文化风情成为人们奋斗的目标之一，对于人们的生活、生产和消费观念有着深刻影响。虽然中国有着世界旅游强国的称号，但受疫情影响，2020 年出入境游的重启可能性几乎为零。根据《2021 中国国内旅游发展年度报告》对中国旅游发展的测算显示，2020 年中国国内旅游人数比 2019 年人数减半，国内旅游收入也比 2019 年下降六成，随着我国疫情控制得越来越好，我国文旅产业发展呈现恢复上升走势，2021 年国内旅游收入恢复至 58%，逐渐呈"V"型回暖。我国疫情防控已经全面采用严格防控模式，形成常态化局势，处于疫情低风险区的中国，应积极发展国内旅游产业，将需求转向国内，为国内发展带来经济效益。疫情防控常态化背景下，要继续夯实文旅产业在疫情期间的稳固地位，旅游产业作为我国经济支柱性产业，在后疫情时代我国旅游新需求必然上涨，国内旅游收入逐渐恢复，旅游人数也将上涨。"云逛""云游""云文旅"等新技术与文旅融合的产物为人们所接受，国内旅游业稳步上升。2021 年，文化和旅游部印发了《"十四五"文化和旅游发展规划》，展望 2035 年我国旅游业发展的行动纲领和总体规划，旅游产业整体实力和竞争力将大大提升，成为国家经济发展的源动力。

随着中国国内的疫情防控日益常态化，国内旅游者早已按捺不住出去游玩的心，消费需求日益增长。回溯 2020 年，新冠肺炎疫情带给全球旅游业的重创是灾难性的，目前国内疫情得到控制，可全球疫情下一步的状况难以判断，联合国认为旅游业要恢复到疫情之前的水平，还需要两年半到四年的时间。因此，我国旅游业复苏应当着眼于国内市场。但越来越多城市实施防控措施，希望市民能有秩序、不聚集、理性地听从国家安排逐渐恢复往日的经济。因此政府加大了对疫情期旅游业的把控与扶持，国家发布一系列《突发事件应对法》《突发公共卫生事件应急条例》等相关法律法规，保障旅游安全。低密度旅游是旅游业的一个新兴概念，目前我国尝试过"预约""错峰"和"限流"这三种模式。进入疫情防控常态化以来，我国低密度旅游将进入全面盛行阶段，在旅游安全、防护、密度上均具有可操作范围。根据《中国自驾游发展报告（2018－2019）》数据，2018年底参与自驾游人次超 35 亿，全国自驾车旅游快速增长，受 2020 年新冠肺炎疫情冲击，自驾游的低密度、自由消费等特征更为明显。

2021 年文化与旅游部发布的《旅游景区恢复开放疫情防控措施指南（2021年 10 月修订版）》明确指出：要及时把控景区风险度，提升旅客游玩安全意识，科学合理设置每日游客人次上限，加强游客流量实际管控，改变以往一窝蜂聚集现象，保证游客在交通方式、购票渠道、观光游览、餐饮住宿等场所安全进行。这为疫情时期发展低密度旅游指明了方向，低密度旅游即将崛起。随着国家深化供给侧改革，为了满足目前消费市场需求，旅游产品将创新升级，后疫情时期新释放消费潜力的方向是大众旅游、智慧旅游、"旅游＋"和"＋旅游"。低密度旅游的自驾游、冰雪旅游、康养旅游等与疫情下旅游业的流动性和聚集性等特性相融合，最大限度地维护国家层面以及公众层面的疫情防护，公众旅游业态形式不断得到创新，"低密度旅游时代"开启。2020 年，文化和旅游部在发布的《"十四五"文化和旅游发展规划》中提出，在我国深化完善现代旅游业体系的发展历程中，全国各地方政府应积极提供更多优质产品和服务，强化自主创新，文化和旅游相互融合，培育更多文化和旅游融合发展的新业态、新品牌和新服务。为了进一步发展新时代低密度旅游，必须在融合旅游企业和旅游目的地思路上进行开发利用。创新发展思路，促进旅游企业发展，游客在地域格局、归类方式、空间特征上的需求应了解清楚，低密度旅游产品和业态随之创新开发，构造新的旅游供给体系重塑旅游市场格局，承接和转化后疫情时代的新需求，全面提升旅游业高质量发展。

因此，党中央应对低密度旅游发展给予重视，"十四五"规划中提出推动文旅融合战略，使低密度旅游融入特色文旅，坚持打造独具魅力的中华文化旅游体验。进一步强调完善旅游"云、网、端"基础设施，不断加强旅游数字化、网络化、智能化任务。文化和旅游部发布《"十四五"文化和旅游发展规划》中指出，"十四五"时期针对文化和旅游把"高质量发展"作为发展的关键所在，到2025年争取在社会主义文化强国建设上取得重大进展，全面完善旅游业高质量发展的体制机制，我国经济社会发展速度得以提升。为了促进新需求转变，中央及各地方政府为深入推进旅游业供给侧结构性改革，也纷纷制定相关的政策文件，为促进旅游业转型创新提供相应的政策支持。如黑龙江省文化和旅游厅就提出了《关于应对疫情影响 促进文旅行业恢复发展扶持政策的通知》，为推动文旅市场创新业态、恢复发展制定了行动计划。

新冠肺炎疫情给旅游业的社会经济带来了全球性和长期性的影响，健康出游、错峰出游、平安出游、文明出游等是疫情时期旅游业的重要出游方式。旅游业长期向好的基本要素与疫情前并未改变，一系列业态创新为旅游业复苏提供了根本基础。为了防控疫情，促进旅游业复苏，旅游业需要承接新需求，打造新供给体系，通过重塑旅游市场格局来引导旅游经济，以低密度旅游为重点，打造旅游新业态、新品牌。同时政府建立相应的人才引进机制，注重低密度旅游与旅游产业的融合，加大地方旅游设施及基础服务设施的改造力度，加强投资意识，对旅游环境进行统一管理。

1.1.2　问题提出

小众低密度旅游将成为后疫情时代发展的经济增长点，是帮助旅游业走向复苏的有效路径，是大时代下拉动经济复苏的重要引擎，能够有效地促进全国乃至全球的经济增长。随着全球疫情防控常态化，大量游客从大众传统旅游走向高质量旅游，景区逐渐走向高质量发展道路。一方面，疫情进入相对平稳期，但仍处于不确定和不稳定的状态，由于疫情的冲击和影响，使游客对旅游的需求加速变化。另一方面，由于全球疫情形势影响，出境游和入境游几乎停滞，但人们的娱乐休闲需求不会改变，游客资源并不会减少，游客的消费观念及需求做出转移，旅游产业转型升级势在必得。按照景区高质量发展类型划分，主要包括景区资源高质量、景区服务高质量、景区产业高质量、景区安全高质量、景区文化内涵高质量五种类型。

景区高质量发展是中国经济的关键所在，资源是旅游业的发展基础，要实现景区高质量发展，旅游资源也要高质量发展。景区服务高质量是指在满足游客物质和心理的需求的各种设施、设备和产品所提供服务的使用价值，游客满意度最能体现服务质量高低，是有效把握游客心理变化、提高景区服务高质量的方法。景区产业高质量是指旅游产业要素相互交织形成的一个紧密结合的旅游产业供应链，由"吃、住、行、游、购、娱、体、会、养、媒、组、配"构成。景区安全高质量是指旅游活动中各环节的相关安全现象，不止涉及人、设备、环境等客观因素的安全现象，还有旅游活动中安全观念、意识等主观因素。高质量的景区文化是指提高旅游行为的体验感、主观感知评价、旅游内容的创造性，以及满足游客文化需求多样化及个性化，促使旅游业形成适合自身发展的文化形态，更好地引导游客了解到文化内涵，宣传中国优秀传统文化与现代化文化精髓。

景区高质量发展能够有效缓解游客释放回归自然、享受玩乐的需求，同时加快景区资源开发和更新景区基础设施设备，促进构成健康、高质的旅游环境，凸显景区资源高质量、景区服务高质量、景区产业高质量、景区安全高质量、景区文化内涵高质量发展的重要性，促进旅游产业发展、环境可持续发展、旅游企业经济回暖，加快新时代社会主义经济体系建设。与此同时，要牢牢抓住游客需求变化，重视低密度旅游业态的创新，加快延伸旅游产业链和服务链，创新低密度旅游业态发展模式，不断加快低密度旅游转型升级，实现低密度旅游业态创新和景区高质量发展相结合，促进中国旅游业经济发展，让"低密度＋高质量"旅游成为抵抗疫情，实现经济复兴的关键点。

综上所述，尽管已经清晰地阐述了低密度旅游业创新与景区高质量发展协同模式研究之间的理论意义，但依然存在一些问题有待解决，如景区高质量发展模式研究不够深入，低密度旅游业态创新类型尚不清晰等问题，以及低密度旅游业态创新与景区高质量发展的分析框架应如何搭建？低密度旅游业态创新与景区高质量协同发展的内外部影响因素有哪些？如何构建低密度旅游业态创新与景区高质量发展协同的新模式？如何从多角度，即定性和定量的角度对已构建协同模式的低密度旅游业态创新进行实证？等等一系列问题。以上问题是研究低密度旅游业态创新与景区高质量发展模式需要重点解决的问题，若问题无法得到有效解决，低密度旅游业态创新与景区高质量发展模式的实现路径便难以得出。因此，以上问题将作为本书的出发点，深入探析低密度旅游业态创新与景区高质量发展协同模式。

1.2　研究目的及研究意义

1.2.1　研究目的

本书以低密度旅游业态创新与景区高质量发展协同模式为研究对象，以促进景区兼顾低密度旅游业态和高质量发展为目标，通过规划和改造中高效集聚地推进低密度旅游业态创新所存在的显著问题的政策研判，构建"低密度旅游六种业态类型创新与景区高质量发展协同模式"，从逻辑演变、理论架构、实证检验和实现路径的研究视角，深入探究低密度旅游业态创新与景区高质量发展的协同作用，通过激发旅游业发展的新动能以应对现有的旅游发展模式，助力打赢疫情防守战，进而破解现有旅游发展模式无法应对疫情防控管理需求，实现在限制流量的管理方式下仍能最大程度地增加旅游企业及景区收入，解决大量企业出现的生存困境，实现后疫情时代旅游产业复苏。具体来说，首先构建出低密度旅游与景区高质量发展协同的分析框架、内外部影响机制和概念模型，其次采用结构方程模型的研究方法对低密度旅游与景区高质量发展协同模式进行定量分析，最后通过 SPS（Structured – Pragmatic – Situational）案例研究方法对低密度旅游与景区高质量发展协同模式进行案例验证分析，提出低密度旅游与景区高质量发展协同模式的实现路径。

1.2.2　研究意义

2020 年 11 月 21 日习近平主席在二十国集团领导人峰会上指出："后疫情时代的世界，必将如凤凰涅槃、焕发新生"①，对后疫情时代我国旅游业"承接转化新需求、打造新供给体系以及重塑新市场格局"的发展新机遇做出了判断。自 2020 年 1 月 22 日文化与旅游部出台《关于做好新型冠状病毒感染的肺炎疫情防控工作的通知》，为旅游企业复工复产提出具体部署，为旅游业复苏和旅游经济

---

① 人民网，http://polities.people.cn/n1/2020/1121/c1024 – 31939479.html.

发展奠定基础，具有重要的实际意义。复苏旅游业，发展旅游业，首要是在思想上始终坚持习近平新时代中国特色社会主义思想，解决新时代社会主要矛盾，建设现代化经济体系，完成我国经济由高速增长转向高质量发展。第一，在国内外现有研究中有关旅游业态创新和景区高质量发展的研究已由静态转化为动态，由概念层面转化为经济社会发展层面，旅游业态方面的研究相对丰富，但是对于二者的研究尚处于割裂状态。在这样的背景下，从学术价值和应用价值角度出发，从低密度旅游业态创新与景区高质量发展协同模式的影响因素和形态划分角度，通过识别低密度旅游业态创新与景区高质量发展模式的内部和外部影响因素，从空间形态、人口经济、土地资源、社会文化出发，划出低密度旅游业态创新与景区高质量发展的协同形态，并进行系统政策设计，使区域经济和旅游管理等学科领域得到了进一步丰富和完善。第二，定性与定量研究相结合，在理论分析的基础上构建出低密度旅游业态创新与景区高质量发展协同模式的概念模型，运用信度和效度检验对数据进行定量实证分析，方法采用的是结构方程模型（Structural Equation Model，SEM），同时案例验证分析采用的是 SPS 案例研究方法。第三，构建出低密度旅游业态创新与景区高质量发展协同模式并提出相关实现路径，为低密度旅游业态创新与景区高质量发展实践提供了理论依据，具有较强的理论指导意义。

本书对低密度旅游业态创新与景区高质量发展协同模式的研究具有重要的实践意义。第一，现有旅游发展模式无法应对疫情防控管理需求，本书通过研究低密度旅游业态创新与景区高质量发展过程中呈现出的独有特征，将国家战略与农民意愿有机结合，提出乡村俱乐部、企业会奖旅游、原始自然观光、原始自然探险、狩猎海钓体验和房车游艇宿营等低密度旅游业态，为发展低密度旅游提供了路径借鉴。第二，研究小组采用实地考察，对广东惠州市上河村喜客野奢乡村俱乐部、广西桂林市大埠村 Club Med 桂林度假村、云南腾冲市大塘村高黎贡山原始森林、西藏林芝市大渡卡村雅鲁藏布大峡谷探险、黑龙江省铁力市桃山镇桃山国际狩猎和北京市房山区天开村天开花海露营进行案例谈论并深入分析，了解低密度旅游业态的现实状况，不仅有利于案例地旅游产业的推进和经济增长，也为研究低密度旅游业态创新与景区高质量发展提供了有力支撑和重要参考。第三，在通过重塑低密度旅游新业态和景区高质量发展之间的关系，重点辨析低密度旅游业态与景区高质量发展协同中呈现出的独特性、低密度性以及高质量性，同时结合当前国家政策分析不同区域经济社会发展的特点，实现平衡发展、振兴乡村，构建起"低密度旅游六种业态类型创新与景区高质量发展协同模式"（包括"乡村俱乐部旅游业态创新—休闲度假服务型景区高质量发展模式、企业会奖旅游业态创新—休闲度假服务型景区高质量发展模式、原始自然观光旅游业态创新—自然环境依托型景区高质量发展模式、原始自然探险旅游业态创新—自然环境依托型景区高质量发展模式、狩猎海钓体验旅游业态创新—民俗文化体验型景区高质量发展模式，房车游艇宿营旅游业态创新—民俗文化体验型景区高质量发展模式"等六种协同模式），并结合政策建议，将会极大地促进我国旅游业的高质量发展和创新。

1.3　研究问题及主要内容

1.3.1　研究问题

研究低密度旅游业态创新与景区高质量发展重点是要致力于解决以下问题：（1）基于理论和实践的视角对低密度旅游业态创新和景区高质量发展协同模式构建的必要性和可行性进行分析；（2）建立低密度旅游业态创新与景区高质量发展协同的分析框架，对低密度旅游业态创新和景区高质量发展模式进行维度划分，建立低密度旅游业态创新与景区高质量发展协同的内外部影响机制；（3）提出低密度旅游业态创新与景区高质量发展协同的研究假设和概念模型；（4）通过结构方程模型对低密度旅游业态创新与景区高质量发展协同模式进行数据验证；（5）运用 SPS 案例分析方法，对低密度旅游业态创新与景区高质量发展协同模式进行案例验证；（6）提出低密度旅游业态创新与景区高质量发展协同模式的实现路径。

1.3.2　主要内容

本书以低密度旅游与景区高质量发展协同模式为主要内容，通过理论分析与实践相结合、定量分析与定性分析相结合，提出低密度旅游与景区高质量发展协同模式的实现路径。具体来说，主要内容包括：

一是对国内外有关低密度旅游与景区高质量发展协同模式研究现状的研究成果、发展趋势和存在问题进行了文献计量分析。通过检索国内外对低密度旅游业态创新与景区高质量发展协同建设的学术成果，展开文献研究及分析。

二是低密度旅游与景区高质量发展协同模式的分析框架。分别对低密度旅游创新业态与景区高质量发展模式进行维度划分，将低密度旅游创新业态划分为乡村俱乐部旅游业态创新、企业会奖旅游业态创新、原始自然观光旅游业态创新、原始自然探险旅游业态创新、狩猎海钓体验旅游业态创新、房车游艇宿营旅游业态创新六种创新业态，将景区高质量发展模式划分为休闲度假服务型、自然环境依托型、民俗文化体验型三种模式。在论述低密度旅游与景区高质量发展协同模式构建的必要性和可行性的基础上，建立低密度旅游与景区高质量发展协同模式的内外部影响机制，构建出低密度旅游与景区高质量发展协同模式的分析框架。

三是低密度旅游与景区高质量发展协同模式的研究假设和概念模型。分别提出乡村俱乐部旅游业态创新与休闲度假服务型景区高质量发展模式、企业会奖旅游业态创新与休闲度假服务型景区高质量发展模式、原始自然观光旅游业态创新与自然环境依托型景区高质量发展模式、原始自然探险旅游业态创新与自然环境依托型景区高质量发展模式、狩猎海钓体验与民俗文化体验型景区高质量发展模式、房车游艇宿营旅游业态创新与民俗文化体验型景区高质量发展模式的研究假设及概念模型。

四是低密度旅游与景区高质量发展协同模式的结构方程数据验证。包括乡村俱乐部旅游业态创新与休闲度假服务型景区高质量发展模式、企业会奖旅游业态创新与休闲度假服务型景区高质量发展模式、原始自然观光旅游业态创新与自然环境依托型景区高质量发展模式、原始自然探险旅游业态创新与自然环境依托型景区高质量发展模式、狩猎海钓体验旅游业态创新与民俗文化体验型景区高质量发展模式、房车游艇宿营旅游业态创新与民俗文化体验型景区高质量发展模式协同模式的结构方程数据验证，每个部分主要包括研究设计、变量度量、样本数据分析、结构方程模型构建四个部分。

五是低密度旅游与景区高质量发展协同模式的SPS案例验证。以广东惠州市上河村喜客野奢乡村俱乐部为例，对乡村俱乐部旅游业态创新与休闲度假服务型景区高质量发展协同模式进行案例分析；以广西桂林市大埠村Club Med桂林度假村为例，对企业会奖旅游业态创新与休闲度假服务型景区高质量发展协同模式进行案例分析；以云南腾冲市大塘村高黎贡山原始森林为例，对原始自然观光旅游业态创新与自然环境依托型景区高质量发展协同模式进行案例分析；以西藏林芝市大渡卡村雅鲁藏布大峡谷探险为例，对原始自然探险与自然环境依托型景区高质量发展协同模式进行案例分析；以黑龙江铁力市桃山镇桃山国际狩猎为例，对狩猎海钓体验旅游业态创新与民俗文化体验型景区高质量发展协同模式进行案例分析；以北京市房山区天开村天开花海露营为例，对房车游艇宿营旅游业态创新与民俗文化体验型景区高质量发展协同模式进行案例分析。每个案例主要包括案例选取与材料收集、案例描述分析、案例发现与讨论、案例验证结果四个方面。

六是低密度旅游业态创新与景区高质量发展协同模式的实现路径。分别从事前、事中、事后三个层面提出了乡村俱乐部旅游业态创新与休闲度假服务型景区高质量发展协同模式的实现路径、企业会奖旅游业态创新与休闲度假服务型景区高质量发展协同模式的实现路径、原始自然观光旅游业态创新与自然环境依托型景区高质量发展协同模式的实现路径、原始自然探险与自然环境依托型景区高质量发展协同模式的实现路径、狩猎海钓体验旅游业态创新与民俗文化体验型景区高质量发展协同模式的实现路径、房车游艇宿营旅游业态创新与民俗文化体验型景区高质量发展协同模式的实现路径。

1.4　研究路线及研究方法

1.4.1　研究路线

按照本书的研究目的，构建出低密度旅游业态创新与景区高质量发展协同模式的研究思路，见图 1-1。

1.4.2　研究方法

研究低密度旅游创新与景区高质量发展协同模式的方法主要包括文献研究法、案例分析法、理论分析法、理论模型构建法、实证模型检验法和政策系统设计分析等，不仅能够进行多角度多方面的研究，还能有效提升研究的可信度。

（1）文献研究法。通过文献研究法总结国内外有关低密度旅游业态创新与景区高质量发展协同模式的研究成果、发展趋势和存在问题，充分掌握低密度旅游业态创新与景区高质量发展的现状。

（2）案例分析法。通过对低密度旅游创新业态和景区高质量发展进行实地调研，得出低密度旅游业态创新的现状、景区高质量发展的动力机制和发展手段，对理论模型构建和实证检验具有重要的参考价值。

（3）理论分析法。基于相关理论基础对低密度旅游业态创新与景区高质量发展协同模式的内涵进行界定，对低密度旅游创新业态和景区高质量发展模式的构成维度进行划分，识别出低密度旅游业态创新与景区高质量发展协同模式的内外部影响机制，提出全书的分析框架。

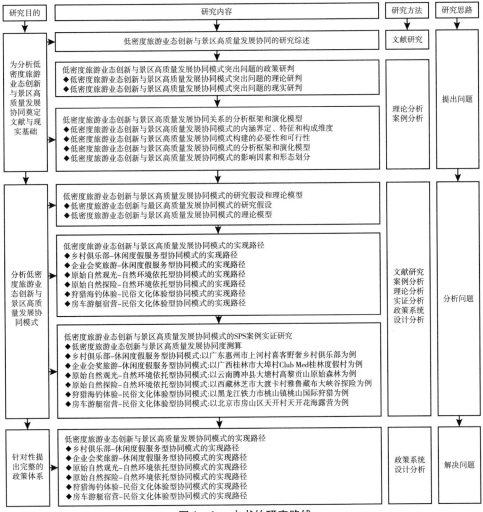

图 1 – 1 本书的研究路线

（4）理论模型构建法。通过对低密度旅游业态创新与景区高质量发展的理论分析，基于相关理论基础，构建出乡村俱乐部旅游业态创新与休闲度假服务型景区高质量发展模式、企业会奖旅游业态创新与休闲度假服务型景区高质量发展模式、原始自然观光旅游业态创新与自然环境依托型景区高质量发展模式、原始自然探险旅游业态创新与自然环境依托型景区高质量发展模式、狩猎海钓体验旅游业态创新与民俗文化体验型景区高质量发展模式、房车游艇宿营旅游业态创新与民俗文化体验型景区高质量发展模式协同模式的概念模型。

（5）实证模型检验法。通过构建低密度旅游业态创新与景区高质量发展协同的结构方程模型展开定量分析，再对案例分析模型进行构建，对低密度旅游业态创新与景区高质量发展协同进行案例验证。

（6）政策系统设计分析。通过对乡村俱乐部旅游业态创新与休闲度假服务型景区高质量发展模式、企业会奖旅游业态创新与休闲度假服务型景区高质量发展模式、原始自然观光旅游业态创新与自然环境依托型景区高质量发展模式、原始自然探险旅游业态创新与自然环境依托型景区高质量发展模式、狩猎海钓体验旅游业态创新与民俗文化体验型景区高质量发展模式、房车游艇宿营旅游业态创新与民俗文化体验型景区高质量发展模式协同模式的建设过程中事前的规划和分析、事中的设计和实施、事后的保障与可持续三个方面进行分析，提出相应的实现路径。

第 2 章

基于文献计量学的研究综述

2.1 基于文献计量学的研究综述

文献综述简称为综述，是学者们针对研究领域中已被人总结或收集的相关资料数据进行全面性阐述的研究方法，通过分析和阅读总结的手段去收集所需要的大量相关资料，为研究课题前沿发展及未来趋势提供参考。由于文献数量的增多，需要利用新的文献综述方法支撑如此庞杂的文献数量，进而提高学术研究的效率。因此先将所研究的文献量化处理后再进行下一步的分析，不仅能节约时间，还能筛选出所需要的具有较高权威性的、有一定热点的文献及期刊，文献计量学也逐渐成为学者们频繁用到的方法。文献计量学的分析方法是一种重视量化的文献综述方式，是利用统计学、数学等学科知识实现定量化分析的交叉性学科。

国内对于文献计量学是 20 世纪 70 年代后期才开始传播发展的，由刘植惠研究员所发表的《文献计量学的研究对象和应用》及相关文章引领前行，不仅对研究、教育及实操等多方面产生了前所未有的影响，也占据了图书馆科学评价领域中的重要地位，成为其中一个重要的分支学科。

由此，本书将使用文献计量学进行量化综述，对引文进行分析归纳时采用由陈超美教授所开发的 CiteSpace 软件。利用 CiteSpace 可以分析我们所研究内容的发展时间、形成体系、知识架构和最新趋势，以此来对我们所研究领域进行综述。对某一研究领域在历史长河中的发展进行"抓拍"，通过可视化技术将这些照片进行串联，形成一条历史发展长线，聚类出以年代与时间线为主要类别的动态式知识图谱。本书的文献分析主要通过对低密度旅游业态创新、景区高质量发展以及二合一发展的协同模式的研究三个方面进行分析。

本书大致分为以下几个方面进行文献计量分析。首先，收集并归纳所需要的数据，标注来源，构建其检索式。检索表达式的主要采用方式有逻辑、关键词检索及位置检索三种方式，其中最为常用的是逻辑表达式。其次，对文献进行分析，其中包含了发文量、国家、所属核心期刊、作者和机构以及具有权威性的文献。再次，进行热点与前沿分析。其中可以利用高频被引文献和高频关键词去实现热点分析，因为文献在相对一段时间内被多次引用，说明该文献在其研究领域占据重要地位，具有一定的影响力；而关键词则可以反映文献的主要内容及研究重点，可以对文献进行概括性分析，由此高频被引文献和高频关键词可作为研究热点进而分析；与此同时，前沿分析的实现则需要利用膨胀词探测算法去归纳出变化率较高的关键词。最后，得出结论。选取需要的参考文献，为研究前沿热点提供一定参考。

2.1.1 关于低密度旅游业态创新的文献计量

低密度旅游有别于大众旅游，是一种小众的旅游方式，目的是为了控制游客活动的空间范围与时间范围，以保证一定程度上的安全性，也能改善当地生态环境。低密度旅游如各种自由行、自驾游、小团游等一系列旅游形式，其在疫情前已经开始流行，新冠肺炎疫情对世界旅游产生了巨大影响，推动互联网、大数据、智能化等科技被广泛运用于旅游产业，居民的消费心理、消费需求也被快速改变，小团体、定制化等低密度旅游形式成为主要方式。目前为止，国内外学者对低密度旅游没有统一的定义，且在低密度旅游的研究上各有不同。早在 21 世纪初，陈玉娟（2002）就提出发展低密度旅游度假别墅区，她指出随着城镇化、工业化的发展，导致生态环境被破坏的趋势日益上涨，应加强城镇景观规划，更多布局绿色空间，因此长期规划发展低密度旅游景区更有助于改善生态环境。田里（2021）等提出脱贫地区要防止返贫，必须将个体、产业、环境与旅游业相结合，促进旅游经济带动区域经济。陈兴（2012）等也提出发展山地旅游资源对于带动地方经济和旅游市场是必不可少的，即"小众型、低密度"旅游活动，亦可带动周边经济，促进共同发展，形成完整体系。国内学者对低密度旅游持有积极的态度，对旅游品质、消费需求、资源开发等方面进行了一系列研究探讨。

2.1.2 研究数据及发文量的初步分析

通过 WOS（Web of Science）作为本次研究的英文数据来源，并通过核心数据库（Web of Science Core Collection）收集文献以此避免通过所有数据库产生字段缺失的问题。构建检索式：主题＝（Low density Tourism）或主题＝（Small group tour）；检索所采用的语种：英语；时间跨度：1991 年 1 月~2021 年 12 月；文献类型：期刊；检索日期：2022 年 1 月 15 日，筛选检索得到的文献并将无关的文献进行剔除，进而获得 530 条相关文献，导出所得结果，并通过 CiteSpace 软件剔除有缺失字段的数据，最终进行低密度旅游业态外文文献分析的有效 WOS 文献数量为 530 条。

通过中国知网（CNKI）作为本次研究的中文数据来源，构建检索式：主题＝"自驾游"或主题＝"定制化和旅游"或主题＝"探险旅游"。时间限定：1991 年 1 月~2021 年 12 月；检索时间：2022 年 1 月 15 日；筛选检索得到的文献并剔除无关的文献，进而获得 507 条的相关文献数量，随后导出结果并导入 CiteSpace 软件中检验，无数据丢失问题，运行结果良好，最终进行低密度旅游业态中文文献计量分析所用有效的 CNKI 文献数据有 507 条。

将上述的低密度旅游业态的文献数据再次进行导出，并提取出相应的信息导入 Excel 表中分析，图 2－1 为低密度旅游业态在 1991 年 1 月~2021 年 12 月中外文文献发文量的对比图。

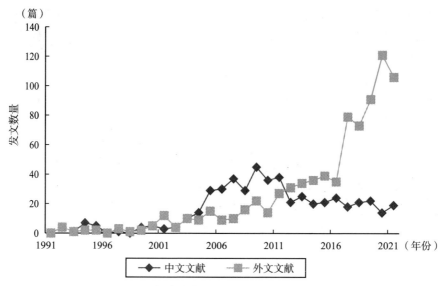

图 2 - 1　低密度旅游业态领域中外文文献分布

图 2 - 1 清晰显示出，关于低密度旅游业态的中英文发文数量有较大差别是从 2007 年开始的。1991～2003 年，中英文对低密度旅游业态各年度的研究发文量几近相同，说明在这一时期，对于低密度旅游业态领域的文献研究均处于起步阶段，需要更深入地进行研究。2004～2011 年，可以发现各个年度的有关低密度旅游业态发展领域的发文数量，中文数量高于英文，表明这一时间段中，对于低密度旅游业态的研究中国学术研究已开始步入正轨。2016～2021 年，有关低密度旅游业态发展的中英文发文量开始出现不同，发文趋势发生较大变化，中文文献相对平稳，近年来并无太大区别与提升，而外文文献的发文量相差较大，逐年加快至 2021 年有所下降。

2.1.3　低密度旅游业态发展研究的国家分析

进行文献计量分析时，可以从文献所属的国家入手，使学者了解国际上哪些国家对相应研究领域更具有权威性。在某研究领域中一个国家发文量高且与其他国家合作密切，则说明在此研究领域中该国具有足够重的影响力。为了得出某研究领域中国家共现的关键节点，可利用对该研究领域的国家共现网络进行可视化分析及对其各节点的中心性进行分析，可以了解到在该研究领域具有较高权威的国家，并对学者进行一定的指导，为今后的发展方向提供参考，正确了解所在国家及其他国家的各自国际地位。

外文文献方面,根据 WOS 数据库中检索所得文献数据,通过 CiteSpace 软件分析可得各国的发刊数量并将"国家"和"发文量"进行排序,如图 2-2 所示。

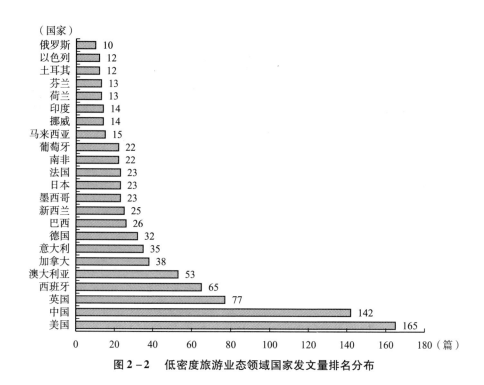

图 2-2　低密度旅游业态领域国家发文量排名分布

低密度旅游业态创新研究领域的发文量排名前三名的数量分别为 165 篇、142 篇、77 篇,与之对应的国家,第一名是美国,第二名是中国,第三名是英国,所发文量占比分别为 14.89%、12.82%、6.85%,前三名总占比为 34.56%,占比量较高,说明这三个国家在该领域具有一定的权威性。

外文文献方面,根据 WOS 数据库中检索所得文献数据,通过 CiteSpace 软件分析可得结果如图 2-3 所示。

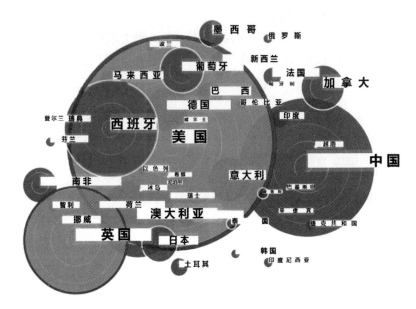

图 2 - 3　低密度旅游业态发展的国家共现图

由图 2 - 3 可知，在低密度旅游业态相关研究的国家中，美国所占面积最大，这说明在低密度旅游业态发展的领域中美国有着重要的地位，发文量排名第二的中国具有一定的影响力。

在利用软件所运行出来的数据结果中，每个节点的关键性大小均由中心度的大小所决定，因此要想得出每个国家的关键性则需要对每个国家发文量的中心度进行排名分析，同时也能够了解该国在该领域的研究地位及与其他国家的紧密性。关键节点一般被认为是中心度不小于 0.1 的节点，表 2 - 1 提取出了中心度大于 0 的国家。

表 2 - 1　　　　　　　　低密度旅游发展领域国家发文中心度排名

中心度	国家	首次发文年份	发文量（篇）
0.34	美国	2000	165
0.17	英国	1994	77
0.09	西班牙	2008	65
0.08	中国	2002	142
0.08	澳大利亚	2001	53

中心度	国家	首次发文年份	发文量（篇）
0.06	意大利	2004	35
0.06	南非	2000	22
0.05	印度	2001	14
0.04	法国	2009	23
0.04	葡萄牙	2013	22
0.04	挪威	2000	14
0.04	泰国	2010	8
0.03	墨西哥	2008	23
0.03	新西兰	2002	25
0.03	荷兰	2011	13
0.03	俄罗斯	2017	10
0.03	瑞典	2014	7
0.02	加拿大	2001	38
0.02	德国	1993	30
0.02	日本	2007	21
0.02	土耳其	2005	11
0.02	爱尔兰	2010	6
0.01	马来西亚	2012	15
0.01	芬兰	1997	9
0.01	哥伦比亚	2017	7
0.01	威尔士	2009	5
0.01	匈牙利	2010	4
0.01	巴基斯坦	2013	4
0.01	尼泊尔	2019	3

由表2-1可以看出，结果显示有30个国家，说明这些国家与其他国家在低密度旅游领域有一定的合作，中心度排名前五的国家中，发达国家占据四位，而只有中国一个发展中国家，说明在低密度旅游发展领域研究中处于较高地位是发达国家较多，且发展中国家也逐渐关注研究。以中心度大于0.1为标准，表明在

低密度旅游发展领域国家合作网络中美国和英国这两个国家的文献为关键节点，有着相对重要的地位。德国的首次发文是所有国家中最早的，说明其低密度旅游业态发展方面的概念形成较早，但美国中心度排名第一且发文量最多，则说明美国在低密度旅游业态发展理念上更为重视，在国际上低密度旅游发展文献具有较大影响力。而发文量排名第二的中国的中心度值却只有0.08，相对较低，也正说明了该领域中中国具有一定的影响力，但亟须加强。

2.1.4 低密度旅游发展研究的期刊分析

为了有效指导学者更为科学地选择期刊，帮助其了解在其研究领域中具有较高权威性的期刊，从而进行期刊文献的分析，也为以后的科研奠定研究基础。目前被众多国内外学者应用的定量研究方法——期刊共被引分析方法，是从文献计量学和科学计量学中所提取的方法，也可应用到多个学科领域。期刊共被引分析方法中的共被引是指一篇文献同时引用了两本期刊，这个方法可以使学者方便评价该领域的学科期刊与判断该文献在其领域中的地位，也正是由于高强度的共被引关系说明期刊间具有高度的紧密性，具有较强的内部联系，使学者们方便且清晰地进行判断。同时能够确定载文质量较高的期刊，可以分析低密度旅游业态发展领域中各节点的中心性，即期刊共被引网络中的节点，从而得到关键性节点。

因此，为确定研究领域中的权威期刊，可以从两方面入手，一是对期刊进行共被引可视化分析的同时结合中心度进行分析；二是结合载文量进行分析。

首先，对低密度旅游发展文献的英文期刊进行分析，根据 WOS 数据库中检索所得文献数据，通过 CiteSpace 软件分析可得结果，如图 2-4 所示。

由图 2-4 可知，低密度旅游发展领域外文文献的期刊中共被引频次排名第一的是《旅游管理》（TOURISM MANAGE），是著名的旅游管理的学术期刊，该期刊中具有权威性的部分是国际、国家及区域旅游的规划和管理等。2015 年其发表 185 篇论文影响因子为 2.554。《科学》（SCIENCE）、《旅游研究年报》（ANN TOURISM RES）、《可持续旅游杂志》（JOURNAL OF SUSTAINABLE TOURISM）、《国际旅游研究杂志》（INTERNATIONAL JOURNAL OF TOURISM RESEARCH）、《欧洲运筹学杂志》（EUR J OPER RES、CONSERV BIOL、INT J HOSP MANAG）、《人类学年度综述》（ANNU REV ANTHROPOL）、《生物保护》（BIOL CONSERV）、《社会学年鉴》（ANNU REV SOCIOL）等期刊的被引频次也相对较高，其关注自然学、旅游资源、旅游管理以及可持续旅游等研究领域。

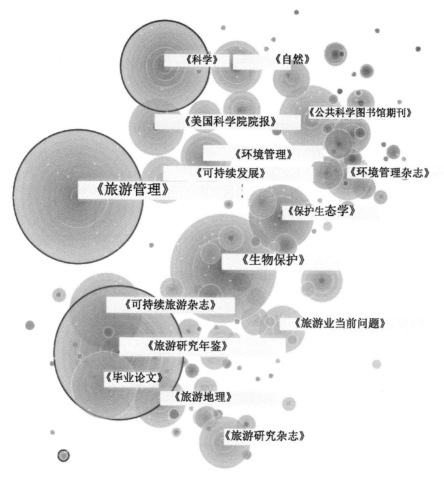

图2-4 低密度旅游业态发展领域外文文献的期刊共被引可视图

通过软件分析研究领域的期刊共被引数据，并将结果导入至 Excel 中，为得到低密度旅游发展领域外文文献期刊的关键节点，以中心度大于0.1为标准将数据提取出来，展示在表2-2中。

表2-2 低密度旅游业态发展领域外文文献的期刊共被引网络关键节点

刊物名称（简称）	被引频次	首次出现年份	中心度
《美国地理学家协会年鉴》	14	2005	0.17
《旅游管理》	257	2002	0.12

刊物名称（简称）	被引频次	首次出现年份	中心度
《科学》	105	1998	0.11
《旅游研究年报》	245	2001	0.1

通过表2-2可以看出，《美国地理学家协会年鉴》《旅游管理》《科学》的中心度和被引频次均较高，表明这三个期刊刊载了足够支撑有关低密度旅游发展领域的高质量论文，因此，以中心性的角度入手可以证明《美国地理学家协会年鉴》《旅游管理》《科学》三个期刊在低密度旅游研究领域位于重要位置。

外文文献方面，利用上文所得文献数据进行分析，可取得如表2-3所示发文量前十的期刊排名。

表2-3　1991~2021年低密度旅游业态发展外文文献的期刊分布（前十）

刊物名称（简称）	载文量（篇）	占比（%）	刊物名称（简称）	载文量（篇）	占比（%）
《可持续旅游杂志》	12	1.69	《旅游管理》	8	1.13
《旅游与文化杂志》	12	1.69	《生物保护》	7	0.98
《旅游研究年报》	10	1.41	《旅游业的当前问题》	7	0.98
《公共科学图书馆·综合》	9	1.27	《持续性》	7	0.98
《海洋与海岸管理》	8	1.13	《国际遗产研究杂志》	6	0.84

从表2-3可了解到，低密度旅游发展领域的期刊论文的集聚度不高、较为分散，这是依据载文量排名前十的英文期刊的总发文量共有86篇，约占总文献量的12.1%，表明较稳定期刊群和较代表性的期刊尚未形成。此外，再结合图2-4可以看出，排名发文量前十位的低密度旅游发展领域的英文期刊中《旅游管理》《旅游研究年报》的被引频次相对其他期刊明显较高，因此以期刊载文量的角度，《旅游管理》《旅游研究年报》这两个期刊在低密度旅游发展研究领域中影响力较大。

下面对低密度旅游发展中文文献的期刊进行分析，利用CiteSpace软件进行中文文献共被引分析时需要依据"参考文献"的字段，而从中国知网检索导出的论文文献数据缺少了"参考文献"此字段，无法直接通过软件进行分析，只能从该领域的期刊载文量及学科研究层次入手分析。

第一步，先将上文从中国知网中检索得到的数据资料导入 Excel 表中，同时根据期刊载文量数据进行排名，1991～2021 年低密度旅游业态发展领域中文文献期刊的载文量前十名如表 2－4 所示。

表 2－4　　1991～2021 年低密度旅游业态发展领域中文文献期刊分布（前十）

刊物名称（简称）	载文量（篇）	占比（%）	刊物名称（简称）	载文量（篇）	占比（%）
《旅游学刊》	44	8.68	《人文地理》	11	2.17
《中国商贸》	14	2.76	《商场现代化》	11	2.17
《经济地理》	13	2.56	《旅游科学》	10	1.97
《特区经济》	13	2.56	《安徽农业科学》	9	1.78
《资源开发与市场》	13	2.56	《商业研究》	9	1.78

由表 2－4 可知，国内在低密度旅游业态领域的期刊论文集中度较高，这是依据载文量排名前十的中文期刊的总发文量高于其他期刊，共有 147 篇的文献量，约占总文献量的 29%，也说明了有关低密度旅游业态发展的学术研究在国内形成了一定的期刊群与具有较高权威性的期刊。其中，《旅游学刊》在该领域刊登了最多数量的文献，有 44 篇相关的文章，该期刊刊登的低密度旅游发展领域的文章主要集中在自驾车旅游、旅游市场、旅游体验、旅游动机等方面，涉及学科主要有旅游经济、宏观经济管理与可持续发展等，是研究低密度旅游发展领域最为核心的期刊。《中国商贸》的相关发文量为 14 篇，在此次分析中排名第二，该期刊刊登的现有低密度旅游发展领域文章主要集中在自驾车旅游、旅游开发、旅游目的地、市场需求等方面，涉及学科主要有旅游经济、经济学、企业管理、国民经济等，也是该领域中较有代表性的期刊。《经济地理》相关的发文量为 13 篇，排名第三，该期刊刊登的低密度旅游业态领域的文章主要集中在旅游吸引力、全域旅游、自驾车游客、旅游市场、客源市场等方面，涉及学科主要有旅游经济、经济体制改革、旅游地理、环境科学与资源利用等。其他期刊的发文量相对不高。由此可以看出排名前三的期刊具有一定的权威性。

第二步，将上文排名前十位的期刊名进行二次分类，依据中国知网期刊上的研究层次进行分组，以此方便对该领域上的权威期刊进行分层，并为后面的选取参考文献步骤奠定基础。具体如表 2－5 所示。

表 2 – 5   低密度旅游业态发展领域中文文献核心期刊研究层次表

研究层次	期刊名称
基础研究（社科）	《旅游学刊》《经济地理》《特区经济》《资源开发与市场》《商场现代化》《旅游科学》《商业研究》
大众文化	《人文地理》
行业指导（社科）	《中国商贸》
基础与应用基础研究（自科）	《安徽农业科学》

最后，由表 2 – 5 可知，国内低密度旅游业态发展研究领域主要集中分布在社会科学领域的基础研究层次、大众文化层次、社会科学领域的行业指导研究层次以及自然科学领域的基础与应用基础研究中，同时可知，当进行有关低密度旅游发展领域的社会科学基础研究时可以重点参考《旅游学刊》《经济地理》《特区经济》《资源开发与市场》《商场现代化》《旅游科学》《商业研究》这几个期刊上的文献；进行大众文化研究时则可以关注《人文地理》期刊上的文献；进行有关低密度旅游发展领域的社会科学行业指导研究时，参考《中国商贸》上发表的文章；同样地在对有关低密度旅游发展领域的自然科学基础与应用基础进行研究时重心可以放在《安徽农业科学》。

由上文对比可知，在进行低密度旅游业态研究时，相关外文文献的期刊可以参考《旅游管理》《旅游研究年报》，有关中文的文献期刊则可以重点放在《旅游学刊》《经济地理》《资源开发与市场》《旅游科学》。

2.1.5 低密度旅游发展领域的研究团队分析

本书将从两个角度进行研究团队分析，一是个人作者角度，二是研究机构角度，数据来源是上文导出的文献数据，即 WOS 数据库和中国知网数据库中合适的数据，对于外文文献，可从共被引和合作网络两方面进行分类分析，而中文文献仅需合作网络即可。首先，分析英文的低密度旅游领域的个人作者和研究机构。

低密度旅游发展领域外文文献的作者分析，根据上文检索所得文献数据，通过软件分析可得结果，如图 2 – 5 所示。

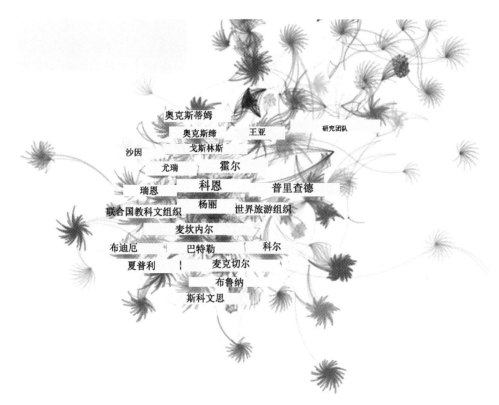

图 2－5　低密度旅游发展领域外文文献作者共被引可视图

由图 2－5 可知，科恩、杨丽、霍尔、麦坎内尔等人的低密度旅游业态研究文献被引频次较高，由于被引频次高的作者才能被认为在相应的领域具有一定的权威性，因此需将低密度旅游发展的外文文献作者被引频次进行排名，可由 CiteSpace 软件运行获得。为提取低密度旅游发展领域外文文献的研究作者中的共被引关键节点，需按照关键节点的要求即中心度不小于0.1为标准，提取如表 2－6 所示。

表 2－6　　　　低密度旅游业态领域外文文献作者共被引网络关键节点

中心度	被引频次	作者	首次出现时间
0.12	6	韦弗	2006
0.10	3	联合国粮食及农业组织	2005

由表2-6可知，韦弗、联合国粮食及农业组织的中心度大于0.1，是关键节点。由此，也可认为这几位作者的相关研究具有权威性。

低密度旅游发展领域外文文献的机构团队分析，根据上文检索所得文献数据，通过软件分析可得相应结果，如图2-6所示。

图2-6 低密度旅游发展领域外文文献研究机构合作可视图

由图2-6可以得知，在众多研究机构中，中国科学院的发文量最高，各国际机构之间的合作虽然良好，但还需要加强彼此之间的研究合作。可视图中共有1631条机构连线、1134个节点（即发文机构），如此之多，但其贡献网络密度为0.0025。

发文量在10篇以上的低密度旅游发展领域的外文文献研究机构如表2-7所示。

表2-7 低密度旅游发展领域外文文献高发文机构

发文量	机构名称	机构性质	地区
17	中国科学院	高校	中国
11	香港理工大学	高校	中国
11	德州农工大学	高校	美国
10	萨里大学	高校	英国

根据表2-7可以看出，发文量排名第一的是中国科学院，排名第二的是香港理工大学，第三名是德州农工大学。结果显示目前来说该研究领域的主要研究机构是国际上的各大高校，更详细地以国家区分，中国高校的影响力也较大，因为从上文可以看出发表20篇以上相关文献有四个机构，而其中有两个属于中国，这足以说明中国高校在低密度旅游研究领域中的国际影响力。

下面，对低密度旅游业态领域中文文献的作者团队及机构团队进行分析。

对低密度旅游发展领域中文文献的作者分析，根据中国知网检索所得文献数据，通过CiteSpace软件分析可得作者合作网络可视图，如图2-7所示。

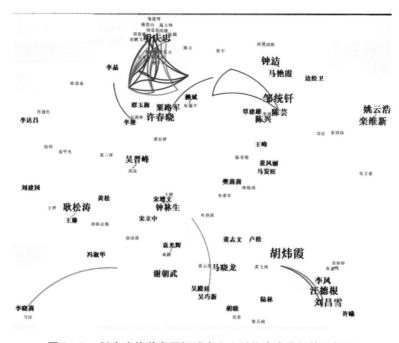

图2-7 低密度旅游发展领域中文文献作者合作网络可视图

根据数据统计可以看出作者（即图中的节点）有 961 个节点，其之间有 958 条连线，但各个作者之间的联系却不强，是因为共现网络密度只有 0.0021。导出软件的数据并排序，得到发文量排名前 5 位的作者姓名与单位，如表 2-8 所示。

表 2-8　　　　　　　低密度旅游发展领域中文文献高发文作者

作者	发文量（篇）	单位
胡炜霞	7	山西师范大学
邹统钎	5	北京第二外国语学院
栾维新	4	大连海事大学
姚云浩	4	大连海事大学
明庆忠	4	云南财经大学

如表 2-8 中所示，胡炜霞、邹统钎、栾维新等学者是低密度旅游发展研究领域的重要学者，可以参考并选取以上学者的文章。其中，胡炜霞致力于景区周边环境、全域旅游、景观生态学、生态资源的研究；邹统钎致力于旅游资源管理、旅游安全管理、乡村旅游发展的研究；栾维新致力于海洋生态环境、投入产出、社会经济活动发展的研究；姚云浩致力于游艇旅游、旅游消费行为、旅游企业规模的研究；明庆忠致力于山地旅游资源、边境旅游、旅游产业发展的研究。

对低密度旅游发展领域中文文献的机构团队分析，根据中国知网检索所得文献数据，通过 CiteSpace 软件分析可得机构合作可视图，如图 2-8 所示。

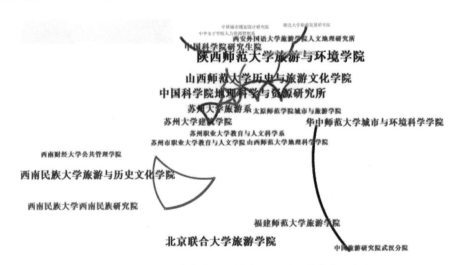

图 2-8　低密度旅游发展领域中文文献机构合作可视图

由图2-8可以看出，相关发文量排名第一的是陕西师范大学旅游与环境学院，湖南师范大学旅游学院和中国科学院地理科学与资源研究所的发文量次之。可以看出各机构之间具有良好的合作关系，但不够紧密，需要加强之间的联系，其依据是发文机构有527个，但他们之间的连线只有244条，远远不够密集，联系较疏散。中国科学院研究生院、苏州大学旅游系、中国科学院地理科学与资源研究所、西南民族大学旅游与历史文化学院、西南民族大学西南民族研究院以及西南财经大学公共管理学院为研究起步状态的群体，需扩大其研究规模。导出软件的中文研究机构的发文量数据，得到排名前6位的机构，如表2-9所示。

表2-9　　　　　　　　低密度旅游发展领域中文文献高发文机构

机构名称	机构性质	地区	发文量（篇）
陕西师范大学旅游与环境学院	高校	西北地区	8
湖南师范大学旅游学院	高校	华中地区	6
中国科学院地理科学与资源研究所	高校	华北地区	6
北京联合大学旅游学院	高校	华北地区	6
山西师范大学历史与旅游文化学院	高校	华北地区	6
华侨大学旅游学院	高校	华东地区	6

由表2-9所示，低密度旅游发展领域中文文献发文量排名前三的机构为陕西师范大学旅游与环境学院、湖南师范大学旅游学院和中国科学院地理科学与资源研究所。整体可以看出，目前低密度旅游发展领域中文文献的主要研究机构是各大国内高校，较为单一，排名前六均为高校，并且主要研究地区在华北。

2.1.6　低密度旅游发展领域的重要文献分析

为能够确定低密度旅游发展领域中的重要成果，也便于为后续提供参考研究资料，可以对相关研究领域的重要文献分析，了解较为权威性、引领性的重要文献。

对低密度旅游发展外文文献分析，根据 WOS 数据库中检索所得文献数据，通过 CiteSpace 软件分析可得文献共被引图，如图2-9所示。

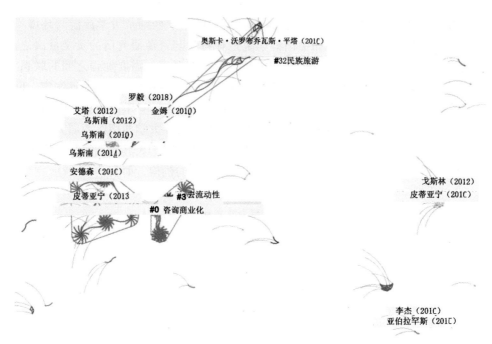

奥斯卡·沃罗布乔瓦斯·平塔（2016）

#32民族旅游

罗毅（2018）

艾塔（2012）　　金姆（2010）
乌斯南（2012）
乌斯南（2010）

乌斯南（2014）

安德森（2010）

皮蒂亚宁（2013）　　#3去流动性

#0 咨询商业化

戈斯林（2012）
皮蒂亚宁（2010）

李杰（2016）
亚伯拉罕斯（2016）

图 2 - 9　低密度旅游发展领域外文文献共被引聚类分析

由图 2 - 9 可以了解到有关低密度旅游发展领域相关文献之间的连接度不高，但联系良好，其依据是图中节点有 3992 个，有 12165 条连接线，密度值却只有 0.0015。

对低密度旅游业态领域中文重要文献分析，CiteSpace 软件因中国知网导出文献信息的残缺性无法对中文文献做共被引分析，因此以文献被引频次为评判标准，识别并分析低密度旅游业态领域的重要中文文献，如表 2 - 10 所示。

表 2 - 10　　　　　　　低密度旅游发展领域核心中文文献

排名	被引频次	作者	题目
1	428	王云才	《中国乡村旅游发展的新形态和新模式》
2	401	苏平、党宁、吴必虎	《北京环城游憩带旅游地类型与空间结构特征》
3	276	龙江智	《从体验视角看旅游的本质及旅游学科体系的构建》

排名	被引频次	作者	题目
4	211	陈乾康	《自驾车旅游市场开发研究》
5	188	杨新军、马晓龙	《大西安旅游圈：国内旅游客源空间分析与构建》
6	160	张天问、吴明远	《基于扎根理论的旅游幸福感构成——以互联网旅游博客文本为例》
7	156	袁书琪	《试论生态旅游资源的特征、类型和评价体系》
8	152	史春云、孙勇、张宏磊；刘泽华、林杰；	《基于结构方程模型的自驾游客满意度研究》
9	144	张晓燕、张善芹、马勋	《我国自驾车旅游者行为研究——以华北地区为例》
10	128	陆军	《广西自驾车旅游营地发展研究》

通过表 2 - 10 可知，被引频次第一的是王云才于 2006 年 4 月发表的《中国乡村旅游发展的新形态和新模式》，被引频次为 428 次；被引频次第二的文献是《北京环城游憩带旅游地类型与空间结构特征》，2004 年 6 月由苏平、吴必虎、党宁等学者共同发表；被引频次排名第三的文章为龙江智于 2005 年 1 月发表的《从体验视角看旅游的本质及旅游学科体系的构建》。

2.1.7 低密度旅游发展领域的研究热点及前沿分析

为发现目前低密度旅游发展领域的空白和选择研究方向，可以分析文献的关键词，通过共词分析和突变分析直接显示研究热点与前沿。

首先对研究热点进行分析。

在外文文献方面，依据上文检索所得文献数据，通过软件分析可得结果，如图 2 - 10 所示。

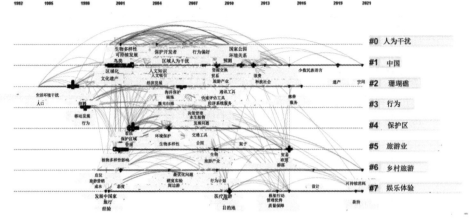

图 2 - 10　低密度旅游发展领域外文文献研究热点

由图 2 - 10 可知，低密度旅游业态发展领域高频关键词聚类共八个类别，即人为干扰、中国、珊瑚礁、行为、保护区、旅游业、乡村旅游、娱乐体验这八个类别代表了研究热点。根据聚类图并按照关键词的时间顺序进行排列，可以得到研究热点脉络，如表 2 - 11 所示。

表 2 - 11　　　　　　低密度旅游发展领域外文文献热点关键词脉络

年份	关键词
1992	取水区域，水预算
1993	组织，不同年龄，环境温度，饮食
1994	种群，衍生性，冬季运动，敏感性，生境干扰，山地
1995	社区结构，昆仑山脉，白骨壤
1997	模型，转移，警惕行为，试点工作量，覆盖范围，群体规模
1998	行为，生长，运动，招聘，提高
1999	旅行推销员，成本，零售商系统，特有分类群，次模块化功能，景观生态，启发
2000	保护，干扰，体验，污染，旅行，死亡率，健康，时间，鸟类，海岸，发展中国家，南非，放牧生态，田野，活动预算，雪，繁殖鸟类数量，阿拉斯加，能源支出
2001	旅游影响，城市，态度，多样性，系统，密度，风险，印度，森林，丰富，土壤，植被，栖息地，大小，指示器，行为反应，加州，政治经济

续表

年份	关键词
2002	管理，保护区，感知，国家公园，人，自主旅游，自然保护区，政策，夫妇，人民公园的冲突，森林资源，澳大利亚土著居民，尼泊尔，文化的吸引力，保护的态度
2003	估值，教育，新西兰，算法，经济学，区域集团，专业化，湖，人类的维度，生态系统的影响，比喻的主体，休闲渔业，黄眼企鹅，可持续发展农业，伊斯兰传教士，灭绝，监管，小规模灌溉
2004	区域可持续发展，人类的影响，城市旅游，中国南方，徒步旅行的走廊，人为的压力，岩石松鸡，生物压力，人口周期，波多黎各人和拉丁美洲人，人民参与，亚高山地带，探险旅游，增加多面手捕食者，节约人口周期，生物多样性保护，电梯，生殖旅游，法律，发展滑雪，局部的毁灭，授权区域
2005	模式，生物多样性，乡村旅游，环境，角度，积累，云南，湾，人为影响，洞穴，环境恶化，森林管理，可变性，生态系统，沿海地区，巴西，沙滩，物种组成，经济发展，稳定，西南大西洋
2006	社区，身份，岛，响应，人类干扰，海洋保护区，生态，文化，野生动物，河，捕食风险，进化，岩石海岸，压力，人类学，守望的路线，栖息地的选择
2007	游览船，娱乐，瓶鼻海豚，形态，南美，娱乐活动，诊断，碎片，识别，种群动态，山区生态系统，代理，日本北部高山，每月的规模，任务之旅，有机污染，环境质量，高山景观，海湾，标记，旅行推销员问题，海底地形，组合，偶然捕获
2008	民俗旅游，旅游开发，农村发展，偏好，土著居民，北爱尔兰，森林砍伐，公园，可用性，全景，保护区，海滩，政治旅游，社区森林管理，中国文化，冲突转换，消费模式，土地利用/土地覆盖变化，栖息地质量，城市再生，农村减贫，能源开发，公共政策，冬季娱乐，森林保护，干扰竞争，创造力，环境保护，农村社区，高山生态系统，社区旅游，滑雪运行，制度框架，系统保护规划，获取自然资源，生计，羌族地区
2009	土地使用，行业，旅游业，旅游的影响，栖息地的使用，决定，户外休闲，气候，人为的干扰，保护区管理，屋顶类型，主导地位，当地居民，苗族村，民族文化遗产，方差检验，住宅开发，环境正义，保护历史古迹，自然灾害，越野汽车，民族文化，国际多元化，环境条件，酒店行业，经济的影响，公司业绩，成本的疾病，海滩上的监控，策略
2010	目的地，规模，少数民族语言，探索，参与，野生动物旅游，医疗旅游，领队，心理健康，朋友和亲戚，社会的特征，语言的生命力，当地导游，偏远的社区，人口特征，体育运动，社会排斥，物种丰富度，概念框架，环境的关系，语言资本，社区参与，图瓦村，可持续利用，语言复兴，喀纳斯自然保护区，边境，红狐狸，少数民族语言，少数民族健康，社会中介

33

年份	关键词
2011	少数民族, 气候变化, 生态旅游, 性别, 文化旅游, 迁移, 可持续性, 避免, 语言上的风景, 城市化, 竞争, 都市地区, 城市, 游泳池, 网络, 游憩冲突, 游客组大小, 文化差异, 行动的资源, 基于生态系统的管理, 天气类型, 城市发展, 土地利用/覆盖类型, 危害, 猎物, 指数, 人均用水量, 游泳运动员, 民族认同, 流域管理, 民族主题公园, 质量标准, 旅游的好处, 云南民族民俗村, 环境教育, 曝光, 食肉动物社区, 城市景观, 莫斯科州, 亚马逊海滩, 海外, 语言的转变, 滑雪区, 消费者, 预防原则, 流域特征, 相邻, 用户, 文化的代表, 家庭, 个人船只, 海洋保护区, 城市扩张, 高地的农民, 种族和民族认同, 汽车交通, 觅食行为, 猎豹, 全球化, 拥挤常模, 回避行为, 多模式话语, 学习可持续性, 游客感知, 边远地区, 休闲区, 社会可持续性, 食肉动物密度, 语言接触, 黑背豺, 狩猎旅游, 林业工作者, 旅游税收, 土地价值, 旅游形象, 旅游邮资
2012	可持续发展的旅游, 空间, 遗产, 性能, 文化遗产旅游, 地理位置, 生存, 贫困, 固体废物, 效率, 多样化, 分类, 适应, 植物多样性, 流动性, 建设（的地方）, 群体决策, 浪漫, 企业社会责任, 商业成功, 金融危机, 海洋哺乳动物, 种族隔离, 公共管理, 污染, 女性旅游, 国家认同, 交通相关的元素, 创业, 旅游不平衡数据集, 政策工具, 社会经济发展, 路边尘土, 海洋污染, 区域环境变化, 方向, 生物多样性的使用, 群体认同, 民族药物学, 类型, 可持续发展, 心理属性, 经济改革, 可食用的植物, 自然保护区, 类别的实践, 旅游风险预测, 职业责任, 人为的噪声, 团体包价旅游, 旅行社, 视觉景观, 动机, 西双版纳, 基本的诊断, 智利南部, 旅游的性能, 适应能力, 社会矛盾, 沉积物沉积, 少数民族经济发展, 富有想象力的地理, 垃圾, 多媒体流, 社会和文化变革, 教育方法, 多元文化的城市, 家乡旅游, 组织性能, 民族志, 服务质量, 经济表现, 船的影响, 文化的重要性, 休闲海滩, 业务性能, 钓鱼海滩, 卫生政策, 捕食者
2013	文化遗产, 服务, 生态系统服务, 消费, 少数民族, 游客, 质量, 探索性因素分析, 文化群体, 历史遗址, 游客的扩充, 以市场为基础的方法, 消费者满意度, 民权旅游, 利益相关者, 潜水旅游, 社区分布模型, 旅游的学生, 行为改变, 就业歧视, 结果质量, 体育活动, 旅游消费者, 生境复杂性, 海洋旅游, 民族餐馆, 海洋生物多样性, 旅行的距离, 旅行商问题, 参数化旅游风险预测, 绿色项目环境治理, 定价策略, 野生动物管理, 价格水平, 行为的改变, 草原管理, 酒店行业, 过程质量, 社区自然资源, 可适应的管理, 土地分割, 有氧运动, 文化维度, 经济活动, 市场经济, 社会承载能力, 自然灾害, 创业, 心理学, 环境服务费用, 全球变暖, 人类反应, 反射, 公众参与, 访客管理, 少数民族身份, 服务失败, 文化凝聚力, 环境服务
2014	需求, 治理, 语言, 经济, 景观, 少数民族社区, 文化敏感性, 栖息地的分裂, 社区医疗, 资源选择, 旅游住宿, 社会行为, 私家花园, 社会组织, 少数民族, 旅游产业, 旅游风景区, 旅游社区活动, 对于保健, 栖息地的破坏, 土著语言, 产品购买, 投票行为, 活动范围, 空间使用, 雪崩, 徒步旅行路线, 社会文化影响, 政策的制定, 种族和健康, 水环境, 目的地营销, 同伴救援, 持续的意义, 山急诊医学, 活动模式, 合作理论, 协会, 保护协会, 消费者种族主义, 扶贫旅游, 社交媒体, 财富的增加, 语言上的少数民族, 以社区为基础的旅游, 医疗服务, 多元文化的戏剧, 糟糕的旅游, 医生, 转移, 卫生保健, 特性转化, 野生的狗, 驼鹿

年份	关键词
2016	人口密度，居民的态度，人口规模，二氧化碳排放，农业用地被遗弃，土地覆盖变化，文化政策，旅游组织，传统，洞穴探测，满意度，能源消耗，商品化的宗教，生计多样化，拉普兰旅游，情感上的团结，帕劳鲨鱼保护区，交通密集的城市，基于社区的旅游业，创新，脆弱性，保护政策，土地利用变化，土著文化遗产，环境实践，人为的改变，人类的足迹，贸易，酒店行业，静止的，志愿者旅游，城市土壤，社会经济影响，考古遗产，基础设施，森林覆盖变化，多标准评价，少数民族地区旅游，埋葬，荒野，自然保护，大都市，人为活动，沿海沉积物，公众考古学，废弃的渔具，宗教旅游，舰队，海鲜贸易，经济可持续性，高山人类学，人造雪，生态环境好，土地利用变化，旅游规划，民族志方法，当地的食物，风暴影响缓解，轻型乘用车，捕获，远程传输，旅游政策，农村地区
2018	自然资源管理，西班牙，城市扩张
2019	行为意向，图像，趋势
2020	海洋环境，经济增长，生活
2021	食宿娱乐招待

由表 2-11 可以看出各个时期的低密度旅游发展研究方向，1993 年开始学者们开始针对生态环境的旅游资源进行研究。与全球生态环境相关话题随着时间的推移与相关领域的学者数量增多，研究方向也出现变化，旅游产业的其他方向的影响也开始被关注；2001 年之后的研究热点逐渐向生态保护与旅游资源方向及游客行为方面入手，低密度旅游开始受到关注；目前各个领域学者开始重视低密度旅游业态创新的研究，涉及空间、生态环境、可持续发展、消费、旅游经济等多个领域。可以看出，在外文文献中相关研究包含了理论研究、跨学科研究、实证研究等成果，但整体来看成果不多，有待深度探讨。

在中文文献方面，根据中国知网检索所得文献数据，通过 CiteSpace 软件分析可得研究热点图，如图 2-11 所示。

图 2-11 显示，高频的低密度旅游发展领域中文文献的热点词分别为旅游产品、自驾游、生态旅游、探险旅游、乡村旅游、旅游、旅游资源、旅游者共八类。其中，旅游者相对热度较弱，其余各类均在过去 20 年间保持稳定热度。根据聚类图并按照研究热点词的时间顺序进行排列，可以得到结果如表 2-12 所示。

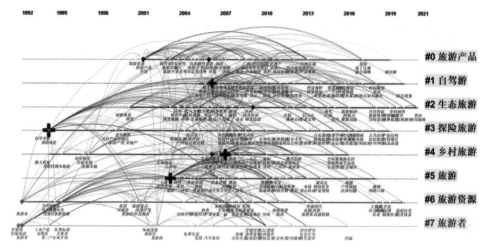

图 2 – 11　低密度旅游发展领域中文文献研究热点

表 2 – 12　　　　　　　低密度旅游发展领域中文文献热点词脉络

年份	研究热点
2011	时空演变, 奖励旅游, 网络营销, 品牌化, 休闲农业, 民俗旅游, 遗产旅游, 黑麦草, 国外研究, 混施, 旅游学科, 结构升级, 社会体育, 本真性, 旅游意愿, 体验管理, 法律基础, 张家口, 欧洲内河, 经营策略, 兰州市, 路线图, 山西旅游, 休闲渔业, 共同创造, 海南, 利弊分析, 洛阳, 顾客参与, 城市周边, 背包客, 安阳, 运营区域, 城乡统筹, 旅游辐射, 乡村游, 网络时代, 组合策略, 环保局, 综述进展, 中级法院, 海钓产业, 鄂伦春族, 结构优化, 基础设施, 场强模型, 除草剂, 青藏铁路, 周边古镇, 重要支撑, 肥料, 旅游定义, 带动, 优劣势, 文化遗产, 地质旅游, 标准化, 整体开发, 程序合法, 进展, 山东, 大太白山, 学科共识, 旅游村镇, 京郊, 游船业, 区位优势
2012	影响因素, 概念, 指标体系, 森林公园, 广东省, 旅游环境, 风沙地貌, 比较, 空间竞争, 空间载体, 文化建设, 模式创新, 福州市, 社会地位, 伊春市, 研究框架, 重游率, 生态经营, 商业环境, 苏区, 预算管理, 社区, 管理风格, 老年人, 符号消费, 晋商大院, 地貌遗产, 影响分析, 昆仑文化, 昆仑神话, 群团组织, 身份认同
2013	聚类分析, 定位, 旅游流, 资源整合, 空间行为, 城市旅游, 关系网络, 旅游收入, 开发模型, 国内研究, 道孚, 需求, 空间布局, 乡村, 南海, 民族区域, 长白山, 信息交互, 成因分类, 因子分析, 劳动就业, 济南市, 少陵原, 本质, 联动发展, 公文效力, 身心自由, 四川, 格萨拉, 价格因素, 陪葬墓, 汉宣帝, 皇后陵, 安全行为, 研究述评, 旅游人数, 公文, 产业集群, 喀什, 生态文明, 旅游商品, 永州, 海南省, 系统特征, 组织市场, 徐霞客

年份	研究热点
2014	可达性, 云旅游, 对策建议, 西藏, 高速铁路, 生态影响, 结构方程, 白水漂流, 扎根理论, 在线旅游, 演化, 深山旅游, 信息流, 乔家大院, 国家公园, 雅安, 物联网, 岩溶洞穴, 政校关系, 江西省, 宗教, 自然, 避暑度假, 开发建设, 市场调查, 信息技术, 宽城教育, 大气湍流, 西安秦岭, 旅游观, 舒适度, 发展方向, 慢旅游, 美旅游, 应用, 微旅游, 谢灵运, 种间竞争, 开发利用, 生态环境, 泛旅游, 旅游物流, 传媒学院, 漂流旅游, 环境管理, 游客感知
2015	旅游交通, 农户, 目的地, 创意产业, 广州, 敖鲁古雅, 转型发展, 日本, 出游距离, 华阳古镇, 合作区, 中越两国, 电视栏目, 经营行为, 智慧旅游, 唐代, 多元需求, 路径选择, 岭南水乡, 地理学科, 江南, 动力机制, 宣传营销, 服务创新, 产业链, 地质地貌, 烟台市, 产业运作, 空间集聚, 提升规划, 机构密度, 长尾理论, 运输组织, 制约因素, 解决路径, 开发路径, 差异性
2016	遗传算法, 云南省, 路线规划, 红外相机, 数字足迹, 跨境旅游, 规避, 边界地区, 户外探险, 感知距离, 策略构建, 购买意愿, 贵州绥阳, 空间模式, 移动互联, 住区, 自驾, 路网容量, 经验, 洞穴养生, 厦门岛, 社区环境, 放弃框架, 目标框架, 国际实践, 情绪体验, 熵权法, 法律问题, 喀斯特, 旅游枢纽, 制度分析, 运输流程, 新农村, 兽类, 生态化, 省会城市, 鸟类, 运输专列, 时空特征, 耦合协调, 草原旅游, 地质遗迹, 控制力, 监测, 运动障碍, 一站直达, 选择框架, 产业创新, 聚散功能
2017	空间分布, 自驾游客, 驱动机制, 定制旅游, 审美体验, 旅游廊道, 文化, 移情, 径流, 维度, 福建省, 试点创新, 网络结构, 丽江, 本真, 低碳旅游, 旅游信息, 海绵城市, 周末效应, 频率分布, 风险认知, 生态角度, 信息服务, 自我实现, 因素指标, 华山, 因果归因, 茶园, 安全风险, 驱动因素, 效应测定, 分担率, 生态景观, 翁丁古寨, 实施方案, 融合策略, 渗透沟, 营地, 社会事业, 营销角度
2018	游艇旅游, 演变, 选址优化, 皇城相府, 全域旅游, 行为意向, 大数据, 脉冲响应, 形象感知, 旅游增权, 交通工程, 北京市, 效果评价, 管控思路, 业态定位, 公共治理, 家具, 影响机制, 机理, 结合发展, 城市经济, 旅游日志, 时间框架, 耦合模型, 案例研究, 室内, 区位特征, 游艇文化, 空间格局, 微博, 知识图谱, 网络文本, 演变特点, 生态游憩, 网络口碑, 农业, 旅游效率, 个体感知, 空间划分, 合作网络, 兴趣点, 协调发展
2019	精准扶贫, 聚落, 优化, 运营模式, 茶旅融合, 影响机理, 文化开发, 影响范围, 时空行为, 类型特征, 苏州, 态度契合, 旅游活动, 产业结构, 群体认同, 契合行为, 时间价值, 旅行方案, 哈尼梯田, 权益保护, 呼和浩特, 城市圈, 网络点评, 维权意识, 户外旅游, 森林旅游, 经济增长, 参加动机, 商品流通
2020	发展路径, 山地旅游, 体育学, 价值恢复, 评价模型, 体育伤害, 标准离差, 旅游扶贫, 社区参与, 利益博弈, 客源范围, 矛盾冲突, 体育法, 空间分异, 负面口碑, 失望, 跃迁现象, 术语体系, 脱贫致富, 交通特征, 自甘风险, 稀疏轨迹, 旅游分享, 周末客流, 共词分析, 满意度, 学科属性, 旅游学, 青海, 民法典, 数理统计, 价值共毁, 轨迹聚类

年份	研究热点
2021	互动格局，出境旅游，游客体验，游客认同，结构特征，高质量，岩溶旅游，停车选择，岩溶景观，普洱，中国游客，战略优化，空间生产，线上旅游，价值评估，常态化，疫情防控，新兴业态，泊位共享，政府作用，文旅产业，网络，提升路径，开发方式，公共空间，地方性，文化旅游，清水头村，季节性，旅游城市，西双版纳

从表 2 – 12 中可以了解到，在过去 10 年对于低密度旅游业态方面的研究国内一直没有间断过，尤其对文化旅游、资源整合、游客主体感知方面做了大量的研究，比国外更为关注游客体验方面。此外，随着中国的发展中文的研究热点也发生变化，其中"公共空间"在 2020 年和 2021 年连续两年均为热点词，说明中国低密度旅游开发意识增强。同时旅游资源、产业结构、价值评估等内容近年来也有越来越多的学者关注。

为确定当前研究领域的前沿，运用 CiteSpace 软件和膨胀词探测算法，先分析前沿趋势和突变特征，再提取大量主题词中高词频变化率的词，此做法能够将科研的最新成果和未来发展方式展示出来，又能反映带有创新性、有发展潜力的主题等。

外文文献的研究前沿分析可以通过 CiteSpace 软件分析，提取出相应的关键词，如表 2 – 13 所示。

表 2 – 13　　　　　　　　低密度旅游业态领域外文文献前沿术语

关键词	强度	开始年份	结束年份	1991 ~ 2021 年
生物多样性	4.1	2015	2018	-------------------------------------
旅游	22.6	2017	2021	-------------------------------------
影响	15.3	2017	2021	-------------------------------------
管理	11.25	2017	2021	-------------------------------------
保护区	7.76	2017	2021	-------------------------------------
行为	6.12	2017	2021	-------------------------------------
保护	6.11	2017	2019	-------------------------------------
模型	5.86	2017	2021	-------------------------------------
特性	5.83	2017	2021	-------------------------------------

续表

关键词	强度	开始年份	结束年份	1991～2021 年
中国	5.75	2017	2021	━ ■■■■━━
真实性	4.94	2017	2021	━ ■■■■
目的地	4.74	2017	2021	━ ■■■■
少数民族	4.55	2017	2019	━ ■■■━ ━
城市	4.2	2017	2021	━ ■■■
决定条件	5.42	2018	2021	━ ■■■

注："■■■■"为关键词频次突然增加的年份，"━━━━"为关键词频次无显著变化的年份。

如表 2 - 13 所示，低密度旅游发展领域外文文献在 2015～2018 年突现关键词为生物多样性（biodiversity），表明生物及生物多样性已开始被关注并成为热点；突现关键词在 2017～2019 年时于生物以及生物多样性的基础上新出现了保护（conservation），说明在这一阶段学者开始关注生物及其多样化的可持续保护措施的应用问题，2017～2021 年陆续转换思维，由此关键词开始突变，分别为旅游业（tourism）、影响（impact）、管理（management）、保护区（protected area）、行为（behavior）、模式（model）、身份（identity）、中国（China）、真实性（authenticity）、目的地（destination）、少数民族（ethnic minority）、城市（city），表明这一时间段中，研究低密度旅游业态的学者们开始将低密度旅游发展的生态、文化以及保护行为可持续发展作为重点进行研究。通过前沿分析，国际上更注重低密度旅游发展领域的经济发展、生态保护及民族文化方面，跟目前中国针对该领域的布局不谋而合，因此有一定的参考价值。

中文文献的研究前沿分析可以通过 CiteSpace 软件分析，提取出相应的关键词，如表 2 - 14 所示。

表 2 - 14　　　　　　　低密度旅游业态发展领域中文文献前沿术语

关键词	强度	开始年份	结束年份	1991～2021 年
旅游业	3.91	1992	2001	■■■ ■■ ■■ ■ ━
狩猎旅游	3.89	1992	1995	■■■ ■ ━
探险旅游	4.34	1994	2002	━ ━ ■■■ ■■ ■■ ■■ ━ ━ ━ ━ ━ ━ ━ ━ ━ ━ ━ ━ ━ ━ ━ ━ ━
乡村旅游	3.92	2007	2012	━ ━ ━ ━ ━ ━ ━ ━ ━ ━ ━ ━ ━ ━ ■■■ ■■ ■ ━ ━ ━ ━ ━ ━ ━

注："■■■■"为关键词频次突然增加的年份，"━━━━"为关键词频次无显著变化的年份。

由表 2 - 14 可以看出，旅游业及狩猎旅游等文献突现关键词在 1992 年便开始出现，说明中国对于旅游业发展的研究虽然还未形成较为鲜明的学术前沿，但已经处于起步阶段。1994 ~ 2002 年低密度旅游业态发展领域中文文献突现关键词为探险旅游，说明国内学者已开始针对低密度旅游业态进行创新研究，低密度旅游业态开始进行初期研究。2007 ~ 2012 年，突现关键词为乡村旅游，说明中国低密度旅游业态发展战略开始转向旅游经济发展，以带动区域经济发展，也为本书选取景区高质量发展作为变量之一提供了想法及方向，贡献了低密度旅游业态创新发展的力量。

2.2　关于景区高质量发展的文献计量

景区是指以旅游及其相关活动的区域场所，能够满足游客参与观光、休闲度假、文化体验等旅游需求，具有相应的游玩基础设施并提供相应的旅游服务的独立管理区。从结构成分上讲，景区是旅游产业、旅游产品、旅游产业链及旅游消费的重要成分，可以通过景区内部建设提高景区质量进而吸引更多游客以此提高经济发展。以景区为重点，重视高质量发展，强调景区的游客体验价值，满足游客个性化需求，在规划和改造中高效集聚地推进景区的可持续发展。现通过对目前已有的景区高质量发展的国内外学者的文献进行研究。

2.2.1　研究数据及发文量的初步分析

通过 WOS（Web of Science）检索获得景区高质量发展的外文文献数据来源，并通过核心数据库（Web of Science Core Collection）收集文献，以此避免通过所有数据库产生字段缺失的问题。构建检索式为：主题 = （Tourism AND High-quality development）或主题 = （Landscape AND High-quality development）或主题 = （Quality of the scenic spot）；语种：英语；时间跨度：1991 年 1 月 ~ 2021 年 12 月；检索时间：2021 年 12 月 31 日；文献类型：期刊；筛选检索得到的文献并将无关的文献进行剔除，进而获得 787 条的相关文献数量，导出所得结果，并通过 CiteSpace 软件剔除有缺失字段的数据，最终进行景区高质量发展外文文献分析的 WOS 文献数量为 787 条。

通过中国知网检索获得本次研究的中文数据来源，构建检索式："高质量景区"或主题="旅游业和高质量发展"或主题="旅游和高质量";时间限定：
1991年1月~2021年12月；检索时间：2021年12月31日；筛选检索得到的文
献并剔除无关的文献，进而获得526条相关文献数量，随后导出结果并导入
CiteSpace软件中检验，无数据丢失问题，运行结果良好，最终进行景区高质量发
展中文文献分析的有效数据有526条。

　　将上述景区高质量发展的文献数据再次进行导出，并提取相应的信息导入
Excel表中分析，得到景区高质量发展在1991年1月~2021年12月中外文文献
发文量的对比图，如图2-12所示。

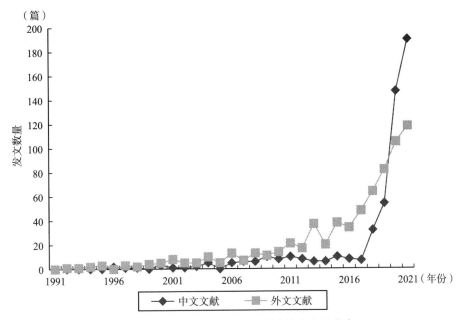

图2-12　景区高质量发展领域中外文文献分布

　　图2-12清晰显示出，从2013年开始关于景区高质量发展的中外文文献发
文数量开始出现较大的差别。1991~2003年，景区高质量发展各年度的中英文发
文量几近相同，表明有关景区高质量发展的文献研究在这一时间段中处于起步阶
段，需要更深入研究。2017~2019年，对于景区高质量发展的研究文献中外文文
献发文量迅速增长，虽然在发文量方面中文文献低于外文文献，但是中文文献的
增长速度要高于外文文献，说明国内对景区高质量发展的相关研究不如国外成
熟，但是研究热度很高。2019~2021年，景区高质量发展的研究文献中，中文文

献不管是在增长率方面还是在发文量方面都超过外文文献，说明在这一时期，中国的研究趋于成熟。

2.2.2 景区高质量发展研究的国家分析

针对外文文献方面，根据 WOS 数据库中检索所得文献数据，通过 CiteSpace 软件分析可得所需的数据并进行统计排序，得到排名前二十的国家，如图 2 - 13 所示。

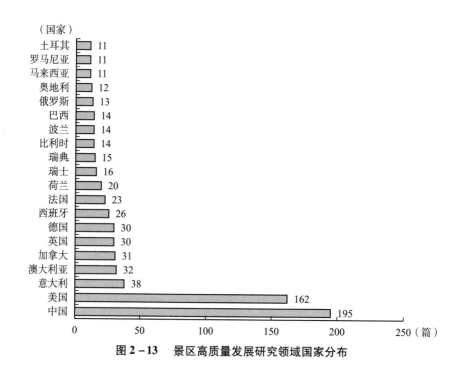

（国家）

- 土耳其 11
- 罗马尼亚 11
- 马来西亚 11
- 奥地利 12
- 俄罗斯 13
- 巴西 14
- 波兰 14
- 比利时 14
- 瑞典 15
- 瑞士 16
- 荷兰 20
- 法国 23
- 西班牙 26
- 德国 30
- 英国 30
- 加拿大 31
- 澳大利亚 32
- 意大利 38
- 美国 162
- 中国 195

0　50　100　150　200　250（篇）

图 2 - 13　景区高质量发展研究领域国家分布

研究景区高质量发展领域的发文量排名前三名的数量分别为 195 篇、162 篇、38 篇，与之对应的国家中，第一名是中国，第二名是美国，第三名是意大利，所发文量占比分别为 20.63%、17.14% 和 4.02%，前三名总占比为 41.79%，占比量较高，说明这三个国家在该领域具有一定的权威性。

景区高质量发展研究外文文献方面，对上文检索所得文献数据进行国家共现分析，如图 2 - 14 所示。

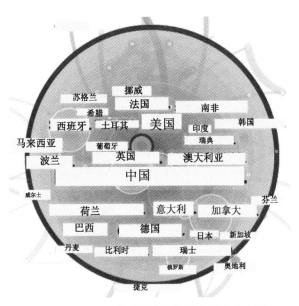

图 2 - 14   景区高质量发展领域的国家共现图

由图 2 - 14 可知，中国所占面积最大，且位于最为核心的节点上，这说明在景区高质量发展的领域中中国有着较为重要的地位。

在数据结果中，每个节点的关键性大小均由中心度的大小所决定，因此要想得出每个国家的关键性则需要对每个国家的发刊量的中心度进行排名分析，同时也能够了解该国在该相关领域的研究地位及与其他国家的紧密性。关键节点一般被认为是中心度不小于 0.1 的节点，提取出中心度大于 0 的国家，见表 2 - 15。

表 2 - 15   景区高质量发展领域国家发文中心度排名

发文量	国家	首次发文年份	中心度
162	美国	1995	0.28
23	法国	2005	0.1
195	中国	2004	0.09
30	英国	2005	0.09
32	澳大利亚	2001	0.08

发文量	国家	首次发文年份	中心度
16	瑞士	2005	0.05
10	南非	2005	0.04
9	威尔士	2000	0.04
30	德国	1999	0.03
26	西班牙	2006	0.03
20	荷兰	1998	0.03
14	巴西	2013	0.03
9	挪威	2001	0.03
38	意大利	1992	0.02
14	比利时	1994	0.02
11	马来西亚	2013	0.02
11	罗马尼亚	2008	0.02
11	土耳其	2009	0.02
4	斯洛文尼亚	2011	0.02
3	哥伦比亚	2018	0.02
2	赞比亚	2012	0.02
31	加拿大	1995	0.01
15	瑞典	2006	0.01
14	波兰	2009	0.01
8	葡萄牙	2009	0.01
3	巴基斯坦	2019	0.01

从表 2-15 可以了解到，中心度大于 0 的 26 个国家中只有两个国家——法国与美国的中心度大于 0.1，且美国排名第一，在所有研究景区高质量发展领域的国家中法国与美国具有一定权威性。同时美国也是首次发文最早的国家之一，意大利和比利时发文也较早。虽然中国的相关理念形成较晚，但发展迅速，正逐渐提高自身在该领域的国际地位，其依据为中国 2004 年才开始有相关的文献成果，不过发文量排名第一且中心度排名第三，有一定影响力，仍需要在该方面进行深入研究。

而中国虽然在 2004 年才开始有相关领域的文献成果，但是其发展迅速，在该领域的发文量排名第一且中心度第三，说明中国在国际上有着一定的影响力，仍需要深入研究该领域。

2.2.3　景区高质量发展研究的期刊分析

在景区高质量发展领域外文文献方面，根据 WOS 数据库中检索所得数据，通过 CiteSpace 软件分析可得期刊共被引可视图，如图 2 - 15 所示。

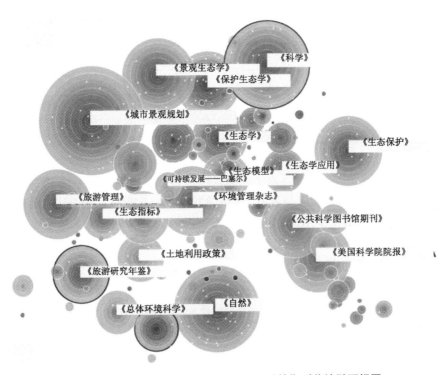

图 2 - 15　景区高质量发展领域外文文献的期刊共被引可视图

由图 2 - 15 可知，景区高质量发展领域外文文献的期刊中被引频次排名第一的是《城市景观规划》。该期刊中具有一定权威性的部分是生态工程、环境科学等。在 2015 年发表过 144 篇论文，在 6417 种科学类刊物中排名 41，影响因子为 3.037。同时《科学》《公共科学图书馆·综合》《自然杂志》《环境管理杂志》《美国国家滑雪协会》《旅游管理》《景观生态学》《生物保守性》《生物保护》

《土地使用政策》《生态指标》《旅游研究年鉴》《生态建模》《生态学》等期刊的被引频次也相对较高。期刊的研究方向多分布在旅游管理、景观生态学、自然、生态环境科学、自然地理等领域中。

为提取景区高质量发展领域外文文献的研究期刊中的共被引关键节点，需按照关键节点的要求为中心度不小于0.1为标准，提取后列表，如表2-16所示。

表2-16　　　景区高质量发展领域外文文献的期刊共被引网络关键节点

刊物名称（简称）	被引频次	首次出现年份	中心度
《农业经济管理》	13	2000	0.19
《环境管理》	52	1994	0.15
《美国米德兰博物学家》	4	1995	0.12
《旅游研究年鉴》	76	2003	0.11
《健康与场所》	3	2008	0.11
《科学》	144	1995	0.1

通过表2-16可以看出，《农业经济管理》《环境管理》《美国米德兰博物学家》《旅游研究年鉴》《健康与场所》《科学》的中心度较高，表明这六个期刊对景区高质量发展领域的学术研究起到了一定的支撑作用，研究成果质量较高。

在景区高质量发展领域外文文献方面，根据上文检索所得文献数据，通过软件分析并导出排名前十期刊领域如表2-17所示。

表2-17　　1991~2021年景区高质量发展领域外文文献的期刊分布（前十）

刊物名称（简称）	载文量（篇）	占比（%）	刊物名称（简称）	载文量（篇）	占比（%）
《城市景观规划》	13	2.19	《环境管理》	6	1.18
《环境监测和评估》	8	1.35	《景观生态学》	6	1.18
《土地利用政策》	8	1.35	《环境管理杂志》	5	1.01
《公共科学图书馆·综合》	8	1.35	《可持续发展》	5	1.01
《生物保护》	7	1.18	《保护生物学》	5	0.84

由表 2 - 17 所示，景区高质量发展领域外文文献的集中度不高，尚未形成一定的期刊群和权威性期刊代表，其依据是期刊发文量排名前十的文献总量为 75 篇，占比只有 12.65%。此外，结合图 2 - 15 可以看出，《城市景观规划》《公共科学图书馆·综合》《可持续发展》《环境管理杂志》的被引频次相对其他期刊明显较高，因此可以认为《城市景观规划》《公共科学图书馆·综合》《可持续发展》《环境管理杂志》四个期刊在景区高质量发展研究领域中影响力较大。

下面对景区高质量发展研究领域中文文献的期刊进行分析，利用 CiteSpace 软件进行文献共被引分析时需要依据"参考文献"的字段，无法直接通过软件进行中文期刊方面的分析，只能从该领域的期刊载文量及学科研究层次入手分析。

第一步，先将上文从中国知网中检索得到的数据资料导进 Excel 表中，同时根据期刊载文量数量进行排名，1991 ~ 2021 年的景区高质量发展中文文献期刊的载文量前十名如表 2 - 18 所示。

表 2 - 18　　1991 ~ 2021 年景区高质量发展领域中文文献的期刊分布（前十）

刊物名称（简称）	载文量（篇）	占比（%）	刊物名称（简称）	载文量（篇）	占比（%）
旅游学刊	46	8.76	农业经济	10	1.90
经济地理	15	2.86	宏观经济管理	8	1.52
体育文化导刊	15	2.86	热带作物学报	8	1.52
人民论坛	13	2.48	企业经济	7	1.33
社会科学家	13	2.48	安徽农业科学	6	1.14

由表 2 - 18 可知，载文量排名前十的中文期刊的总发文量共 141 篇，约占总发文量的 26.86%，说明景区高质量发展领域中文文献的期刊论文集中度较高，我国景区高质量发展领域的学术研究的期刊群已经逐渐形成。其中，《旅游学刊》在该领域刊登最多数量的文献，共 46 篇相关文章，主要集中在旅游管理、旅游体验、生态旅游等方面，涉及学科主要有旅游经济、农业经济、城市经济、环境等，它是最核心的有关景区高质量发展领域的期刊。《经济地理》刊登了 15 篇相关文章，主要集中在空间格局、可持续发展、产业结构、高质量发展等方面，涉及学科主要有旅游经济、国民经济、环境与地理、交通运输经济等。《体育文化导刊》刊登了 15 篇相关文章，主要集中在民族传统体育、群众体育、体育文化等方面，涉及学科主要有体育与教育、旅游经济、文化与文学、商业经济等。因

此这三个期刊可以给景区高质量发展领域的研究方向提供指导。

第二步，将上文排名前十的期刊名进行二次分类，依据中国知网期刊上的研究层次进行分组，以此方便对该领域的权威期刊进行分层，并为后面的选取参考文献步骤提供指导意见，具体如表 2 – 19 所示。

表 2 – 19　　　　　　景区高质量发展领域研究核心期刊研究层次

研究层次	期刊名称
基础研究（社科）	《旅游学刊》《经济地理》《体育文化导刊》《人民论坛》《社会科学家》《农业经济》
政策研究（社科）	《宏观经济管理》
基础与应用基础研究（自科）	《热带作物学报》《安徽农业科学》
行业指导（社科）	《企业经济》

第三步，由表 2 – 19 可知，国内研究景区高质量发展领域主要集中在社会科学领域的基础研究层次、行业指导研究层次、政策研究层次以及自然科学领域的基础与应用基础研究层次中，同时可知，当进行有关景区高质量发展领域的社会科学基础研究时可重点参考《旅游学刊》《经济地理》《体育文化导刊》《人民论坛》《社会科学家》《农业经济》；进行有关景区高质量发展领域的社会科学政策研究时则可以关注《宏观经济管理》；而进行有关景区高质量发展领域的社会科学行业指导时可多了解《企业经济》；《热带作物学报》《安徽农业科学》可被用于自然科学中的基础与应用基础研究。

在进行研究景区高质量发展领域时，《城市景观规划》《环境管理杂志》《公共科学图书馆·综合》《可持续发展》等期刊上的外文文献可被重点用来参考，有关中文的文献期刊则可以重点放在《旅游学刊》《经济地理》《体育文化导刊》《人民论坛》《社会科学家》。

2.2.4　景区高质量发展领域的研究团队分析

对景区高质量发展领域外文文献的作者进行分析，将上文检索所得文献数据，通过软件分析可得景区高质量发展领域外文文献的作者共被引可视图，如图 2 – 16 所示。

图 2 - 16　景区高质量发展领域外文文献的作者共被引可视图

由图 2 - 16 可知，在国际上该领域中被引频次较高的作者是丹尼尔、李璐、福尔曼、麦克加里格尔等，具有一定的权威性。将关键节点根据中心度大于 0. 1 的标准提取数据，如表 2 - 20 所示。

表 2 - 20　　景区高质量发展领域外文文献作者共被引网络关键节点

作者	被引频次	中心度	首次出现时间
经济合作与发展组织	3	0. 15	2005
阿特休尔	6	0. 14	2009
欧盟委员会	10	0. 13	2011
史密斯	2	0. 11	2009
格瑞	15	0. 1	2001

作者	被引频次	中心度	首次出现时间
国际自然保护联盟	3	0.1	2005
阿普尔顿	3	0.1	2008

由表 2 - 20 可知，经济合作与发展组织、阿特休尔、欧盟委员会、史密斯等人的中心度均大于0.1，是关键节点，说明这几位作者或组织的相关研究具有权威性。

对景区高质量发展领域外文文献的机构团队分析，根据 WOS 数据库中检索所得文献数据，通过 CiteSpace 软件分析可得研究机构合作可视图，如图 2 - 17 所示。

图 2 - 17   景区高质量发展领域外文文献的机构团队合作可视图

由图 2 - 17 可知，所涉及研究机构发文量最高的是中国科学院，与几家机构都有较为紧密的联系，但还需要加强彼此之间的研究合作。机构合作可视图中共 2897 条连线、1264 个节点（即发文机构），但其贡献网络密度仅为 0.0036。

对相关数据排序，得到景区高质量发展领域外文文献发文量在 6 篇以上的机构，如表 2 - 21 所示。

机构名称	机构性质	地区	发文量（篇）
中国科学院	研究机构	中国	36
浙江大学	高校	中国	9
不列颠哥伦比亚大学	高校	加拿大	8
南京大学	高校	中国	7
北京师范大学	高校	中国	7
蒙大拿大学	高校	美国	6
亚利桑那州立大学	高校	美国	6
多伦多大学	高校	加拿大	6
俄亥俄州立大学	高校	美国	6
赫尔辛基大学	高校	芬兰	6

表2-21 景区高质量发展领域外文文献高发文量机构

从表2-21可以了解到，有关景区高质量发展领域发文量排名第一的是中国科学院，排名第二的是浙江大学，第三名是不列颠哥伦比亚大学。结果显示主要研究机构是国际上的各大高校，从地域上看，中国高校的影响力较大，因为排名前五位中四个属于中国，这足以说明中国高校的成果影响着景区高质量发展研究领域的发展。

对景区高质量发展领域中文文献的作者进行分析，将上文所得文献数据，通过软件分析得出结果，如图2-18所示。

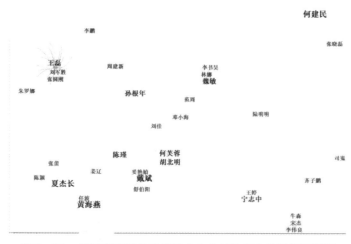

图2-18 景区高质量发展领域中文文献作者合作网络可视图

由图 2－18 可知，作者（即图中的节点）有 1071 个节点，其之间有 1283 条连线，但各个作者之间的联系不强，共现网络密度只有 0.0022。其中，戴斌发文量最高，也与几位学者合作过。表 2－22 为发文量排名前五的作者姓名与单位。

表 2－22　　　　　　　景区高质量发展领域中文文献的高发文量作者

作者	单位	发文量（篇）
戴斌	中国旅游研究院	4
何建民	上海财经大学商学院	4
黄海燕	上海体育学院	4
夏杰长	中国社会科学院财经战略研究院	4
王芳	三江学院旅游学院	3

由表 2－22 可知，戴斌、何建民、黄海燕、夏杰长等学者在景区高质量发展领域中具有影响力。其中，来自中国旅游研究院的戴斌致力于旅游业、国民经济、高质量发展、文旅融合、当代旅游的研究；来自上海财经大学商学院的何建民致力于防控模式、旅游者感知价值、出游决策、旅游者满意、空间分布特征的研究；来自上海体育学院的黄海燕致力于消费者行为、高质量发展、评价体系、产业效率的研究；来自中国社会科学院财经战略研究院的夏杰长致力于服务贸易、服务业发展、数字经济、产业融合的研究；来自三江学院旅游学院的王芳致力于生态位态势、旅游经济、旅游景区、文化旅游产品的研究。

对景区高质量发展领域中文文献的机构团队分析，根据 WOS 数据库中检索所得文献数据，通过 CiteSpace 软件分析可得机构合作可视图，如图 2－19 所示。

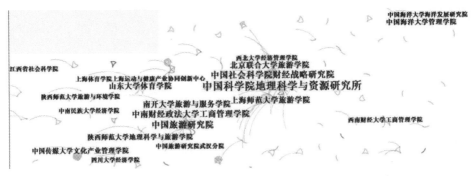

图 2－19　景区高质量发展领域中文文献的机构合作可视图

通过图2-19可以看出，中国科学院地理科学与资源研究所景区的发文量最高，与多个机构有所合作，说明国内有关景区高质量发展领域的研究正逐步兴起，同时可以看出各机构之间具有良好的合作关系，但不够紧密，需要加强之间的联系，其依据是发文机构有731个，但他们之间的连线只有585条，尚未形成规模体系。上海师范大学与上海财经大学、上海师范大学与上海财经大学各为研究起步状态的群体，需扩大其研究规模。将中文文献研究机构的发文量进行排序，得到排名前五的机构，如表2-23所示。

表2-23   景区高质量发展领域中文文献的高发文量机构

机构名称	机构性质	地区	发文量（篇）
中国科学院地理科学与资源研究所	科研机构	华北地区	11
中国社会科学院财经战略研究院	科研机构	华北地区	7
中国旅游研究院	科研机构	华北地区	7
中南财经政法大学	高校	华中地区	6
湖南师范大学	高校	华中地区	5

由表2-23可知，有关景区高质量发展领域中文文献的发文量排名第一的是中国科学院地理科学与资源研究所，排名第二的是中国社会科学院财经战略研究院、中国旅游研究院。这表明科研机构在国内该领域研究中为主力机构，并且主要研究地区是在华北地区。

2.2.5 景区高质量发展领域的重要文献分析

对景区高质量发展领域重要外文文献分析，根据WOS数据库中检索所得文献数据，通过CiteSpace软件分析可得文献共被引聚类分析图，如图2-20所示。

从图2-20可以了解到有关景区高质量发展的研究相关文献之间的连接度不高，但联系良好，结论依据是图中节点有5221个，连接线有15726条，却只有0.0012的共现网络密度值。

对景区高质量发展领域重要中文文献分析，运用CiteSpace软件进行文献共被引分析时不能有残缺，而中国知网的文献数据信息不全，因此从文献的被引频次入手统计，如表2-24所示。

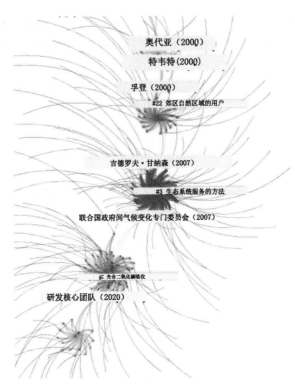

图 2 - 20　景区高质量发展领域重要外文文献的共被引聚类分析图

表 2 - 24　　　　　　　　景区高质量发展领域中文核心文献

排名	被引频次	作者	题目
1	169	方创琳	中国新型城镇化高质量发展的规律性与重点方向
2	126	赖胜强、唐雪梅、朱敏	网络口碑对游客旅游目的地选择的影响研究
3	124	邓贤峰、李霞	"智慧景区"评价标准体系研究
4	106	程占红、张金屯	天龙山旅游开发对植被的影响
5	97	黄潇婷	国内旅游景区门票价格制定影响因素的实证研究
6	85	徐开娟、黄海燕、廉涛、李刚、任波	我国体育产业高质量发展的路径与关键问题

续表

排名	被引频次	作者	题目
7	79	丰晓旭、夏杰长	中国全域旅游发展水平评价及其空间特征
8	76	毛建华、蔡湛	旅游度假区定义的探讨
9	72	肖卫东、杜志雄	农村一二三产业融合：内涵要解、发展现状与未来思路
10	69	卢小丽、付帼	红色旅游质量、满意度与游客忠诚研究——以井冈山景区为例

由表 2-24 可知，被引频次排名第一的是方创琳于 2019 年 1 月发表的《中国新型城镇化高质量发展的规律性与重点方向》，被引频次为 169 次。被引频次排名第二的是赖胜强、唐雪梅、朱敏于 2011 年 6 月发表的《网络口碑对游客旅游目的地选择的影响研究》。被引频次排名第三的为邓贤峰、李霞于 2012 年 9 月发表的《"智慧景区"评价标准体系研究》。

2.2.6 景区高质量发展领域的研究热点及前沿分析

为发现目前景区高质量发展研究领域的空白和方便选择研究方向，可以分析文献的关键词，通过共词分析和突变分析直观地反映出景区高质量发展领域的研究热点及前沿。

首先对景区高质量发展领域的研究热点进行分析。

在外文文献方面，根据 WOS 数据库中检索所得文献数据，通过 CiteSpace 软件分析可得关键词共现图，如图 2-21 所示。

由图 2-21 可知，景区高质量发展领域外文文献高频关键词聚类分为 7 个类别，即土壤管理、景观偏好、国家公园、景观特色、土地使用、秃鹰、其他热点。这 7 个类别代表着景区高质量发展领域的研究热点。根据聚类图并按照关键词的时间顺序进行排列，可以得到热点关键词脉络表，如表 2-25 所示。

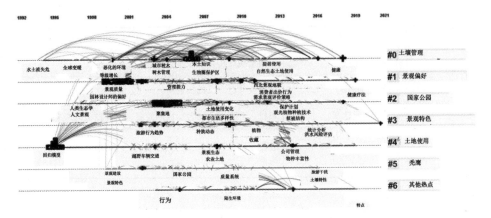

图 2-21　景区高质量发展研究外文文献热点图

表 2-25　　　　　　　景区高质量发展领域外文文献热点关键词脉络表

年份	关键词
1992	小岛，信息理论
1994	植被，土壤侵蚀，损害，北海道，高地
1995	模式，回归，种群动态，道路密度，适用性
1997	文化景观，人类生态学，生物多样性保护，对气候变化的脆弱性，湿地管理，湿地保护，城市土地使用，生态系统管理，生态完整性，保护区管理，国家公园管理，全球变暖
1998	气候变化，栖息地的使用，土壤，污染，土壤退化，草原，季节性的丰度，未来土地利用变化，人口趋势
1999	农村景观，视觉质量，景观的偏好，景观建筑，景观的历史，管理机构，景观规划
2000	管理，质量，环境，美丽的风景，国家公园，景观评价，生产力，食品安全，土壤质量，温室效应，热带地区，风险评估，空间规划，热带生态系统
2001	影响，植物物候学，生态经济学，干扰，稻田，循环模型，喷气式飞机，经济效率，威胁野生动物，草原壶穴区域，野生动物部门，驯鹿，景观标识，涉猎鸭人口，野生动物的利用率，野生驯鹿，地形险峻，工业发展，成功，土地使用规划，行为反应，学家

年份	关键词
2002	栖息地，栖息地质量，生殖成功，风景的价值，保护规划，森林碎片，资源开采行业，人类的影响，冬天，湿地复杂，越野车辆交通，森林景观模拟器，湿地野生动物，习惯化，集成的野生动物管理
2003	生物多样性，区域，开放空间，可持续性，需求侧管理，城市梯度，生态危机，耗散结构，社会资本，水的再利用，经济增长模式，跨界水资源管理，水资源综合管理，燃烧农业，生态足迹，灌溉，人类生态功能障碍
2004	景观，森林，选择，土地，生态，城市公园，预测，分布，景观分析，可靠性，城市森林，模型评价，访问模式，熊的栖息地，城市公园管理，栖息地的造型，康乐设施，保护，物种分布，植树造林，景观管理，用户感知，传统的树，栖息在树上的，预测模型，树管理，当地政府，森林再生，大城市，森林可视化，栖息地模型
2005	进化，保护，行为，新制度经济学，森林管理，觅食生态学，小规模的农民，外来入侵植物
2006	生态系统服务，城市，土地使用，旅游开发，改善，风险，社区参与，农村发展，公园，城市绿色空间，视觉冲击，可持续农业，森林美化市容，价格竞争，感知有用性，价格，伴侣的位置，空间变异性，支离破碎的景观，环境功能，游客感知，户外休闲，温度，有吸引力的水槽，精密的计划，森林害虫侵扰，同源性，阿尔伯塔省中西部，社会接受度，缓解，公众的认知，安全，班夫国家公园，自然的景观设计，生长季长度，发展，不完全竞争，保护生物学，数量的竞争，采用羊计划，发生概率，营养质量，可用性，案例研究
2007	人口，动力学，栖息地的分裂，多样性，河流域，当地的产品，种间竞争，可持续的生计，生态陷阱，用户的偏好，栖息地的空间结构，饮食选择，生存，土地覆盖类型，森林公园，大规模的，传统的土地管理，人为的资源，娱乐活动，原住民知识，生境建模，生物圈保护区
2008	栖息地的选择系统，可持续发展，规模，保护区，服务，景观格局，视觉的偏好，农业用地，医疗旅游，风景优美的质量，城市扩张，景观生态学，空间分布，发展中国家，卫生服务利用，全面的方法，工厂生产，治疗多元化，野生动物，住宅开发，西非，卫生服务贸易，局部空间自相关，同种的吸引力，人口模拟，景观保护，新热带区的移民，治疗景观，景观指标，社区满意度，南美大草原生物群落，郊区农业，环境指标
2009	传播，评估，土地利用变化，目的地竞争力，森林结构，区域自给自足，保护优先级，旅行，旅游竞争力评价，人类的足迹，当地居民，植被恢复的景观尺度优化，竞争力因素，景观结构，知识交流，竞争力监测，旅游部门竞争力评价，旅游业竞争力，风景优美的标准，国家，混合土地使用形式，投资政策，土地利用变化，陆地的栖息地，栖息地适宜性，人类自然的角度来看，森林美学，策略，栖息地的多样性，两栖动物保护

年份	关键词
2010	旅游，城市化，偏好，生物完整性，政策，空间分析，水的质量，全球医学，人类健康，越野滑雪，非均质性，游客，经济危机，恢复质量，河流地貌学，视觉评估，现实主义，定位服务，零售诊所，耕地景观，旅行者，零售业发展，形式，冰川地貌，生命周期模型，横向传播，可视化建模，土地使用规划，方便的保健诊所，河流健康，丝绸之路，积雪，冬季娱乐，构造地貌学，景观特征，因子分析，旅游业及酒店业，心理恢复，景观演变，岩石隆起，目的地，旅游网络，森林景观管理，城市地区，活跃的构造，园林路，成本，农业景观，全球变化
2011	气候，服务质量，行业，需求，景观变化，土地覆盖，资源选择，可持续发展的旅游，满意度，遗传多样性，因果关系，当地的适应，石灰石采石场，可持续生产，生长季节指数，企业社会责任，城市生态学，技术上的雪，偏见，可持续发展规划，盐胁迫，均质化，旅游指数，热情好客，温泉酒店，酒店用水量，资源选择函数，整体的研究议程，组织，工具，成熟的沿海目的地，解散，地下水动物群，亚高山草原，干旱带，重新评估，资源和潜在的，城市森林，小麦，滑雪滑雪道，集水，经济增长，学家驯鹿，军事活动，旅游管理，洞穴，电子健康记录，目的地形象，土地测量记录，法律保护，功能注释，潜在的栖息地，保护网络，大熊猫，护理记录，植物防御，景观指标，秦岭山脉，生态修复，生物样本库信息管理系统，白云杉，生态系统的生产总值，高山，鱼类的栖息地，娱乐使用，人造雪，北美，高山生态系统，物种多样性，人口分布，种子集合，生物标本银行，酒店管理，经济发展，消费者知觉，经济和文明认同，城市性质
2012	社区，经验，表达式，葡萄酒旅游，注释，西班牙，愿意支付，或有价值，遗传学的性，经由，时态变化，群体决策，人类环境，徒步旅行的经验，社会价值，武安国家地质公园，地形，社会建设，竞争战略，国外竞争，康乐规划与管理，可视化，种间杂交，产品开发，地方依恋，铜矿开采，森林砍伐，消费者，生态旅游目的地，团体包价旅游，旅行社，品种发展，娱乐体验，绿色景观，海洋，海洋公园，富营养化，标准，感觉，地面橡胶，绿色区域，伸长，在活的有机体内，地方的意思，生物电阻，适应策略，另类的旅游形式，郊区的自然区域，商业历史，心理学，生态游客感知度，决策结构，农村地区，城市绿色，战略制定，环境服务，生殖细胞
2013	质量评估，历史，选择，实现，属性
2014	连接，中国，居民感知，敏感性分析，决策，构造演化，生态旅游服务，人口结构，形态，冬季栖息地土地覆盖变化，运动，林地，国家森林公园，生态旅游开发，平台的选择，推广计划，自然保护区，识别的栖息地，旅游指南，多功能性，土地利用战略，建筑与自然，空间使用，互联网，景观环境，生存分析，环境评估，旅游机构，自然旅游，沉积物源，文化遗产，鸟生物多样性，政府的介入，范围扩大，盆地，旅游业的品质管理，突变的风景，山地农业，旅游追踪，非侵入性的遗传学，活动范围大小，基于自然的旅游业，旅游质量，琼东南盆地，生存风险，体型，空间优化，自然保护，空间覆盖率，洞察力，景观地貌，消费者出价行为，保护区的保护，狩猎的行为，景观遗传学，植被丰富，植被结构，景观评价
2015	权衡，生态系统，年龄，食草动物，美学

年份	关键词
2016	挑战，支持，需要，慈善机构，解释学现象学，觅食生境，城市发展，数据保护，人口基因组学，数据隐私，生物完整性，环境、社会和治理报告，沿海和海洋资源，有机物质，自然资源，综合报告，潜在的保护价值，航拍照片，景观过程模型，天池风景区，系统模型，区域和城市规划，底栖大型无脊椎动物，森林植被模拟器，猎物补贴，水文，方向，多样性和民族，经济，优化建模，科学，威胁，耕地保护，环境目标，复杂的，可变剪接景观，验证，系统思考，基因组扫描，城市化过程，复杂性，知识管理，社会价值，水生生态系统，较低的旧石器时代，可持续发展目标，旅游干扰，积极的选择，公共政策，降雨，传统的渔业，水生生物的分层利用，群落结构，统计分析，土地适宜性，农田转换，基因多样化，海滩游客，地理位置，不确定性，自适应进化，礼仪的价值，洪水风险评估，水文周期，生活方式迁移，可持续性的阈值，遗传标记，知识共享，经济价值，社会影响，环境基因组学，鱼的陷阱，遗传变异，森林管理和规划，动态表达谱，遗传学的适应，战略识别，循证自然保育，陆地，休闲，瑞典，协作规划，愿意接受，清洁法案，隐私，实践社区，土地生态适宜性，生物梯度条件，葡萄栽培
2017	对齐，自我效能，基因组，城市规划
2018	健康，基因，食物，设计，海滩上的管理，风景，环境管理，食肉动物，信息技术，城市，细胞
2019	生态走廊，卫生保健，空间，运输，身份，旅游业，功能，生态环境，社交媒体，土地整理，技术
2020	农业文化遗产体系，乡村旅游，绿色空间，沿海城市
2021	空气质量，行列式，时空演变

由表 2－25 可以看出各个时期的景区高质量发展领域的研究方向，2003 年学者们开始针对景区高质量发展领域进行研究，随着时间的推移，2007～2013 年，研究方向有所变化，开始着眼于景区高质量发展内部环境的维护、资源可持续发展等方面；2011 年，研究热点词比往年明显增多，研究方向主要集中在生态环境、可持续发展，景区高质量发展逐渐得到了研究学者们的重视；2015～2019年，景区高质量发展领域中的景区空间布局及景区建设发展所带来的环境问题受到学者们的青睐。因此，可以直观地看出国外对景区高质量发展领域方面的研究还处于景区内部建设的研究阶段，对于景区高质量发展的领域还需深入研究。

在中文文献方面，根据中国知网检索所得文献数据，通过 CiteSpace 软件分析可得热点图，如图 2－22 所示。

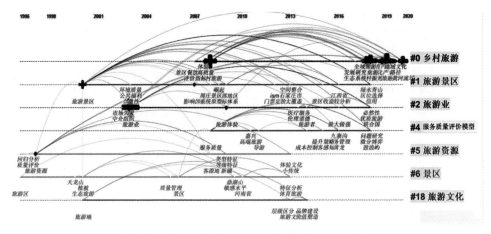

图 2-22　景区高质量发展领域中文文献热点图

由图 2-22 可知，景区高质量发展领域中文文献的高频关键词聚类分为乡村旅游、旅游景区、旅游业、服务质量评价模型、旅游资源、景区、旅游文化这 7 类。其中，乡村旅游、旅游景区、旅游业和服务质量评价模型的研究在近年来继续保持热度，其中对景区高质量发展的乡村旅游的研究自 2007 年景区高质量发展的相关研究热点出现至今仍持续保持热度。根据聚类图并按照关键词的时间顺序进行排列，可得研究热点脉络，如表 2-26 所示。

表 2-26　　　　　景区高质量发展领域中文文献的热点关键词脉络

年份	研究热点
1996	旅游区、旅游学系、南开大学
1997	旅游资源、风景区、杭州西湖、回归分析、质量评价
1998	经营模式、旅游饭店、模式探讨
2000	旅游景区、植被、旅游地、生态旅游、天龙山、华侨城、旅游企业
2001	规划、自然环境
2002	城市设计、休闲、城市空间、邯郸市
2003	旅游业、市场失灵、环境质量、公共福利、合意性、中介组织
2004	休闲度假、休闲业、休闲产业、商务酒店、特色精品、市场开拓、泉州旅游、城市休闲、员工第一、合理利用、生态发展、休闲服务

续表

年份	研究热点
2006	旅游、景区、体验营销、景观、奥运会、健康、辽东山区、生态、旅游产品、逆向选择、舒适度、北京、技术集成、道德风险、经济、文化消费、29届、质量管理、人文、城市、推广
2007	影响因素、门票价格、海南、评价指标、城市旅游、博弈、资源景区、旅游形象、最优化、奥运旅游、景区餐饮
2008	乡村旅游、高质量、服务质量、印度、真实性、城市照明、周庄景区、系统原型、医疗旅游、低费用、体验、客源地
2009	旅游体验、中部地区、指标体系、熵值、筛选标准、空间分布、3s技术、类型特征、特定人群、策略、资源评估、等级特征、战略、红楼文化、特征、模糊评价、藏东南、新疆、蓝领公寓、陕西、崛起、设计、价值分析
2010	河南省、鼎湖山、敏感水平、演变、余光中、个体道德、水环境、服务经济、空间结构、标准、价值探析、情感性、休闲化、山地城市、花山景区、体验过程、生活体验、精神民俗、游憩地、民俗生活、德育价值、管理对策、乡村度假、情感教育、发展模式、措施、价值判断
2011	创新、民俗旅游、导游、经营开发、民俗活动、口碑、相对优势、现状、传播主题、嘉兴、系统构建、旅游开发、对策、因地制宜、佛罗里达、老爷庙、高端旅游、游客中心、体验式、网络口碑、旅游行为、鄱阳湖、聚合力、融合性、国际经验、人性化、旅游精品、乡村民俗
2012	校企合作、评价标准、智慧城市、泰山景区、校企融合、旅游经济、翻译质量、ism、旅游活动、门票定价、创新发展、湖泊旅游、重金属、智慧旅游、公示语、育人平台、产教结合、评价、电子政务
2013	民俗文化、旅游文化、特征分析、空间整合、四川皮影、石家庄市、层级区分、体育旅游、创意设计、最大覆盖、体验文化、小传统、顾客体验、体验经济
2014	旅游者、旅游强国、医疗服务、品牌建设、伦理道德、山东省、空间错位、A级景区、成本控制、环境学、价值塑造
2015	中国、质量导向、极致性、中国民俗、优化实践、价值升华、体验中心、万峰林、空气质量、提升策略、文化生态、旅游需求、定价模型、景区收益、城乡关系、品牌景区、中国旅游、ipa法、游客感知、地理枢纽、污染因素、供给短缺
2016	做大做强、多级符码、江西省、九寨沟、服务管理、世界遗产、当代乡愁、茶文化、资源类型、文化空间、城市等级、开发路径、比较分析、语境表达、黄龙
2017	展示设计、开发策略、发展研究、出游决策、小城镇、四川省、三坊七巷、博物馆、城镇旅游、生态农庄、空间建构、叙事特征、国际一流、生态系统

续表

年份	研究热点
2018	乡村振兴、红色旅游、全域旅游、产业融合、特色小镇、再生水、门票经济、协同治理、空间治理、产业化、目标体系、结构方程、集聚特征、《纲要》、战略类型、生态文明、党中央、文化传承、品质旅游、满意度、金山银山、发展对策、流域、文化自信、问题研究、三清山、体验质量、新区规划、度假区、游客忠诚、理论要求、城市形态、城市滨水、低碳城市、旅游质量、景观元素、浙江、生态补水、文化内涵、新理念、练江、雄安新区、市场机制、品牌增值、微分博弈、特点问题、先行先试、绿水青山、必然性、区域差异、区位选择、文化振兴、实现路径、服务氛围、地方依恋、服务绩效、空间分析、桂林旅游、俄林理论、信用、景区门票、鼓浪屿、优质旅游、联合国、轨迹聚类、解说服务
2019	文旅融合、文化产业、旅游产业、体育产业、新时代、体育消费
2020	黄河流域、民族地区、高品质、地域文化、体育经济、路径

由表 2-26 可以看出，1996~2003 年，学者开始把旅游区发展视为研究热点，并且在该领域取得了关键性成果，自 2004 年以来，对于景区建设高质量发展的各方面研究开始被各领域学者广泛关注，为本书中的低密度旅游业态创新与景区高质量发展协同合作模式提供了参考依据。具体来看，2004 年，旅游业的休闲度假和质量管理及景区的生态保护成为进一步的研究热点。近两年学界将重心放在景区资源的高质量可持续发展、游客的满意度以及发展对策等方面的研究。

下面对景区高质量发展领域的研究前沿进行分析。

在外文文献方面，根据 WOS 数据库中检索所得文献数据，通过 CiteSpace 软件分析可得保持超过 2 年热度的关键词，如表 2-27 所示。

表 2-27　　　　景区高质量发展领域英文的文献前沿术语

关键词	强度	开始年份	结束年份	1991~2021 年
风景	10.96	2017	2021	————————————————
巨大影响	8.12	2017	2021	————————————————
管理	7.93	2017	2019	————————————————
生态系统服务	7.15	2017	2021	————————————————
都市化	5.53	2017	2021	————————————————
中国	4.73	2017	2021	————————————————

关键词	强度	开始年份	结束年份	1991～2021 年
可持续发展	4.42	2017	2019	———————————————————————— ■■■ —
质量	9.66	2018	2021	———————————————————————————— ■■
感知	5.5	2018	2021	———————————————————————————— ■■
健康	4.76	2018	2021	———————————————————————————— ■■

注："■■■■"为关键词频次突然增加的年份，"————"为关键词频次无显著变化的年份。

由表 2－27 可知，2017～2021 年景区高质量发展领域外文文献突现关键词为风景、影响、管理、生态系统服务、城市化、中国、可持续发展。在国际研究景区高质量发展的初期，2018 年学者们重点研究景区高质量发展领域的系统化问题，突现关键词为质量、感知、健康，说明景区高质量发展的研究经过多年发展，学者开始对景区高质量发展领域的低密度旅游以及景区高质量发展在各个业态的影响作用进行重点研究。通过以上对景区高质量发展领域外文文献研究前沿的分析，可以看出，国际上有关景区高质量发展的相关文献热点较少，由此对于国内发展该领域的参考价值较小。

在中文文献方面，根据中国知网检索所得文献数据，通过 CiteSpace 软件分析，由于保持 2 年以上的关键词过少，此次选取保持 1 年热度的关键词，如表 2－28 所示。

表 2－28 　　　　　　　　　景区高质量发展领域中文文献前沿术语

关键词	强度	开始年份	结束年份	1991～2021 年
文旅融合	11.28	2020	2021	———————————————————————————— ■■
乡村旅游	9.52	2020	2021	———————————————————————————— ■■
乡村振兴	8.73	2020	2021	———————————————————————————— ■■
旅游业	7.29	2020	2021	———————————————————————————— ■■
黄河流域	5.46	2020	2021	———————————————————————————— ■■
红色旅游	4.74	2020	2021	———————————————————————————— ■■
文化产业	4.18	2020	2021	———————————————————————————— ■■

注："■■■■"为关键词频次突然增加的年份，"————"为关键词频次无显著变化的年份。

如表 2-28 所示，有关景区高质量发展领域文献突现关键词在 1996 年以前未出现过，2020～2021 年景区高质量发展领域中文文献突现关键词为文旅融合、乡村旅游、乡村振兴、旅游业、黄河流域、红色旅游、文化产业，说明景区高质量发展的文旅融合和文化产业等问题成为热点，但都为近期突现关键词，说明在中国景区高质量发展的提出得到了学者们的广泛认可，但尚未成熟，学者应借鉴前人经验针对多个角度进行更深层次、更系统化的研究，为景区高质量发展的构建做出贡献。

2.3　关于二者相互作用的文献计量

建设低密度旅游业态与景区高质量发展联合模式，就是要通过打造低密度旅游业态创新与景区高质量发展之间的关系，在限制流量的管理方式下最大程度地提高旅游企业及景区收入，在实际操作中，激发旅游业发展的新动能，实现旅游业快速复苏。现在对目前国内外已有的低密度旅游业态与景区高质量发展之间的关系（以下简称为"二者关系"）的文献进行研究。

2.3.1　研究数据及发文量的初步分析

通过 WOS 数据库作为"二者关系"的外文文献数据来源，并通过核心数据库（Web of Science Core Collection）收集文献以此避免通过所有数据库产生字段缺失的问题。构建检索式为：主题 = （Tourism innovation AND Scenic area）或主题 = （Experience tourism innovation AND Tourist destination）或主题 = （The high - end tourism AND High - end scenic spot）；语种：英文；时间跨度：1991 年 1 月～2021 年 12 月；检索时间为 2022 年 1 月 31 日；文献类型：期刊；将检索得到的文献中剔除掉无关的文献，进而获得 571 条相关文献，导出所得结果，并通过 CiteSpace 软件剔除有缺失字段的数据，最终进行"二者关系"外文文献分析的 WOS 文献数量为 571 条。

通过中国知网作为本次研究的中文数据来源，构建检索式：主题 = "高端旅游和高端景区" OR 主题 = "旅游创新和景区" OR 主题 = "休闲度假和景区"，时间限定：1991 年 1 月～2021 年 12 月；检索时间：2022 年 1 月 31 日；筛选检索得到的文献并剔除无关的文献，进而获得 522 条相关文献数量，随后导出结果并导入 CiteSpace 软件中检验，无数据丢失问题，运行结果良好，最终进行"二者关系"中文文献分析的有效数据有 522 条。

将上述"二者关系"的文献数据再次进行导出，并提取相应的信息导入 Excel 表中分析，得到 1991 年 1 月～2021 年 12 月"二者关系"中外文文献发文量的对比图，如图 2-23 所示。

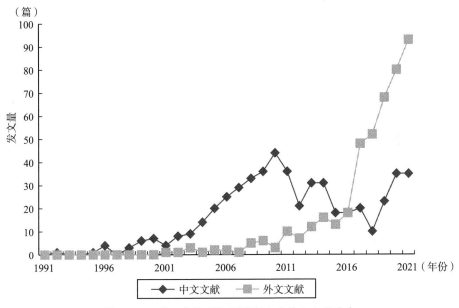

图 2-23 "二者关系"领域研究中外文文献分布

由图 2-23 可以看出，1991～2001 年，"二者关系"文献发文量在各年度几近相同，说明在这一时期，国际上刚开启低密度旅游创新与景区高质量发展之间相互作用领域的研究，并且进度较为缓慢。自 2002 年起，中外文文献的发文量出现不同趋势，中文文献发文量迅速增加，逐年高于外文文献发文量。2016～2021 年，相关外文文献发文量迅速增加，远超中文文献发文量，说明国际国内都开始重视"二者关系"领域的研究。

2.3.2 "二者关系"研究的国家分析

针对"二者关系"领域的国家分析，在外文文献方面，根据 WOS 数据库中检索所得文献数据，通过 CiteSpace 软件分析可得所需的数据并进行统计排序，得到排名前十五的国家，如图 2 - 24 所示。在发文量排名前十的国家中，中国是唯一的发展中国家，其他都为发达国家。发文量排名前三的数量分别为 76 篇、73 篇、52 篇，与之对应的国家，第一名是西班牙，第二名是中国，第三名是美国，发文量占比分别为 13.87%、13.32% 和 9.49%，前三名发文量占总发文量的比例为 36.68%，占比较高，说明这三个国家在该领域具有一定的权威性。

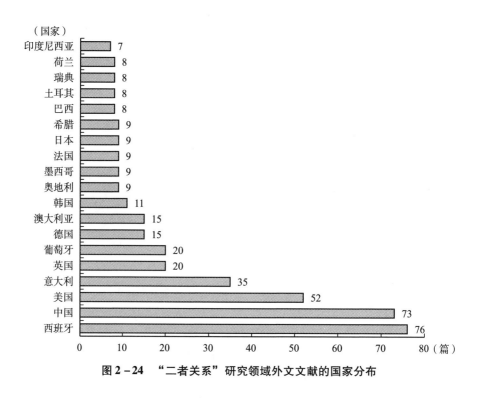

图 2 - 24　"二者关系"研究领域外文文献的国家分布

在外文文献方面，根据上文检索所得文献数据，通过软件分析可得国家共现图，如图 2 - 25 所示。

由图 2 - 25 可知，西班牙、中国、美国面积较大，说明这三个国家在该研究领域具有一定的权威性。

在数据结果中，每个节点的关键性大小均由中心度的大小所决定，因此要想得出每个国家的关键性则需要对每个国家发刊量的中心度进行排名分析，也能够了解该国在相关领域的研究地位及与其他国家的紧密性。关键节点一般被认为是中心度不小于 0.1 的节点，本研究提取了中心度大于 0 的国家，如表 2 – 29 所示。

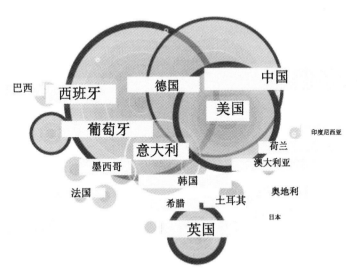

图 2 – 25 "二者关系"的国家共现图

表 2 – 29 "二者关系"领域国家发文中心度排名

中心度	国家	首次发文年份	发文量（篇）
0.33	美国	2001	52
0.27	西班牙	2008	76
0.21	英国	2008	20
0.14	中国	2001	73
0.13	葡萄牙	2008	20
0.09	德国	2008	15
0.09	土耳其	2017	8
0.07	意大利	2008	35
0.05	澳大利亚	2008	15
0.04	希腊	2003	9
0.04	马来西亚	2017	4

中心度	国家	首次发文年份	发文量（篇）
0.03	韩国	2014	11
0.03	奥地利	2017	9
0.03	法国	2002	9
0.03	日本	2006	9
0.03	荷兰	2003	8
0.03	加拿大	2017	4
0.03	芬兰	2017	4
0.03	挪威	2018	4
0.02	新西兰	2015	5
0.01	墨西哥	2017	9
0.01	阿根廷	2018	3

由表 2 - 29 可以看出，美国、中国、葡萄牙等 22 个国家的中心度大于 0，美国、西班牙、英国、中国、葡萄牙五个国家的中心度排名前五，发达国家占据四位，只有中国一个发展中国家，说明发达国家在"二者关系"研究领域中处于较高地位。美国、西班牙、英国、中国、葡萄牙这五个国家的中心度大于 0.1，成为了关键节点。中国与美国是所有国家中发文最早的，说明在"二者关系"领域起步较早。中心度排名第一且发文量为第一的是美国，则说明美国在国际上具有较大影响力。发文量排名第二的中国的中心度值却只有 0.14，相对较低，说明在国际上"二者关系"领域研究中，中国具有一定的影响力，但须加强与其他国家的合作。

2.3.3 "二者关系"研究的期刊分析

首先，对"二者关系"领域外文文献的期刊进行分析，运用 CiteSpace 软件分析从 WOS 数据库中检索所得的文献数据，得到期刊共被引可视图，如图 2 - 26 所示。

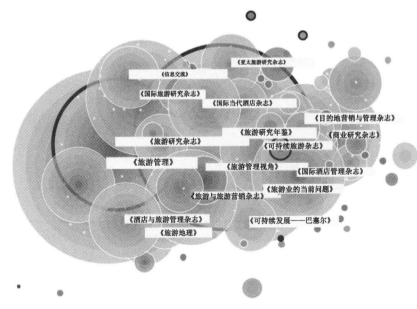

《信息交流》 《亚太旅游研究杂志》
《国际旅游研究杂志》 《国际当代酒店杂志》
《目的地营销与管理杂志》
《旅游研究杂志》 《旅游研究年鉴》 《商业研究杂志》
《可持续旅游杂志》
《旅游管理》 《旅游管理视角》 《国际酒店管理杂志》
《旅游与旅游营销杂志》 《旅游业的当前问题》
《酒店与旅游管理杂志》 《可持续发展——巴塞尔》
《旅游地理》

图 2-26 "二者关系"领域外文文献的期刊共被引可视图

由图 2-26 可知,在众多有关"二者关系"领域英文期刊中,被引频次排名第一的期刊是《旅游管理》,该期刊中具有一定权威性的部分是管理学、环境科学、酒店休闲体育及旅游等,2015 年发表"二者关系"领域的论文 185 篇,影响因子为 2.554。同时可以发现英文"二者关系"研究的被引期刊还集中在《旅游研究年鉴》《旅游研究杂志》《货币问题之旅》《国际旅游研究杂志》《可持续旅游杂志》《旅游与旅游营销杂志》《商业研究杂志》等,期刊的研究方向多分布在旅游业、公共交通、地理学等领域。

为提取"二者关系"发展领域外文文献的被引期刊的共被引关键节点,需按照关键节点的中心度不小于 0.1 为标准,提取后列表,如表 2-30 所示。

表 2-30   "二者关系"领域外文文献的期刊共被引网络关键节点

刊物名称(简称)	被引频次	首次出现年份	中心度
《旅游研究杂志》	129	2001	0.23
《消费者研究进展》	3	2002	0.23
《旅游研究年鉴》	266	2001	0.2

刊物名称（简称）	被引频次	首次出现年份	中心度
《哈佛商业评论》	24	2003	0.17
《战略管理杂志》	12	2005	0.14
《经济社会》	3	2006	0.14
《美国社会学杂志》	6	2003	0.12
《行政科学季刊》	7	2008	0.1
《美国经济评论》	5	2009	0.1
《旅游国家的艺术》	2	2003	0.1

通过表 2 - 30 可以看出，《旅游研究杂志》《旅游研究年鉴》的中心度较高，表明这两个期刊对"二者关系"领域的学术研究起到了一定的支撑作用，研究成果质量较高。因此，在"二者关系"研究领域居于核心地位是《旅游研究杂志》《消费者研究进展》《旅游研究年鉴》《哈佛商业评论》这四个期刊。

从外文文献的集中程度出发，根据 WOS 数据库中检索所得文献数据，通过 CiteSpace 软件分析统计提取可得排名前十的期刊，如表 2 - 31 所示。

表 2 - 31   1991 ~ 2021 年"二者关系"领域外文文献期刊分布（前十）

刊物名称（简称）	载文量（篇）	占比（%）	刊物名称（简称）	载文量（篇）	占比（%）
《旅游管理》	9	2.61	《目的地营销与管理杂志》	6	1.74
《旅游业的当前问题》	7	2.03	《可持续旅游杂志》	6	1.74
《国际旅游研究杂志》	7	2.03	《旅游经济学》	6	1.74
《旅游与旅游营销杂志》	7	2.03	《旅游研究纪事》	5	1.45
《可持续发展》	7	2.03	《亚太旅游研究杂志》	5	1.45

由表 2 - 31 可知，"二者关系"领域的研究论文集中度不高，尚未形成一定规模的期刊群和权威性期刊代表，其依据是英文期刊中发文量排名前十的文献总量为 65 篇，总占比只有 18.84%。此外，结合图 2 - 26 可以看出，在"二者关系"领域发文量排名前十位的英文期刊中，《旅游管理》《旅游业的当前问题》

的被引频次明显高于其他期刊，因此可以认为从期刊载文量的角度出发《旅游管理》《旅游业的当前问题》在该研究领域中影响力较大。

下面对"二者关系"研究领域中文文献的期刊进行分析，利用 CiteSpace 软件进行论文文献共被引分析时需要依据"参考文献"的字段，无法直接通过软件进行分析，只能从该领域的中文期刊载文量及学科研究层次入手分析。

先将上文从中国知网检索得到的数据资料导进 Excel 表中，同时根据期刊载文量数据进行计数排名，得到 1991~2021 年载文量排名前十的期刊，如表 2-32 所示。

表 2-32　　　　1991~2021 年"二者关系"领域中文文献期刊分布（前十）

刊物名称（简称）	载文量（篇）	占比（%）	刊物名称（简称）	载文量（篇）	占比（%）
旅游学刊	33	6.32	人文地理	11	2.11
中国商贸	18	3.45	特区经济	11	2.11
经济地理	17	3.26	商业经济研究	10	1.92
安徽农业科学	16	3.07	社会科学家	10	1.92
旅游科学	14	2.68	资源开发与市场	10	1.92

由表 2-32 可判断出，国内"二者关系"领域的相关研究尚未有稳定的期刊群和较权威的期刊，其依据是该领域发文量排名前十的文献总量共有 150 篇，占该领域相关研究期刊发文量总量的 28.74%，还需再深度研究。其中，《旅游学刊》在该领域排名第一，共刊登 33 篇文章，该期刊文章主要集中在中国旅游研究、旅游学科发展、旅游体验价值、旅游市场等方面，涉及学科主要有旅游经济、交通运输经济、文化发展等。《中国商贸》共刊登相关文献 18 篇，主要集中在营销策略、中小企业、人力资源、经济发展方向等，涉及学科主要有工商管理、商业经济、旅游经济、区域经济等。排名第三的期刊为《经济地理》，发文量为 17 篇，主要集中在旅游可持续发展、空间格局、乡村振兴、旅游产业结构等方面，涉及学科主要有区域经济、农业经济、旅游经济等。由此看出在"二者关系"研究领域，排名前三的期刊具有一定的权威性。

对以上排名前十的期刊进行二次分类，分类依据是中国知网期刊的研究层次，如此也方便对该领域上的权威期刊进行分层，并为选取参考文献时提供指导意见，如表 2 - 33 所示。

表 2 - 33   **"二者关系"领域研究核心期刊研究层次**

研究层次	期刊名称
基础研究（社科）	《旅游学刊》《经济地理》《旅游科学》《人文地理》《特区经济》《社会科学家》《资源开发与市场》
行业指导（社科）	《中国商贸》《商业经济研究》
基础与应用基础研究（自科）	《安徽农业科学》

由表 2 - 33 可知，社会科学领域的基础研究层次、行业指导层次以及自然科学领域的基础与应用基础研究层次是国内"二者关系"研究的主要领域，同时可知，当进行有关"二者关系"领域的社会科学基础研究时可以重点参考《旅游学刊》《经济地理》《旅游科学》《人文地理》《特区经济》《社会科学家》《资源开发与市场》上的文献；同样进行有关"二者关系"领域的社会科学行业指导时注重《中国商贸》《商业经济研究》上的文章；以及进行自然科学领域的基础研究与应用基础研究时将重心放在《安徽农业科学》上。

从上文对比可知，在"二者关系"的研究领域，外文文献的期刊可以参考《旅游管理》《旅游业的当前问题》，有关中文文献可以重点放在《旅游学刊》《中国商贸》《经济地理》《安徽农业科学》《旅游科学》等。

2.3.4   "二者关系"领域的研究团队分析

对"二者关系"领域外文文献的作者分析，根据上文检索所得文献数据，通过软件分析可得作者共被引可视图，如图 2 - 27 所示。

由图 2 - 27 可知，在国际上布哈利斯、哈拉格、邵隽等作者是该领域中被引频次较高，在这一领域中只有被引频次高的作者才具有一定的权威性。

将关键节点根据中心度大于 0.1 的标准提出数据，如表 2 - 34 所示。

图 2-27 "二者关系"领域外文文献的作者共被引可视图

表 2-34 "二者关系"领域外文文献的作者共被引网络关键节点

作者	被引频次	中心度	首次出现年份
欧盟委员会	5	0.21	2008
安德鲁	3	0.15	2009
世界旅游组织	7	0.12	2011
阿莱格雷	5	0.11	2012
布哈利斯	71	0.11	2003

由表 2-34 可知，安德鲁、阿莱格雷、布哈利斯等人的中心度均大于 0.1，是关键节点。由此，可认为该领域这几位文献作者的相关研究具有权威性。

对"二者关系"领域外文文献的机构团队进行分析，将上文检索所得文献数据，通过软件分析可得研究机构合作可视图，如图 2-28 所示。

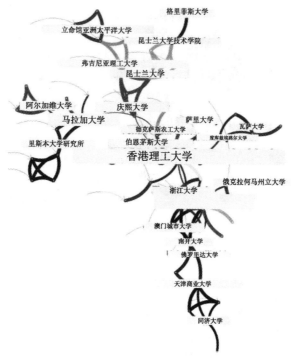

图 2 - 28   "二者关系"领域外文文献研究机构合作可视图

由图 2 - 28 可知，发文量最高的是香港理工大学，机构合作可视图中共 540 条机构连线、595 个节点，贡献网络密度仅为 0.0025，可以看出各国际机构之间还需要加强彼此之间合作。对 CiteSpace 中相关的数据排序，得到发文量在 5 篇以上的研究机构，如表 2 - 35 所示。

表 2 - 35   "二者关系"领域外文文献高发文机构

发文量	机构名称	机构性质	地区
11	香港理工大学	高校	中国
11	普渡大学	高校	美国
10	巴伦西亚大学	高校	西班牙
7	阿利坎特大学	高校	西班牙
6	德威罗大学	高校	葡萄牙
6	拉斯帕尔马斯大学	高校	西班牙

续表

发文量	机构名称	机构性质	地区
5	温切斯特大学	高校	英国
5	巴利阿里大学	高校	西班牙
5	马拉加大学	高校	瑞士
5	瓦伦西亚理工大学	高校	西班牙

　　根据表2-35可以看出，香港理工大学、普渡大学以及巴伦西亚大学为排名前三的机构。从研究机构的类型上看，该领域的主要研究机构是国际上的各大高校。从地域上看，西班牙高校的影响力也较大，因为从上文可以看出发表5篇以上的机构有十个，其中五个来自西班牙，这足以说明西班牙的高校在"二者关系"领域中的国际影响力，与此同时，中国的中国科学院相关文献发文量排名第一，同样具有权威性。

　　下面，对"二者关系"领域中文文献的作者团队及机构团队进行分析。

　　先对"二者关系"领域中文文献的作者分析，根据中国知网检索所得文献数据，通过CiteSpace软件分析可得作者合作网络可视图，如图2-29所示。

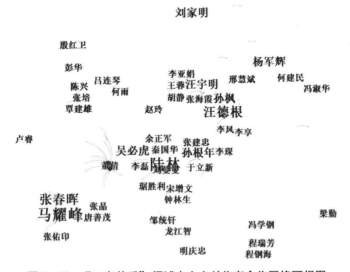

图2-29 "二者关系"领域中文文献作者合作网络可视图

通过图 2-29 可以看出，发文量最高的是陆林，并且与多位学者有所合作，根据数据统计可以看出作者（即图中的节点）有 934 位，其之间仅有 827 条连线，各个作者之间的联系不强，共现网络密度只有 0.0019。将软件运行的数据导出，得到发文量排名前十的作者姓名与单位，如表 2-36 所示。

表 2-36　　　　　　　　"二者关系"领域中文文献高发文作者

作者	单位	发文量（篇）
陆林	安徽师范大学	6
马耀峰	陕西师范大学	6
汪德根	苏州大学	4
张春晖	陕西师范大学	4
刘家明	中国科学院地理科学与资源研究所	3
汪宇明	华东师范大学	3
陈传康	北京大学	3
吴必虎	北京大学	3
孙根年	陕西师范大学	3
杨军辉	安徽师范大学	3

如表 2-36 所示，陆林、马耀峰、汪德根等学者所发表的文章可以为"二者关系"领域的研究做出参考性建议，他们是在该领域中具有影响力的学者。其中，陆林致力于物种多样性、旅游影响感知、自然保护区、旅游干扰的研究；马耀峰致力于旅游景区、空间分布特征、区域旅游合作的研究；来自苏州大学的汪德根致力于客源市场、市场竞争态模型、亲景度的研究；张春晖致力于全域旅游、游客满意度、品牌个性的研究；刘家明致力于旅游度假区、旅游开发、空间开发的研究；汪宇明致力于区域旅游、旅游资源、低碳旅游的研究；陈传康研究旅游开发、旅游吸引力、康体休闲等方面；吴必虎致力于承接产业转移、区域旅游合作的研究；孙根年致力于区域差异、旅游购买力、政策建议、生态类型的研究；杨军辉致力于民族旅游村寨、游客认知、旅游可持续发展、民族文化的研究。

对"二者关系"领域中文文献的机构团队分析，将上文检索所得文献数据，通过软件分析可得研究机构合作可视图，如图 2-30 所示。

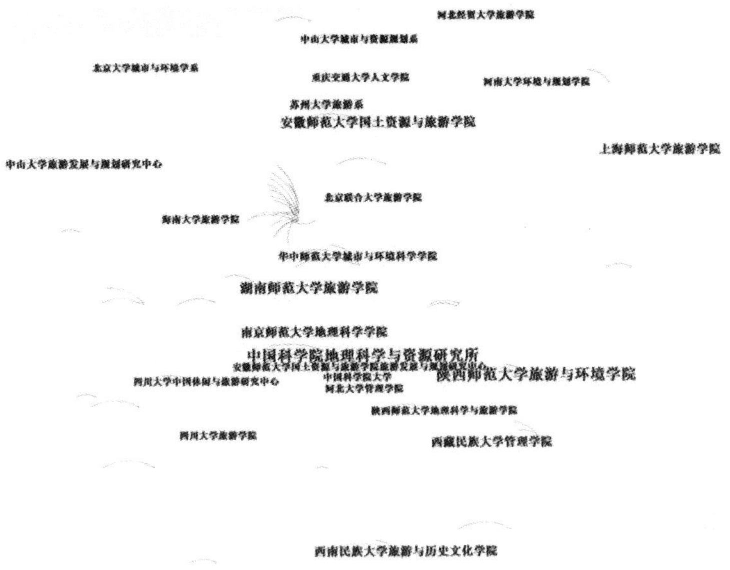

河北经贸大学旅游学院

中山大学城市与资源规划系

北京大学城市与环境学系　　重庆交通大学人文学院　　河南大学环境与规划学院

苏州大学旅游系
安徽师范大学国土资源与旅游学院　　　　　上海师范大学旅游学院

中山大学旅游发展与规划研究中心

海南大学旅游学院　　　北京联合大学旅游学院

华中师范大学城市与环境科学学院

湖南师范大学旅游学院

南京师范大学地理科学学院
中国科学院地理科学与资源研究所
安徽师范大学国土资源与旅游学院旅游发展与规划研究中心　　陕西师范大学旅游与环境学院
中国科学院大学
河北大学管理学院
陕西师范大学地理科学与旅游学院
四川大学中国休闲与旅游研究中心
四川大学旅游学院　　　西藏民族大学管理学院

西南民族大学旅游与历史文化学院

图 2 – 30　"二者关系"领域中文文献研究机构合作可视图

通过图 2 – 30 可以看出，"二者关系"领域的相关研究发文量最高是中国科学院地理科学与资源研究所，陕西师范大学和湖南师范大学的发文量次之。可以看出各机构之间具有良好的合作关系，但不够紧密，需要加强之间的联系，其依据是图中的发文机构有 583 个，但他们之间的连线只有 297 条。中国科学院地理科学与资源研究所、河北大学和中国地质大学合作形成了小规模的研究群体，需扩大其研究规模。导出软件运行的中文研究机构的发文量数据，得到排名前十的机构，如表 2 – 37 所示。

表 2 – 37　　　　　"二者关系"领域中文文献高发文量机构

机构名称	机构性质	地区	发文量（篇）
中国科学院地理科学与资源研究所	科研机构	华北地区	22
陕西师范大学	高校	西北地区	17
湖南师范大学	高校	华中地区	7
安徽师范大学	高校	华东地区	6
西南民族大学	高校	西南地区	5
上海师范大学	高校	华东地区	4

续表

机构名称	机构性质	地区	发文量（篇）
西藏民族大学	高校	西南地区	4
南京师范大学	高校	华东地区	4
苏州大学	高校	华东地区	4

由表 2-37 可知，发文量排名第一的是中国科学院地理科学与资源研究所，排名第二的是陕西师范大学，排名第三的是湖南师范大学。整体可以看出，目前主要研究机构是国内各大高校，较为单一，排名前十中只有中国科学院地理科学与资源研究所是唯一的科研机构，其他均为高校。主要研究地区是在华东、西南地区，西北地区及华中地区只有小规模的研究。

2.3.5 "二者关系"领域的重要文献分析

为确定"二者关系"领域的重要成果，也便于为后续提供参考研究资料，可以对相应研究领域的重要文献分析，得到具有权威性、代表性的重要文献。

对"二者关系"领域重要外文文献分析，将上文检索所得文献数据，通过软件分析可得共被引聚类分析图，如图 2-31 所示。

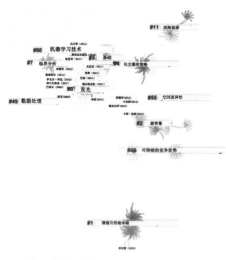

图 2-31 "二者关系"领域外文文献共被引聚类分析图

由图 2-31 可知，"二者关系"领域相关外文文献之间的连接度不高，但联系良好，依据是图中节点有 1889 个，有 5877 条连接线，共现网络密度值仅为 0.0033。

根据中心度大于 0.1 的标准提取关键节点数据，得到"二者关系"领域的核心外文文献，如表 2-38 所示。

表 2-38　　　　　　　　　"二者关系"领域核心外文文献

中心度	作者	题目
0.09	格雷泽	社会科学视角下的旅游智能系统
0.07	张翔	社交媒体在在线旅游信息搜索中的作用
0.06	卡普兰	全世界的用户，团结起来！社交媒体的挑战与机遇
0.05	希恩	智能在旅游目的地管理中的应用：耗尽型的新角色
0.05	梅里尼罗	旅游业关系分析：综述

由表 2-38 可知，中心度最高的文章为格雷泽 2011 年的《社会科学视角下的旅游智能系统》；排名第二的为张翔于 2010 年发表的《社交媒体在在线旅游信息搜索中的作用》；排名第三的为卡普兰发表于 2013 年的《全世界的用户，团结起来！社交媒体的挑战与机遇》。

对"二者关系"领域重要中文文献分析，由于 CiteSpace 软件进行文献共被引分析时不能有残缺，而中国知网的文献数据信息不全，因此从被引频次入手统计，如表 2-39 所示。

表 2-39　　　　　　　　　"二者关系"领域核心中文文献

排名	被引频次	作者	题目
1	476	郭焕成；吕明伟	我国休闲农业发展现状与对策
2	277	龙江智	从体验视角看旅游的本质及旅游学科体系的构建
3	211	陈乾康	自驾车旅游市场开发研究
4	183	刘家明	旅游度假区发展演化规律的初步探讨
5	174	殷平	高速铁路与区域旅游新格局构建——以郑西高铁为例
6	141	D·布哈利斯；马晓秋	目的地开发的市场问题
7	138	邹益民；孔庆庆	我国旅游房地产开发前景的探讨

排名	被引频次	作者	题目
8	135	周彩屏	基于 SSM 方法的入境旅游市场客源结构分析——以浙江省为例
9	129	戴光全；吴必虎	TPC 及 DLC 理论在旅游产品再开发中的应用——昆明市案例研究
10	128	陆军	广西自驾车旅游营地发展研究

通过表 2 - 39 可知，被引频次第一的是郭焕成、吕明伟于 2008 年 7 月发表的《我国休闲农业发展现状与对策》，被引频次为 476 次；被引频次第二的是龙江智于 2005 年 1 月发表的《从体验视角看旅游的本质及旅游学科体系的构建》；被引频次排名第三的文章为陈乾康于 2004 年 5 月发表的《自驾车旅游市场开发研究》。

2.3.6 "二者关系"领域的研究热点及前沿分析

首先对"二者关系"领域的研究热点进行分析。

在外文文献方面，根据 WOS 数据库中检索所得文献数据，通过 CiteSpace 软件分析可得关键词共现图，如图 2 - 32 所示。

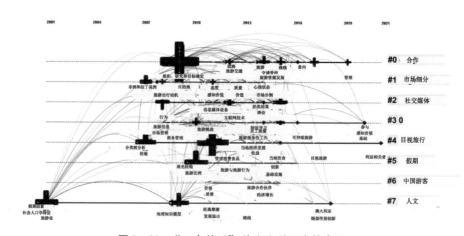

图 2 - 32 "二者关系"外文文献研究热点图

由图 2 - 32 可知，"二者关系"领域高频关键词聚类分为 8 个类别，即合作、市场细分、社交媒体、0、目视旅行、假期、中国游客、人文，代表了"二者关系"领域的具体研究热点。根据聚类图并按照关键词的时间顺序进行排列，可以得到研究热点脉络，如表2-40所示。

表2-40 　　　　　　　　 "二者关系"领域外文文献热点关键词脉络

年份	关键词
2001	旅游，度假旅游者，日本旅游者，度假因素，社会人口特征
2003	休闲活动，信息通信技术，体验旅游，风险因素，生态旅游，疾病
2004	出门，在家，时间分配
2005	可持续发展，扩散，集群理论，创新扩散，案例研究，清洁技术，环境友好型
2006	新西兰，驾驶舱乘员，上升趋势，太阳曝晒，太阳紫外线辐射，死亡率，遗传算法，加拿大，地点分布
2007	经验，动机，情境，批判性视角，概念化，娱乐专业化，心理承诺，休闲参与，活动预测，忠诚度，分割树分析
2008	行为，休闲模式，组织形象，商业，文化遗产，美国，城市文化旅游，数字访问，人口，干预，政府，企业对企业营销，葡萄牙旅游，目的地，用户参与，个人剂量测定法
2009	创新，模型，知识，地理，目的地管理，目的地形象，成长，休闲旅游，市场细分，非选择行为，英国，竞争力因子，风险，竞争力监测，寻求，旅游业竞争力评价，旅游业竞争力，个人价值，自我效能，聚类分析，实施意图，感知行为控制，求新，议会工作人员概况，旅游信息官，无反应，计划行为，休闲约束，旅游中心认证
2010	目的地，策略，首次游客，冬季运动度假区，游客，参观体验，重复游客，拖车愿景，指导实践，案例研究，定性研究
2011	管理，技术，感知，信息，互联网，质量，选择，中国游客，旅游动机，价格，周期，女性，保护区，研发，经济增长
2012	影响，旅游，行业，信息技术，网络，社交媒体，政策，竞争力，未来，参与，时间，口碑，约束，旅游体验，生活满意度，共同创造，消费
2013	假期，健康，个性，工作
2014	性能，意图的角度来看，框架，公司文化旅游，分割，生活，前期市场定位
2015	满意度，酒店，旅游目的地，决定因素，城市，进步，当地食物，大数据，进化，移动应用，西班牙，中国
2016	旅游目的地，可持续旅游，生活质量，行为意向，劳动生产率，合作，乡村旅游，属性

年份	关键词
2017	数据挖掘，保护，传承，集群，澳大利亚，性别，目视旅行，成功
2018	智能目的地，地方，服务创新
2019	管理
2020	虚拟现实，态度，参与，感知价值的基础
2021	利益相关者

由表2-40可知，2001年景区的发展正式成为热点，2001～2011年，旅游景区的经济、规模、空间结构等方面受到关注，2010年旅游高质量发展方面的研究成为热点，2015年景区建设的发展成为热点，2017年学界开始关注环境问题、生态空间、文化产业等方面。

在中文文献方面，根据中国知网检索所得文献数据，通过CiteSpace软件分析可得热点共现图，如图2-33所示。

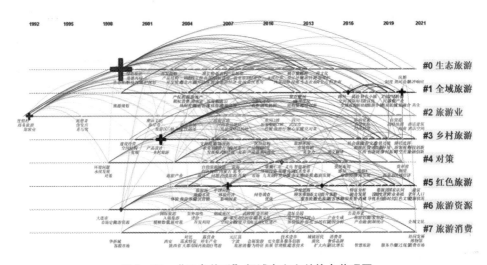

图2-33 "二者关系"领域中文文献热点共现图

由图2-33可知，"二者关系"领域中文文献的高频关键词聚类有8类，分别为生态旅游、全域旅游、旅游业、乡村旅游、对策、红色旅游、旅游资源、旅游消费。其中对低密度旅游业态创新与景区高质量发展协同研究的生态旅游的研究自1998年相关研究热点出现至今仍持续保持热度，说明近年来中国学界对低密度旅游业态创新与景区高质量发展的研究热情高涨，此外，全域旅游、旅游业、乡村旅游、对策等相关关键词都持续稳定热度。根据聚类图并按照关键词的时间顺序进行排列，可以得到热点关键词脉络，如表2–41所示。

表2–41　　　　　　　　"二者关系"领域中文文献热点关键词脉络

年份	关键词
1992	旅游业，商务旅游，乡土文化，度假村，旅游点，天后庙，大自然，招待所
1995	地理科学
1996	旅游产品，旅游者，陈传康，长春市，特征研究，游憩者，伪皇宫，喜与忧
1998	对策，新疆，市场定位，开发规划，环境问题，永续发展，大连市
1999	生态旅游，旅游资源，旅游规划，休闲旅游，客源市场，城市旅游，探险旅游，汕头市，驱动机制，文化内涵，持续发展，西樵山，大众旅游，特种旅游，华侨城
2000	旅游开发，发展，香格里拉，空间结构，三大和谐，艺术兴绿，富源县，荒漠旅游，拓扑，建设经营，开发契机，绿色旅游，道德兴绿，开发导向，科技兴绿，示范区
2001	景区开发，保护规划，松赞林寺，滇西北
2002	乡村旅游，旅游市场，旅游区，模糊数学，度假区，潮汕文化，南岳旅游，海岸带，产品设计，趋势预测，佛山市，对应分析
2003	旅游景区，创新，旅游产业，开发模式，体验，发展对策，产品结构，陕西省，入境旅游，开发战略，西安，甘肃，功能，乌鲁木齐，发展演化，国际旅游，三峡工程
2004	休闲度假，旅游体验，森林公园，自驾车，定位，旅游形象，环境容量，广州，探险，对比，需求特征，高端市场，生态村，定性描述，开发研究，四川省，产权酒店，品牌营销，绿色营销，大都市，峡谷，概念内涵，期权消费，节事营销，校企合作，彝族文化，西昌地区，塑造，洞穴，宁波市，旅客容量
2005	旅游，景区，规划，旅游管理，现状，旅游线路，生命周期，国内旅游，循环经济，风景区，营销，开发利用，景区景点，湖南省，自然保护，顾客忠诚，游时，经历，郴州市，自助游，出海通道，出游时间，田家沟，游客容量，产权，服务，负外部性，交通干线，统一规划，交通要道，宣传画，旅游场，长白山，旅游本质，泾川县，点面结合，系统工程，评价，江北区，创新宣传，兴起，旅游地产，成渝线，统筹规划，川藏线，游览时间，景区营销，文化大院，旅游景点，公益广告
2006	高端旅游，发展模式，问题，自驾游，模式，农业旅游，研究，旅游发展，市场特征，西部地区，景区管理，武夷山，标准，创新机制，生态体验，生态文化，自助旅游，建设构想，河北省，细分市场，私家车，入境游客，蜜月游，绿三角，层次划分，旅游动机，露营业，大理州，总体规划，停车产业，支持政策，环境监测，二次创业，资源资产，景观设计，市场体系，增长极，质量管理，基准，滨海旅游，黄金周，民营企业，水体旅游，旅游规避

年份	关键词
2007	影响因素，体验经济，发展战略，旅游经济，旅游品牌，建设，浙江省，沙漠旅游，空间分析，盈利模式，内蒙古，价值链，河南省，承德市，经营开发，休闲产业，融合趋势，民俗旅游，空间组织，市场开拓，增长方式，旅游空间，定性分析，度假产业，沙漠，投资，景区规划，价值分摊，规划设计，民营资本，西北地区，消费行为，烟威地区，秦皇岛，天目湖，滨河，石人山，新农村，市场培育，休闲时代，景区贡献，旅游协作，伏牛山，体验导向，旅游景观，会展业，旅游营地，中国台湾，景区建设
2008	旅游消费，开发，体育旅游，深度开发，贡嘎山，北京，休闲农业，贵州，空间布局，思考，目的地，温泉旅游，厦门市，周庄，云杉坪，路线，沙坡头，武汉东湖，保护，黄海海涂，环境影响，激励制度，消费需求，客源结构，产业组合，战略规划，牦牛坪，品牌战略，江南古镇，高速公路，游客行为，元江县，梅州市，市场恢复，东巴文化，品牌化，协调，资源空间，生产能力，突破发展，绿色创新，利益关系，生态足迹，试验区，张家界市，发展现状，宁波，产业集群，旅游主体，可行性，构建对策，纳西族，产品转型，青海，新型产业，利用，肇庆市，白银市，腾冲，拓展创新，太白山，旅游城市，陕南，空间效应，优质化，项目开发
2009	观光旅游，文化旅游，旅行社，产业转型，市场开发，广西，比较研究，市场，南京市，四川旅游，海洋旅游，规制，生态，茂兰，整合资源，战略转变，村委会，可进入性，武陵源，绅士化，模糊评价，灾后重建，展望，社区参与，峨眉山，天津旅游，涉入，钻石模型，网络分析，购物行为，研究综述，澳门，东盟，藏东南，因子分析，对策研究，长三角，战略定位，会展旅游，游憩价值，研究内容，世界级，空间容量，保定市，吉山，行为特征，兴安，中小城市，产品维度，农业，泛北部湾，产品谱系
2010	文化遗产，管理，优化，高级化，发展构想，演化机制，动力机制，发展规划，郑州，产业升级，都江堰市，延伸，肇庆，认知行为，重庆，休闲特征，问卷调查，现状研究，桂林市，方山，转型，新特征，混沌，资源特点，开发策略，河南，投融资，秦皇岛市，风景资源，旅游通道，形象塑造，旅游圈，拓展，盐田区，互动分析，汽车旅馆，转型路径，度假休闲，开发优势，区位结构，旅游强省，城镇化，金丝峡，环境污染，新旅游观，梧州，衡阳，性别差异，规划构思，品牌创新，形象，天津，道教文化，水环境，空间类型，产权制度，九龙湖，体验型，演化进程，南宁市，花山景区，功能演化，庐山，青岛，登山旅游，传媒，湖北，措施
2011	旅游行为，转型升级，山地旅游，策略，产品开发，管理模式，绿道，文化，发展思路，消费结构，羌族地区，风景园林，特色，发展重点，极高山，功能定位，口碑营销，北京市，古蔺，品牌，经验，导游词，旅游节事，遗产廊道，永续经营，高山，嘉兴，廊道旅游，保护对策，安全服务，老爷庙，策略研究，鄱阳湖，市场现状，系统性，城乡统筹，系统模型，高风险，沙漠资源，改革试验，发展阶段，铜仁市，屯堡文化，问题分析，民族村寨，导游，安顺市，民族特色，口碑，福泉山，河源，目标任务，网络口碑，整体开发，大太白山，以人为本，神农架，桂林旅游，广东，落堡湿地，旅游精品，民族旅游

续表

年份	关键词
2012	中国，生态文明，信息技术，民族地区，服务创新，天府新区，比较，旅游集群，遗址公园，空间载体，聚合型，旅游业态，热带雨林，家庭旅游，监管模式，城市设计，高速铁路，重游率，遗产活化，大区小镇，四川，湿地公园，体验旅游，武汉市，旅游服务，核心家庭，耦合发展，技术进步，设计导则，义乌，纵向治理，外国，结构模式，绿廊，千岛湖，郑西高铁
2013	竞争力，发展路径，桂林，空间行为，创新模式，旅游扶贫，服务质量，市场营销，生态农业，制度创新，旅游需求，森林旅游，旅游供给，增长理论，保障机制，复兴之路，旅游流，模式比较，介化，雨水收集，开发思路，障碍，宽阔水，秦巴山区，基模分析，演化过程，民族区域，模式转型，路径研究，产业发展，优化对策，武陵山，杭州，联动发展，怀化，都市近郊，发展机理，北京西南，黄山市，社区支持，格萨拉，智能旅游，范式选择，绥阳县，品牌优化，河源市，顾客体验，涵聚，技术变革，竹林资源，旅游休闲，甘南县，句容茅山，政策支持，解决路径，功能区划，旅游价值，经开区，珙桐树
2014	红色旅游，空间分布，创新发展，扩大内需，城镇居民，对策建议，创新策略，演化，政府失灵，经济发展，汽车露营，旅游法，舜文化，国家公园，市场失灵，乡村，产业集聚，环首都，开发建设，市场调查，旅游立法，民族，地方依恋，生态优化，晋商文化，度假旅游，超越性，国家义务，旅游专列，旅游用地，云冈石窟，发展特征，游客忠诚，整合营销，类型，茶文化，发展方向，教学体制，核心能力，环境保护，改革，技术创新，铁路，舜皇山，休闲，电子商务，旅游企业，传媒学院，珠海市，旅游价格
2015	游客感知，评价模型，意义，极致性，科普旅游，社会学，供给短缺，低碳旅游，聚类分析，合作区，中越两国，英文翻译，叙事文本，提升策略，生活品位，乡村文化，地质公园，产业生成，宣传营销，境外消费，内地游客，消费者，语言符号，奢侈品牌，黔东南，消费群体，文化景观，太平湖，杭州西湖，湖泊旅游，同比增长，开发路径，动因分析，差异性，农家乐
2016	全域旅游，体验质量，空间，旅游厕所，游客管理，黄河石林，发达国家，贵州绥阳，广州市，边境旅游，观光农业，宁夏，洞穴养生，优化布局，产业，喀斯特，体验环境，结构，感知，旅游营销，地质遗迹，景观意象，价值共创，绿道旅游，区域旅游，规划文本，价值，产业创新，路径
2017	西藏，江西，精准扶贫，特征分析，融合发展，产业融合，新动能，智慧旅游，旅游创新，关注度，涞水模式，影响要素，洛阳市，网络空间，福建省，网络结构，系统优化，模式创新，创新营销，旅游+，休闲发展，生产要素，联动，评价体系，格局，经济转型，供给，成本控制，空间特征，瓶颈因素，工业旅游，社会保障，国际知名，湖南，公益养老，营地
2018	交通工程，旅游小镇，创新路径，影视旅游，选址优化，特色小镇，游客体验，旅游公路，景区化，初探，形象差异，设计理念，亚龙湾，旅游交通，词频统计，非诚勿扰，设计，导视系统，服务设计

年份	关键词
2019	乡村振兴, 新时代, 大数据, 规划转型, 情感体验, 网络游记, 影响机理, 纳木错, 文创产品, 治理创新, 苏州, 民宿业, 新媒体, 服务升级, 竹文化, 优质旅游, 制度, 旅游治理, 互联网, 婺源县, 制度逻辑, 点轴理论, 驱动模式, 有效供给, 新常态, 价值功能, 房车营地, 冰川旅游, 提升路径, 网络点评, 青海省, 生态环境, 蔡伦竹海, 北部湾, 西双版纳
2020	文旅融合, 红色文化, 海南, 文化创新, 形象感知, 制度环境, 图书馆, 节假日, 体验营销, 延庆区, 黄河文化, 景区企业, 基本途径, 合作机制, 冰雪运动, 汛期, 保护传承, 冰雪文化, 旅游意愿, 集聚发展, 贵州省, 产业化, 高质量, 广西巴马, 江西省, 资源管理, 行动逻辑, 传统村落, 客源范围, 保障体系, 视觉分析, 冬季旅游, 新村规划, 自贸港, 路径选择, 跃迁现象, 标识设计, 类型划分, 交通特征, 测度, 冰雪旅游, 新型消费, 森林资源, 黄河流域, 战略地图, 数字文旅, 空间格局, 现状认知, 游客视角, 区域经济, 时空差异, 周末客流, 泰山景区, 黄河沿岸, 文化传播, 品牌塑造, 国家认同, 冰雪产业, 数理统计, 产业基础
2021	脉冲响应, 广东省, 酒店建筑, 生态园, 人文旅游, 协同发展, 农业观光, 全域文化, 成本价格, 效果图, 时空演变, 南昌, 成本导向, 文化依恋, 科技创新, 高铁, 停车选择, 定位塑造, 博物馆, 景区设计, 建议, 旅游业绩, 西江模式, 吉林省, 景区门票, 金融创新, 新冠肺炎疫情, 老年人口, 优化升级, 新兴业态, 风情园, 泊位共享, 文化熵论, 消费市场, 共生, 生态规划, 实践探索, 健康状况, 黄河湿地, 时空演化, 耦合, 审美化, 冰川时代, 作品名称, 旅游效率, 酒店空间, 国有景区, 扎赉诺尔

由表 2-41 可以说明国内对于"二者关系"领域的研究未形成规模体系，其依据是因为中文文献的研究热点数量虽然多，但类别较分散；并且通过热点关键词梳理可以发现，该领域研究大致分为了两个方面，一方面侧重于生态旅游建设方面的研究，另一方面侧重于资源可持续和实际体验的研究，由此可了解目前旅游产业的现状，为后续发展提供参考。

下面对"二者关系"领域的研究前沿进行分析。

在外文文献方面，根据上文检索所得文献数据，通过软件分析可得保持至少三年的文献前沿关键词，如表 2-42 所示。

表 2-42　　　　"二者关系"领域外文文献前沿关键词

关键词	强度	开始年份	结束年份	2001~2021 年
性能	4.18	2016	2019	
策略	4.01	2017	2019	
旅游目的地	3.87	2017	2019	

续表

关键词	强度	开始年份	结束年份	2001~2021 年
行业	3.31	2017	2019	━━━━━━━━━━━━━━━━━
管理	4.98	2018	2021	━━━━━━━━━━━━━━━━━
信息技术	4.61	2018	2021	━━━━━━━━━━━━━━━━━
食宿娱乐招待	3.71	2018	2021	━━━━━━━━━━━━━━━━━

注："■■■"为关键词频次突然增加的年份，"▬▬▬"为关键词频次无显著变化的年份。

如表 2-42 所示，2016~2019 年"二者关系"领域外文文献突现关键词为性能、策略、旅游目的地、行业，说明"二者关系"领域在国际上开始发展时，旅游景区和建设对策成为重点；2018 年至今突现关键词在旅游景区和建设的基础上新出现了管理、信息技术、食宿娱乐招待，说明景区管理、游客体验已成为学者们的研究重点，学者开始基于游客认知对景区规划和项目建设的发展作用进行重点研究。通过以上分析，国际上有关该领域的研究分析均侧重某个角度，说明对低密度旅游业态创新与景区高质量发展之间互动模式的研究具有创新价值与学术价值。

在中文文献方面，根据中国知网检索所得文献数据，通过 CiteSpace 软件分析并提取保持 5 年热度的关键词如表 2-43 所示。

表 2-43　　　　　　　"二者关系"领域中文文献前沿关键词

关键词	强度	开始年份	结束年份	1991~2021 年
旅游业	3.87	1992	2003	━━━━━━━━━━━━━━━━━
生态旅游	4.67	1999	2008	━━━━━━━━━━━━━━━━━
全域旅游	4.27	2016	2021	━━━━━━━━━━━━━━━━━
乡村旅游	4.11	2017	2021	━━━━━━━━━━━━━━━━━

注："■■■"为关键词频次突然增加的年份，"▬▬▬"为关键词频次无显著变化的年份。

如表 2-43 所示，1992 年便开始出现"二者关系"领域文献突现关键词，说明中国学界开始将低密度旅游业态创新与景区高质量发展联系起来。1992~2003 年开始研究旅游业；1999~2008 年学者重点关注于生态旅游，说明在这一阶段学者开始重视生态保护发展；2016 年至今全域旅游和乡村旅游逐渐备受重视，学界通过全域旅游、乡村旅游等视角对旅游业态创新及景区建设的协同发展进行研究。

2.4 文献计量结论

2.4.1 低密度旅游业态创新领域的文献计量结论

（1）通过检索分析国内外有关低密度旅游业态领域的发文量，发现相关外文文献数量高于中文文献，可看出国外在该领域的热度较高，具有一定的发展特色，在外文文献发文量的国家排名中，中国排名第二，但相对中心度偏低，说明中国虽具有一定的影响力，但影响力还有待提高。

（2）对低密度旅游业态领域的载文期刊进行分析时，外文文献在自然学、环境科学、旅游经济等方面的期刊是该领域的重点期刊，中文文献在期刊上的集中度较为中等，研究重点是在旅游市场、旅游目的地、市场需求、全域旅游及自驾游等领域。

（3）在研究团队方面，一是单一作者方面，作者韦弗、联合国粮食及农业组织等相对更具影响力，而国内在低密度旅游业态研究领域胡炜霞、邹统钎、栾维新等学者较具影响力；二是研究机构，国外主要的研究机构为各大高校，同样国内以各大高校为主要研究机构，都较为单一，应加强机构间的合作。

（4）分析低密度旅游业态领域的研究热点与前沿时，得出结论：外文文献的研究热点在人为干扰、中国、珊瑚礁、行为、保护区、旅游业、乡村旅游、娱乐体验等方面，近年来研究前沿关注于少数民族文化、旅游目的地及旅游行为等方面；中文文献的研究热点则侧重于旅游产品、自驾游、生态旅游、探险旅游、乡村旅游、旅游资源、旅游者等方面，而研究前沿为狩猎旅游、探险旅游、乡村旅游等低密度旅游类别。

2.4.2 景区高质量发展领域的文献计量结论

（1）通过检索分析国内外有关景区高质量发展领域的发文量，发现中文相关文献数量高于英文，可看出相应结果，国内在本领域的热度较高，并具有一定的发展特色；同时中国也具有一定的国际影响力，其依据是在外文文献的国家排名中，中国排名第一，但相对中心度偏低，因此国家影响力还有待提高。而美国仅次于中国，排名第二，在该领域中具有一定的国际影响力。

（2）分析景区高质量发展领域的载文期刊时，得出结论：外文文献中该领域的研究重点是在旅游管理、景观生态学、自然、生态环境科学、自然地理等方面的期刊，中文文献在期刊上的集中度较为中等，研究重点是空间格局、可持续发展、旅游经济、城市经济、产业结构与经济增长、产业经济与区域差异、城市地理与新型城镇化等领域。

（3）分析景区高质量发展领域的研究团队时，得出结论：外文文献中该领域具有权威性和影响力的作者是丹尼尔、李璐、福尔曼、麦克加里格尔等，并且研究机构是以全球各大高校为主，中国高校占据一定份额，这表明中国机构在该领域中具有国际影响力；中文文献中该领域具有权威性和影响力的作者是戴斌、何建民、黄海燕、夏杰长等，并且主力研究机构是以国内各大科研机构为主，还须加强机构之间的合作。

（4）分析景区高质量发展领域的研究热点与前沿时，得出结论：外文文献中该领域的研究热点在生态系统服务、风景质量、人类生态学、栖息地质量、土地使用、视觉质量、空间分布、服务质量、地貌学等方面，近年来研究前沿关注于游客感知、质量与健康等方面；中文文献中的研究热点则侧重于乡村旅游、旅游景区、旅游资源、旅游文化等方面，研究前沿为文旅融合、文化产业等。

2.4.3 "二者关系"领域的文献计量结论

（1）通过检索分析国内外"二者关系"领域的发文量，发现英文相关文献数量明显高于中文，可看出外文文献在本领域的热度较高，并具有一定的发展特色；同时中国也具有一定的国际影响力，其依据是在外文文献的国家发文量中，中国排名第二，但中心度相对较低，因此国家影响力还有待提高。

（2）在分析"二者关系"领域的载文期刊时，得出结论：外文文献中该领域的研究重点在旅游业、公共交通、地理学等方面，中文文献在期刊上的集中度较低，研究重点在中国旅游研究、旅游学科发展、乡村旅游、旅游体验价值、影响因素、营销策略、中小企业、人力资源、经济发展方向等方面，二者有较大差别。

（3）在分析"二者关系"领域的研究团队时，得出结论：外文文献中在该领域具有权威性和影响力的作者是安德鲁、阿莱格雷、布哈利斯等，并且研究机构以全球各大高校为主，其中发文量最高的是中国机构——香港理工大学，就此表明中国机构在该领域中具有国际影响力；中文文献在该领域具有权威性和影响力的作者是陆林、马耀峰、汪德根等，并且研究机构以国内各大科研机构为主，还须加强机构之间的合作。

（4）分析"二者关系"领域的研究热点与前沿可以得出结论：外文文献中该领域的研究热点在性能、策略、旅游目的地等方面，近年来研究前沿关注于景区管理、景区内部设施、信息科技等；中文文献中该领域的研究热点则侧重于经济、规模、空间结构等方面，而研究前沿为生态旅游、全域旅游等。

第 3 章

低密度旅游业态创新与景区
高质量发展协同的分析框架

3.1　低密度旅游业态创新构成维度分析

低密度旅游是最具发展潜力的旅游板块之一。低密度旅游与以往旅游形式有所不同，侧重健康、生态、康养，通过文献梳理和实地调研发现，现有的低密度旅游创新业态多种多样，包括周边自驾游、自驾营地、房车营地、古镇等，低密度旅游的新产品、新业态、新模式层出不穷。

在充分考虑低密度旅游发展特色的基础上，结合整体低密度旅游发展的环境，将低密度旅游业态创新分为乡村俱乐部旅游业态创新、企业会奖旅游业态创新、原始自然观光旅游业态创新、原始自然探险旅游业态创新、狩猎海钓体验旅游业态创新、房车游艇宿营旅游业态创新六大维度，分别描述了低密度旅游的自然环境、文化资源和生态三个方面。

3.1.1 乡村俱乐部旅游业态创新

乡村俱乐部旅游新业态是现代较低密度空间旅游业态的旅游开发模式之一，是景观类型与生态资源、文化资源相结合的一种旅游新业态。乡村俱乐部旅游业态创新是以人和文化为基础，以乡村贵族式生活为主题，以休闲为目的，以服务为手段，以可持续发展为核心、休闲文化和旅游相结合的一种交叉性创新产业。乡村俱乐部旅游业态创新以乡村资源和自然环境资源为基础，通过营造轻松愉快的乡村生活氛围来扩展相关旅游项目，促进乡村的文旅发展。游客们在乡村俱乐部旅游新业态中和家人、朋友一起感受自然风光、休闲放松心态的同时还能通过消费带动当地农村经济发展。乡村俱乐部旅游业态创新是乡村旅游的高层次创新产品，它以乡村旅游产品为基础，结合乡村特色和优势，拓宽市场，多方面满足游客需求，可以提高经济效益、社会效益和生态效益，降低旅游市场的风险，提高乡村适应旅游需求的能力。由此可见，闲旅融合是新时代旅游发展趋势，也是旅游消费需求的热点所在。

乡村俱乐部旅游新业态是集休闲娱乐、亲友相聚、高档文娱活动体验等功能为一体的新型旅游新模式。主要包括以下几个特点：第一，将高档文娱活动与大众化活动相结合而形成的乡村俱乐部旅游新业态，最大程度地利用丰富资源，开发多项休闲活动，改变以往乡村旅游的形象，使其更具特色与魅力，有利于实现传统乡村旅游模式创新升级。第二，有利于提升整体区域经济，满足游客个性需求，但受新冠肺炎疫情管控游客人流量被大大限制，普通的乡村旅游所带来的经济效益已无法维持旅游企业运营，乡村俱乐部旅游业态创新的发展能最大限度地提高当地居民收入。第三，乡村旅游基地化，让游客随时享受到"一条龙"服务，特别是对于自驾游的旅客来说，为其提供全自助式服务，有利于游客舒缓身心以及了解乡村文化。

由此，发展乡村俱乐部旅游业态创新既是促进旅游产业升级、旅游企业经济增收和农村经济建设的重要行动，也是低密度旅游业态创新的关键之处。在未来的发展中，高端俱乐部、特色农家娱乐项目、休闲度假项目等旅游创新产品都是增进旅游经济的方法。后疫情时代旅游资源与旅游需求依然存在，旅游行业迎来发展新机遇。

3.1.2 企业会奖旅游业态创新

企业会奖旅游新业态是现代非大众旅游的具有创新性思维的开发模式之一，是生态意识与社会责任、企业文化相结合的一种旅游新业态。企业会奖旅游业态创新是以会展活动为基础，以高端度假村为主题，以休闲为目的，以服务为手段，以可持续发展为核心、企业文化和旅游相结合的一种交叉性创新产业。企业会奖旅游业态创新以休闲度假和个性需求为基础，促进员工健康发展，通过营造一流环境与服务的休闲度假氛围来扩展相关旅游活动，在企业会奖旅游新业态中游客们（同事们）一起享受物质奖励、体验高端服务，打造品牌化，提升城市的品牌影响力。企业会奖旅游新业态是小团体旅游的高层次创新产品，它以休闲度假旅游产品为基础，结合康养、运动、拓展服务等，多样化地满足游客要求，同时可以提高品牌效益、产业效益和经济效益，有效应对疫情时期旅游市场的低迷，提高现代企业适应旅游需求的能力。由此可见，闲旅融合是新时代旅游发展大势之所在，也是旅游消费需求的热点所在。

企业会奖旅游业态创新是集休闲度假、个性化需求、一流服务环境体验等功能为一体的新型旅游新模式。主要包括以下几个特点：第一，将会展奖励旅游与个性化相结合而形成的企业会奖旅游新业态，能相对完整地利用商务旅游服务链，建立多项非同质化活动，改变以往传统大众旅游的形象，实现创新升级。第二，最大限度地满足了游客个性需求，受新冠肺炎疫情影响，游客流量被大大限制，游客需求也发生了变化，传统的大众旅游已满足不了游客旅游需求，企业会奖旅游业态创新的发展能满足游客康养需求，有利于提高当地旅游经济。第三，团体旅游专业化让游客随时感受到专业化服务，特别是对于会奖旅游的游客来说，有利于游客放松自我、了解企业文化，提高消费水平。

由此，发展企业会奖旅游业态创新既是促进旅游产业升级、提高旅游企业经济效益和增强区域经济建设的关键举措，也是低密度旅游业态创新的重要方向。在未来的发展中，高端度假村、特色产业小镇、特色主题活动等旅游发展模式都是提高旅游经济收益之选。如四川省的黄龙风景名胜区，1992年就被列入《世界自然遗产名录》；成都的黄龙溪古镇和青城山都以环境优美、风景秀丽闻名，打造休闲度假风格，且古镇有着"影视城""中国好莱坞"之称；广西桂林阳朔悦容庄酒店以优雅浪漫为主调，在充满活力与异国情调的度假环境，享受如画般的自然美景，体验各种娱乐活动。

3.1.3　原始自然观光旅游业态创新

原始自然观光旅游新业态是现代典型低密度旅游业态的旅游开发模式之一，是原始自然资源与可持续发展、生态观光保护相结合的一种旅游新业态。原始自然观光旅游业态创新是以人、自然、特色文化为基础，以山水闲情生活为主题，以观光为目的，以维护为手段，以可持续开发为核心，原始生态和旅游相结合的一种交叉性创新产业。原始自然观光旅游业态创新以地貌景观和动植物资源为基础，促进生态的可持续发展，是通过营造自然风味的生态观光氛围来推广相关生态旅游项目，带动生态效益，游客们在原始自然观光旅游业态创新中独自或和家人朋友一起感受原始生态魅力、维护生态资源。原始自然观光旅游业态创新是生态旅游的高档创新产品，它以生态旅游产品为基础，结合原始自然风光和特色，多方式和多方位地支持生态旅游开发，同时可以提高生态效益、文化效益和经济效益，保护原始自然的资源，提升维护自然环境资源的能力。由此可见，奇旅融合是新时代旅游发展趋势，也是旅游消费需求的热点所在。

原始自然观光旅游业态创新是集地貌景观、动植物资源、深远特色文化意义等为一体的新型旅游模式。主要包括以下几个特点：第一，将生态观光保护与健康旅游相结合而形成的原始自然观光旅游新业态，可持续性地开发原始自然资源，规划多项特定区域项目，改变以往刻板自然旅游的形象，使其更加丰富与多彩，有利于实现生态旅游的创新模式，实现品质升级。第二，原始自然观光旅游新业态的兴起能最大限度地控制游客流量，符合新时代旅游发展需要，传统密集型旅游模式已然不符合时代要求，原始自然观光旅游新业态更吸引游客前往。第三，生态旅游体系化让游客随时观赏到大自然景色，特别对大城市的游客提供健康大自然旅游，做到生态保护与旅游产业开发相协调，有利于游客生态旅游观光以及了解民族社会文化，提高体验价值。

由此，发展原始自然观光旅游业态创新是促进旅游产业升级、旅游组织经济上升和生态经济建设的重要方式，也是低密度旅游业态创新的关键环节。在新时代，生态旅游、原始景区再开发等旅游创新模式具有自己独特的风味、资源。如四川省的九寨沟风景区，1992年就被列入《世界自然遗产名录》；湖北的神农架国家森林公园和新疆天山都以原始悠久、猎奇探秘为主题，以"雄、秀、幽、野"为特色，有着"中国天然氧吧""华中屋脊"之称。

3.1.4 原始自然探险旅游业态创新

原始自然探险旅游新业态是新型的低密度旅游业态开发模式之一，是生态环境与新奇体验、民族生活方式相结合的一种旅游新业态。原始自然探险旅游业态创新是以环境与设备为基础，以探险刺激探索未知为主题，以体验为目的，以开发为手段，以保护生态环境为核心、现代化产业和探索旅游相结合的一种多样性创新产业。原始自然探险旅游业态创新以生态环境和创新体验为基础，促进生态旅游创新发展，通过探索多样化的自然新鲜事物来创新传统探险旅游，带动旅游经济发展，游客们在原始自然探险旅游新业态中和家人、朋友一起尝试新鲜事物、脱离条条框框，同时保护当地生态环境，推动绿色发展。原始自然探险旅游业态创新是源于探险旅游的高档创新产品，它以低密度旅游产品为基础，结合自然神秘性和刺激性，多种方式激发游客探险动机，同时可以提高人文效益、生态效益和经济效益，丰富旅游市场的资源和提升原始自然探索的旅游吸引力的能力。由此可见，险旅融合是新时代旅游发展大势之所在，也是旅游消费需求的热点。

原始自然探险旅游业态创新是集自然生态、地理地貌、独特民族生活方式体验等功能为一体的新型旅游模式。主要包括以下几个特点：第一，将自然探险运动与创新元素相结合的原始自然探险旅游新业态，广泛利用冒险、环境与人文等各种因素，演化出多种旅游类型，改变了传统探险旅游的形象，使其更具刺激性和未知感，有利于实现大众旅游的创新模式，实现品质升级。第二，最大程度地满足人们对探险的需求，原始自然探险旅游新业态的兴起能满足游客空间私密性的要求，原始自然探险旅游新业态以"小团体"游客为主，减少游客间的接触，满足游客需求，提升游客满意度。第三，探险旅游创新化，为游客提供原始自然探险体验，特别是对于喜欢探险旅游的游客来说，让游客随时获取意外收获，有利于被城市的快节奏压得快喘不过气的人们释放压力，提升游客参与感。

由此，在原始未开发地区发展原始自然探险旅游业态创新既是促进旅游产业升级、旅游产业经济增长和原始探险旅游经济建设的重要模式，也是低密度旅游业态创新的重要环节。在现代化的发展中，家庭休闲型、高端自然主义者型、独立自由型等旅游发展类型均是原始自然探险旅游模式。秦岭以高山密林、完整生态为主题，打造了神秘原始风格，有着"一日有四季，十里不同天"的美誉。

3.1.5　狩猎海钓体验旅游业态创新

狩猎海钓体验旅游新业态是新型的低密度旅游业态开发模式之一，是文化特色与休闲度假、生态环境相结合的一种旅游新业态。狩猎海钓体验旅游业态创新是以海洋和山地资源为基础，以休闲娱乐高雅体验为主题，以休闲为目的，以科研为手段，户外健康运动为核心，娱乐活动和旅游相结合的一种综合型产业。狩猎海钓体验旅游业态创新以文化特色和海洋山地生态环境为基础，促进高端旅游发展，通过结合个性化体验来打造户外高端旅游产品，带动生态经济发展，游客们三五好友一起体验狩猎海钓，享受户外探险、丰富精神感知，带动区域经济发展。狩猎海钓体验旅游业态创新是户外旅游的高端化创新产品，它以低密度旅游产品为基础，结合狩猎海钓活动的娱乐性和冒险感，丰富游客感知和多形式提升游客体验，同时可以提高经济效益、社会效益和生态效益，实现旅游业可持续的发展。由此可见，康旅融合是新时代旅游发展大势之所在，也是旅游消费需求的热点。

狩猎海钓体验旅游业态创新是集市场需求、人文文化、个性化风格等因素为一体的新型旅游新模式。主要包括以下几个特点：第一，将民俗文化体验与高端旅游项目相结合的狩猎海钓体验旅游新业态，最大程度地保护生态环境，开发多种旅游形式，超越传统旅游体验的思路，使狩猎海钓体验旅游新业态更具高端化和个性化，有利于实现低密度旅游模式创新升级。第二，满足游客文化与精神的需求，受新冠肺炎疫情影响游客出行被大大限制，普通的体验旅游无法满足管控条件，狩猎海钓体验旅游业态创新的发展能够提高当地居民收入。第三，狩猎海钓体验旅游新业态让游客进行新奇个性化体验，特别是对于户外旅游的游客来说，为其提供全新的旅游模式，有利于游客娱乐身心以及体验民俗文化，提高服务质量。

由此，在海洋和山地发展狩猎海钓体验旅游业态创新既是促进旅游产业升级、旅游企业经济增长和社会经济建设的重要举措，也是低密度旅游业态创新的重要着力点。休闲海钓、渔家乐、家庭游玩项目等旅游开发模式都是提升游客体验感的方法。海南三亚的亚龙湾和分界洲岛都以风景如画、海水清澈闻名，打造休闲体验风格，有着"私密海湾""神秘钓点"之称；河北省的长城狩猎场以神秘幽静与丰富动物资源的狩猎环境闻名，让游客享受捕猎的快感、体验仙居之美。

3.1.6 房车游艇宿营旅游业态创新

房车游艇宿营旅游新业态是颠覆传统的低密度旅游业态的旅游开发模式之一，是文化特色与基础设施、小众相结合的一种旅游新业态。房车游艇宿营旅游业态创新是以空间和工具为基础，以景区高端露营为主题，以体验为目的，以服务为手段，以可持续发展为核心，新兴文化与旅游相结合的一种小众化创新产业。房车游艇宿营旅游业态创新以自然风光与功能装备为基础，促进行业间的合作发展，通过打造自由灵活的自然观光体验来创新高端旅游，游客们在房车游艇宿营旅游新业态中和家人、朋友一起享受自由空间、满足自我需求，同时还能通过消费带动当地旅游经济发展。房车游艇宿营旅游业态创新是小众旅游的高档创新产品，它以低密度旅游产品为基础，借助工具便捷和新颖，打开市场和多角度提高服务质量，同时可以提高经济效益、品牌效益和环境效益，改变旅游城市的文化面貌和提高人们重视民俗文化的程度。由此可见，营旅融合是新时代旅游发展大势之所在，也是旅游消费需求的热点。

房车游艇宿营旅游业态创新是集休闲文化体验、美好生活体验等功能为一体的新型旅游模式。主要包括以下几个特点：第一，将超现代旅游方式与小团体形式相结合而形成的房车游艇宿营旅游新业态，最大程度地满足游客个性化的消费需求，完善各种配套设施建设，改变传统大众旅游的方式，使其更具灵活性，有利于实现低密度旅游的发展模式，实现创新升级。第二，最大程度地提供游客出行保障，受新冠肺炎疫情影响，游客出行方式被大大限制，传统的旅游出行不适合当前政策，房车游艇宿营旅游新业态的开展能够满足游客服务需求的同时促进游客高消费带动区域经济发展。第三，房车游艇旅游常态化，让游客随时享受到高档服务，打造满足游客小众高质的旅游模式，有利于游客灵活游玩以及创新民俗文化，提升服务水平。

由此，在景区内发展房车游艇宿营旅游业态创新是促进旅游产业升级、旅游组织经济增长和区域经济建设的重要方法，也是低密度旅游业态创新的关键环节。在新时代，自由行、房车露营、休闲度假型等旅游发展模式都是促进旅游服务高水平发展。如北京怀北国际汽车营地，是超大规模且设施齐全的汽车露营地；青海的宽河驿马（青海湖）国际露营地以简约自然、精致温馨闻名，承袭英式露营文化风格，有着"湖边最美房车露营地"之称。

3.2 景区高质量发展模式构成维度分析

景区高质量发展是一项长期的复杂项目,既要考虑国家战略和生态保护意识,也要兼顾当地居民意愿,充分重视居民的主体作用。袁霞等(2014)学者将产品属性、资源特色、农户意愿、政策创新和资金来源等因素进行综合考量,提炼出景区高质量发展的三种模式,即休闲度假服务型景区高质量发展模式、自然环境依托型景区高质量发展模式和民俗文化体验型景区高质量发展模式。本书在探讨景区高质量发展模式中,为了对景区高质量的发展做一般性规律探讨,采用袁霞等学者提炼出的三种景区高质量发展模式。

3.2.1 休闲度假服务型景区高质量发展模式

休闲度假是一种旅游方式,是对日常生活的延续,休闲度假服务型景区高质量发展模式以休闲为主,打造一个小众化、高品质、追求趣味性的旅游活动。其核心是强调旅游活动向休闲服务化发展,即在景区高质量发展的过程中促进基础设施建设、公共配套服务、生态资源可持续、产品发展及资源开发等方面升级优化,以创新化和高端化建设为手段推动景区高质量的发展。相对于自然环境依托型景区高质量发展方式,休闲度假服务型景区高质量发展模式对生态环境、服务设施与条件要求较高,目前的休闲度假主要还是偏向于传统大众旅游为主,休闲度假的形式较少,还有待开发。休闲度假服务型景区高质量发展模式要在乡村区域中建立度假区,逐步对原有基础设施和服务进行修整和更新,改变原有空间布局,对资源进行再次升级建设,打造消费新场景或改善居住环境。

对景区进行休闲度假服务升级,必须要将度假村的选址和空间建设放在首位,对现有度假村的设施进行改进和完善。因此,实现休闲度假服务发展,可以从以下方面入手:第一,因新冠肺炎疫情导致的游客消费需求和消费心理变化,将休闲度假旅游建设成高端度假区。景区高质量发展的首要措施就是要改善原有生态环境,休闲度假的生态环境设计要充分了解生态环境资源的资源类型、空气质量、服务设施及水平等的实际情况,同时根据不同消费人群的需求,设计出不同类型的度假划分区。第二,在休闲度假区的选址上,将景区的交通条件、基础设施等要素纳入计划之内,选择交通便利且生态资源丰富、良好环境的休闲旅游区，同时也要考虑到工作人员素质、村民意愿、医疗、服务、文化等因素，将资源价值较高、服务设施设备较高端的度假区作为建设中心。第三，适度鼓励休闲消费，各级政府采取鼓励性政策和措施，积极发挥主导作用。在休闲度假服务型景区高质量发展模式中，休闲度假旅游区的设施资源要灵活配置，不仅要考虑到服务设施高级化，也要考虑景区高质量发展下的资源保护，根据不同的类型采用不同的发展模式。

休闲度假服务型景区高质量发展模式作为景区高质量发展的有效方式之一，也是复苏区域经济的重要路径。休闲度假服务型景区高质量发展模式要重视休闲产业链建设、配套基础设施完善，对旅游度假地进行精细化建设，强化全区道路建设、完善生活设施设备建设，但休闲度假服务型景区高质量发展模式整体周期长，资金投入大，在具体实施的过程中资金投入是关键性问题。目前，就我国内休闲度假旅游服务型景区的规模来看，休闲度假旅游作为新业态，成熟度不够，同质化现象较为明显，这就使得景区一方面需要建立休闲度假区，拉动产业发展和经济收入，另一方面须全面加强自身基础设施建设，加快新型基础设施建设。发展休闲度假服务型景区高质量发展模式若借助国家和政府的资金政策支持，可以解决一时的问题，但从长期上看，景区发展需要加强区域内部的信息交流和人才流动，积极借鉴相关成功经验，培养相关人才，进行集团化运作，加大力度对产业、发展模式进行创新。

3.2.2 自然环境依托型景区高质量发展模式

自然环境是一种旅游资源，自然环境依托型景区高质量发展模式以生态为主，打造一个拥有优美旅游环境、丰富资源、适宜气候的旅游产品。其核心是强调自然生态环境发展，即在景区高质量发展的过程中促进产业结构升级、生活基础设施配置、生态环境开发、资源合理利用及利益主体保护等方面加强优化，以创新化和高级化建设为手段推动景区的高质量发展。相对于民俗文化体验型景区高质量发展模式，自然环境依托型景区高质量发展模式对自然资源、活动项目与居民收益的要求较高，由于自然资源开发不够、景区产业结合度不够、当地居民收入不稳定等因素，现在自然环境旅游主要方式还是偏向于传统观光旅游，原始生态创新的形式较少，还需再度挖掘。自然环境依托型景区高质量发展模式的关键是在自然生态环境中开发景点，在生态环境中实现旅游企业、产品、居民和外部效益的综合发展。通过修建自然环境景区，不断对原有生态环境和各类资源进行大范围可持续开发，加强生活基础设施配置，对生态资源进行再次利用、合理规划。

对景区进行自然环境保护区的可持续开发，必须要将游客的消费心理和居民利益及生态效益放在首位。因此，实现自然环境依托型景区高质量发展模式建设，可以从以下几方面入手：第一，因新冠肺炎疫情导致的游客消费心理和旅游需求变化，将自然环境建设成高质量旅游景区。景区高质量发展善于利用原有的自然环境，景区的自然环境发展要充分考虑区域经济、旅游资源开发程度、当地文化及组织整合等现有情况，因地制宜地发展不同类型的旅游产业，以满足游客在新时代下的个性化需求。第二，在自然环境景区的选址上，将生态环境保护概念、配套服务设施等要素考虑到规划之中，选择生态保护且旅游资源丰富、良好品牌的自然环境保护区，同时也要考虑到工作人员态度、居民利益、服务质量、基础设施等要素，把生态保护较完善、配套服务设施较高端的景区作为核心建设区。第三，适当激励生态消费，各级政府采取多元化政策，积极参与景区建设，做好监督工作。在自然环境依托型景区高质量发展模式中，多方面考虑自然保护区中资源的合理开发，不仅要考虑到资源开发最大化，也要考虑到景区高质量发展建设的可持续发展理念，根据不同类型资源引进不同的相关人才。

自然环境依托型景区高质量发展模式作为景区高质量发展的有效方式之一，也是促进区域经济的重要方式，在具体操作的过程中人员配备和政策创新是关键性难题。自然环境依托型景区高质量发展模式要关注景区规划，完善景区基础安全设施、区域交通建设，同时自然环境依托型景区整体规模较大，人才配备专业。但就目前我国自然环境旅游建设规模来看，自然环境生态旅游较为新颖，开发度不够，利益分配不均，一方面需要引进专业人才和政策创新，另一方面得培养创新思维，多元化提升可持续发展意识。建设自然环境依托型景区高质量发展模式不能单单靠国家和各级政府的政策支持，虽然可以缓解当前的保护问题，但从长期上看，景区发展需要当地居民的参与和加强人才队伍建设，积极参考有关成功案例，吸引当地居民进行系统化管理，共同合作旅游产品和项目，合理分配多方利益。

3.2.3　民俗文化体验型景区高质量发展模式

民俗文化是一种旅游方式的核心，也是对旅游内涵的升华。民俗文化体验型景区高质量发展模式以体验为主，发展一个提供高质量、创新类型、远离市区的旅游产业。其核心是强调民俗文化传承需求与体验，即在景区高质量发展的过程中促进民俗文化升级、旅游产品类型丰富、高质量服务水平、自然风景结合及价值体验层次的提升，以创新化和品质化建设为手段推动景区的高质量发展。相对于休闲度假服务型景区高质量发展模式，民俗文化体验型景区高质量发展模式对民俗文化内涵、旅游体验与基础服务设施要求较高，由于产业发展相对受限、设备供给不足、体验深度不够等问题，目前民俗文化体验型景区高质量发展模式主要方式以固化文化旅游为主，文化体验的活动形式较少，还有待挖掘。民俗文化体验型景区高质量发展模式的体验区建立在郊区、远离市区的地方，可以实现旅游企业、民俗文化、当地居民和游客的综合发展。通过搭建民俗文化体验区，有效地对原有传统的民俗文化和自然风景进行更深层次挖掘，改变原有的产业结构，对景区活动项目进行不断创新完善。

对文化资源进行民俗文化体验管理，必须要将文化资源的规划和环境现状放在首位，对现有民俗文化区域的项目进行更新和个性化调整。因此，实现民俗文化体验型景区高质量发展模式的建设，可以从以下几方面入手：第一，满足因新冠肺炎疫情导致的游客个性化需求和精神生活需求，将文化旅游模式建设成多元化民俗文化体验。景区高质量发展的关键点在于减少同质化的文化旅游模式，民俗文化体验型景区高质量发展模式要充分分析民俗文化资源的现有的文化类型、文化特性、服务设施及创新能力等方面的情况，从消费群体的多元化需求入手，挖掘出多样化的民俗文化体验区。第二，在民俗文化体验区的选址中，将景区的创新能力、民俗资源等因素考虑到计划之内，选择可创性强且文化历史悠久、风景良好的文化体验区，同时也要关注景区配套服务设施、居民意愿、组织建设、原生性、地区性等因素，将民俗文化多元化、自主意识更强的文化体验区作为发展经济的核心。第三，增强民族自豪感，各级政府采用激励性政策和措施，积极发挥领导作用。在民俗文化体验中，民俗文化体验区的民俗文化资源要全面保护，不仅要考虑现有的民俗文化创新化，也要考虑景区高质量发展以后的居民发展意愿，根据不同的需求采用不同的开发方式。

民俗文化依托型景区高质量发展模式作为景区高质量发展的有效方式之一，也是提高经济效益的关键途径。在具体落实的过程中景区体验模式较单一是关键问题。民俗文化体验型景区高质量发展模式要重视资源保护制度、融资渠道，对文化旅游发展进行专业化开发，加强景区内部建设、完善服务设施，但民俗文化体验型景区高质量发展模式的开发模式较单一，其资金投入较大。目前就我国民俗文化体验型景区来看，民俗文化旅游较为少量，专业度不够，居民意愿较不明显，使得景区一方面需要开发旅游新项目，改善经济状况和投资渠道，另一方面要多引导居民提高保护民俗文化意识。发展民俗文化体验型景区高质量发展模式无法仅仅靠政府的政策资金投入，但从长期来看，景区发展需要形成专业化规模和加强开发意识，积极保护珍贵文化资源，培养居民发展民俗文化旅游思维，进行规范化建设，对旅游项目、旅游模式进行升级，高质量地创新新业态。

3.3 低密度旅游业态创新与景区高质量发展协同模式构建的必要性和可行性

3.3.1 必要性

当前游客需求逐渐多样化、个性化，虽然旅游业态类型也有所创新，但目前的创新力度、业态种类仍无法与市场需求相匹配，低密度旅游的发展仍不成熟。田里等（2021）在旅游驱动型返贫研究中指出，采用高质量发展战略和低密度旅游发展思路是带动区域经济发展的重要措施。申军波等（2020）指出"低密度+高品质"理念必将成为疫情时期游客选择旅游产品时最优先考虑的，成为旅游市场消费新需求。根据产业融合理论，通过旅游产业间的互补和延伸进行融合，并赋予新的产业附加功能和更强的竞争力，不断形成新的经济效益增长点，因此有必要构建低密度旅游业态创新与景区高质量发展协同模式。低密度旅游对景区高质量发展有积极的促进作用，具体由以下三个方面进行阐述。

第一，景区兼顾低密度旅游业态和高质量发展可以促进景区资源高质量发展。随着新冠肺炎疫情的防控常态化，旅游需求日益增加，但人们的消费心理、消费需求正在发生变化，与传统旅游需求差距拉大，旅游环境、产品、服务等都在不断进行改进、提高质量，旅游资源开发逐渐由"量"向"质"转变。旅游业是我国重要经济支柱之一，发展旅游业能够带动产业经济发展，也能给景区周边居民提供大量的工作岗位，推动区域经济复苏及当地经济发展，提升居民生活水平。李鹏（2021）的研究表明，现如今格局下，发展高质量旅游业对我国经济有积极推动作用，加强供给侧结构性改革和需求侧管理，是战略必然要求。近年来，随着生活水平不断提高，人们对于美好生活的需求越来越高，旅游企业应主动创新升级，以满足游客日益多样化、个性化需求。

第二，景区兼顾低密度旅游业态和高质量发展可以破解疫情下旅游业生存困境。由于新冠肺炎疫情的防控要求，旅游景区限流措施从严落实，对旅游企业、关联产业都产生巨大影响，给旅游经济带来巨大的打击。近年来，随着传统大众旅游生态污染加重，居民和生物受到影响逐渐变大，低密度旅游能够有效减少游客密度，把控生态污染，减少对生态资源伤害，使生态旅游资源可持续性发展。新时代下，我国发展低密度旅游业态是必然要求。

第三，景区兼顾低密度旅游业态和高质量发展可以促进社会文化发展。随着文旅市场多样化发展趋势，文旅产品多元化需求日益剧增，居民对文化需求、旅游消费正在升级发展，文化与旅游必然融合发展，旅游文化、形式、产业等都在不断推动创新、高质量发展。旅游业逐渐由"单一"向"多元"需求发展，"低密度＋高质量"旅游能够促进景区升级发展，也能增加原有景区的文化元素，满足游客消费需求及提升游客体验感，促进物质文化发展。随着新时代旅游的发展，游客对于精神文化的需求越来越高，旅游企业促进资源多样性开发，促进文旅高质量、多元化发展。

3.3.2 可行性

第一，景区质量问题亟待解决。党的十九大报告指出，旅游业作为我国支柱性产业，提升景区内部建设，提升游客的体感价值与满意度，满足大众对旅游的个性化需求变化，进而解决景区质量问题。一方面，我国虽然自然资源丰富，但有着针对休闲旅游的产品开发不足、基础设备不完善、旅游产品供给效率低等问题。再加上文化内涵建设不足、文化特色较少、项目高度重合、缺乏新鲜感等，新时代下人们对旅游产品的消费需求逐渐多样化、个性化，因此传统大众化旅游模式已无法满足游客需求。另一方面，我国旅游地区发展不平衡，"东强西弱，南强北弱"，其中，西部地区的生态资源较好，有着天然旅游基础，但是交通不便、经济不发达，居民发展旅游意识不明确；东部地区资源较少，但是整体服务接待能力较强，旅游项目较为丰富。发展"低密度＋高质量"旅游所需条件还不完善，地区发展不平衡，不利于景区高质量发展，也较难形成高效集聚。景区高质量发展成为旅游业发展的新动能，也是影响我国经济复苏的关键环节。

第二，旅游业业态进入新阶段。自新冠肺炎疫情防护常态化以来，游客的消费需求发生变化，更追求品质上的享受；旅游消费需求更为个性化，旅游业发展需要走一条独具一格的创新道路。"低密度＋高质量"旅游产业有以下几个特点：一是在限定容量下准确把控目标客户群，满足客户需求，提升旅游消费水平；二是旅游的新产品、新业态、新模式层出不穷，乡村俱乐部旅游、会奖旅游、原始自然探险旅游、狩猎海钓体验旅游等低密度旅游新业态不断创新，协同原有资源与其他产业创新开发，协同理论认为这种做法能加快新产品的创新速度；三是旅游业已经成为人们生活的必需品，人们也不是为了旅游而旅游，而是为享受现代化的美好，享受丰富多彩的人生。从旅游业态与零售业态的概念入手，由于旅游业有着综合性、经济性、服务性、联动性等特征，其业态表现出有别于一般流通产业业态的特征。具体来说，可以分为以下三个特征：（1）旅游业态是一个复合性的概念，既能体现旅游产业的发展情况，又体现出旅游产业活动和效益，还是一种产业及其所有业态的总和。（2）旅游业态是一个动态的概念，既指旅游业在当前环境下的发展趋势，又包括未来发展方向、趋势、特点等方面；（3）旅游业态是一个特色性的概念，中国旅游资源丰厚，具有多种资源类型，包括多样化的自然生态景观、历史文化底蕴、山川河流、气候资源等，同时我国国家政府大力推动旅游高质量发展，必将助力打造"低密度+高质量"景区，打造出一批又一批新的旅游景点和旅游业态。

3.4 低密度旅游业态创新与景区高质量发展协同的内外部影响机制

3.4.1 内部影响机制

低密度旅游业态创新与景区高质量发展协同的内部影响因素既是低密度旅游业态创新的影响因子，也是景区高质量构建机制的重要组成部分。景区高质量发展是新时期旅游业发展的产物，低密度旅游业态创新是旅游多样化发展路径的重要选择，二者相协同受到经济因素、空间形态以及自然因素等内部因素的影响。本书根据低密度旅游业态发展现状和景区高质量形成机理，识别出影响低密度旅游业态创新与景区高质量发展协同的内部影响机制（见图3-1）。

第一，经济因素。经济因素是影响低密度旅游业态创新与景区高质量发展协同的重要因素，主要包括人口经济和旅游产业经济两方面的内容。首先，随着新冠肺炎疫情的暴发，采取隔离防控及复工延迟措施避免疫情的扩散，导致餐饮、旅游、服务业等行业消费大幅下降，各个行业与企业经济效益受到影响，给我国居民收入造成了较大影响。随着防控疫情常态化，居民收入有所回升，但居民消费需求已然发生变化，对于旅游需求更是不减反增，提升旅游品质，是旅游业发展的关键所在。其次，旅游业经济复苏还需很长一段时间，但由于限制流量的管理方式，景区普遍呈现出入不敷出的状态，通过旅游业态创新的方式，为低密度旅游的开发提供条件。最后，其他产业收入也是影响低密度旅游业态创新与景区高质量发展协同的关键因素。一方面，旅游经济的发展为当地居民提供了新收入来源，且给依附旅游行业发展的其他行业带来了积极影响，这为旅游业的复苏奠定了经济基础。另一方面，相关产业收入不断上涨，从业的居民的人均收入水平持续提升，生活水平不断提升，旅游市场越发活跃起来。

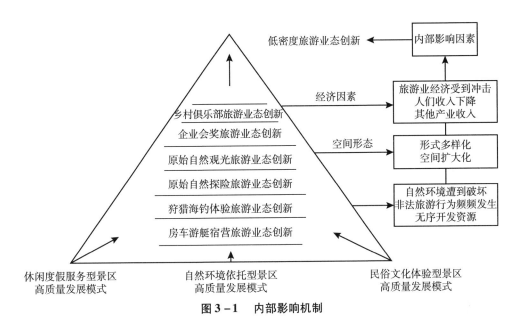

图 3 - 1   内部影响机制

第二，空间形态。空间形态是影响景区高质量发展与低密度旅游业态创新的重要条件，主要包括形式多样化和空间扩大化两方面的内容。首先，随着旅游形式的多样化、游客需求多元化及国内游客消费意愿的增强，旅游消费形式、景区发展方向都需要转变，其中旅游业态的多样化是促进旅游业发展的引导因素。其次，随着科技不断创新、交通逐渐便利，人们的探索欲不断增加，使得人类空间可达性逐渐扩大。通过旅游全要素创新重构的方式，为游客的景区高质量需求提供方向。最后，其他旅游要素也是影响低密度旅游业态创新与景区高质量发展协同的基础条件。一方面，景区业态的创新为游客带来新的旅游模式，在旅游过程中的其他体验产生消费需求，这为旅游业的复苏提供了渠道。另一方面，其他旅游要素的重视程度不断提高，景区业态的创新与游客体验提升，提升旅游景区软实力基础，提高服务水平以增强游客体验感。

第三，自然因素。自然因素是影响低密度旅游业态创新与景区高质量发展的基础条件，其中包括自然资源和环境保护两方面的内容。首先，传统大众景区游客过量，自然生态、环境质量等因素遭到破坏。随着自然资源开发合理化，生态平衡有所好转，且景区游客数量受到限制，实施可持续发展，合理利用自然资源协调自然与产业的关系是旅游资源高质量发展的关键。其次，旅游景区环境恢复需要较长一段时间，由于环境污染行为的屡禁不止，对景区资源造成了不可逆的浪费与伤害，通过资源有序开发，为景区高质量的开发提供基础条件。最后，资源开发水平也是影响低密度旅游业态创新与景区高质量发展协同的因素。一方面，旅游资源的开发给旅游企业带来了新的发展资源，但也给生态环境的保护带来极大的负担。另一方面，旅游资源的开发深度逐渐加强，吸引更多的游客关注，景区核心吸引力逐渐提升。

3.4.2　外部影响机制

低密度旅游业态创新与景区高质量发展协同的外部影响因素既是低密度旅游业态创新的影响因子，也是景区高质量形成机制的重要外在组成部分。景区高质量发展是高质量发展的产物，旅游多样化发展是实现低密度旅游业态创新的重要路径，二者相协同受到制度与管理限制、交通因素以及社会环境等外部因素的影响。本书根据低密度旅游业态发展现状和景区高质量发展，识别出影响低密度旅游业态创新与景区高质量发展协同的外部影响机制（见图3-2）。

第一，制度与管理。制度与管理是影响低密度旅游业态创新与景区高质量发展协同的关键要素，主要体现在市场选择和资源保护两方面。首先，旅游企业出于追逐利益的目的，忽略了景区的承载力，导致大量游客涌入景区，同时由于景区管理的缺位，游客的不良行为无法得到制止，这对景区的生态资源带来破坏。受疫情影响，景区限流已经常态化，建立景区生态环境的保护制度和管理制度，促进低密度旅游业态创新和景区高质量发展。其次，景区高质量发展还有一段很长的路要走，由于定位不明确，景区普遍存在资源浪费、空间不足的问题，旅游新业态、新产业、新景区的形成，为旅游经济效益的获得提供方向。最后，整体景区管理也是影响低密度旅游业态创新与景区高质量发展协同的重要因素。一方面，景区管理为景区资源开发提供了策略，直接影响了旅游业的服务水平。另一方面，进行景区的整体管理，大大提高景区内外部资源开发效率，提供更优质的旅游资源和景区项目满足游客需求。

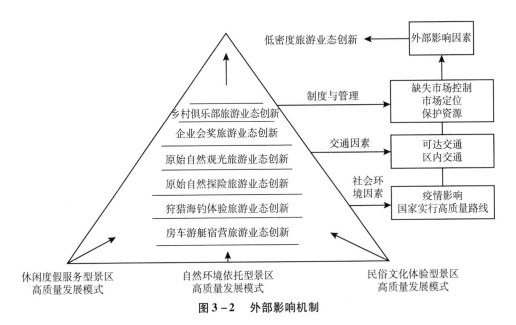

图3-2 外部影响机制

第二，交通因素。交通因素是影响景区高质量发展与低密度旅游业态创新的重要因素，主要包括可达交通和区内交通两方面。首先，合理规划景区与自然环境的布局，通过基础设施建设延展景区的可达性使游客顺畅地进入景区。其次，要保证景区内部的交通便利，目前邻里的景区和景区内部仍存在交通受阻的现象，通过交通设施建设充分发挥景区的集聚效应。最后，其他交通因素也是影响低密度旅游业态创新与景区高质量发展协同的重要因素。景区交通的发展为当地居民提供了生活便利，给依靠旅游行业发展的其他行业注入活力，多方合力共同促进旅游业复苏。

第三，社会环境因素。社会环境因素是低密度旅游业态创新与景区高质量发展协同的影响要素，重点在于疫情防控和国家政策两方面的内容。一方面，随着进入疫情防控常态化，居民旅游需求已经发生变化，需要结合新需求，把握住市场格局转变带来的新机遇，促进旅游业的高质量发展。另一方面，随着国家政策对疫情防控的逐渐稳定，安全保障能力得到提升，景区逐渐构建出创新高质量的发展模式，旅游业低密度高质量发展机遇已经到来。

3.5 低密度旅游业态创新与景区高质量发展协同的分析框架

3.5.1 分析框架构建的理论基础

业态一词来源于零售业，旅游业态是一个全新的概念，包括多种产业类型创新。张文健（2010）指出，旅游业态创新可以分为八种基本模式：资源重组式、专业归类式、结构创新式、服务承包式、俱乐部式、业务融合式、科技推动式及区域集中式。对其中三种模式进行简单解释：一是俱乐部模式，以行业协会、自发性组织为适应主体，这种模式是为了吸引和服务某类具有特定团体价值的群体而建立的具有一定内部开放性的组织，旅游经营者不断地对市场进行创新，在旅游市场中添加消费需求，旅游定位随之创新，选定特有市场进行开发。二是业务融合式，以综合型企业集团为适应主体，这种模式是为了满足具有规模经济和范围经济的群体的需求而建立的某一行业内的企业，旅游企业自发地对不同业务进行融合，从游客需求中找到具体诉求，选择有关业务进行合作。三是服务承包式，以大型企业为适应主体，这种模式是为了外包和承包某些服务或业务的组织而节省支出的行为，企业集团根据自身核心竞争力进而优化管理，专注市场需求进行研究。

邹再进（2007）认为，旅游业态问题的提出源自新时代下单纯的"视""听""玩"已满足不了现代人的旅游需求，不仅需要关注旅游发展，更要关注旅游产业体系发展，从重视增强旅游吸引力到提升整体旅游产业的竞争力的转变，实现旅游相关产业的融合发展。考虑旅游业态的创新问题，可从两方面探讨，一方面从空间布局上看，通过完善及升级旅游产业的内部结构、增加种类类别等方式进行旅游业态创新。另一方面从时间因素上看，旅游业态既包括旅游业现状的发展，也有预测旅游业的未来发展走向，旅游业态是一个多层面、多角度的复杂理论，包括业种、业状和业势三个主要内容。邹再进将旅游业态与低密度旅游相互结合进行研究，提出低密度旅游的概念，对低密度旅游企业机构、营销渠道、特别宣传和发展方向等进行了整体描述。一方面是空间上，低密度旅游业态创新归根结底就是创新低密度旅游业种，包括增加其业种类型、展现方式等；

另一方面是时间上，低密度旅游业态创新既改变低密度旅游的发展现状、营销方式和旅游资源的开发方式，同时也改变着未来的呈现方式和具体走向。

区位论中的"区位"源于德语"standort"，我国译为区位，区位理论提出人类发展既要达到发展经济的目的，不断地将自然界的各要素与经济活动相结合发展以提升经济发展水平，同时在经济增长中，用发展的眼光因地制宜地合理开发现有资源，避免破坏不可再生资源，使得这些资源既能满足当代人需求，又能使子孙后代可持续发展。资源、设施、服务是旅游业得以发展的基础要素，其中旅游资源更是旅游业吸引力之所在，包括自然环境资源和文化遗产资源。旅游业在过去的快速发展中，只注重当前开发的经济效益，忽视所引发的环境破坏现象，造成了旅游资源环境危机，甚至严重到成为社会问题。在这样的背景下，实施旅游业的区位发展不仅与当前的旅游经济发展有关，更关系着长远经济发展。

区位理论一直都是旅游开发的重要分析依据，但区位因子是多种多样的，再加上其他各种因素，便形成了不同的区位理论体系：一是环城游憩带（Re BAM）理论，学者认为旅游发展需要因地制宜，根据旅游成本及收益，在城郊开展旅游度假区建设，既满足游客需求，又可节省投资者成本；二是有学者认为旅游中心地与旅游目的地不同，中心地不仅需要具有旅游资源，还须有交通等一系列服务功能优势，具有共同发展的区位因子；三是一部分学者认为非均衡发展是客观存在的，旅游资源开发呈现效果有所差异，也意味着景观的级别也有不同；四是每个区域都有自己不同等级的旅游吸引点，并构成旅游地结构体系。卞显红（2003）提出了旅游企业空间区位选择论，她认为任何旅游目的地都有自己独特的风格才能吸引游客，规划合理的旅游区域更有利于规划旅游目的地，服务基础设施也更方便设置，更有利于提高服务质量、管理水平，促进旅游经济发展。朱银娇（2005）从资源、客源、交通三个因素考虑，提出只有提升旅游资源质量，激发游客旅游需求，完善交通基础设施，三者共同发展，才能促进旅游市场经济发展，促进旅游业繁荣。梁雪松（2007）提出，根据各地区情况不同，可添加文化区位因素。

随着生活水平和国民收入水平不断提高，旅游需求也在不断增加，选择适合的景点进行重点发展、提高景区质量是关键性问题，以长远的目标来看，不仅可以实现区域旅游经济发展，也能带动相关产业和地区经济发展。长期以来，我国旅游业延续着以往的大众旅游模式，旅游景点分型、游客旅游需求参考度不高，面临着景点同质化、景区质量参差不齐、空间承载量不足等许多问题，破解问题的关键在于推动景区的高质量发展。为解决以上的问题，创新低密度旅游业态有着重要的实际意义，可实现建设高质量景区与提高旅游经济的目标。

3.5.2 分析框架的构建

低密度旅游业态创新与景区高质量发展协同模式可采用分析框架进行构建，有助于更为直观地理解乡村俱乐部旅游新业态、企业会奖旅游新业态、原始自然观光旅游新业态、原始自然探险旅游新业态、狩猎海钓体验旅游新业态、房车游艇宿营旅游新业态、休闲度假服务型景区高质量发展模式、自然环境依托型景区高质量发展模式和民俗文化体验型景区高质量发展模式之间的相互作用关系，这源于分析框架是一种"图释"，同时在搭建过程中，需注意两点：一是把握低密度旅游业态创新维度与景区高质量发展模式之间的逻辑性和结构性，真实表达出所研究的内容；二是与分析框架较类似，低密度旅游业态与景区高质量发展的协同过程时刻处于变化状态，因此在搭建相应的分析框架时，应从主动和被动的角度出发分析主要变量之间的关系。

以低密度旅游业态创新与景区高质量发展协同模式为研究对象，首先考虑当前的发展现状，再根据有关低密度旅游业态创新与景区高质量发展的文献综述，结合时代背景下呈现的独特性、低密度性及高质量等特性进行研究。

低密度旅游业态创新与景区高质量发展协同模型搭建时需运用古典区位论、中心地理论、产业融合理论、协同理论及族群边界理论等理论，基于应用经济学、旅游管理学等相关理论，对产业内部的各个部分及相关部分进行协同，即不仅需要统一协调好内部各部分的联系，还需协同其他力量来填补内部无法给予的资源。按照"生产服务化——民俗风情化——主题景观化"高质量发展路径，根据"核心吸引力——高质休闲中心——居民居住中心"三心合一的高质量景区，构建出"低密度旅游六种业态类型创新与景区高质量发展协同模式"的分析框架，见图3-3。

图3-3展示了低密度旅游业态创新与景区高质量发展协同的分析框架，可以发现，乡村俱乐部旅游新业态作为低密度旅游业态创新的一种重要类型，休闲吸引力强，内部休闲活动项目和体验感知评价较高，融合一二三产业进行发展，是一条高品质的度假服务链。乡村俱乐部旅游业态创新一般选在远离社区或中心城市的郊区建设，普遍开发程度较低，当地居民受教育水平不高，景区高质量发展重点在于提升服务质量，统一培训和规范化发展，与休闲度假服务型景区高质量发展模式的特点相类似。乡村俱乐部旅游业态创新的市场条件、产品类型、客源市场及社会环境均对休闲度假服务型景区高质量发展模式建设有着重要的影响作用，提高景区的组织协调能力、企业参与程度及长效监督水平，能有效促进景

区高质量发展。结合以上内容，构建出乡村俱乐部旅游业态创新与休闲度假服务型景区高质量发展模式协同的动态分析框架，具体的分析框架见图3-4。

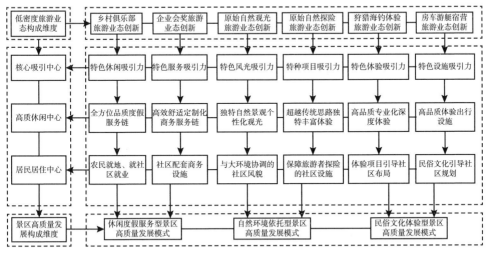

图 3-3 低密度旅游业态创新与景区高质量发展协同模式的分析框架

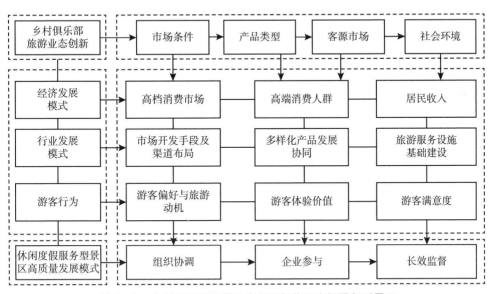

图 3-4 乡村俱乐部旅游业态创新与休闲度假服务型景区
高质量发展模式发展协同模式的分析框架

企业会奖旅游新业态作为低密度旅游业态创新的一种重要类型，个性化要求高，商务配套设施完善，所提供的游玩项目含金量最高，实现二三产业融合，具有高质量的服务设施建设。企业会奖旅游业态创新一般选址在风景优美的景区或者中心城市，这些景区或城市往往开发程度较高，城市的旅游资源较为发达，交通设施较为完善，景区高质量发展核心是提升创新意识，统一管理和加大力度培养，与休闲度假服务型景区高质量发展模式的特点相类似。企业会奖旅游业态创新的市场条件、产品类型、客源市场及社会环境均对休闲度假服务型景区高质量发展模式有着重要的影响作用，可通过提升景区的组织协调能力、企业参与及长效监督水平，促使景区高质量发展。结合以上内容，较为合理地模拟出企业会奖旅游业态创新与休闲度假服务型景区高质量发展模式协同的分析框架，见图3-5。

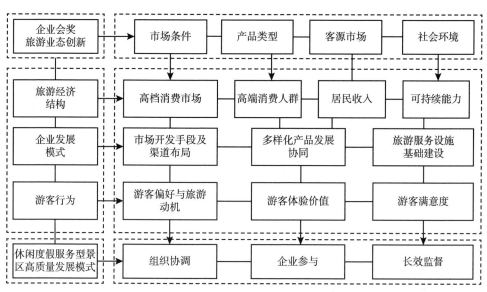

图3-5　企业会奖旅游业态创新与休闲度假服务型景区高质量发展模式发展协同模式的分析框架

原始自然观光旅游新业态作为低密度旅游业态创新的一种重要类型，自然风光优美、生态基础丰富，采用生态友好方式，所提供的特色景观具有独特的人文生态系统。原始自然观光旅游业态创新一般选址在产业基础完善或人烟稀少的区域，这些地方往往生产方式较为单一，未开发地区较多，景区高质量发展重点要放在环境保护开发、生态管理和可持续开发上，与自然环境依托型景区高质量发展模式的特点相类似。原始自然观光旅游业态创新的生态基础、客源条件、区位条件及自然条件均对自然环境依托型景区高质量发展模式有着较深的影响，可从景区的组织协调、企业参与及长效监督三个方面有效促进景区高质量发展。结合以上内容，动态地模拟出原始自然观光旅游业态创新与自然环境依托型景区高质量发展模式协同的分析框架，见图3-6。

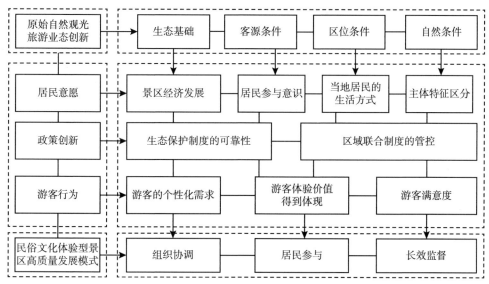

**图3-6 原始自然观光旅游业态创新与自然环境依托型景区
高质量发展协同模式的分析框架**

原始自然探险旅游新业态作为低密度旅游业态创新的一种重要类型，神秘刺激、探险项目多，所开发的旅游项目较为个性化，实现多产业融合，具有高质量的原生态基础。原始自然探险旅游业态创新往往定位在人迹罕至的特殊环境，这些地方往往充满神秘刺激，游客主动性较强，景区高质量发展要重视大众需求、制度措施完善和多类型开发，与自然环境依托型景区高质量发展模式的特点相类似。原始自然探险旅游业态创新的生态资源、市场条件、客源市场及制度条件均对自然环境依托型景区高质量发展模式有着重要的影响作用，重点在于景区高质量发展中的组织协调、居民参与和长期监督方面。结合以上内容，较为合理地模拟出原始自然探险旅游业态创新与自然环境依托型景区高质量发展协同模式的分析框架，见图3-7。

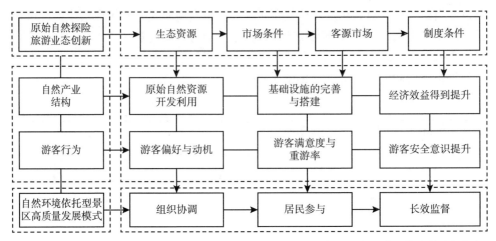

图 3 - 7　原始自然探险旅游业态创新与自然环境依托型景区高质量发展协同模式的分析框架

　　狩猎海钓体验旅游新业态作为低密度旅游业态创新的一种重要类型，民俗文化气息强、配套设施齐全，所提供的体验项目与资源均较为新奇，实现一二三产业融合，具有高质量的体验感。通过人、自然、文化三者相整合的旅游理念，将低碳经济发展要求引入旅游产出模式中，对旅游产业创新与产业结构调整，促进经济发展。狩猎海钓体验旅游区一般在深山或海边这类区域，这些地方交通不便且资源开发意识不强，居民文化重视度不够，景区创新力度不强，景区高质量发展要重视低碳经济、文化、自然协调发展，在有限资源和资金前提下提升创新力度，这与民俗文化体验型景区高质量发展模式的特性较为类似。狩猎海钓体验旅游业态创新的区位条件、人文环境、客源市场及文化基础均对民俗文化体验型景区高质量发展模式有着较深的影响，重心在于景区高质量发展中的组织协调、居民参与和长期监督的要素上。结合以上内容，动态地模拟出狩猎海钓体验旅游业态创新与民俗文化体验型景区高质量发展模式协同的分析框架，见图 3 - 8。

　　房车游艇宿营旅游新业态作为低密度旅游业态创新的一种重要类型，民俗气息强、服务设施完善，所提供的服务项目与娱乐活动较多，提供高品质的宿营服务。房车游艇宿营旅游区一般在交通便利或远离城市的景区，这些区域环境优美且有优越的区位条件，房车旅游设施较旧及服务滞后，营地建设数量不足，景区高质量发展要重视营地建设、统一规划和服务设施建设规模化，这与民俗文化体验型景区高质量发展模式的特性较为类似。房车游艇宿营旅游业态创新的社会环境、自然生态、人文环境及客源市场均对民俗文化体验型景区高质量发展模式有着重要的作用，发展的关键在于景区高质量发展中的组织协调、农户参与和长期监督的要素上。结合以上内容，较为合理地模拟出房车游艇宿营旅游业态创新与民俗文化体验型景区高质量发展模式协同的分析框架，见图3-9。

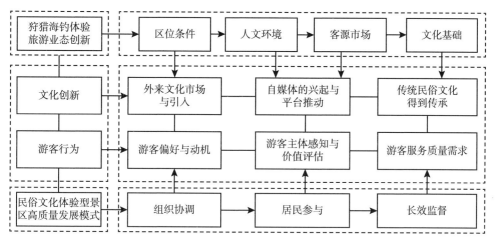

图3-8　狩猎海钓体验旅游业态创新与民俗文化体验型
景区高质量发展协同模式的分析框架

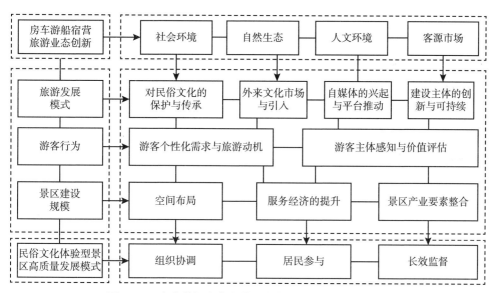

图3-9　房车游艇宿营旅游业态创新与民俗文化体验型
景区高质量发展协同模式的分析框架

3.5.3　分析框架的解析

在构建的低密度旅游业态创新与景区高质量发展协同模式的分析框架时，低密度旅游业态创新与景区高质量发展模式可根据其维度划分，低密度旅游业态创新主要包括如下六种类型：乡村俱乐部旅游业态创新、企业会奖旅游业态创新、原始自然观光旅游业态创新、原始自然探险旅游业态创新、狩猎海钓体验旅游业态创新、房车游艇宿营旅游业态创新。景区高质量发展模式主要分为三种：休闲度假服务型景区高质量发展模式、自然环境依托型景区高质量发展模式、民俗文化体验型景区高质量发展模式。根据景区的空间形态、人口经济、生态资源、社会文化、农户意愿、基础设施条件等特征，分别将低密度旅游业态的六种创新业态与景区高质量发展的三种模式进行协同研究。第一，将乡村俱乐部旅游业态创新与休闲度假服务型景区高质量发展模式进行协同，原因在于乡村俱乐部旅游新业态的环境一流、产业品牌化，具有高质量水平，满足目前环境下的游客需求，适合休闲度假服务型景区高质量发展模式。第二，将企业会奖旅游业态创新与休闲度假服务型景区高质量发展模式相协同，原因在于企业会奖旅游业态创新在模式上具有独特性，对基础设施建设要求较高，以定制化和一流环境服务为主，游客对生态资源要求不强，适合休闲度假服务型景区高质量发展模式。第三，原始自然观光旅游业态创新、原始自然探险旅游业态创新分别与自然环境依托型景区高质量发展模式进行协同，原因在于原始自然观光旅游业态创新与原始自然探险旅游业态创新在地理位置上远离城市，能够接触最原始大自然风光，生态资源丰富，游客回归大自然的想法更为强烈，与自然环境依托型景区高质量发展模式的特征相符合。第四，将狩猎海钓体验旅游业态创新与民俗文化体验型景区高质量发展模式进行协同，主要原因在于狩猎海钓体验旅游新业态与特色主题民俗文化相类似，项目体验性较强，有利于直接感受民俗文化。第五，将房车游艇宿营旅游业态创新与民俗文化体验型景区高质量发展模式进行协同，原因在于房车海钓宿营旅游新业态提供专业化服务，文化氛围颇具特色，游客体验独特产业的意愿较为强烈，也较注重独特性的深度体验产品，这与民俗文化体验型景区高质量发展模式的特征相符合。

在乡村俱乐部旅游业态创新与休闲度假服务型景区高质量发展模式协同的分析框架中，引入三个变量分别为经济发展模式、游客行为与行业发展模式，进而搭建乡村俱乐部旅游业态与休闲度假服务型景区高质量发展模式协同的分析框架。首先，从乡村俱乐部旅游业态的市场条件、产品类型、客源市场和社会环境出发进行创新，旅游市场需求随着环境的变化，游客行为也随之发生改变，游客偏好与旅游动机产生变化，从单一大众的观光、探亲为主的旅游方式，到休闲度假旅游的转变，高端消费市场随之出现，是否能够满足个性化需求，关系着景区是否能够具有特色休闲吸引力。旅游产品由实物和服务构成，产品类型主要包括产业发展现状和产品内部结构及表现形式，影响产业与旅游相融合，同时也关系着景区能否满足目前旅游需求。客源市场既关系到乡村俱乐部旅游新业态接待游客所得到的游客满意度反馈，也关系到后续的游客对乡村俱乐部旅游新业态的重购率、转介绍率。社会环境有优势的地区，即交通、空气质量、环境等方面具有优势的区域，更有利于发展乡村俱乐部旅游业态创新。其次，行业发展模式中的企业开发市场手段的专业化程度既影响了乡村俱乐部旅游业态创新发展，也关系着地方景区的高质量发展，通过提升开发能力，能够有效且及时地满足高端消费人群需求，激发俱乐部的游客行为的发生。在目前的疫情防控常态化下所设定的人口限流的管理要求，可以靠专业化的开发手段进行限制，乡村俱乐部旅游业态创新的特殊人口密度要求还可以进一步改善旅游经济发展，保护当地生态环境。经济发展模式以旅游产业多样化为基础，与住宿餐饮业、交通业、旅行社、游玩及休闲业等各方面资源相关联，形成多样化旅游产品，满足不同游客旅游需求，提高游客的体验价值，搭建了经济发展的基础条件。同时乡村俱乐部旅游业态创新是乡村与旅游产业相结合的劳动密集型产业，可带动较多的就业，增加工作岗位，以增加当地居民收入。乡村俱乐部旅游业态创新的市场条件、产品类型、客源市场以及社会环境是经济发展模式的重要影响因素，这与经济发展模式的基本特征相类似，立足于当地特色和生态环境进行引导性开发，探索高端消费人群的需求。最后，产品创新、基础设施与旅游服务建设也是行业发展模式的关键一环，通过完善基础设施与旅游服务设备，最大化满足游客个性化需求，提高游客的满意度，增强景区的旅游休闲功能，塑造休闲度假景区的新亮点，做好景区高质量发展的基础。

在企业会奖旅游业态创新与休闲度假服务型景区高质量发展模式协同的分析框架中，通过引入旅游经济结构、游客行为和企业发展模式三个变量，建立企业会奖旅游业态创新与休闲度假服务型景区高质量发展模式协同的分析框架。首先，从企业会奖旅游业态创新的市场条件、产品类型、客源市场和社会环境出发，景区市场需求随着市场条件的变化而变化，游客动机也随之发生变化，是否能够满足游客需求，关系着景区是否具有吸引力。旅游产品包括旅游吸引物、旅游设施、可进入性和旅游服务等构成要素，产品类型主要包含旅游设施设备、项目及相应服务和活动项目类产品，关系着景区推出的产品能否满足中高端市场需求。客源市场既关系到某一特定旅游产品的现实购买者，也关系到该产品的潜在购买者。多渠道布局高端企业会奖旅游并做好业态创新发展，做好高端会奖旅游业态创新的市场营销，吸引海内外大中型企业组织到此进行旅游消费。社会环境较好的地区，即交通、服务设备、环境等方面具有优势的区域，更有利于发展企业会奖旅游业态创新，企业会奖旅游新业态也是近年来发展迅速且备受关注的高端旅游形态，其高端旅游市场和高端旅游产品开发日益成为旅游业可持续发展的重点内容。其次，企业发展模式中的企业管理和创新的手段既影响企业会奖旅游创新模式发展，也关系着地方景区的高质量发展，通过增强、提高旅游市场的专业性，能够快速且高效地为人员的高素质化提供支持。企业会奖旅游业态创新除了与各类会议、展览、奖励旅游等相关活动具有强关联性，还与交通、餐饮、文化休闲等产业具有密切的关联，协同多样化产品进行旅游模式创新，对国民经济发展、产业结构调整也具有巨大的拉动作用，是城市经济发展的强劲动力。旅游经济结构可基于产业经济利益最大化地利用各个资源，与自然风景、人文景观等资源要素相结合，合理分配资源，并提高经济制度效率。企业会奖旅游业态创新的市场条件、产品类型、客源市场和社会环境是旅游经济结构的关键影响要素，与旅游经济结构的基本特性相关联，企业会奖旅游新业态具有团队规模大、消费水平高、价格敏感度低、逗留时间长等特点，在增加就业、扩大内需等方面均有积极影响，企业会奖旅游收入也表现出持续增加的趋势，新颖的体验与创意提高了旅游经济收益，推动周边居民收入同步增加，逐步发展成为新的经济增长点，有助于提高城市的就业水平，推动社会实现可持续发展。再次，游客行为作为企业会奖旅旅游业态创新的重要因素，借助会议、节庆活动等作为主要吸引物，吸引游客前往目的地参与相关活动，为游客提供全方位优质服务，提升游客体验价值。最后，休闲度假服务型景区高质量发展模式是集组织协调机制、农户参与机制、长效监督机制为一体的，组织协调机制与市场条件密切相关，农户参与机制对企业会奖旅游业态创新的产品基础、客源市场均产生一定的影响作用，长效监督机制是景区得以长期高质量、可持续发展的重要保障，也可以在一定程度上对游客行为和企业行为进行管理和监督，以游客满意度为核心理念，打造独具特色的景区，吸引更多不同需求的高端消费游客，为区域旅游业发展提供更多支撑，真正形成高效、舒适、完整的高端旅游服务链。

在原始自然观光旅游业态创新与自然环境依托型景区高质量发展协同模式的分析框架中，通过引入游客行为、居民意愿和政策创新三个变量，建立原始自然观光旅游业态创新与自然环境依托型景区高质量发展模式协同的分析框架。首先，从原始自然观光旅游业态的生态基础、客源条件、区位条件和自然条件出发进行创新，将景区的生态基础融入旅游产业的整体规划中。景区的区位条件包括了地理位置和交通因素，它会直接影响到景区的发展质量。充分掌握客源地游客的消费习惯和消费需求，了解游客的普遍旅游心理与个性化需求，推动景区发展，改善当地居民的生活方式。自然条件优越，即具有丰富的旅游资源及动植物资源、组合度好、气候适宜的地区，更有利于发展原始自然观光旅游。其次，政策创新作为原始自然观光旅游业态创新与自然环境依托型景区高质量发展模式的重要影响因素，政策创新主要是指原始自然观光旅游业态创新中生态资源的保护政策的创新和管理模式创新。游客行为也是影响低密度旅游业态创新与景区高质量发展协同模式的重要变量，原始自然观光旅游业态创新的游客行为是依托生态资源而进行的产品攻略制作、游客的满意度提升、旅游环境承载力提升。游客的需求偏好为景区的产品创新策略指明方向，有助于原始自然环境的可持续发展。再次，居民意愿包括自然经济发展水平和潜力、农民生产生活方式和景区发展后农户生活观念的转变，居民作为与当地自然环境和文化资源关系最为密切的要素，也是生态自然景区高质量发展的核心成员。当自然景区的经济得到了发展，农户的生活水平逐渐提高，在不断地进行景区创新、高质量发展和各类教育深入人心的过程中，农户的落后观念得到纠正，生产生活方式逐渐现代化，集体观念增强，积极地参与景区创新发展。保证当地居民在自然旅游观光业中受益，当地居民成为自然旅游创新的主体，充分地参与生态旅游，保护当地生态环境，以此提高当地居民的收入水平和生活质量，带动当地经济发展。最后，自然环境依托型景区高质量发展模式要构建组织协调机制、农户参与机制、长效监督机制三个方面。组织协调机制是生态基础和客源条件的重要保障，有利于减少矛盾、保证游客与农户和谐相处。农户参与机制的构建保证农户在原始自然观光旅游业态创新与景区高质量发展中的重要作用，现阶段的景区高质量发展中，因为景区产业特殊性，农户参与率不高、能力也有限，因此建立农户参与机制可以有效地提升农户参与的积极性，长效监督机制能完善游客行为保障和农户参与的保障体系。

在原始自然探险旅游业态创新与自然环境依托型景区高质量发展协同模式的分析框架中，通过引入自然产业结构和游客行为两个变量，构建原始自然探险旅游业态创新与自然环境依托型景区高质量发展模式协同的分析框架。首先，从原始自然探险旅游业态的生态资源、市场条件、客源市场和制度条件出发进行创新，生态资源的丰富度随着开发的加大逐渐也产生变化，景区的质量也随之上升，是否足够具有特色，关系着景区是否能够具有特种项目吸引力。原始自然景区具有独一性、不可再生性、脆弱性的特征，且环境容量有限，完善的管理制度保障了产业结构的完整性。旅游市场是指旅游需求市场或者旅游客源市场，包括旅游目的地和游客，反映了国家与旅游企业、旅游企业间及旅游企业与游客间的复杂的经济关系，关系着景区能否在激烈的市场竞争中脱颖而出。客源市场的需求多样化，客源市场需求既影响原始自然探险旅游新业态游客的个性化需求，也关系到游客的多种开发对策以及景区活动项目的创新。制度条件完备的地区，即景区管理、安全保障、人员管理等制度完善的区域，更有利于发展原始自然探险旅游新业态。其次，自然产业结构即产业间的生产、技术、经济联系与原始自然资源相结合开发利用，整合自然探险旅游资源，搭建完善的基础设施，优化景区业态结构，改造传统的旅游服务模式与活动项目，以"真实性和参与性"的特征作为旅游产品创新的新思维，发展专项旅游产品，推动自然旅游产业结构的优化与升级。加大旅游产业结构调整优化力度，满足市场需要的同时，促进游客消费，增加人均消费额，进而提高产业发展效益与当地经济效益。再次，游客行为主要指原始自然探险旅游的游客偏好与动机、游客满意度和游客安全意识三个方面，了解游客爱好与旅游动机为产业创新打下基础，游客满意度指引着业态创新方向，游客安全意识的增强需要完善景区管理制度。由于游客有着不同文化、生活背景，产生了不同的旅游消费观念、旅游行为，也造成了个性化需求以及旅游消费方式的差异。以游客的需求、偏好及体验为视角，选取影响游客实际体验效果的要素进行旅游模式的创新，满足不同需求层次的游憩体验。最后，自然环境依托型景区的高质量发展模式包括组织协调、农户参与及长效监督三个方面，组织协调是引导，农户参与是主要内容，长效监督是保障。实现原始自然探险旅游业态创新与自然环境依托型景区高质量发展模式之间的协同，重点在于改变农户传统的落后的生产生活方式，可持续性地开发生态资源，合理利用自然产业结构，发展原始自然旅游产业与景区服务业，创新旅游发展模式，推进景区高质量发展。

在狩猎海钓体验旅游业态创新与民俗文化体验型景区高质量发展模式协同的分析框架中，通过引入文化创新和游客行为两个变量，构建狩猎海钓体验旅游业态创新与民俗文化体验型景区高质量发展模式协同的分析框架。首先，从狩猎海钓体验旅游业态的区位条件、人文环境、客源市场和文化基础出发进行创新，区位条件的优势随着开发力度的加大逐渐增强，景区的质量也随之提升，是否具有足够特色，关系着景区是否具有特色体验吸引力。人文环境主要包括了文物古迹、地区和民族的特殊人文景观，人类活动不断演变的社会大环境关系着景区是否满足人们的物质和精神等方面的需求。有文化基础沉淀的区域，即旅游行为、景观意态、旅游内容及游客文化需求等方面具有特色的地区，更有利于发展狩猎海钓体验旅游业态创新。其次，文化创新中民俗文化消费区的形成与乡村发展是相关联的，乡村发展促进了传统民俗文化的传承，以高质量发展为引导，随着新型农村社区的发展，农户生活水平提升，消费水平也随之上升，新型民俗文化旅游规模逐渐扩大。文化创新受三方面影响：一是其他文化与传统民俗文化相结合，为民俗文化产业的形成提供了文化要素；二是自媒体的兴起与推动，新型网络自媒体的发展为狩猎海钓体验旅游型旅游新业态的推广和宣传起到了至关重要的作用，为新型民俗文化的发展提供了平台；三是以传统民俗文化底蕴为基础，助力景区高质量发展。游客行为也是影响低密度旅游业态创新与景区高质量发展协同模式的重要变量，游客行为主要是指游客偏好与旅游动机、游客主体感知与价值评估、游客感知服务质量与设施文化价值评估。其中游客的偏好与动机为新型民俗文化提供了发展机遇，狩猎海钓体验活动项目的独特体验使游客在感知上有着一定的满意度与新鲜感。同时由于狩猎旅游与海钓旅游属于高端旅游项目，旅游主体均有较高经济收入、较高的文化教育素质，也追求个性化、具有冒险精神的旅游方式，对旅游目的地的基础设施设备、服务质量等有着较高的要求。最后，狩猎海钓体验旅游业态创新与民俗文化体验型景区高质量发展协同模式中的产业创新、旅游创新、文化创新三方面中，产业创新可以加快景区高质量发展，旅游创新可以增加游客新鲜感，可持续发展旅游产业经济，文化创新则为民俗文化提供坚实基础。要实现狩猎海钓体验旅游业态创新与民俗文化体验型景区高质量发展模式的协同，必须要重视文化创新、游客行为这两个变量，关键在于形成旅游核心吸引中心，重视新元素的融合，使民俗文化始终保持特色体验吸引力。

在房车游艇宿营旅游业态创新与民俗文化体验型景区高质量发展模式协同的分析框架中，通过引入旅游发展模式、游客行为和景区建设规模三个变量，构建房车游艇宿营旅游业态创新与民俗文化体验型景区高质量发展模式协同的分析框架。首先，从房车游艇宿营旅游业态的社会环境、自然生态、人文环境和客源市场出发进行创新，社会环境随着社会和人文的积淀逐渐产生变化，整体氛围也随之变化，是否能够控制景区内的社会环境，关系着景区是否能够具有特色设施吸引力。自然生态是外在环境或基础环境，构成了旅游业生存发展的基础，自然生态主要包括生态质量、生物多样性和自然保护地等方面，影响着旅游业的可持续发展，关系着景区能否满足新时代下的游客需求。人文环境既关系到房车游艇宿营区中人类活动演变的社会大环境，也关系到游客得到物质满足后，对文化方面产生精神追求。人文环境积累到一定程度，文化艺术和其他人文事物增多，提升旅游目的地的竞争力，进而更吸引游客、更容易获得游客资源，保障目的地的经济增长和健康发展。客源市场规模扩大的地区，即多样性、可诱导性、季节性、敏感性和竞争性等方面具有优势的地区，更有利于发展房车游艇宿营旅游业态创新。其次，旅游发展模式中的市场型发展模式与政府主导型发展模式的运行既影响房车游艇宿营旅游业态的创新发展，同时也影响着旅游市场的高质量发展，通过主动引导旅游发展走向，能够较快且可持续地为景区高质量发展积累坚实的基础。宿营地建设与经营采取多元化模式，将其他文化与民俗文化结合与特殊设施设备转变旅游行业发展模式，房车游艇宿营旅游新业态是将旅游产品形态、管理模式和经营形态进行有机融合，在旅游产业与民俗文化融合发展而催生旅游新业态，通过转变旅游发展模式，进而实现社会效益、经济效益、文化效益。在目前旅游市场需求下，所形成的游客消费心理的个性化需求，同时也可以运用特别的建设手段进行满足，同时新时代房车游艇宿营旅游创新业态所借助的特殊旅游设备的特点成为游客出行新方式。结合新兴的自媒体，新型网络自媒体的发展为房车游艇宿营旅游新业态的推广和宣传起到了至关重要的作用，为新型民俗文化的发展提供了平台。景区建设规模可基于景区总体各项资源定向开发主题，做好各旅游要素分析并进行相应整合，如生态、文化，因地制宜开发资源，并充分发挥景区资源价值，决定着景区建设规模，房车游艇营地是一个较为复杂的综合体，营地内设有住宿区、休闲度假区域、道路等多种资源要素，将这些不同的要素整合成营地内的基本空间结构和功能。将民俗文化体验引入房车游艇营地的规划设计中，科学合理地打造营地空间布局及优化景观功能，系统化空间格局，着力打造营地及相关配套服务和展示。同时服务是游客购买和体验的无形产品，是提升目的地经济效益的要素，房车与游艇宿营地的服务水平直接对游客的忠诚度和重游率产生影响。房车游艇宿营旅游业态创新的社会环境、自然生态、人文环境以及客源市场是景区建设规模的主要影响因素，与景区建设规模的基本特征相关联，房车游艇宿营旅游新业态是新兴产业，体验感强，自由个性化，且适应疫情时期防控管理要求，完善的景区管理保障了景区建设规模。与其他低密度旅游业态相比，房车游艇宿营旅游业态创新出现的时间最晚，属于新型旅游模式，随着国内经济发展，房车游艇宿营旅游业态创新有着光明未来，结合传统民俗文化进行二次模式创新，主要有三个方向：第一，以当地特色的民俗文化风光为引导，提升景区特色，既能体验目的地风光，又能体验专业化服务；第二，重视网络媒体发展，利用流量热度推动景区发展；第三，以传统文化为基础，尊重传统民俗文化，注重民俗文化传承。伴随着旅游消费升级，高端游客的旅游需求也正在倒逼着旅游产品提升质量。再次，游客行为也是影响低密度旅游业态创新与景区高质量发展协同模式的重要变量。游客的爱好与动机决定着房车游艇宿营旅游的创新发展方向，独特的旅游感知可以使游客对房车游艇宿营旅游业态有着切身的感受，有效承载了新增的中高端旅游消费需求，感知价值作为游客旅游需求的体现，也作为旅游目的地竞争优势的新来源，与宿营地需求层要素协调匹配，才能够最大化发展房车与游艇宿营地，营地服务质量也决定着游客的重购率，重视景区创新发展有利于新型民俗文化的创新发展。最后，要实现房车游艇宿营旅游业态创新与民俗文化体验型景区高质量发展模式的协同，必须要重视旅游发展模式、游客行为这与景区建设规模三个变量，关键在于合理规划民俗文化社区，重视新元素的融合，完善高品质体验出行设施，使民俗文化始终保持特色设施吸引力。

第4章

低密度旅游业态创新与景区高质量 发展协同的研究假设与概念模型

4.1 乡村俱乐部旅游业态创新与休闲度假服务型景区 高质量发展协同模式研究假设与概念模型

4.1.1 乡村俱乐部旅游业态创新与休闲度假服务型景区 高质量发展协同模式的研究假设

1. 乡村俱乐部旅游新业态

乡村旅游是将农村与现代化旅游产业相结合的一种新旅游发展方向，乡村旅游的开发有着不同的业态形式，其中一种现代乡村旅游的表现形式是乡村俱乐部旅游业态，将乡村旅游高级化而形成的旅游业态，具有鲜明的特色，既能提升旅游服务质量，又能满足游客休闲度假的消费需求，对发展现代农村旅游及旅游经济发展具有显著作用。吕连琴（2002）认为乡村旅游高级化发展更有利于当代旅游经济发展及满足游客更高的休闲度假需求。一是游客需求方面，由于国民生活水平的提升、对旅游美好需求的增长以及疫情的暴发至目前的防控常态化，推动着居民对旅游市场需求日益提升，而乡村俱乐部旅游业态是一流环境与个性化需求的完美组合，能满足游客休闲度假需求。二是乡村俱乐部旅游业态的高端服务、严格的质量管控提升了游客的体验感，乡村与现代化的产品相互融合，在内容和产品上不断进行创新与多样化发展，减少同质化产品的出现，提升游客满意度，提升游客的重游率。三是乡村俱乐部旅游业态的发展始终离不开自然、优美的生态自然环境，远离工业化、城镇化的影响，游客通过回归自然，感受不同的风景，乡村俱乐部旅游业态通过对自身的环境建设来提升旅游目的地对游客的吸引力，不再像传统乡村旅游只停留在视觉的表象上，而是更深层次的挖掘游客意向，提升空气质量、交通便利等因素，更加满足游客需求，使游客行为意向能按照企业预期的方向去发展。

基于此，可以看出，乡村俱乐部旅游业态作为新型乡村旅游的重要新业态，对游客的市场需求、重游率与满意度、行为意向均产生重要影响，因此提出以下研究假设：

HA1：乡村俱乐部旅游业态创新对游客行为具有显著的正向作用。

乡村俱乐部旅游新业态不是一成不变的模式，而是有多种多样的旅游附加产品，具有高档的旅游项目以及旅游品牌，是高品质的休闲中心。张树民（2012）指出，乡村俱乐部旅游新业态是在乡村旅游及低密度旅游融合中逐渐发展，占据主导地位，是根据市场变化开发的新型旅游类型，增加了企业发展乡村俱乐部旅游业态的模式。

同时，在传统乡村旅游的发展下，产品创新没有足够的吸引力，景区项目同质化严重。乡村俱乐部旅游业态创新发展与建设下具有鲜明的产业特色，资源相互整合，使得景区产业也随之创新发展。在资源合理规划下，将休闲度假与乡村特色相结合，突出产品特色化、规模化、品牌化。作为一种以满足个性需求与优质环境为主的现代乡村旅游新模式，乡村俱乐部旅游业态创新发展不仅可以符合疫情防控要求，也有利于旅游企业经济恢复。乡村俱乐部旅游新业态以高档服务及基础设施为特色，不同以往农村环境建设不足、规模小、对设施布局规划重视不足，乡村俱乐部旅游业态创新有着满足休闲娱乐、增长文化知识、新鲜感等多重需求，拥有多种旅游项目，推进基础设施设备建设。由此乡村俱乐部旅游新业态在发展过程中涉及更多行业，旅游企业与相关行业应适用旅游业态的变化，保持持续的竞争优势，合理科学地进行资源的优化和配置，才能够实现旅游产业趋向变化下旅游企业与相关行业的快速发展。突破了传统民宿与旅游行业发展模式，将休闲度假与周边环境、服务行业等相融合，培育大批相关领域专业人才以此推动行业发展。基于此，可以看出，乡村俱乐部旅游业态对行业发展模式有着重要的影响作用，故提出如下假设：

HA2：乡村俱乐部旅游业态创新对行业发展模式具有显著的正向作用。

乡村俱乐部旅游新业态的旅游消费者通常都具有较高的旅游消费水平，在满足游客的旅游需求后便能得到较高的收益。

乡村俱乐部旅游业态创新也并不是单个产业发展，与农业、交通业等产业经济模式相互关联，因此不仅旅游业经济发展取得新成效，相关产业经济也随之恢复。而作为从传统乡村旅游经济体系中衍生出来的新型乡村经济形态，作为现代乡村旅游创新的旅游业态，乡村俱乐部旅游新业态的项目建设、产品开发、市场营销和管理服务更需要现代资本运营和企业管理等知识，与传统农业经济相比，乡村旅游领域更具活力和创新力。因此，它也成为新型农村集体经济模式实践探索的先行领域。随着乡村俱乐部的发展，乡村俱乐部旅游业态创新也将成为乡村经济新的增长点，明显区别于传统乡村游，不仅为企业带来经济效益，也为当地村民带来较大的收益。基于此，可以看出，乡村俱乐部旅游业态创新对经济发展模式有着重要的影响作用，故提出以下假设：

HA3：乡村俱乐部旅游业态创新对经济发展模式具有显著的正向作用。

相比较传统乡村旅游，乡村俱乐部旅游新业态更适合高层次人才休闲度假，借助优美秀丽的自然环境，新时代的乡村旅游要避免定位低端、产业同质化、管理无序等问题。为此乡村俱乐部旅游新业态的打造充分利用和保护乡村的生态环境，为当地产业结构调整、扩大内需、拉动消费，提供了健康向上的休闲度假场所，成为休闲、度假、康体等重要的旅游空间，同时也成为了乡村发展的新动力、新模式和新路径。休闲度假服务型景区高质量发展模式的重心就是建设具有特色休闲吸引力的产品，全方位完善高品质度假服务链，提供专业化的、与国际接轨的休闲度假服务，拓展休闲度假产业链，打造一系列国际标准度假休闲产品，带动国际化的休闲地产的开发，提供一级的旅游服务，促进旅游经济发展。基于此，可以看出，乡村俱乐部旅游业态创新与休闲度假服务型景区高质量发展模式之间相互补充，再结合本书的研究重点，提出如下假设：

HA4：乡村俱乐部旅游业态创新对休闲度假服务型景区高质量发展模式具有显著的正向作用。

2. 游客行为

针对游客行为，吴必虎等（1996）认为游客选择旅游目的地时往往由性别、年龄、工作、受教育程度这些因素所决定，不同阶层的人选择旅游消费水平高低档会有所不同。保继刚（1987）对游客行为影响因子进行研究，包括旅游动机、旅游偏好、旅游需求、景区级别、游客满意度等，同时体验价值对游客行为也具有正向影响。为强化游客行为，进一步推动传统乡村旅游高质量创新发展，景区可从旅游动机、旅游偏好、景区级别方面入手。为满足游客的市场需求，可持续性地开发新资源，优化升级景区产业结构，加大景区宣传力度，开阔企业发展渠道，打造创新型行业发展模式。为了提升游客旅游动机，丰富景区的产业类别，创新旅游项目，增加基础设施设备。为了全面覆盖游客旅游偏好，景区需要不断地创新旅游产品，开发具有特色的项目，避免景区同质化，破解单一的旅游产品结构问题，增加可选择性方案，丰富景区内部产业。乡村俱乐部旅游新业态须有统一的行业标准，规范俱乐部的行业管理模式。为了提升景区级别，必须升华景区主题，紧跟时代步伐对景区从外到内进行高质量更新，满足人们对旅游美好生活的追求。在游客满意度提升方面，罗慧敏等（2016）认为景区质量、景区环境、景区主题特色与创新等因素影响着游客满意度。游客作为乡村旅游开展的主体，游客行为对旅游目的地的发展有着重要的影响，尤其是在景区旅游环境上。当游客在旅游目的地得到高质量旅游体验时，会让游客体会到休闲旅游的意义与价值，进而加快实施有利于目的地的行为。完善的基础设施建设是解决游客吸引力的关键所在，加强产品创新是促进提升游客满意度、游客行为偏好意向化的有效措施。当游客行为被激发时，便能够使低密度旅游业得到更快更好的发展，通过低密度旅游业的发展促进区域旅游经济、加强建设景区基础设施设备，从而升级景区，对景区高质量发展起到促进作用。基于此，可以看出，游客行为与景区高质量发展之间存在联系，因此，提出以下假设：

HA5：游客行为对行业发展模式具有显著的正向作用；

HA6：游客行为对休闲度假服务型景区高质量发展模式具有显著的正向作用。

3. 行业发展模式

企业作为景区发展的主体，实行景区再造、高质量建设等都受其发展思维和行动效率的影响。对于旅游企业的自救，夏杰长（2020）认为要理性积极应对，并在业务范围、管理模式、灵活变通方面做出一系列积极改变。陈岩英和谢朝武（2021）认为要顺利渡过常态化疫情防控下的旅游业危机，必须完成旅游产业的转型和战略升级，具体表现在：一是积极制定适合自身的实际的发展方案，对员工进行强化培训，提升整体服务能力，根据市场需求，优化资源配置；二是通过建立完善的基础设施，尽可能满足游客需求，提升游客满意度，进而提高游客的重游率及转介绍率；三是旅游行业的创新，建设周边旅游产品高质量化升级，转战高档消费市场，重视旅游吸引力的建设同时，要关注旅游产业整体竞争力的提升，促使旅游经济得到快速发展。乡村俱乐部旅游新业态跳出传统的乡村旅游行业的发展模式，打破原有的产业生态，形成了充分利用景区周边经营资源、最大限度向游客开放的新战略，也为区域经济效益注入新活力，为乡村提供新的经济发展模式。

基于此，可以看出，行业发展模式对经济发展模式具有显著的影响，而乡村俱乐部旅游新业态内部的行业发展模式也是休闲度假服务型景区高质量发展模式的关键性因素，企业的类型、规模决定了景区发展演化的方向和质量。一方面，要了解乡村俱乐部业态创新中行业融合对旅游市场进行建设，重塑旅游产业竞争力，就要立足实践，不断根据市场情况采用专业的开发和宣传手段，打造更为优质的行业发展模式，吸引更多的游客，使游客在景区消费与二次消费，促进旅游经济效益与社会效益的提升。另一方面，推进乡村与旅游产业深度融合，促进旅游业高质量发展，乡村旅游业态开创新格局，助推景区建设。乡村俱乐部旅游业态不断创新发展理念、发展模式，推动乡村旅游业转型升级、提质增效，景区内部的相关企业、游客和经济快速地被休闲旅游业所融合，培育旅游行业发展模式新活力。乡村俱乐部旅游新业态的相关企业一般具有先进的经营理念和模式，在引领景区高质量建设方面具有较强的行业示范带动效应。基于此，可以看出行业发展模式对经济发展模式和休闲度假服务型景区高质量发展模式都具有重要的影响，因此提出如下假设：

HA7：行业发展模式对经济发展模式具有显著的正向作用；

HA8：行业发展模式对休闲度假服务型景区高质量发展模式有着显著的正向作用。

4. 经济发展模式

在新冠肺炎疫情的影响下，旅游经济复苏可期，但很难回到从前，人们的旅游需求也逐渐从国外旅游转向国内，因此如何将这部分效益更大化是目前的问题之一，随着旅游需求个性化与体验化特性的增强，传统观光旅游产品不再完全满足消费需求，因此以体验休闲度假产品为主体的旅游经济发展模式应运而生。而休闲度假服务型景区高质量发展模式的新型农村社区，以提供专业化的、高质量的、与国际接轨的休闲度假服务为核心爆点，延伸休闲度假产业链，打造一系列国际标准度假休闲产品，带动国际化的休闲地产的开发，高端的消费市场和高层次人群正是符合休闲度假服务型景区高质量发展模式。随着社会经济的持续高速发展，居民收入水平显著提高，休闲需求不断高涨，由此具有休闲度假功能的景区更符合需求，楼嘉军等（2015）认为社会经济发展水平是城市休闲基础环境改善、居民休闲消费能力提升，休闲产业结构优化的前提和基础。可以看出，经济发展模式和休闲度假服务型景区高质量发展模式之间具有重要的影响作用，基于此，提出如下假设：

HA9：经济发展模式对休闲度假服务型景区高质量发展模式具有显著的正向作用。

4.1.2 乡村俱乐部旅游业态创新与休闲度假服务型景区高质量发展协同模式的概念模型

根据乡村俱乐部旅游业态创新与休闲度假服务型景区高质量发展协同模式的分析框架、研究假设的相关内容，根据乡村俱乐部旅游业态创新与休闲度假服务型景区高质量发展协同模式的目前状态，构建出乡村俱乐部旅游业态创新与休闲度假服务型高质量发展协同模式的概念框架，见图4－1。

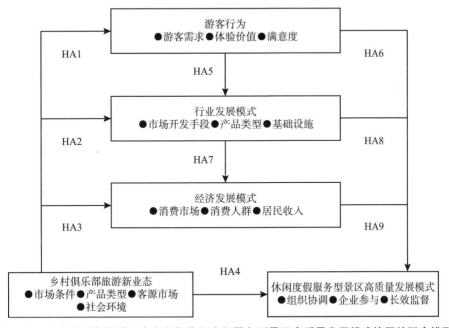

图4－1 乡村俱乐部旅游业态创新与休闲度假服务型景区高质量发展模式协同的概念模型

由图4-1可以看出,乡村俱乐部旅游业态创新与休闲度假服务型景区高质量发展协同模式主要以乡村俱乐部旅游新业态、游客行为、行业发展模式、经济发展和休闲度假服务型景区高质量发展模式五个变量为基础,进而构建出乡村俱乐部旅游业态创新与休闲度假服务型景区高质量发展模式之间的作用关系路径。其中,乡村俱乐部旅游业态创新到休闲度假服务型景区高质量发展模式不仅具有直接的作用路径,也具有6条间接的作用路径。分别是:①乡村俱乐部旅游新业态——经济发展模式——休闲度假服务型景区高质量发展模式;②乡村俱乐部旅游新业态——行业发展模式——休闲度假服务型景区高质量发展模式;③乡村俱乐部旅游新业态——游客行为——休闲度假服务型景区高质量发展模式;④乡村俱乐部旅游新业态——游客行为——行业发展模式——休闲度假服务型景区高质量发展模式;⑤乡村俱乐部旅游新业态——行业发展模式——经济发展模式——休闲度假服务型景区高质量发展模式;⑥乡村俱乐部旅游新业态——游客行为——行业发展——经济发展模式——休闲度假服务型景区高质量发展模式。通过构建乡村俱乐部旅游业态创新与休闲度假服务型景区高质量发展模式协同的概念模型,奠定了下一步结构方程实证分析的理论基础。

4.2　企业会奖旅游业态创新与休闲度假服务型景区高质量发展协同模式研究假设与概念模型

4.2.1　企业会奖旅游业态创新与休闲度假服务型景区高质量发展协同模式的研究假设

1. 企业会奖旅游新业态

王静等(2019)指出会奖旅游的经济效益随着产业结构重组开始有着明显提高,使企业员工得到充足的心理激励与安抚,能够满足员工精神需求以及压力释放,为航空公司、酒店住宿、旅行社等行业带来巨大经济效益,随着我国会奖旅游的专业化提升,国内市场规模得到进一步扩大。企业会奖旅游新业态成为企业文化、旅游资源、休闲娱乐、服务设施等为一体的低密度旅游新业态,促进了会奖旅游目的地的经济发展，改变了传统旅游的产业结构。企业会奖旅游新业态成为区域经济发展的新的经济增长点，许多城市逐渐重视本地区的企业会奖旅游业态的创新发展，积极打造独具特色优势的旅游目的地品牌。其中，游客作为旅游产业发展的主体，游客行为对旅游目的地的发展有着重要的影响，尤其是在旅游环境与体验活动中。另外，裴超（2021）认为康养与会展旅游相结合的创新模式，有利于满足人们在疫情影响下的内心对于健康和生活质量的追求，在促进旅游业消费的同时，也能够提高游客的重购率，最大满足游客需求。各种形式的企业会奖旅游活动的开展提升了游客的评价，为游客带来独特的情感体验。在企业会奖旅游新业态的市场开发中，充分分析企业会奖旅游主体人群的特点及需求，引导游客在保护景区生态环境的前提下，追求独特的生态感受，使会奖旅游市场开发与产品营销进入一个更高层次、更具吸引力和竞争力的良性循环中。同时，企业会奖旅游业态不是一项纯粹的单人个体旅游活动，而是一项具有社会性的活动，从而与游客的社会责任感息息相关。要实现会奖旅游新业态的迅速发展，就必然要对游客行为进行规范，通过加强游客环境意识、提升社会责任感与加大生态辅助设施建设力度，提升游客素质，提升游客的环境认知。基于此，可以看出企业会奖旅游业态创新的兴起和扩大有利于满足游客行为。因此，提出以下假设：

HB1：企业会奖旅游业态创新对游客行为具有显著的正向作用。

企业会奖旅游新业态是基于传统旅游由各类会议、展会或各种活动为基础的以高端为特色的一种全新的旅游业态，不仅带动旅游收入，而且带动餐饮住宿、交通、休闲娱乐等其他行业经济。石美玉（2013）认为企业会奖旅游业态创新带动了各行业经济效益，通过将会展业与旅游业结合的新型产业，不仅指单纯会展业带来的经济收益，还有相关行业收益，已然成为一个城市经济的增长点，是经济发展的旅游新业态。经济结构的创新使企业会奖旅游这一新兴的旅游业态具有了可持续发展的能力，同时优化当地的旅游产业结构。在企业会奖旅游业态创新的开展中，传统旅游经济结构需被调整，为旅游业的发展开辟了新的道路，也为新的经济结构提供新思路、新亮点。企业会展旅游新业态以高附加值的新兴业态为新选择，要实现会展旅游业态的快速发展，加快旅游新业态，必须要加快城市发展水平，改善交通及空气质量，提高旅游环境水平，并提供制度保障，不断促进各相关行业经济发展，以及通过增加居民就业方式提高居民收入。企业会奖旅游新业态产业的助推作用主要体现在整合商务、会展、旅游、文化等资源，促进城市基础设施、配套服务等相关产业的联动发展，进而实现包括经济收入、社会就业和地方文化等多方面效益，同时会奖旅游具有较强的产业带动性，在举办城市内部形成经济聚合力，并辐射周边区域经济，成为城市经济和社会发展的推动产业。基于此，可以看出企业会奖旅游业态创新对城市经济发展的提升有相关联系，因此，提出以下假设：

HB2：企业会奖旅游业态创新对旅游经济结构具有显著的正向作用。

企业会奖旅游新业态的特点不是一成不变的模式，不同于传统大众旅游业态，目标群体也不是一般大众，而是以高层次人群为目标的特色化、高消费旅游产品，参与的游客一般都为专业精英和公司高层及股东，举办方也都为集团企业等组织，促进会奖旅游产品高端化。同时，由于旅游和会展产业均具有较强的产业关联性，与旅游目的地大量产业和企业有着密切联系，二者相互促进、共同发展，而专营会展业务的旅游企业逐渐增多，利用企业会奖旅游业态创新所具有的商务功能和休闲娱乐功能，会奖旅游企业向游客提供游览、购物等多样化服务，以此提升企业核心竞争力。在旅游产品设计创新上，通过打造具有特色的产品来提升游客体验感和新鲜感；在服务人员配备上，企业积极开展人才储备，满足整个会奖旅游过程游客的个性化需求；由于会奖旅游的发展特性对景区基础设施建设有着较高要求。王保伦（2003）认为从企业会奖旅游业态创新的供给主体的角度提出了包括政府与协会、协会与企业、会展公司和旅游企业的运作模式。作为一种知识型产品的企业会奖旅游新业态，在整个活动策划和运作的过程中，需要旅游企业与游客共同努力与不断沟通交流，由此需要不断完善与优化企业的制度建设、考核机制等。在员工技能培训、企业文化传承与储备上建立长期的制度将是我国旅游企业转变企业发展模式的关键所在。基于此，可以看出，企业会奖旅游业态创新对企业发展模式有着重要的影响作用，故提出以下假设：

HB3：企业会奖旅游业态创新对企业发展模式具有显著的正向作用。

企业会展旅游新业态具有高档性、公务性、奖励性、合作性等特点，它以会议为基础，不断提升员工的体验感，注重旅游产品的休闲娱乐和多样化发展，从而实现员工情感抒发。新冠肺炎疫情对全世界的经济冲击巨大，尤其是旅游业，会展旅游的高效益成为复苏旅游业经济的一大亮点。为了促进企业会奖旅游业态的创新发展，应对城市环境的管控、加快相关人才培养，这便能满足因疫情影响而出现的焦虑等心理问题，实现游客的个性需求。同时，企业会奖旅游新业态中提供定制化服务，在具体实践中建立合理的客源市场，提高游客服务感受，推动经济高质量发展。随着企业会奖旅游业态创新规模发展壮大与会奖旅游基础设施日益完善，品牌化会展城市形象逐渐建立，会奖旅游的服务和管理水平也得到显著提升，会奖旅游新业态的发展逐步改善旅游环境。休闲度假服务型景区高质量发展模式的核心要求是以休闲度假为主，追求专业化服务，强调商务旅游的服务链完整，促进旅游经济发展。基于此，提出以下假设：

HB4：企业会奖旅游业态创新对休闲度假服务型景区高质量发展模式具有显著的正向作用。

2. 旅游经济结构

旅游经济结构即旅游产业结构，是指旅游业中的各个地区、各个行业、各类产品、各种经济成分与各种生产组织有机结合形成的经济体系，既包括旅游业自身收入，也包括人们就业收入。由于会奖旅游的高端性，不同于传统的旅游活动，主要侧重于会奖旅游新业态中的创意活动，其利润可观，对其工作人员素质有一定要求，并且人员需求较大，能够提高当地人口就业率，增加居民收入，提升旅游经济效益与社会效益。积极调整旅游产业定位，使传统旅游升级为更有品质的新旅游产品，积极探讨新旅游产业方向定位。在经济复苏较缓慢的情况下，应将会议、旅游、活动的融合发展，创新旅游发展模式。由此，旅游经济的发展对其定位、消费群体、人才培养等都产生着影响，而高端定位、特定消费群体、居民就业都是休闲度假服务型景区高质量发展模式建设中的重要因素。从这个角度来说，旅游经济结构发展对休闲度假服务型景区高质量发展模式具有一定的作用。基于此，提出以下假设：

HB5：旅游经济结构对休闲度假服务型景区高质量发展模式具有显著的正向作用。

3. 游客行为

根据顾雅青和吴元芳（2007）对游客行为产生的因素分析，游客行为的影响因素分为内在需求和外在影响，为了进一步推动游客行为的发生，企业必须从内在需求和外在影响两个方面入手。在内在需求方面，即为旅游动机，可以通过增强旅游目的地的吸引力，增加游客的体验感，设置各种不同活动与项目来满足游客成就感。在外在影响方面，包括经济、交通、旅游目的地建设等，景区内部要增加游览景点、丰富旅游活动类型，加强基础旅游设施建设和服务，以增加吸引点，提升旅游交通服务水平，增强游客体验感。杜雅文（2017）认为旅游品牌对游客满意度和旅游动机有着正面影响。加强旅游目的地的品牌建设，有利于激发游客的旅游动机，进而推动旅游业的发展。企业会奖旅游新业态不同于传统旅游企业发展模式，有着无季节限制、消费水平高、高品质、回报率高等特点，对经济的带动作用大、市场潜力大，促使更多旅游目的地和旅游企业加入这一市场中，竞争压力变大，促使旅游企业增加市场开发渠道，加大宣传力度，以更专业的角度进行资源开发。为提升游客的满意度，必须强化旅游服务，可以通过提高服务人员素质、服务能力、精神面貌来实现，因此需要服务人员进行集中培训。可以看出，游客行为对景区的资源、项目、环境、设施等综合发展有着关键的推动作用，与企业发展的模式类似，企业的市场开发、人才储备是以实现景区经济快速、收入水平上升、可持续发展为目的。因此，提出以下假设：

HB6：游客行为对企业发展模式具有显著的正向作用。

马耀峰（2001）指出，游客行为包括游客决策行为、消费行为和消费评估，受到游客偏好、满意度与体验价值的正向影响。为了影响游客行为的形成，促进休闲旅游业的发展，游客的决策行为、消费行为和消费后评估等方面进行一定程度的刺激。若要游客旅游行为率得到提高，必然需要了解游客需求，从市场需求入手，增强游客动机，吸引更多的人参加企业会奖旅游新业态进行观光游玩、休闲娱乐、旅游消费，企业会奖旅游业态创新必然要掌握市场需求情况，合理设置多种类的娱乐休闲项目，分析企业具体需求，促进会奖旅游产品多样化的形成，积极开发旅游创新产业和旅游服务高档化发展，以及游客体验活动创新，以便满足不同行业的企业需求，推动休闲度假景区发展。为了提升消费后评价，必须提高游客满意度，从而提升游客对于消费项目的体验后评价，由于游客行为对旅游目的地的发展有着重要的影响，旅游景区为激发游客行为必须从基础设施、接待服务、交通便利性等方面入手，使休闲和娱乐场所及相关设施的数量得以增加，道路、交通运输服务等基础设施得以完善，景区的环境卫生也得到重视和维持，进行更高层次升级，符合游客身份地位及品味，提升体验价值。

通过这一系列的更新，会奖旅游的游客参加率得到提升，整体形象得到升级，加强旅游目的地建设，休闲度假景区也将得到高质量发展。按照这一逻辑主线，休闲度假服务型景区高质量发展模式中游客行为的影响作用较大，因此，提出以下假设：

HB7：游客行为对休闲度假服务型景区高质量发展模式具有显著的正向作用。

4. 企业发展模式

提升企业发展模式的创新性，始终围绕着创新、专业、高端等方向发展，这是旅游企业通过业态创新发展而促进旅游经济发展的重要方式。从游客旅游行为的角度出发，在营销渠道和基础设施方面进行创新，善于利用各大平台加上自身专业性去创新市场开发手段，了解不同群体的消费需求和旅游目的地，坚持强化专业市场渠道和合理收支平衡，构建一个高层次的开发模式，提高旅游产业及相关产业的经济效益。企业发展模式的创新发展有利于促进旅游经济结构的再调整，企业寻找各种有益的新渠道，进一步完善景区相关配置，对服务项目严格管理，对相关服务人员进行考核、培训，在设置人才储备环节，从人才来源、人才专业性等方面积极创新。在人才来源方面，鼓励当地居民参与，以便与游客进行双向沟通，介绍当地文化习俗、特殊习俗等，满足游客的求知欲，同时也有利于促进当地人口就业，提高居民收入水平。在人才专业性方面，可以通过与当地高校合作，进行专业性培养课程，培养合适人才，促进社会发展。

基于此，可以看出，企业发展模式在旅游经济发展过程中起着重要的影响，企业发展模式不断创新，旅游业的经济则随之提升。同时由于企业发展模式的创新，景区内的基础设施、专业市场开发手段与高档服务配置等随之升级，与休闲度假方面相结合，带动休闲度假活动开展，促进休闲度假服务型景区发展模式高质量建设。因此，提出以下假设：

HB8：企业发展模式对旅游经济结构具有显著的正向作用；

HB9：企业发展模式对休闲度假服务型景区高质量发展模式具有显著的正向作用。

4.2.2　企业会奖旅游业态创新与休闲度假服务型景区高质量发展协同模式的概念模型

根据企业会奖旅游业态创新与休闲度假服务型景区高质量发展协同模式的分析框架、研究假设的相关内容，结合企业会奖旅游业态创新与休闲度假服务型景区高质量发展模式协同的现状，构建出企业会奖旅游业态创新与休闲度假服务型景区高质量发展协同模式的概念框架，见图4－2。

由图4－2可以看出，企业会奖旅游业态创新与休闲度假服务型景区高质量发展协同模式主要以企业会奖旅游新业态、游客行为、企业发展模式、旅游经济结构和休闲度假服务型景区高质量发展模式五个变量为基础，构建出企业会奖旅游业态创新与休闲度假服务型景区高质量发展模式之间的作用关系路径。其中作用路径可分为直接作用和间接作用，直接作用路径为企业会奖旅游业态创新到休闲度假服务型景区高质量发展模式，而其间接作用路径为以下6条：①企业会奖旅游新业态——游客行为——休闲度假服务型景区高质量发展模式；②企业会奖旅游新业态——企业发展模式——休闲度假服务型景区高质量发展模式；③企业会奖旅游新业态——旅游经济结构——休闲度假服务型景区高质量发展模式；④企业会奖旅游新业态——游客行为——企业发展模式——休闲度假服务型景区高质量发展模式；⑤企业会奖旅游新业态——企业发展模式——旅游经济结构——休闲度假服务型景区高质量发展模式；⑥企业会奖旅游新业态——游客行为——企业发展模式——旅游经济结构——休闲度假服务型景区高质量发展模式。通过构建出企业会奖旅游业态创新与休闲度假服务型景区高质量发展协同模式的概念模型，为下一步进行结构方程实证分析奠定理论基础。

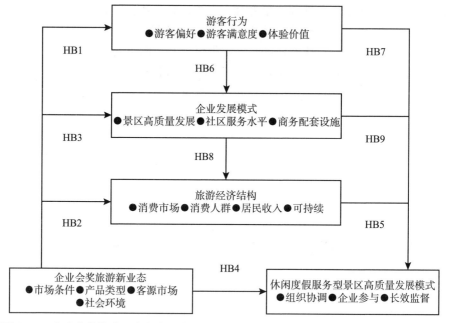

图 4-2　企业会奖旅游业态创新与休闲度假服务型景区高质量发展协同模式的概念模型

4.3　原始自然观光旅游业态创新与自然环境依托型景区高质量发展协同模式研究假设与概念模型

4.3.1　原始自然观光旅游业态创新与自然环境依托型景区高质量发展协同模式研究假设

1. 原始自然观光旅游新业态

张旭亮和张海霞（2005）提出对原始自然观光旅游业态创新的旅游资源得到

开发，能够吸引大量因疫情长期无法外出游玩的旅客，合理分类自然资源，根据旅游目的地的地理位置及旅游可持续状况，划分客源市场，最大限度地保持自然景观，激发居民对旅游发展期望。其中，社会交换理论表明，居民对于旅游产业开发的意愿取决于其旅游获益与旅游影响感知。此外，原始自然观光旅游业态创新充分挖掘原始环境得天独厚的自然资源优势，不断挖掘自然资源的潜力，并合理利用发展，将旅游业与生态产业相结合创新发展，当地居民不再靠单一产业生产，有了多样化生产方式来提升收益，增加了家庭收入。由于原始自然观光旅游新业态的不可再生性，原始自然观光旅游业态的创新开发必须兼顾生态保护。因此，随着原始自然观光旅游新业态的发展，当地居民及地方经济将得到提升，同时当地的生态保护也有所保障，旅游环境得到保护。宋文飞等（2018）认为生态保护与居民之间是互惠互利的，生态被居民所保护，居民也可以从生态中得到收益，包括居住环境干净、空气质量好等。正如推拉理论中提道：人们进行迁移的原因不仅在于更好的收益，还有就业、教育、周边环境等其他因素。由此，随着原始自然观光旅游的发展，景区的旅游环境与居民生活环境得到最大限度的维护。结合以上内容，提出以下假设：

HC1：原始自然观光旅游业态创新对居民意愿具有显著的正向作用。

原始自然观光旅游新业态代表着以游览原始自然风光为旅游目的的旅游方式，是对原始自然观光旅游产业的创新发展，是对自然旅游产业的创新开发，也是当前我国发展经济的一个必然选择。相较于传统观光旅游，原始自然观光旅游业态创新更加强调大自然的重要性，回归自然并保护自然。1983年世界自然保护联盟（IUCN）首次提出"生态旅游"，1993年国际生态旅游协会将生态旅游定义为"具有保护自然环境和维护当地居民生活的旅游活动"。卢兰等（2002）提出原始自然景区依靠高质量的资源景观来吸引高品位、高层次的游客前来观光旅游。原始自然观光旅游业态依托于生态资源进行旅游产业创新，原始资源的特殊性以及神秘感，深深吸引着前去的游客，也促进游客自发做游玩攻略。而通过自然旅游追求心理健康已经成为日益凸显的市场需求，随着游客与自然旅游地环境互动增多，游客从中获得心理健康效益。游客作为具有自主意识的个体，感知到周边自然事物的生机后，往往更容易产生向往深度体验的心理，改善游客情绪状态。通过可持续地开发生态资源和创新旅游资源模式，维护现有的旅游景观，完善景区安全基础设施建设，提高游客游览满意度。同时，为使游客懂得环保、尊重生态，设置相应的资源保护制度限制游客的不良游玩行为，引导游行为更加低碳、生态。基于此，可以看出原始自然观光旅游业态创新对游客行为有着重要影响，结合以上内容，提出以下假设：

HC2：原始自然观光旅游业态创新对游客行为具有显著的正向作用。

人们对于旅游更注重安全、历史蕴涵、自然环境等因素，原始自然观光旅游业态创新借助旅游资源转化为经济效益，升级创新产业种类。自然环境依托型景区高质量发展模式的生态环境的高敏感性、自我修复差、抵抗性弱等特性，更偏向于小众团体的旅游模式，难以实现生态开发与经济效益平衡收支，同时因为特殊的自然生态环境，无法较好地完善景区的基础设施和服务体系，景区必须促进高质量发展，更注重核心风景资源和环境的保护和开发，加强资源综合性开发力度，提高景区利用率，同时拓展营销宣传手段。原始自然观光旅游景区正是依托周边原始森林、沙漠戈壁等生态环境独特的原始自然风光，推进专业保障服务，保持原始生态发展是原始自然观光旅游景区的一大特色，在游客享受大自然生态风光的同时，体验高质量服务。因此，就原始自然观光旅游业态创新和自然环境依托型景区高质量发展模式，提出以下假设：

HC3：原始自然观光旅游业态创新对自然环境依托型景区高质量发展模式具有显著的正向作用。

2. 游客行为

游客选择旅游目的地一般由其年龄、工作、受教育程度所决定，层次不同的人所选择的高低档是不相同的；影响游客行为的因素有旅游动机、旅游偏好、景区级别、游客满意度、体验价值以及游客需求等。

原始自然观光旅游新业态的目标人群为档次高、消费高、文化程度高的"三高"游客，在一定程度上减少不文明现象，有利于提高景区的保护度，通过游客参与当地文化活动，感受文化底蕴，营造自然景区的文化氛围，能够促进游客与自然的和谐相处。同时游客对旅游目的地的发展有着重要的影响，注重加强当地居民与游客交流，深切地感受当地的风土人情和历史文化，强化游客体验感，打造旅游目的地吸引力；为了提升游客满意度，需要完善景区安全设施建设及服务保障，同时优化景区整体旅游环境，提供人性化服务。为了进一步促进旅游动机，景区要深度挖掘资源产业类型，创新产品类别，并且增大景区营销渠道。原始自然观光旅游新业态的游客具有社会责任心和低碳环保意识，拒绝随意丢弃垃圾、浪费能源等行为，保护自然生态旅游景区，引导游客主动实施保护环境行为是解决自然景区可持续发展的关键。通过一系列建设与开发，旅游目的地的文化资源与环境资源得到充分利用，有助于提升景区服务质量、保护或改善景区生态环境，实现自然景区的可持续发展。加强对游客行为的管理，减少由于游客不当行为而引发的环境污染或旅游资源破坏事件的发生，同时能够有效降低旅游目的地的管理成本，实现自然景区可持续发展。按照这一逻辑主线，在原始自然观光旅游业态创新发展中，有利于自然环境依托型景区的创新发展。因此，游客行为对自然环境依托型景区高质量发展模式有着重要影响，提出以下假设：

HC4：游客行为对自然环境依托型景区高质量发展模式具有显著的正向作用。

3. 居民意愿

居民作为原始自然环境的居住者，资源开发、旅游发展、生态保护等方案都会受居民的环保意识、生活方式和行为的影响。针对居民对旅游开发的热烈程度，李喜梅（2017）认为居民意愿会影响地方旅游政策制定和景区环境保护政策的制定。赖斌（2015）提出要集中力量发展高质量文旅景区，必须依靠居民的力量，作为旅游经济发展的受益者之一，其配合程度与景区发展程度息息相关。具体表现在：一是居民的生产生活方式与生态景区的经济发展相互关联，因此加快制定配套政策，对其收益关系进行说明，使居民了解其中的收益含义，建立相应政策体系，提高居民参与意愿；二是明确社区居民在自然生态旅游发展中的重要地位，促进相关政策的构建，确切保障居民利益，以及提高可持续开发意识；三是多方开展政策宣传、政府主导、区域合作的开展方式，使居民更清晰、更明了、更快速地接收到新政策，调动社区居民参与积极性。坚持以人为本的发展模式，居民意愿被激发的同时推动着政策的创新，保障自然旅游产业的顺利发展。由此可认为，居民意愿对环境政策、可持续发展政策的制定有着重要的影响作用，而环境保护和可持续性发展是自然环境依托型景区高质量发展模式的两个关键因素。一方面，要鼓励社区居民积极参与景区景观的生态保护，同时，实事求是地根据居民实际情况进行一定的政策创新；另一方面，景区的可持续发展是打造景区高质量发展的基础，由于自然环境的脆弱性和特殊性，过度开发和表层挖掘环境资源都不利于景区高质量发展。居民对景区服务及发展的高度配合将提升整体景区服务水平，促进景区服务的高质量发展。在环境保护和可持续开发的前提下，自然环境类景区资源产业、配套服务才能更好、更高质量地发展。基于此，提出以下假设：

HC5：居民意愿对政策创新具有显著的正向作用；

HC6：居民意愿对自然环境依托型景区高质量发展模式具有显著的正向作用。

4. 政策创新

有效把控整体环境才能较好地发展旅游经济，要足够重视区域内所产生的新变化，以此促使政策创新发展。游客行为经常受到除游客自身以外的外部文化形态和强制的政策等因素的影响，已有的政策往往具有滞后性，地方政府必须在政策制度上有所创新。杨志军（2021）指出旅游经济的发展与游客出行与政策创新或修整有显著的关联。具体来说，在原有的政策上进行一两次调整，添加新元素，加大资金投入，营造一个物美价廉的景区旅游环境，引导激发游客出行行为。通过制定有关提升环境质量的法规，有助于游客正确认识景区行为规范，进而引导更多的游客自觉地选择。另外，人们对于旅游安全较为敏感，如何通过旅游目的地的流量控制，保障游客的游玩安全，是旅游经济得以发展的关键。必须要对旅游景区制度进行创新，旅游目的地政府或管理者通过宣传教育、惩罚等措施管理游客破坏环境的行为，激发游客保护环境的责任感，提升游客行为素质。可以看出，政策创新对游客行为的发生具有显著的作用，基于此，提出以下假设：

HC7：政策创新对游客行为具有显著的正向作用。

自然景区管理和发展与当地政府与对旅游产业的重视程度有关，陈秋华和修新田（2016）认为政策创新是实现旅游生态经济发展的重要要素，秉持"创新、协调、绿色、开发、共享"的理念，将重心放在环保低碳生态旅游中，通过政策创新实现景区高质量的发展。马奔等（2015）以陕西秦岭地区为例，通过实现景区高质量发展促进旅游经济发展，制定相关政策，提高居民的文化水平，转变居民相关观念，积极参与景区建设，鼓励并培训居民成为推动当地旅游业发展的关键动力。政府需要出台有关居民收益的相关政策，能够大大提升居民旅游收入水平，扩大宣传手段力度，提升景区知名度。另外，政府应当为地方企业发展提供优惠政策的创新，为景区的高质量发展提供较大的政策支持，为下一步提升景区高质量水平奠定基础。自然环境依托型景区高质量发展模式作为景区高质量发展的组成部分，只有加大政策创新，才能提升自然环境依托型景区高质量发展模式建设的效率，提高发展质量和效益。结合上述内容，提出以下假设：

HC8：政策创新对自然环境依托型景区高质量发展模式具有显著的正向作用。

4.3.2 原始自然观光旅游业态创新与自然环境依托型景区高质量发展协同模式的概念模型

根据原始自然观光旅游业态创新与自然环境依托型景区高质量发展协同模式的分析框架、研究假设的相关内容，结合原始自然观光旅游业态创新与自然环境依托型景区高质量发展协同模式的现状，构建出原始自然观光旅游业态创新与自然环境依托型景区高质量发展协同模式的概念框架，见图4-3。

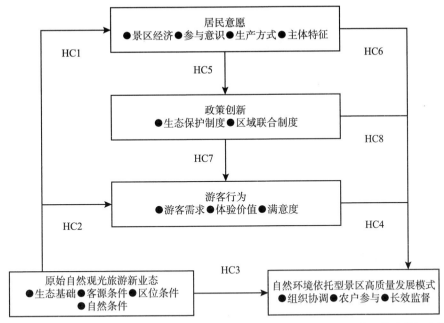

图4-3 原始自然观光旅游业态创新与自然环境依托型景区高质量发展协同模式的概念模型

由图4-3可以看出,原始自然观光旅游业态创新与自然环境依托型景区高质量发展协同模式主要以原始自然观光旅游新业态、游客行为、政策创新、农户意愿和自然环境依托型景区高质量发展模式五个变量为基础,构建出原始自然观光旅游业态创新与自然环境依托型景区高质量发展模式之间的作用关系路径。其中作用路径可分为直接作用和间接作用,直接作用路径为原始自然观光旅游业态创新到自然环境依托型景区高质量发展模式,而其间接作用路径为以下4条:①原始自然观光旅游新业态——游客行为——自然环境依托型景区高质量发展模式;②原始自然观光旅游新业态——居民意愿——自然环境依托型景区高质量发展模式;③原始自然观光旅游新业态——居民意愿——政策创新——自然环境依托型景区高质量发展模式;④原始自然观光旅游新业态——居民意愿——政策创新——游客行为——自然环境依托型景区高质量发展模式。

4.4 原始自然探险旅游业态创新与自然环境依托型景区高质量发展协同模式研究假设与概念模型

4.4.1 原始自然探险旅游业态创新与自然环境依托型景区高质量发展协同模式的研究假设

1. 原始自然探险旅游新业态

原始自然探险旅游新业态作为自然旅游的创新性旅游形式，宋增文（2009）指出，随着人们对旅游的猎奇心态加深以及追求高参与感和体验感，探险旅游应运而生，通过借助自然生态资源给予游客刺激感和新鲜感。原始自然探险旅游新业态中的"探险"不等于"冒险"，其具有绝对安全、绝对惊险的特性，通过融合文化、技术、休闲、康养等元素，不断创新旅游项目和特色产业，打造出各类人群均可参与的特色探险活动品牌，有助于增加产品内容丰富度，提升游客参与度。原始自然探险旅游业态的创新发展集聚了旅游、生态、探险等相关产业，满足了游客小众化体验的追求，进而影响着游客行为。其中，游客作为旅游产业发展的主体，王龙飞（2011）提出，聚焦游客动机的深入了解，是推进探险旅游产业类型的创新、升级传统自然观光产业的现实选择。同时张捷雷（2019）提出，就目前探险旅游发展状况而言，很多游客对旅游安全风向的认知不够，游客的不安全行为是一个非常重要的因素，而原始自然探险旅游业态进行创新发展，必然规范游客行为，通过加强旅游安全教育和沟通安全信息，提高游客对应急意识和应急能力。因此原始自然探险旅游业态的创新发展有利于提升游客安全意识、构建旅游安全文化。同时原始自然探险旅游业态创新对于游客的核心吸引力是体现在隐藏于风险后面的刺激感和不确定性，游客参与探险旅游的首要目的也是追求恐惧感和刺激感，而不是单纯的冒险活动，而新型探险旅游更有利于激发游客行为。基于此，对原始自然探险旅游业态创新与游客行为之间的关系提出以下假设：

HD1：原始自然探险旅游业态创新对游客行为具有显著的正向作用。

原始自然探险旅游新业态是原始自然环境、探险旅游相结合的创新业态，创意自然探险的发展、探险技术保障和开发、营销产业类型多样化推动生态旅游发展的一种新形式和新方式。原始探险旅游业态创新离不开自然环境为创新点，因此宋（Sung，2000）提出了六类探险类型：一般狂热型、经济性青年型、温和体验型、高端定位型、家族休闲型、独行型。探险旅游企业通过深度挖掘原始森林生物资源的多样性，将丰富的生态原始资源与新颖的创意相结合，追求新鲜感的小众市场旅游，根据资源类型和开发程度、基础设施设备的建设，形成适合各种类型游客的自然产业结构，促进原始自然探险旅游的发展。其中，自然产业结构作为发展自然旅游的基础，合理的产业结构才能够促进旅游产业的发展，抵御发展自然旅游产业自身的困难和风险。刘辉（2011）认为发展生态旅游有助于破解自然产业结构失调问题，在发展生态旅游过程中综合开发、合理利用景区生态资源和旅游资源，调整旅游产业结构，加快旅游发展步伐。结合以上内容，原始自然探险旅游业态创新与自然产业结构有着显著的影响关系，提出以下假设：

HD2：原始自然探险旅游业态创新与自然产业结构具有显著的正向作用。

原始自然探险旅游新业态是在生态资源的基础上进行开发创新的，因此重视景区生态资源保护是非常必要的，为了促进原始自然探险旅游业态的创新发展，必须提升安全保障、完善基础保障设施、加强旅游服务建设、制定相关重点条例，加强游客风险意识和保障意识，促进观念引导、市场扩容，鼓励企业参与引导等。同时，通过设置完善的管理制度，有力地改善景区服务设施，提升游客在景区游玩的满意度及重游率，进而提高景区旅游经济水平。同时，沙艳荣等（2009）指出，原始自然探险旅游新业态不仅具有经济性、社会性、环境功能，同时具有产品宣传功能以及引导功能，有机结合在一起，有效地提升自然旅游产业经济，促进自然环境景区高质量发展。其中，通过打造原始自然探险旅游路线，不仅能够增加景区的旅游项目，丰富旅游产品类型，更能够提升景区的影响力和市场竞争力。由于探险旅游的特性（绝对安全、绝对惊险），其项目打造施工规范方面必须十分严格以保障项目建设成功，对景区的基础设施维护、规章制度完善、质量安全保障等也有积极的拉动作用。基于此，提出以下假设：

HD3：原始自然探险旅游业态创新对自然环境依托型景区高质量发展模式具有显著的正向作用。

2. 游客行为

由于探险旅游的特性，惊险刺激是探险旅游的核心吸引力，游客的安全成为了探险旅游的核心问题。同时探险旅游主体参与探险旅游的首要动机是享受自然与欣赏风景，游客的偏好与动机、满意度和安全意识三个方面可表示原始自然探险旅游业态创新中的游客行为。在游客偏好与动机方面，通过调查研究游客出行动机与消费心理，游客不仅仅满足于传统的自然观光，更期望得到更深层次的旅游体验。自然景区可利用自身环境优势，在保护生态环境的前提下，开发特色体验项目。在游客满意度方面，为了提升游客满意度，旅游目的地要加强完善基础设施与服务设施建设，丰富生态资源的产业类型和项目类别，增加人性化的旅游服务项目，优化景区整体的环境。不仅能够提升游客满意度，还能提高游客的重游率和转介绍率，提升自然环境景区水平。在旅客安全意识方面，通过制定安全意识培养政策，提升出行前后的安全防护意识，促进旅游项目完整进行。提升游客安全意识以做好旅游安全风险的预防和控制，增加自然环境依托型景区的安全性，探险旅游作为促进旅游经济的一条新型的发展途径，已经走向成熟，是增进旅游经济发展的重要旅游业态。综上所述，原始自然探险旅游业态创新的游客行为，即游客偏好与旅游动机、满意度与游客安全意识三个方面都能够促进游客行为的执行率、增加景区的经济收益，为景区高质量发展实现自然环境依托型景区高质量发展模式具有正向作用。因此，提出以下假设：

HD4：游客行为对自然环境依托型景区高质量发展模式具有显著的正向作用。

3. 自然产业结构

自然环境的好坏、丰富程度影响着自然景区的发展状况，是发展自然环境和旅游业专业化的基础，对我国旅游经济复苏有着重要影响。合理规划自然产业结构是高效提升景区品质的重要渠道，有利于地区探险旅游效益提升和高质量发展。根据人们旅游消费意向和消费心理，对生物资源进行开发，有层次、合理地进行资源开发规划，突出强化野生生物资源的多样性，坚持低碳、生态、安全、高品质发展，加强安全游玩宣传，规划旅游产业区，合理规划整体布局，原始自然旅游业专研、生产、营销得到提高。加强自然产业结构调整，丰富旅游产品类型，改变自然旅游景区同质化的局面，增加更优质的旅游项目。与此同时，以生态资源为出发点，积极推进探险旅游的小众市场开发，促进自然环境旅游的创新和升级，完善景区基础设施设备建设和服务设施及手段，发挥政策优势，建立完善的管理制度，解决自然环境依托型景区高质量发展模式的过程中面临的产业类型缺少、安全意识缺乏等关键性问题，推动景区高质量的发展。因此提出以下假设：

HD5：自然产业结构对自然环境依托型景区高质量发展模式具有显著的正向作用。

4.4.2 原始自然探险旅游业态创新与自然环境依托型景区高质量发展协同模式的概念模型

根据原始自然探险旅游业态创新与自然环境依托型景区高质量发展协同模式的分析框架、研究假设的相关内容，结合原始自然探险旅游业态创新与自然环境依托型景区高质量发展协同模式的现状，构建出原始自然探险旅游业态创新与自然环境依托型景区高质量发展协同模式的概念框架，见图4-4。

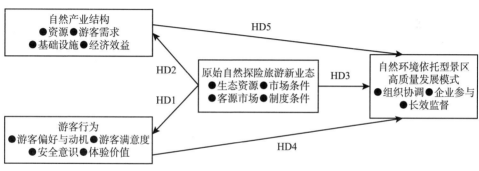

**图4-4　原始自然探险旅游业态创新与自然环境依托型
景区高质量发展协同模式的概念模型**

由图4-4可以看出，原始自然探险旅游业态创新与自然环境依托型景区高质量发展协同模式主要以原始自然探险旅游新业态、自然产业结构、游客行为、自然环境依托型景区高质量发展模式四个变量为基础，构建出原始自然探险旅游业态创新与自然环境依托型景区高质量发展模式之间的作用关系路径。其中直接作用路径为原始自然探险旅游业态创新到自然环境依托型景区高质量发展模式，而其间接作用路径为以下2条：原始自然探险旅游新业态——自然产业结构——自然环境依托型景区高质量发展模式和原始自然探险旅游新业态——游客行为——自然环境依托型景区高质量发展模式。

4.5 狩猎海钓体验旅游业态创新与民俗文化体验型景区高质量发展协同模式研究假设与概念模型

4.5.1 狩猎海钓体验旅游业态创新与民俗文化体验型景区高质量发展协同模式的研究假设

1. 狩猎海钓体验旅游新业态

由于现代经济快速发展与人们精神文化需求日益增长，民俗文化旅游市场得到较快的发展，民俗文化与其他文化相结合形成的旅游模式往往在市场中能获得较好的经济收益，狩猎海钓体验旅游新业态就是其中较为典型的一种模式。狩猎海钓体验旅游新业态的本质是发展民俗文化旅游，在国内丰富而独特的文化背景和民俗产业的基础上，创新旅游项目开发和宣传营销方式，紧跟时代环境的变化，将特殊性与传统民俗文化相融合并进一步迸发出新的创意，吸引更多的游客到民俗文化区进行体验与消费。狩猎海钓体验旅游模式不仅体现出狩猎海钓文化的特征，也在形式上有所创新。民俗文化传统特性与其他文化相结合，改变传统单一的旅游开发模式，民俗文化旅游形式发生了变化。邢志勤（2020）指出，民俗文化是传统的民间文化，集合了独特的、多样的生活生产方式，文化旅游中重要组成部分之一是文化创新，由于游客消费需求的改变，民俗文化旅游的发展方向也随之发生了改变，挖掘高层次的文化创新创意，满足游客对文化创新创意产品的认可度和需求度，吸引游客的关注，才能带动旅游区域经济的发展，旅游产业的发展和经济收益的提升进一步为民俗文化创造发展空间。狩猎海钓体验旅游新业态有着独特的文化优势，容易形成区域特色，体现文化创新创意，创造经济效益。狩猎海钓体验旅游新业态不同于传统的民俗文化，它将文化、资源整合到旅游中，开发新型的民俗文化旅游模式，也将传统文化底蕴传承到极致。由此，狩猎海钓体验旅游创新模式的开展有利于旅游目的地立足传统，推动民俗文化创新。因此，提出以下假设：

HE1：狩猎海钓体验旅游业态创新对文化创新具有显著的正向作用。

狩猎海钓体验旅游业态创新是传统民俗旅游与其他文化的结合体，影响着游客对民俗文化的印象，倪卓（2019）在研究有关朝鲜民俗文化旅游中，指出游客感受到了肉体上的轻松与心灵上的释放，并且在接触"异文化"时也会间接改变观念，进而让游客产生更多的兴趣。作为跳出传统民俗文化体验旅游的狩猎海钓体验旅游新业态，达到国际水平的高质量狩猎海钓类产品，具有较强的探险性、探索感，是一种抒放身心、休闲高档的户外高端旅游活动，满足游客主体感知需求。同时，狩猎海钓体验旅游新业态满足游客在原始自然环境中感受珍稀动物魅力的意愿，也能够获得可持续性发展。另外，狩猎场与海钓场完善服务基础设备，配备专业的服务人员，提升游客体验感，满足游客多样化需求及不断提高的标准，进而强化游客行为。狩猎海钓体验旅游业态创新通过设置旅游产业新项目，尤其是游客能够亲身体验的项目，以提高游客实际参与感，同时增加当地居民和游客的互动项目，使新型民俗文化的魅力得以宣扬。显而易见，狩猎海钓体验旅游业态创新对游客行为具有重要的影响作用，因此，提出以下假设：

HE2：狩猎海钓体验旅游业态创新对游客行为具有显著的正向作用。

随着疫情常态化防控，限制流量的管理方法虽然在一定程度上降低了疫情再次暴发的概率，但是也抑制了旅游市场的回暖，狩猎海钓体验旅游新业态是集合创新与品质为一体的新型民俗文化旅游业态，其具有低密度、高附加值等特性，符合疫情防控要求，也推动旅游业的复苏。马鹏（2007）指出，狩猎海钓体验旅游新业态是对民俗文化中的渔猎文化进行创新发展。在产品创新上，狩猎海钓体验旅游业态创新是通过"旅游＋"把民俗与社会、经济、其他文化、环境等相关因素相结合，融入了其他相关产业，不仅具有传统民俗文化的继承，还增加独特和不可替代的特色，满足旅游业新时代的高质量发展要求。

为了扩大客源市场，提高狩猎海钓体验旅游新业态的旅游经济发展，必须综合开发当地民俗文化资源与生态资源，开发出各类新型户外民俗旅游，从而形成高档次、高消费水平的营销模式，同时促进经济发展及生态保护。在旅游经济上，狩猎海钓体验旅游业态创新推动着民俗文化旅游的营销方式和重建，带动了第一、三产业的发展，并且游客在通过游玩的过程体验到自我身心的享受和发展，在与生态资源相接触、猎捕动物时得到精神上的满足。狩猎与海钓体验旅游新业态打造当地风情及民俗文化特色，发展民族经济、传承民族文化、改善当地居民生产生活，狩猎海钓体验旅游业态的创新开展成为区域发展策略。同时通过狩猎海钓体验旅游创新模式，充分体现"参与性"和"体验感"，让游客享受到特色民俗文化景观与氛围，这种体验式旅游在吸引游客的同时，也展示了景区的地域文化特色。民俗旅游的可持续发展通过加强旅游服务设施和旅游人才培养两方面全面改善着旅游环境，并打造民俗旅游品牌，提高整个区域民俗旅游综合竞争力。基于此，提出以下假设：

HE3：狩猎海钓体验旅游业态创新对民俗文化体验型景区高质量发展模式具有显著的正向作用。

2. 游客行为

20世纪80年代，民俗文化旅游已经引起学界的关注。李慕寒（1993）认为民俗文化旅游的发展为游客开阔了知识视野，吸引游客的同时促进当地经济效益的提升，实现文化经济化的效益。游客行为包含游客的偏爱与动机、满意度和服务质量三个方面。在满足游客的偏好与动机方面，了解人们出游的动机与消费心理，可知人们越发偏向对精神文化需求的提升，更多选择民俗旅游，因此民俗文化得到创新与二次创新，从丰富的资源产业开发出更多种类的产业旅游。在强化游客消费方面，旅游产业类型多样化增加，还需要创新旅游产品，强化旅游购物体验，也为地方经济发展带来商机，推动了景区的再生产，增加居民就业机会和提高生活经济水平，狩猎海钓体验旅游业态创新为民俗文化旅游带来经济效益和社会价值，发扬新民俗文化旅游。在旅客满意度方面，为了提升游客满意度，要注重旅游产品的服务和设施设备的建设，提高服务品质水平，增加游客的体验感，加强企业对游客的服务，由于狩猎海钓旅游新业态的主要消费群体为高层次人群，如高管、企业家等，拥有高文化和高收入等特性，因此他们更看重服务质量，由此可以提升这类游客的满意度，加强景区内部的品质建设。狩猎海钓体验旅游新业态作为促进旅游经济的一条新型的发展途径，已经走向成熟，是促进旅游经济发展的重要旅游业态。综上所述，可以看出，狩猎海钓体验旅游新业态的游客行为，即游客偏好与旅游动机、满意度和服务质量三个方面都能够促进吸引力的形成，增加游客行为、提高景区的经济收益。随着游客对民俗文化旅游产品的体验需求的出现，更有利于提升游客的体验质量，积极打造核心体验产品、搭建完美体验的环境以及全面加强景区管理。基于以上分析，游客行为与景区高质量发展之间有着显著的影响作用，结合以上内容，提出以下假设：

HE4：游客行为对民俗文化体验型景区高质量发展模式具有显著的正向作用。

3. 文化创新

文化创新推动了旅游目的地的高质量发展，促进区域产业链的发展，创造出更大的经济价值，达到规模化发展。狩猎海钓体验旅游新业态作为文化创新创意旅游的特色产品，有着独特的历史文化方式，而狩猎海钓体验旅游新业态的文化创新包括创意文化、品牌创新和文化底蕴三个方面。在创意文化方面，多样化的创意产品类型促进当地的经济发展，为开发者带来显著的经济收益，推动旅游业转型升级，开发旅游产业新资源，通过设计改造，创建创新文化旅游目的地。在品牌创新方面，旅游产业结合传统民俗文化底蕴塑造文化旅游品牌，同时随着游客对于旅游景区文化体验需求日益增加，具有产品体验感与景区文化代表性的旅游产品，能够使游客对景区文化有更深刻的体验感与认同感。在文化底蕴方面，狩猎海钓体验旅游新业态充分展示了狩猎海钓人的民风、民俗，营造出一个具有浓郁民俗风情和良好生态的旅游环境。总体来说，文化创新促进区域经济发展，结合狩猎海钓文化的特征与优势，加大营销宣传力度与相关产品开发力度，使民俗文化体验型旅游目的地得以持续不断地健康发展。基于以上分析，提出以下假设：

HE5：文化创新对民俗文化体验型景区高质量发展模式具有显著的正向作用。

4.5.2　狩猎海钓体验旅游业态创新与民俗文化体验型景区高质量发展协同模式的概念模型

根据狩猎海钓体验旅游业态创新与民俗文化体验型景区高质量发展协同模式的分析框架、研究假设的相关内容，结合狩猎海钓体验旅游业态创新与民俗文化体验型景区高质量发展模式协同的现状，研究构建出狩猎海钓体验旅游业态创新与民俗文化体验型景区高质量发展协同模式的概念框架，见图4-5。

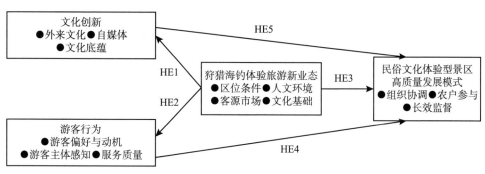

图4-5　狩猎海钓体验旅游业态创新与民俗文化体验型
景区高质量发展协同模式的概念模型

由图4-5可以看出，狩猎海钓体验旅游业态创新与民俗文化体验型景区高质量发展协同模式主要以狩猎海钓体验旅游新业态、文化创新、游客行为、民俗文化体验型景区高质量发展模式四个变量为基础，构建出狩猎海钓体验旅游业态创新与民俗文化体验型景区高质量发展模式之间的作用关系路径。其中作用路径可分为直接作用和间接作用，直接作用路径为狩猎海钓体验旅游业态创新与民俗文化体验型景区高质量发展模式，而其间接作用路径为以下2条：①狩猎海钓体验旅游新业态——文化创新——民俗文化体验型景区高质量发展模式；②狩猎海钓体验旅游新业态——游客行为——民俗文化体验型景区高质量发展模式。

4.6 房车游艇宿营旅游业态创新与民俗文化体验型景区高质量发展协同模式研究假设与概念模型

4.6.1 房车游艇宿营旅游业态创新与民俗文化体验型景区高质量发展协同模式的研究假设

1. 房车游艇宿营旅游新业态

受到新时代社会发展影响及房车技术的应用，房车旅游越来越流行，游客更青睐具有高自主性、个性化、高质量特征的旅游模式，对专业服务和低密度感受旅游目的地风光的向往逐渐热烈，传统旅游业应结合更多产业元素，积极探索"旅游+"模式。在新技术和新旅游观念的发展下，房车游艇宿营旅游新业态已经成为低密度旅游创新业态，葛丽君（2021）指出房车游艇宿营旅游新业态打破传统跟团游的局限，并借助自媒体的兴起与平台的推动，消费空间得到拓展，文旅的装备得到了持续的消费潜力释放。在房车游艇营宿旅游业态的创新发展中，对旅游业中原有的传统民俗文化旅游进行创新，不再依靠单一化的民俗文化旅游及旅游服务的统一化，而是以一种全新的旅游发展模式，即实现"低密度+高质量"旅游发展模式。通过对传统民俗与其他文化相联合的模式，发展房车游艇宿营旅游新业态来加强传统民俗文化的创新，以区域的民俗文化为基础，创新相关民俗产业产品，扩大营销渠道发展，促进传统民俗文化的转型。基于此，可以发现民俗文化体验模式的变化与房车游艇宿营旅游业态创新发展有着密切联系，提出以下假设：

HF1：房车游艇宿营旅游业态创新对旅游发展模式具有显著的正向作用。

随着旅游业的产业高质量升级，旅游装备逐渐高端化发展，旅游新产品也随之发展升级。旅游装备的创新无疑推进了旅游产业一大步，房车游艇宿营旅游新业态不仅包括自然资源，还联合了科技、文化等要素，创新高品质旅游的产业，营造核心吸引力。在国家出台的一系列鼓励旅游新业态快速发展的政策下，房车游艇宿营旅游业态创新逐渐成为民俗文化旅游产业的发展动力，同时当地政府的管理能力也起着至关重要的作用。其中，游客作为民俗文化旅游开展的主体，游客主体感知也较为重要。李雪（2021）指出，就目前的自驾游发展状况而言，很多自驾游客与传统大众游客有着突出的差别，不止会注重旅游目的地选择，更注重旅途的整体体验，包括来回交通、路标、公共服务设施、服务质量等完善程度，通过制定相关管理政策和服务基础设施配置，提高旅客满意度，促进游客旅游行为的发生。同时房车游艇宿营旅游这一新型旅游的目的地选择自由、灵活、多样，不受旅游公司等多方控制，游客旅游效益能够达到最大化，使游客对景区的重游意愿更为强烈。因此，提出以下假设：

HF2：房车游艇宿营旅游业态创新对游客行为具有显著的正向作用。

房车游艇宿营旅游新业态作为新的旅游产业，受到大众传统旅游与新兴旅游产品的双重压力，房车游艇旅游业态创新发展使游客的好奇心得到一定调动，个性化需求得到释放空间，伴随着旅游产品的建设与规划，整体空间布局不断地扩大，景区内部原有的产业布局也被打破，新型文化体验项目不断涌入，原有的产业结构也不断得到优化升级。为进一步扩大旅游市场份额，服务经济得到较高的重视，为此处于营地周边的景区及周边参与旅游建设的居民也受到重视，积极引导改变现状，提高整体旅游服务人员素质。总体上来看，房车游艇宿营旅游业态创新发展对景区规模建设中的空间布局、服务经济和要素整合等重要组成部分都有着显著性的正向作用。因此，提出以下假设：

HF3：房车游艇宿营旅游业态创新对景区建设规模具有显著的正向作用。

房车游艇宿营旅游新业态是以交通设备与民俗文化资源为构成要素，是促进旅游经济发展的新型旅游业态，对于房车游艇宿营旅游业态的兴起和发展，马波（2021）认为这为产业链条的延伸和产业结构的升级及旅游经济的发展都提供了新发展机会。房车游艇宿营旅游业态创新发展，一方面是为当地传统民俗文化的开发带来了机遇，增加了传统民俗文化所包含的科技要素，通过与房车游艇宿营旅游新业态的联合发展，增强民俗文化景区的吸引力和核心竞争力。另一方面，升级一些民俗文化不突出或等级不高的区域，更好满足游客高需求和高质量的要求，增加游客的选择权，通过创新形式开发更多旅游产品类型，升级游客消费方式，以此拉长游客旅游时长，并且能够突出房车游艇宿营旅游业态创新的无季节性优势以全年满足游客的出行意愿等。此外，庞世民（2021）提出房车游艇宿营旅游新业态是以旅游业加高附加值产业而产生的旅游新业态，是创意多样性的旅游产业，提升旅客的体验感，并实现旅游业的可持续发展。同时随着房车游艇旅游新业态的快速发展，具有不同特色和服务标准的房车海钓露营地日趋完善，景区借助房车游与游艇游兴起为契机发展趋势更为广阔。通过以上分析可以看出，房车游艇宿营旅游业态创新发展有利于增加区域旅游经济效益、促进民俗文化升级、加强传统文化交流，提升了民俗文化体验创新，有利于景区高质量发展。因此，提出以下假设：

HF4：房车游艇宿营旅游业态创新对民俗文化体验型景区高质量发展模式具有显著的正向作用。

2. 游客行为

房车游艇旅游新业态中的旅游主体往往会根据自身偏好和感知制定相应的行程，游客行为主要包括游客偏好与动机、游客主体感知两个方面。随着居民生活水平的提高，人们的消费观发生了巨大转变，人们更愿意进行旅游休闲消费。在体验经济的时代下，具有文化特质和文化内涵体验的旅游产品给旅游目的地的发展带来了新理念和变化，传统的大众观光型旅游产品已然不能满足游客更加高层次的旅游体验需要。其中，房车旅游与游艇旅游已经成为旅游休闲的一大趋势，其所带来的深度休闲体验受到人们的喜爱。为提高曝光度，房车游艇宿营旅游新业态加强自媒体的宣传，加大旅游营销手段。同时为满足游客个性化需求，科学合理安排房车游艇宿营旅游区域，划分出合理的景区空间布局。为满足不同的市场消费群体，将营地进行分类创新，合理化、高端化房车游艇旅游路线，延长旅游目的地的生命周期，促进游客消费进而提升当地经济效益。游客行为对旅游目的地的发展也有着至关重要的影响，尤其是在旅游过程中服务质量上，为了提升旅客的满意度，房车游艇宿营旅游业态创新注重往返交通路线的规划，完善旅游目的地的服务设施，以及游玩项目的技术和基础设施建设，使游客在整体旅游过程中感受高质量的服务，提升游客的感知价值。民俗文化体验型景区在搭建时为增强对游客的吸引力，凸现景区内部的原真性、区域文化感等特征，并抵制同质化、商业化发展的现象发生。游客体验与实际旅游环境紧密相关，为提升游客感知价值，景区管理部门进一步完善周边交通基础设施，为游客提供便利化服务。

提升游客的重游率是每个旅游景区的核心目标之一，由此丰富并开发旅游目的地的民生文化资源、完善民俗文化体验景区的旅游设施、提供优质的民俗文化体验服务是景区高质量发展的必然要求。通过满足游客对目的地需求偏好，探索出旅游目的地的历时性变化，有利于推动民俗文化体验性景区多元可持续发展。通过这一系列措施，旅游目的地的各类设施设备均得以完善，当地传统民俗文化也得以创新展现，使游客可以体验新颖旅游项目的同时深度感知传统文化内涵，更有利于景区建设，因此提出以下假设：

HF5：游客行为对民俗文化体验型景区高质量发展模式具有显著的正向作用。

3. 旅游发展模式

旅游发展模式的转变既是促进旅游产业创新的重点，也是关系着景区高质量发展的重要因素。在社会发展的推动下，旅游发展模式由原来单一同质化的以传统民俗为主的发展模式转变为以满足游客"新异乐知"的高层次旅游。其发展模式不仅有利于地方发展经济、吸引外资，还能促进产业创新升级，打造人们可以休闲享乐、释放自我的一种旅游方式，建成高端高品质的旅游环境。一方面，通过科技的手段展现地方深厚的文化底蕴和历史旅游产品，改变以往单一死板的方式，吸引更多游客前来旅游体验。房车作为21世纪最为流行的"旅游＋观光＋体验"的旅游发展新模式，是极具个性化的时代产物，使人们能够充分享受到旅游的乐趣，房车旅游这一旅游模式正被越来越多人所喜爱。另一方面，通过改变旅游发展模式，文化产业得到多样化、个性化及创新性的拓展，避免景区同质化。通过新元素的添加与质量把控，景区高质量逐渐发展，在提高旅游经济收益的同时，对整体经济发展也产生了一定的推动力，促进成本回流，加快当地民俗文化传播。

基于此，创新旅游发展模式对游客行为具有重要的引导作用，通过激发游客产生旅游行为，区域经济效益得到提升。而房车游艇宿营地的建设对景区用地重复建设、配套服务设施不健全等问题具有缓解作用，与景区高质量建设相协同，促进景区高质量发展。结合以上内容，提出以下假设：

HF6：旅游发展模式对民俗文化体验型景区高质量发展模式具有显著的正向作用；

HF7：旅游发展模式对游客行为具有显著的正向作用。

4. 景区规模建设

景区规模建设包括空间布局、服务经济和要素整合三个重要内容。空间布局是影响游客主体感知与满意度提升的重要影响因素之一。空间的合理布局、营地项目建设的科学搭建影响着游客的个性化需求，在一定程度上促进游客的决策行为的发生。当资源、劳动力、文化等相关要素得到整合时，旅游产业的六要素也将得到一定程度的满足，即旅游过程中的餐饮、住宿、交通、休闲等项目有了一定的建设后，进而通过提升服务质量进一步提升房车游艇宿营旅游新业态对游客的吸引力。同时当景区文化空间建设到一定程度时，民俗文化将得到体现，房车游艇宿营旅游业态创新在具体实践中不断与地方政策、经济、民俗文化、环境等进行深度的融合，形成与周边生态资源、传统民俗文化和非旅游产业相互依托、共同发展的布局，加强景区区域内环境整治和更新，积极推动景区的功能片区与周边旅游发展的互动，协调推进景区的风貌保护和旅游发展。整合历史文化、建筑风貌和景区空间等要素，对景区的整体风格和空间等进行布置和建设，打造具有民俗文化特色的环境和布局，充分展示景区的历史文化形象和意境氛围，使景区焕发新魅力。区域旅游要素整合能够促进景区间联合开发，打造成熟旅游产品，促进景区再生产。景区实现高质量发展的同时，景区整体服务水平与区域经济效益也有所提升，民俗文化体验型景区得以加快高质量创新发展。由此得出以下假设：

HF8：景区建设规模对游客行为具有显著的正向作用；

HF9：景区建设规模对民俗文化体验型景区高质量发展模式具有显著的正向作用。

4.6.2 房车游艇宿营旅游业态创新与民俗文化体验型景区高质量发展协同模式的概念模型

根据房车游艇宿营旅游业态创新与民俗文化体验型景区高质量发展协同模式的分析框架、研究假设的相关内容，结合房车游艇宿营旅游业态与民俗文化体验型景区高质量发展模式协同的现状，构建出房车游艇宿营旅游业态创新与民俗文化体验型景区高质量发展协同模式的概念框架，见图4-6。

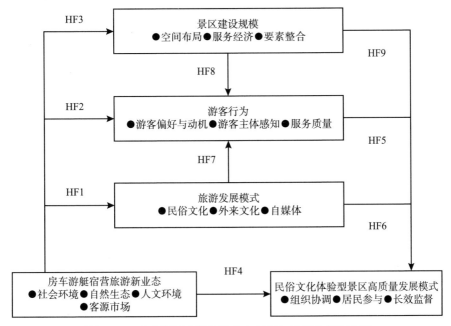

图4-6　房车游艇宿营旅游业态创新与民俗文化体验型
景区高质量发展模式协同的概念模型

由图4-6可以看出，以房车游艇宿营旅游新业态、旅游发展模式、游客动机、景区建设规模和民俗文化体验型景区高质量发展模式四个变量为房车游艇宿营旅游业态创新与民俗文化体验型景区高质量发展协同模式的基础，构建出房车游艇宿营旅游业态创新与民俗文化体验型景区高质量发展模式之间的作用关系路径。其中作用路径可分为直接作用和间接作用，直接作用路径为房车游艇宿营旅游与民俗文化体验型景区发展模式，而其间接作用路径为以下5条：①房车游艇宿营旅游新业态——旅游发展模式——民俗文化体验型景区高质量发展模式；②房车游艇宿营旅游新业态——游客行为——民俗文化体验型景区高质量发展模式；③房车游艇宿营旅游新业态——景区规模建设——民俗文化体验型景区高质量发展模式；④房车游艇宿营旅游新业态——景区规模建设——游客行为——民俗文化体验型景区高质量发展模式；⑤房车游艇宿营旅游新业态——旅游发展模式——游客行为——民俗文化体验型景区高质量发展模式。通过构建房车游艇宿营旅游业态创新与民俗文化体验型景区高质量发展模式协同的概念模型，为下一步进行结构方程实证分析奠定理论基础。

第 5 章

低密度旅游业态创新与景区高质量
发展协同的结构方程数据验证

5.1 乡村俱乐部旅游业态创新与休闲度假服务型
景区高质量发展协同模式数据验证

5.1.1 研究设计

本书以旅游业发展作为研究范围,以低密度旅游业态创新和景区高质量发展模式作为研究对象,研究乡村俱乐部旅游业态创新与休闲度假服务型景区高质量发展协同的模式,实证分析低密度旅游业态创新与休闲度假服务型景区高质量发展协同模式。我国旅游业承接转化新需求、打造新供给体系以及重塑新市场格局,与此同时,在现有的疫情防控管理需求即限制流量的管理方式中大量旅游企业出现生存困境问题,旅游产业复苏时间长,建立旅游产业高质量发展可加快旅游经济复苏。因此,从维度入手重点研究低密度旅游业态创新与景区高质量发展模式,本节主要研究乡村俱乐部旅游业态创新与休闲度假服务型景区高质量发展协同模式。

乡村俱乐部旅游业态创新与休闲度假服务型景区高质量发展模式在上文中已从

理论的角度分析与描述，为能够进一步且严谨、科学地研究乡村俱乐部旅游业态创新与休闲度假服务景区高质量发展的协同模式，本章对数据采用定量分析进行验证，结构方程模型作为研究方法，主要包括以下几点原因：一是由于涉及多个因变量，所以在乡村俱乐部旅游业态创新和休闲度假服务型景区高质量发展协同模式中，在进行测算时需要对多个因变量同时进行考虑；二是整个过程涉及多重因素，且不能单靠指标去衡量，同时还存在误差变量，即居民、旅游公司工作人员和游客的态度、意愿及行为等相关因素；三是在整个过程中因子成分存在复杂的从属关系，以往的因子分析方法可能难以处理分析。由此，数据验证从理论和实践角度出发采用结构方程模型来估算整个模型的拟合程度均为合理的选择。

本书专门设计了《乡村俱乐部旅游业态创新对休闲度假服务型景区高质量发展协同作用调查问卷》（简称"调查问卷"）去收集所需数据。乡村俱乐部旅游新业态、游客行为、企业发展模式、经济发展模式及休闲度假服务型景区高质量发展模式五个方面是在问卷设计中所需要重点关注的，对潜在变量进行度量时可通过观测变量的设置，提供第一手数据以便为分析乡村俱乐部旅游业态创新与休闲度假服务型景区高质量发展协同模式奠定基础。因此，问卷主要包括以下五个方面的内容：第一部分是"乡村俱乐部旅游新业态评测"；第二部分是"游客行为评测"；第三部分是"行业发展模式评测"；第四部分是"经济发展模式评测"；第五部分是"休闲度假服务型景区高质量发展模式评测"（见附录）。

首先为事先了解乡村俱乐部旅游业态创新与休闲度假服务型景区高质量发展模式的发展状况，以便后续修改增减不适宜题目，研究于 2021 年 10 月 8 日展开了预调研，以乡村俱乐部为主要调研目的地，如广西桂林漓江高尔夫乡村俱乐部，以当地居民、工作人员和游客为调研对象。由于正式调研的数据采集是在预调研基础上进行的，因此在第二阶段的正式调研开始前，对预调研的结果进行统计并修改不合适题项，正式调研时间为 2021 年 10 月至 2021 年 12 月展开，为了取得乡村俱乐部旅游业态创新与休闲度假服务型景区高质量发展协同模式的数据，在问卷设计中充分考虑到相关的内容。

5.1.2 变量度量

在进行结构方程实证分析乡村俱乐部旅游业态创新与休闲度假服务型景区高质量发展模式时，为解决关键变量的度量问题，对研究假设 HA1 ~ HA9 进行假设检验。本书中乡村俱乐部旅游新业态、休闲度假服务型景区高质量发展模式、游客行为、行业发展模式和经济发展模式为主要关键变量，为实现研究目的，通过对这 5 个关键变量进行度量，对潜在变量进行定量分析时可采用观测变量。其中，乡村俱乐部旅游新业态是被解释变量，休闲度假服务型景区高质量发展模式、游客行为、行业发展模式及经济发展是解释变量，同时给予测度。

低密度旅游业态创新——乡村俱乐部旅游新业态（Country Club，CC）为其中一个形态，目前的市场、产品、客源与它的兴起与发展紧密相关，也受到社会环境要求的影响。从这个方向出发，为市场条件（CC1）、产品类型（CC2）、客源市场（CC3）及社会环境要求（CC4）四个方面设置 8 个观测变量进行测度，见表 5 - 1。

表 5 - 1   乡村俱乐部旅游新业态（CC）指标量表

变量		具体内容
市场条件（CC1）	CC11	乡村俱乐部旅游新业态的市场定位与休闲度假服务型景区高质量发展模式的符合程度
	CC12	乡村俱乐部旅游新业态的职业差异与休闲度假服务型景区高质量发展模式的符合程度
产品类型（CC2）	CC21	乡村俱乐部旅游新业态的产品类型与休闲度假服务型景区高质量发展模式的符合程度
	CC22	乡村俱乐部旅游新业态的产品创新与休闲度假服务型景区高质量发展模式的符合程度
客源市场（CC3）	CC31	乡村俱乐部旅游新业态的游客市场规模与休闲度假服务型景区高质量发展模式的符合程度
	CC32	乡村俱乐部旅游新业态的游客市场构成与休闲度假服务型景区高质量发展模式的符合程度
社会环境（CC4）	CC41	乡村俱乐部旅游新业态的人口密度与休闲度假服务型景区高质量发展模式的符合程度
	CC42	乡村俱乐部旅游新业态的自然环境与休闲度假服务型景区高质量发展模式的符合程度

在本次研究设计中，经济发展模式（Economic Development Model，EDM）是解释变量，也是乡村俱乐部旅游新业态与休闲度假服务型景区高质量发展协同模式的重要中间变量。本章从低密度旅游与景区高质量发展两个方面出发，结合相关文献成果，为消费市场（EDM1）、消费人群（EDM2）、居民收入（EDM3）和社会经济（EDM4）四个方面设置 10 个观测变量进行测度，见表 5 - 2。

表 5 - 2   经济发展模式（EDM）指标量表

变量		具体内容
消费市场（EDM1）	EDM11	消费市场的层次与休闲度假服务型景区高质量发展模式的符合程度
	EDM12	消费市场的结构与休闲度假服务型景区高质量发展模式的符合程度
	EDM13	消费市场的市场需求特征与休闲度假服务型景区高质量发展模式的符合程度
消费人群（EDM2）	EDM21	消费人群的层次与休闲度假服务型景区高质量发展模式的符合程度
	EDM22	消费人群的结构与休闲度假服务型景区高质量发展模式的符合程度

续表

变量		具体内容
消费人群 （EDM2）	EDM21	消费人群的层次与休闲度假服务型景区高质量发展模式的符合程度
	EDM22	消费人群的结构与休闲度假服务型景区高质量发展模式的符合程度
居民收入 （EDM3）	EDM31	居民的收入分配与休闲度假服务型景区高质量发展模式的符合程度
	EDM32	居民的收入构成与休闲度假服务型景区高质量发展模式的符合程度
社会经济 （EDM4）	EDM41	社会的经济收入模式与休闲度假服务型景区高质量发展模式的符合程度
	EDM42	社会的经济发展观念与休闲度假服务型景区高质量发展模式的符合程度
	EDM43	社会的经济基础与休闲度假服务型景区高质量发展模式的符合程度

　　景区高质量问题既是促进低密度旅游业态、缓解旅游经济问题的重大手段，也是提升经济发展水平的关键所在。游客作为旅游业发展的主要因素，从某种程度上说，游客行为（Tourist Behavior，TB）是决定景区能否高质量发展的重要因素，提升游客满意度的前提在于了解游客的偏好与需求，同时结合目前市场需求，可促进乡村俱乐部的可持续发展。结合已有学者对景区高质量发展中游客行为的研究成果，本章将游客行为分为游客需求（TB1）、体验价值（TB2）、满意度（TB3）三个变量入手分析，并设置9个观测变量进行度量，见表5-3。

表5-3　　　　　　　　　　游客行为（TB）指标量表

变量		具体内容
游客需求 （TB1）	TB11	游客旅游目的地需求偏好与休闲度假服务型景区高质量发展模式的符合程度
	TB12	游客旅游产品选择与休闲度假服务型景区高质量发展模式的符合程度
	TB13	游客需求转变方向与休闲度假服务型景区高质量发展模式的符合程度
体验价值 （TB2）	TB21	游客体验价值构成与休闲度假服务型景区高质量发展模式的符合程度
	TB22	游客体验价值质量与休闲度假服务型景区高质量发展模式的符合程度
	TB23	游客体验价值拓展性与休闲度假服务型景区高质量发展模式的符合程度
满意度 （TB3）	TB31	游客满意度行为偏好与休闲度假服务型景区高质量发展模式的符合程度
	TB32	游客满意度影响因素与休闲度假服务型景区高质量发展模式的符合程度
	TB33	游客满意度现状与休闲度假服务型景区高质量发展模式的符合程度

　　行业发展模式（Industry Development Model，IDM）既是重要的解释变量，

也是研究乡村俱乐部与休闲度假服务型协同发展的重要中间变量。行业发展模式创新是低密度旅游新业态的兴起和发展的关键因素，其发展的动力源泉与专业的市场开发手段、多样化的产品类型和完善的基础商务服务设施有关。

从实际状况出发，设置 4 个观测变量对市场开发（IDM1）和基础设施（IDM2）这两个方面进行测度，见表 5 - 4。

表 5 - 4　　　　　　　　　　行业发展模式（IDM）指标量表

变量		具体内容
市场开发 （IDM1）	IDM11	行业市场开发手段多样性与休闲度假服务型景区高质量发展模式的符合程度
	IDM12	行业市场开发现状与休闲度假服务型景区高质量发展模式的符合程度
基础设施 （IDM2）	IDM31	旅游项目设施建设与休闲度假服务型景区高质量发展模式的符合程度
	IDM32	景区公共服务设施建设与休闲度假服务型景区高质量发展模式的符合程度

休闲度假服务型景区高质量发展模式（Leisure Holiday Service，LHS）是景区高质量发展的重要模式之一。结合景区高质量发展的特点和机制，设计了 8 个观测变量进行测度，分别对组织协调机制（LHS1）、企业参与机制（LHS2）、长效监督机制（LHS3）这三个方面进行测度，见表 5 - 5。

表 5 - 5　　　　　休闲度假服务型景区高质量发展模式（LHS）指标量表

变量		具体内容
组织协调机制 （LHS1）	LHS11	组织协调机制内容与休闲度假服务型景区高质量发展模式的符合程度
	LHS12	组织协调机制力度与休闲度假服务型景区高质量发展模式的符合程度
	LHS13	组织协调机制构成与休闲度假服务型景区高质量发展模式的符合程度
企业参与机制 （LHS2）	LHS21	企业参与机制力度与休闲度假服务型景区高质量发展模式的符合程度
	LHS22	企业参与机制构成与休闲度假服务型景区高质量发展模式的符合程度
	LHS23	企业参与机制内容与休闲度假服务型景区高质量发展模式的符合程度
长效监督机制 （LHS3）	LHS31	长效监督机制内容与休闲度假服务型景区高质量发展模式的符合程度
	LHS32	长效监督机制实施与休闲度假服务型景区高质量发展模式的符合程度

5.1.3　样本数据分析

本书数据为调查问卷收集所得，此次问卷共发放 300 份，回收 273 份，但在填写时出现部分居民和游客没有按照导语的要求回答问题的情况，以及漏答题的状况，由此判定一部分的问卷无效，剔除掉无效问卷后，共有251份有效问卷，即有效率为91.9%。总体来说，符合要求，可以开始进一步的实证分析。在进行实证分析之前，为获取乡村俱乐部与休闲度假服务型的协同情况，必须对调查问卷所得到的数据进行信度分析和效度分析，才能获取到准确、合理的研究结论。

描述性统计是指描述和概述整体的数据特点时通过表格图形等数据，通过平均值对数据的均衡形态进行分析，通过方差和标准差对数据的离散程度进行描述归纳。在乡村俱乐部旅游新业态与休闲度假服务型景区高质量发展协同模式的探究中，本章进行描述性统计时选用了平均值和标准差这两个指标。为了能够直接看出乡村俱乐部旅游业态创新与休闲度假服务型景区高质量发展协同模式中各个变量数据的集中程度和平均情况，反映这组数据的特征所以选用平均值，选取标准差结果，可以体现各个变量之间的离散程度。

在进行描述性统计时，以乡村俱乐部旅游新业态、经济发展模式、游客行为、行业发展模式和休闲度假服务型景区高质量发展模式五个方面为重点把握的内容，计算出每个变量的观测变量的均值和标准差，本章利用SPSS 22统计分析软件进行模式的数据计算分析，见表5-6。

表5-6 描述性统计

主要变量	潜在变量	观测变量	均值	标准差	最大值	最小值
乡村俱乐部旅游新业态（CC）	市场条件（CC1）	CC11	3.70	0.671	5	2
		CC12	3.73	0.706	5	2
	产品类型（CC2）	CC21	3.61	0.793	5	1
		CC22	3.65	0.806	5	1
	客源市场（CC3）	CC31	3.57	0.767	5	2
		CC32	3.56	0.719	5	2
	社会环境（CC4）	CC41	3.65	0.796	5	1
		CC42	3.61	0.746	5	1
经济发展模式（EDM）	消费市场（EDM1）	EDM11	3.16	0.681	5	1
		EDM12	3.26	0.698	5	2
		EDM13	3.16	0.647	5	1
	消费人群（EDM2）	EDM21	3.29	0.661	5	1
		EDM22	3.21	0.730	5	1

主要变量	潜在变量	观测变量	均值	标准差	最大值	最小值
乡村俱乐部旅游新业态（CC）	居民收入（EDM3）	EDM31	3.40	0.748	5	2
		EDM32	3.19	0.670	5	2
	社会经济（EDM4）	EDM41	3.20	0.768	5	1
		EDM42	3.16	0.733	5	1
		EDM43	3.11	0.688	5	1
游客行为（TB）	旅游需求（TB1）	TB11	3.26	0.738	5	2
		TB12	3.22	0.663	5	2
		TB13	3.02	0.668	5	1
	体验价值（TB2）	TB21	3.30	0.710	5	1
		TB22	3.07	0.716	5	1
		TB23	3.16	0.688	5	1
	满意度（TB3）	TB31	3.24	0.724	5	2
		TB32	3.11	0.686	5	1
		TB33	3.21	0.718	5	1
行业发展模式（IDM）	市场开发手段（IDM1）	IDM11	3.39	0.724	5	2
		IDM12	3.39	0.778	5	1
	基础设施（IDM2）	IDM21	3.43	0.712	5	2
		IDM22	3.32	0.700	5	2
休闲度假服务型景区高质量发展模式（LHS）	组织协调机制（LHS1）	LHS11	3.63	0.705	5	2
		LHS12	3.63	0.738	5	2
		LHS13	3.61	0.757	5	2
	企业参与机制（LHS2）	LHS21	3.63	0.727	5	2
		LHS22	3.63	0.759	5	2
		LHS23	3.71	0.712	5	2
	长效监督机制（LHS3）	LHS31	3.61	0.772	5	2
		LHS32	3.66	0.721	5	1

信度是指测量分析数据的可靠程度，信度高低由内在一致性表示。为使测量结果更有说服力的同时，也能够减少克朗巴哈信度检验过程出现问题，需对信度进行检验。

组合信度的测量模型可以表示为：

$$组合信度 = \rho_C = (\sum \lambda)^2 / [(\sum \lambda)^2 + \sum \theta]$$
$$= (\sum 因素载荷量)^2 / [(\sum 因素载荷量)^2 + \sum 测量误差变异量]$$

其中，ρ_C 为组合信度；λ 为因素载荷量，表示的是观测变量针对潜在变量的标准化参数；θ 为指标变量测量误差变异量，即 ε 变异量或 δ 变异量。

本章参考 Kline 的信度检验标准来进行信度检验，具体评判标准见表 5 - 7。

表 5 - 7　　　　　　　　　　　　　组合信度检验标准

组合信度系数值	接受程度
$\alpha \geqslant 0.90$	最佳
$\alpha \in [0.80, 0.90)$	很好
$\alpha \in [0.60, 0.80)$	适中
$\alpha < 0.50$	不可接受

从理论与实践两个角度来看，一个好的量表应同时具有足够的信度、效度和实用性。因此，为了核验调查问卷中的数据是否能够符合条件，我们不仅需要进行信度检验，还需检验效度，我们运用 SPSS 22 软件对乡村俱乐部旅游业态创新与休闲度假服务型景区高质量发展协同模式上的变量数据进行信度分析，在通过信度检验后，检验效度，得到各变量的 Cronbach's α 系数值，具体结果见表 5 - 8。

表 5 - 8　　　　　　　　　　　　　信度和效度检验结果

变量	题项	α	因子载荷		KMO 值	累计方差解释率	Bartlett's 球形检验		
							X2	df	Sig.
乡村俱乐部旅游新业态（CC）	2	0.891	CC11	0.910	0.949	76.674	1904.817	28	0.000
			CC12	0.875					
	2	0.862	CC21	0.873					
			CC22	0.856					
	2	0.853	CC31	0.856					
			CC32	0.885					
	2	0.862	CC41	0.875					
			CC42	0.874					

续表

变量	题项	α	因子载荷		KMO 值	累计方差解释率	Bartlett's 球形检验		
							X2	df	Sig.
经济发展模式（EDM）	3	0.711	EDM11	0.658	0.935	50.152	980.390	45	0.000
			EDM12	0.716					
			EDM13	0.744					
	3	0.760	EDM21	0.756					
			EDM22	0.817					
	2	0.449	EDM31	0.602					
			EDM32	0.684					
	3	0.697	EDM41	0.653					
			EDM42	0.750					
			EDM43	0.676					
游客行为（TB）	3	0.675	TB11	0.708	0.904	45.391	654.648	36	0.000
			TB12	0.658					
			TB13	0.685					
	3	0.632	TB21	0.636					
			TB22	0.654					
			TB23	0.681					
	3	0.676	TB31	0.712					
			TB32	0.653					
			TB33	0.672					
行业发展模式（IDM）	2	0.759	IDM11	0.806	0.808	69.129	419.595	6	0.000
			IDM12	0.862					
	2	0.746	IDM21	0.816					
			IDM22	0.840					
休闲度假服务型景区高质量发展模式（LHS）	3	0.848	LHS11	0.827	0.950	68.914	1390.068	28	0.000
			LHS12	0.826					
			LHS13	0.835					

变量	题项	α	因子载荷		KMO 值	累计方差解释率	Bartlett's 球形检验		
							X2	df	Sig.
休闲度假服务型景区高质量发展模式（LHS）	3	0.850	LHS21	0.817	0.950	68.914	1390.068	28	0.000
			LHS22	0.843					
			LHS23	0.834					
	2	0.781	LHS31	0.848					
			LHS32	0.811					

由表 5-8 所示的检验结果可知，大于 0.6 的 Cronbach's α 系数值超过 87%，表明量表的数据具有较高的信度，均为可接受范围；各观测变量的因子载荷均大于 0.6，KMO 值也在 0.80 以上，Bartlett's 球形检验显著性水平均为 0.000，均通过显著性检验，说明该量表具有良好的效度。综合以上结果可知，本书所采用的问卷数据具备反映测量变量真实架构的能力，说明该问卷的数据是符合要求的。

5.1.4　结构方程模型

根据结构方程模型的一般构建步骤，结合乡村俱乐部旅游业态创新与休闲度假服务型景区高质量发展协同模式的变量特点与模型选取，实际操作步骤如下：一是构建初始结构方程模型，并设置误差变量；二是估计参数数据，确定模型的拟合度；三是修整模型，对不符合条件或不显著的路径进行调整或重建模型，检查模型中的各个数值，如标准差、残差值及拟合指数等，最终才能确定结构方程模型。

在乡村俱乐部旅游业态创新与休闲度假服务型景区高质量发展协同模式研究中，根据变量特征来构建模型。在乡村俱乐部旅游业态创新与休闲度假服务型景区高质量发展协同模式的理论模型中，乡村俱乐部旅游新业态、经济发展模式、游客行为、企业发展模式和休闲度假服务型景区高质量发展模式这五个因素都是无法直接观测到的潜在变量，这五个变量二级指标也是潜在变量。将乡村俱乐部旅游业态创新与休闲度假服务型景区高质量发展协同作用中的各个变量在确定变量的性质特征后进行分类，内生变量为乡村俱乐部旅游新业态，中间变量为游客行为、经济发展模式和企业发展模式，外生变量为休闲度假服务型景区高质量发展模式。建立乡村俱乐部旅游业态创新与休闲度假服务型景区高质量发展协同的初始结构方程模型，并用箭头来表示变量间的因果关系，如图 5-1 所示。

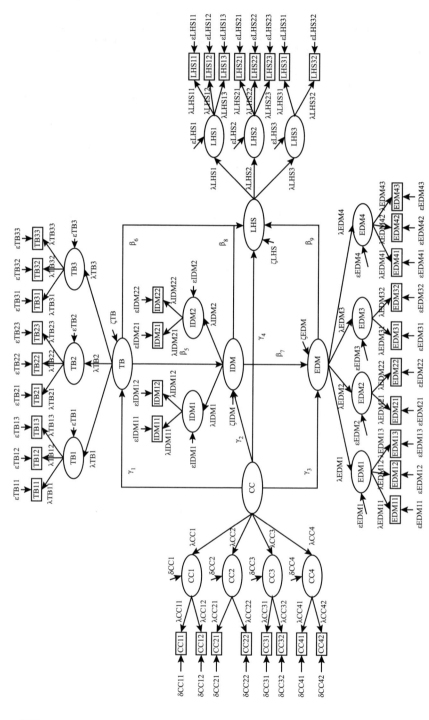

图 5 - 1 乡村俱乐部旅游业态创新与休闲度假型景区高质量发展协同模式的初始结构方程模型

由图5-1可以看到，乡村俱乐部旅游业态创新与休闲度假服务型景区高质量发展协同模式的初始结构方程中存在外生显变量8项，内在显变量31项，外生潜变量4项，内在潜变量12项。具体有以下几项：外生显变量共有8项：CC11-12、CC21-22、CC31-32、CC41-42。

内生显变量共有31项：EDM11-13、EDM21-22、EDM31-32、EDM41-43、TB11-13、TB21-23、TB31-33、IDM11-12、IDM21-22、LHS11-13、LHS21-23、LHS31-32。

外生潜变量有4项：CC1-4。

内在潜变量有12项：EDM1-4、TB1-3、IDM1-2、LHS1-3。

结构方程模型可分为测量模型和结构模型，具体由以上观测变量和潜变量所组成，构建出两个模型。

根据测量模型的一般形式：

$$\begin{cases} X = \Lambda_X \xi + \delta \\ Y = \Lambda_Y \eta + \varepsilon \end{cases}$$

其中，外生显变量用X表示，内生显变量用Y表示，外生潜变量用ξ表示，表示内生潜变量用η表示，显变量的误差项ε与δ表示。

在验证数据时，为便于观测变量建立结构方程式需设置相关的变量。根据所建立的初始结构方程模型中的有关内容，外生潜变量是乡村俱乐部旅游新业态、市场条件、产品类型、客源市场、社会环境（CC、CC1-4），分别表示为ζ_{CC}、ζ_{CC1}、ζ_{CC2}、ζ_{CC3}、ζ_{CC4}。内生潜变量是经济发展模式、消费市场、消费人、居民收入、社会经济、游客行为、旅游需求、体验价值、满意度、行业发展模式、市场开发手段、基础设施、休闲度假服务型、组织协调机制、企业参与机制、长效监督机制（EDM、EDM1-4、TB、TB1-3、IDM、IDM1-2、LHS、LHS1-3），分别用η_{EDM}、η_{EDM1}、η_{EDM2}、η_{EDM3}、η_{EDM4}、η_{TB}、η_{TB1}、η_{TB2}、η_{TB3}、η_{IDM}、η_{IDM1}、η_{IDM2}、η_{LHS}、η_{LHS1}、η_{LHS2}、η_{LHS3}来表示。由此，所建立的乡村俱乐部旅游业态创新与休闲度假服务型景区高质量发展协同模式的观测模型方程式如下所示：

$$X_{CC1} = \lambda_{CC1}\xi_{CC} + \delta_{CC1}, \quad X_{CC2} = \lambda_{CC2}\xi_{CC} + \delta_{CC2}, \quad X_{CC3} = \lambda_{CC3}\xi_{CC} + \delta_{CC3},$$

$$X_{CC4} = \lambda_{CC4}\xi_{CC4} + \delta_{CC4},$$

$$X_{CC11} = \lambda_{CC11}\xi_{CC1} + \delta_{CC11}, \quad X_{CC12} = \lambda_{CC12}\xi_{CC1} + \delta_{CC12},$$

$$X_{CC21} = \lambda_{CC21}\xi_{CC2} + \delta_{CC21}, \quad X_{CC22} = \lambda_{CC22}\xi_{CC2} + \delta_{CC22},$$

$$X_{CC31} = \lambda_{CC31}\xi_{CC3} + \delta_{CC31}, \quad X_{CC32} = \lambda_{CC32}\xi_{CC3} + \delta_{CC32},$$

$$X_{CC41} = \lambda_{CC41}\xi_{CC4} + \delta_{CC41}, \quad X_{CC42} = \lambda_{CC42}\xi_{CC4} + \delta_{CC42},$$

$$Y_{EDM1} = \lambda_{EDM1}\eta_{EDM} + \varepsilon_{EDM1}, \quad Y_{EDM2} = \lambda_{EDM2}\eta_{EDM} + \varepsilon_{EDM2}, \quad Y_{EDM3} = \lambda_{EDM3}\eta_{EDM} + \varepsilon_{EDM3},$$

$$Y_{EDM4} = \lambda_{EDM4}\eta_{EDM} + \varepsilon_{EDM4},$$

$$Y_{EDM11} = \lambda_{EDM11}\eta_{EDM1} + \varepsilon_{EDM11}, \quad Y_{EDM12} = \lambda_{EDM12}\eta_{EDM1} + \varepsilon_{EDM12},$$

$$Y_{EDM13} = \lambda_{EDM13}\eta_{EDM1} + \varepsilon_{EDM13},$$

$$Y_{EDM21} = \lambda_{EDM21}\eta_{EDM2} + \varepsilon_{EDM21}, \quad Y_{EDM22} = \lambda_{EDM22}\eta_{EDM2} + \varepsilon_{EDM22},$$

$$Y_{EDM31} = \lambda_{EDM31}\eta_{EDM3} + \varepsilon_{EDM31}, \quad Y_{EDM32} = \lambda_{EDM32}\eta_{EDM3} + \varepsilon_{EDM32},$$

$$Y_{EDM33} = \lambda_{EDM33}\eta_{EDM3} + \varepsilon_{EDM33},$$

$$Y_{EDM41} = \lambda_{EDM41}\eta_{EDM4} + \varepsilon_{EDM41}, \quad Y_{EDM42} = \lambda_{EDM42}\eta_{EDM4} + \varepsilon_{EDM42},$$

$$Y_{EDM43} = \lambda_{EDM43}\eta_{EDM4} + \varepsilon_{EDM43},$$

$$Y_{TB1} = \lambda_{TB1}\eta_{TB} + \varepsilon_{TB1}, \quad Y_{TB2} = \lambda_{TB2}\eta_{TB} + \varepsilon_{TB2}, \quad Y_{TB3} = \lambda_{TB3}\eta_{TB} + \varepsilon_{TB3},$$

$$Y_{TB11} = \lambda_{TB11}\eta_{TB1} + \varepsilon_{TB11}, \quad Y_{TB12} = \lambda_{TB12}\eta_{TB1} + \varepsilon_{TB12}, \quad Y_{TB13} = \lambda_{TB13}\eta_{TB1} + \varepsilon_{TB13},$$

$$Y_{TB21} = \lambda_{TB21}\eta_{TB2} + \varepsilon_{TB2}, \quad Y_{TB22} = \lambda_{TB22}\eta_{TB2} + \varepsilon_{TB22}, \quad Y_{TB23} = \lambda_{TB23}\eta_{TB2} + \varepsilon_{TB23},$$

$$Y_{TB31} = \lambda_{TB31}\eta_{TB3} + \varepsilon_{TB31}, \quad Y_{TB32} = \lambda_{TB32}\eta_{TB3} + \varepsilon_{TB32}, \quad Y_{TB33} = \lambda_{TB33}\eta_{TB3} + \varepsilon_{TB33},$$

$$Y_{IDM1} = \lambda_{IDM1}\eta_{IDM} + \varepsilon_{IDM1}, \quad Y_{IDM2} = \lambda_{IDM2}\eta_{IDM} + \varepsilon_{IDM2},$$

$$Y_{IDM11} = \lambda_{IDM11}\eta_{IDM1} + \varepsilon_{IDM11}, \quad Y_{IDM12} = \lambda_{IDM12}\eta_{IDM1} + \varepsilon_{IDM12},$$

$$Y_{IDM21} = \lambda_{IDM21}\eta_{IDM2} + \varepsilon_{IDM21}, \quad Y_{IDM22} = \lambda_{IDM22}\eta_{IDM2} + \varepsilon_{IDM22},$$

$$Y_{LHS1} = \lambda_{LHS1}\eta_{LHS} + \varepsilon_{LHS1}, \quad Y_{LHS2} = \lambda_{LHS2}\eta_{LHS} + \varepsilon_{LHS2}, \quad Y_{LHS3} = \lambda_{LHS3}\eta_{LHS} + \varepsilon_{LHS3},$$

$$Y_{LHS11} = \lambda_{LHS11}\eta_{LHS1} + \varepsilon_{LHS11}, \quad Y_{LHS12} = \lambda_{LHS12}\eta_{LHS1} + \varepsilon_{LHS12}, \quad Y_{LHS13} = \lambda_{LHS13}\eta_{LHS1} + \varepsilon_{LHS13},$$

$$Y_{LHS21} = \lambda_{LHS21}\eta_{LHS2} + \varepsilon_{LHS21}, \quad Y_{LHS22} = \lambda_{LHS22}\eta_{LHS2} + \varepsilon_{LHS22}, \quad Y_{LHS23} = \lambda_{LHS23}\eta_{LHS2} + \varepsilon_{LHS23},$$

$$Y_{LHS31} = \lambda_{LHS31}\eta_{LHS3} + \varepsilon_{LHS31}, \quad Y_{LHS32} = \lambda_{LHS32}\eta_{LHS3} + \varepsilon_{LHS32}$$

在建立出观测模型方程式的基础上，结构模型的一般形式为：

$$\eta = \beta\eta + \Gamma\xi + \zeta$$

其中，内生潜变量用 η 表示，内生潜变量之间的关系系数用 β 表示，内生潜变量被外生潜变量影响的系数用 Γ 表示，外生潜变量用 ξ 表示，残差项用 ζ 表示。

在乡村俱乐部旅游业态创新与休闲度假服务型景区高质量发展协同模式的结构方程实证检验中，依据研究假设与概念模型，用 γ_1、γ_2、γ_3、γ_4 来表示乡村俱乐部旅游新业态对经济发展模式、游客行为、企业发展模式、休闲度假服务型景区高质量发展模式的作用路径。用 β_5、β_6 来表示游客行为对企业发展模式与休闲度假服务型景区高质量发展模式的作用路径，用 β_7、β_8 来表示企业发展模式对经济发展模式与休闲度假服务型景区高质量发展模式的作用路径，β_9 可表示经济发展模式对休闲度假服务型景区高质量发展模式的作用路径。建立结构模型的方程公式表达如下：

$$\begin{cases} \eta_{TB} = \gamma_1\xi_{CC} + \zeta_{TB} \\ \eta_{IDM} = \gamma_2\xi_{CC} + \beta_5\eta_{TB} + \zeta_{IDM} \\ \eta_{EDM} = \gamma_3\xi_{CC} + \beta_7\eta_{TB} + \zeta_{EDM} \\ \eta_{LHS} = \gamma_4\xi_{CC} + \beta_6\eta_{TB} + \beta_8\eta_{IDM} + \beta_9\eta_{EDM} + \zeta_{LHS} \end{cases}$$

建立测量模型和结构模型后，还需检验拟合度、参数及决定系数等是否合适，本章选用了八种较常用的检测方法对上述指标进行检验，判断初始模型是否符合现实。分别为：一是 CMIN\DF，即卡方与自由度的比值，用于检验因果路径的拟合度，通常认为小于3.0，适配度较好；二是比较适配指标 CFI，测度非集中参数的改善状况；三是递增拟合指数 IFI，用于测量模型适配度；四是 TLI，即非规范适配指标，用于修正模型的适配度；五是调整后的适配度指标 AGFI，用于修正适配度指标（GFI），规范的可接受度为大于0.80；六是简约调整规范适配指标 PNFI，可测度模型的精简度。七是近似误差的均方根 RMSEA，临界取值低于0.08。八是 RMR，即误差均方和平方根，RMR 值应低于0.05。

在 AMOS 中导入上文的初始结构方程模型，运行后可获得乡村俱乐部与休闲度假服务型景区高质量发展协同模式的拟合指标值，见表5-9。

表5-9　　　　　　　　　　初始结构方程模型适配度检验结果

拟合指标	CMIN\DF	CFI	IFI	TLI	AGFI	PNFI	RMSEA	RMR
观测值	1.459	0.951	0.951	0.946	0.818	0.786	0.0428	0.022
拟合标准	<3.00	>0.90	>0.90	>0.90	>0.80	>0.50	<0.08	<0.05

由表 5 - 9 可知，各项拟合指标检验数值均已达标，也说明了上文所建立的初始结构方程模型与调查问卷所得的数据进行了很好的拟合。因此，下一步估计可测度初始结构方程中各路径系数，见表 5 - 10。

表 5 - 10 　　　　　　　　　　　　初始结构方程路径估计

路径	模型路径	路径系数	S. E.	C. R.	P
γ_1	CC→TB	0. 589	0. 063	9. 331	***
γ_2	CC→IDM	0. 243	0. 073	3. 333	***
γ_3	CC→EDM	0. 311	0. 055	5. 663	***
β_4	CC→LHS	0. 305	0. 082	3. 701	***
β_5	TB→IDM	0. 643	0. 109	5. 884	***
β_6	TB→LHS	0. 198	0. 117	1. 681	0. 093
β_7	IDM→EDM	0. 458	0. 073	6. 320	***
β_8	IDM→LHS	0. 306	0. 138	2. 223	0. 026
β_9	EDM→LHS	0. 117	0. 146	0. 805	0. 421

注：*** 表示 $p < 0.01$。

由表 5 - 10 可以看出，在乡村俱乐部旅游业态创新与休闲度假服务型景区高质量发展模式的初始结构方程模型路径估计结果中，乡村俱乐部旅游业态创新与休闲度假服务型景区高质量协同发展所搭建的初始结构方程存在一定的误差，虽然构建思路基本正确，但还需进行一定的调整。因此，通过删除经济发展模式对休闲度假服务型景区高质量发展模式的直接作用关系路径，即 EDM→LHS，以此调整模型，见图 5 - 2。

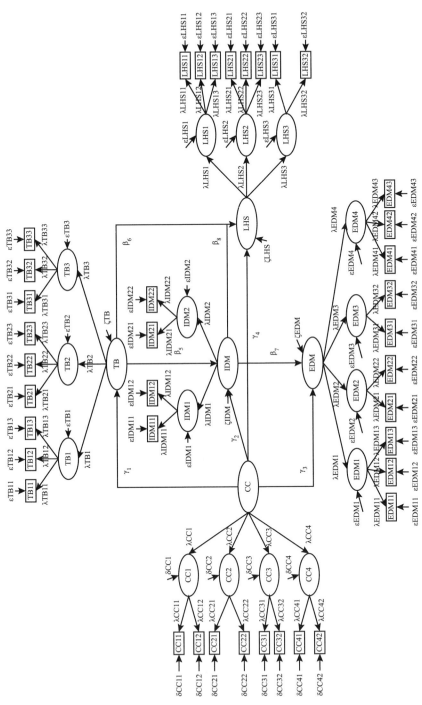

图 5－2　调整后的乡村俱乐部旅游业态创新与休闲度假服务型景区高质量发展协同结构方程模型

图 5-2 为调整后的结构方程模型，将其导入 AMOS 中再次进行检验，见表 5-11。

表 5-11 调整后结构方程模型适配度检验结果

拟合指标	CMIN\DF	CFI	IFI	TLI	AGFI	PNFI	RMSEA	RMR
观测值	1.458	0.951	0.951	0.946	0.818	0.787	0.043	0.022
拟合标准	<3.00	>0.90	>0.90	>0.90	>0.80	>0.50	<0.08	<0.05

在拟合度检测的基础上，再次将建立调整后的结构方程模型放入 AMOS 中进行路径估算，其结果见表 5-12。

表 5-12 调整后的结构方程路径估计

路径	模型路径	非标准化路径系数	标准化路径系数	S.E.	C.R.	P
γ_1	CC→TB	0.589	0.718	0.063	9.33	***
γ_2	CC→IDM	0.243	0.275	0.073	3.340	***
γ_3	CC→EDM	0.307	0.404	0.055	5.603	***
β_4	CC→LHS	0.335	0.357	0.071	4.697	***
β_5	TB→IDM	0.642	0.596	0.109	5.892	***
β_6	TB→LHS	0.198	0.173	0.117	1.688	0.091
β_7	IDM→EDM	0.466	0.542	0.073	6.414	***
β_8	IDM→LHS	0.371	0.350	0.109	3.414	***

注：*** 表示 $p<0.01$。

由表 5-12 可知，调整后的结构方程模型可以通过显著性检测，因为其中各路径大多数达到 0.01 的显著性水平，并且各路径系数的数值分布在 -1~1，由此可判定调整后的结构方程模型为最终的结构方程模型，见图 5-3。

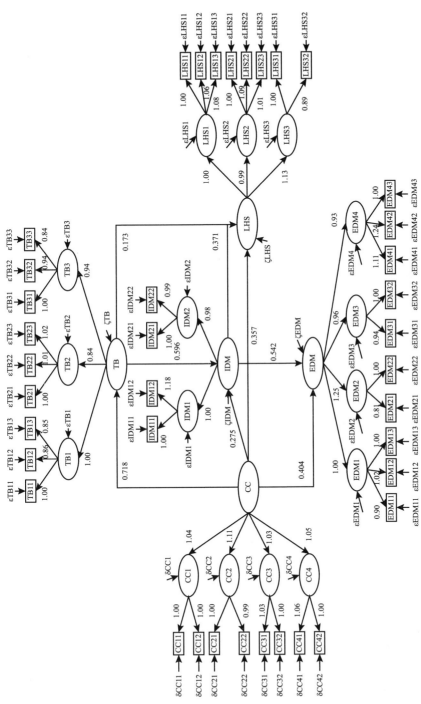

图 5 - 3　最终的乡村俱乐部旅游业态创新与休闲度假服务型景区高质量发展协同模式的结构方程模型

5.1.5 结果讨论

通过运用以上结构方程实证结果，并结合上文的研究假设与概念模型，对乡村俱乐部旅游业态创新与休闲度假服务型景区高质量协同发展作用假设验证和路径系数进行了总结归纳。详情如下。

乡村俱乐部旅游新业态到游客行为这一路径中的 $p < 0.01$，即该路径显著，其标准化路径系数为 0.718，由此说明，原假设 HA1 得到验证，"乡村俱乐部旅游新业态对游客行为具有显著的直接正向作用"的假设成立。

乡村俱乐部旅游新业态到行业发展模式这一路径中的 $p < 0.01$，即该路径显著，其标准化路径系数为 0.275，由此说明，原假设 HA2 成立。

乡村俱乐部旅游新业态到经济发展模式这一路径中的 $p < 0.01$，即该路径显著，其标准化路径系数为 0.404，由此说明，原假设 HA3 成立。

乡村俱乐部旅游新业态到休闲度假服务型景区高质量发展模式这一路径中的 $p < 0.01$，即该路径显著，其标准化路径系数为 0.357，由此说明，原假设 HA4 成立。

游客行为到行业发展模式这一路径中的 $p < 0.01$，即该路径显著，其标准化路径系数为 0.596，由此说明，原假设 HA5 成立。

游客行为到休闲度假服务型景区高质量发展模式这一路径中的 p 值为 0.091，在 1% 的水平显著，即该路径显著，其标准化路径系数为 0.173，由此说明，原假设 HA6 成立。

行业发展模式到经济发展模式这一路径中的 $p < 0.01$，即该路径显著，其标准化路径系数为 0.542，由此说明，原假设 HA7 成立。

行业发展模式到休闲度假服务型景区高质量发展模式这一路径中的 $p < 0.01$，即该路径显著，其标准化路径系数为 0.350，由此说明，原假设 HA8 成立。

经济发展模式到休闲度假服务型景区高质量发展模式这一路径中的 p 为 0.421，即该路径不显著，应被删除，由此说明，原假设 HA9 不成立。

从乡村俱乐部旅游业态创新与休闲度假服务型景区高质量协同发展的结构方程实证方程结果中可以看出，删除经济发展模式到休闲度假服务型景区高质量发展模式的这一直接作用路径，有两个原因：一是乡村俱乐部旅游新业态的环境维护水平较低，建立休闲度假服务型景区高质量发展模式具有较大的困难，同时相关的基础设施设备不够完善；二是经济市场的发展调剂非常需要大众市场的支持，没有足够大的市场支撑，休闲度假服务型景区高质量发展模式难以建设。

从最终的结构方程模型可知，乡村俱乐部旅游新业态到游客行为与游客行为到行业发展模式的直接路径系数分别为0.718、0.596，相对较高。由此，企业和游客行为影响着乡村俱乐部旅游新业态与休闲度假服务型景区高质量发展，更深入分析可知，市场、人群、游客收入及游客需求等都为关键变量，影响着乡村俱乐部与景区高质量发展，对低密度旅游业态创新与景区高质量发展都有着重要的影响作用，是研究中需要重视的变量，同时也是实际操作中非常关键的因素。

在乡村俱乐部旅游业态创新对休闲度假服务型景区高质量发展协同模式的实证结果中，乡村俱乐部旅游新业态到游客行为的标准化路径系数最高，说明了在实现乡村俱乐部旅游业态创新与休闲度假服务型景区高质量协同发展时游客行为有着重要作用。在实际的执行中，充分了解游客和居民的意愿，居民收入问题得到充分重视是推动乡村俱乐部旅游经济发展的关键。为了进一步探索游客行为与景区高质量发展之间的相互联系，在真正实施措施时，可从游客与居民两个方面入手研究。

针对以上研究结果，可推出：一是低密度旅游业态创新的重要类型之一的乡村俱乐部旅游新业态与景区高质量发展具有高度联系，在未来的景区高质量发展中，既要充分重视乡村俱乐部旅游新业态在旅游业中的拉动作用，也要重视与景区高质量发展相协同。二是游客行为、行业发展模式和经济发展模式都影响低密度旅游业态创新与景区高质量发展，要把重点放在提升行业发展模式、促进游客行为和激发经济发展模式上来。

5.2　企业会奖旅游业态创新与休闲度假服务型景区高质量发展协同模式数据验证

5.2.1　研究设计

企业会奖旅游业态创新与休闲度假服务型景区高质量发展模式在上文中已从理论的角度分析与描述，为能够进一步严谨且科学地研究企业会奖旅游业态创新与休闲度假服务型景区高质量发展的协同模式，对数据采用定量分析进行验证，结构方程模型作为研究方法。专门设计了《企业会奖旅游业态创新与休闲度假服务型景区高质量发展协同作用调查问卷》（简称"调查问卷"）去收集所需数据。企业会奖旅游新业态、游客经济结构、旅游行为、企业发展模式及休闲度假服务型景区高质量发展模式五个方面是在问卷设计中所需要重点关注的，对潜在变量进行度量时可通过观测变量的设置，提供第一手数据以便为分析乡村俱乐部旅游业态创新与休闲度假服务型景区高质量发展协同模式奠定基础。因此，问卷主要包括以下五个方面的内容：第一部分是"企业会奖旅游业态创新评测"，第二部分是"游客经济结构评测"，第三部分是"旅游行为评测"，第四部分是"企业发展模式评测"，第五部分是"休闲度假服务型景区高质量发展模式评测"（见附录）。

首先为事先了解的企业会奖旅游业态创新与休闲度假服务型景区高质量发展模式的发展状况，以便后续修改增减不适宜题目，于2021年10月20日展开了预调研，以企业会奖旅游为主要调研目的地，如浙江乌镇互联网国际会展中心，其中当地居民、工作人员和游客为调研对象。由于正式调研的数据采集是在预调研基础上进行的，因此在第二阶段的正式调研开始前，对预调研的结果进行统计并修改不合适题项，正式调研时间为2021年10月至2021年12月展开，为了取得企业会奖旅游业态创新与休闲度假服务型景区高质量发展协同模式的数据，在问卷设计中充分考虑到相关的内容。

5.2.2　变量度量

在进行结构方程实证分析会奖旅游业态创新与休闲度假服务型景区高质量发展模式时，为解决关键变量的度量问题，对研究假设HB1～HB9进行假设检验。本书中企业会奖旅游新业态、休闲度假服务型景区高质量发展模式、旅游经济、游客行为和企业发展模式为主要关键变量，为实现研究目的，通过对这5个关键变量进行度量，对潜在变量进行定量分析时可采用观测变量。其中，企业会奖旅游业态创新是被解释变量，休闲度假服务型景区高质量发展模式、旅游经济、游客行为和企业发展模式是解释变量，同时给予测度。

低密度旅游业态创新——企业会奖旅游新业态（Corporate Travel Awards，CTA）为其中一个形态，企业会奖旅游新业态的兴起和发展不仅受到当地的市场、产品、客源的影响，也受到社会环境要求的影响。从这个角度出发，设置8个观测变量对市场条件（CTA1）、产品类型（CTA2）、客源市场（CTA3）及社会环境（CTA4）四个方面进行测度，见表5-13。

表5-13　　　　　企业会奖旅游新业态（CTA）指标量表

变量		具体内容
市场条件（CTA1）	CTA11	企业会奖旅游新业态的市场定位与休闲度假服务型的符合程度
	CTA12	企业会奖旅游新业态的职业差异与休闲度假服务型的符合程度

续表

变量		具体内容
产品类型（CTA2）	CTA21	企业会奖旅游新业态的产品类型与休闲度假服务型的符合程度
	CTA22	企业会奖旅游新业态的产品创新与休闲度假服务型的符合程度
客源市场（CTA3）	CTA31	企业会奖旅游新业态的游客市场规模与休闲度假服务型的符合程度
	CTA32	企业会奖旅游新业态的游客市场构成与休闲度假服务型的符合程度
社会环境（CTA4）	CTA41	企业会奖旅游新业态的人口密度与休闲度假服务型的符合程度
	CTA42	企业会奖旅游新业态的自然环境与休闲度假服务型的符合程度

　　旅游经济结构（Tourism Economic Structure，TES）不仅是研究设计中重要的解释变量，也是企业会奖旅游业态创新与休闲度假服务型景区高质量发展协同的重要的中间变量。本章从低密度旅游与景区高质量发展两个方面出发，联系相关文献的成果，设置 10 个观测变量对消费市场（TES1）、消费人群（TES2）、居民收入（TES3）和可持续能力（TES4）四个方面进行测度，见表 5 – 14。

表 5 – 14　　　　　　　　　　旅游经济结构（TES）指标量表

变量		具体内容
消费市场（TES1）	TES11	消费市场的层次与休闲度假服务型的符合程度
	TES12	消费市场的结构与休闲度假服务型的符合程度
	TES13	消费市场的市场需求特征与休闲度假服务型的要求程度
消费人群（TES2）	TES21	消费人群的层次与休闲度假服务型的符合程度
	TES22	消费人群的结构与休闲度假服务型的符合程度
居民收入（TES3）	TES31	居民的收入分配与休闲度假服务型的符合程度
	TES32	居民的收入构成与休闲度假服务型的符合程度
可持续能力（TES4）	TES41	旅游经济可持续发展规划状况与休闲度假服务型的符合程度
	TES42	旅游经济可持续结构成分与休闲度假服务型的符合程度
	TES43	旅游产业可持续发展与休闲度假服务型的符合程度

　　景区高质量发展的问题不仅是解决游客旅游需求、缓解旅游发展问题的重要举措，也是促进旅游经济发展的重中之重。游客是真正拉动旅游经济及区域经济发展的强大动力。从某种程度上讲，游客行为（Tourist Behavior，TB）是决定了景区高质量发展与否的重要因素，没有吸引到游客前来，再高再低都较难发展。结合现有文献对景区高质量发展中游客行为的研究成果，游客行为从游客偏好、游客满意

度、体验价值等三方面来搭建。本章将游客行为分为游客需求（TB1）、体验价值（TB2）和满意度（TB3）三个变量，设置 9 个观测变量进行度量，见表 5 – 15。

表 5 – 15　　　　　　　　游客行为（TB）指标量表

变量		具体内容
游客需求（TB1）	TB11	游客旅游目的地需求偏好与休闲度假服务型的符合程度
	TB12	游客旅游产品选择与休闲度假服务型的符合程度
	TB13	游客需求转变方向与休闲度假服务型的符合程度
体验价值（TB2）	TB21	游客体验价值构成与休闲度假服务型的符合程度
	TB22	游客体验价值质量与休闲度假服务型的符合程度
	TB23	游客体验价值拓展性与休闲度假服务型的符合程度
满意度（TB3）	TB31	游客满意度行为偏好与休闲度假服务型的符合程度
	TB32	游客满意度影响因素与休闲度假服务型的符合程度
	TB33	游客满意度现状与休闲度假服务型的符合程度

企业发展模式（Enterprise Development Model，EDM）这一解释变量既跟低密度旅游创新业态形式有关，也与旅游经济正向发展紧密相关。在已有的学者研究成果中，研究从实际状况出发，将对景区高质量发展（EDM1）和商务配套设施（EDM2）两个方面进行变量度量，设置 4 个观测变量进行测度，见表 5 – 16。

表 5 – 16　　　　　　　　企业发展模式（EDM）指标量表

变量		具体内容
景区高质量发展（EDM1）	EDM11	景区高质量开发手段多样性与休闲度假服务型的符合程度
	EDM12	景区高质量发展现状与休闲度假服务型的符合程度
商务配套设施（EDM2）	EDM21	商务旅游项目设施建设与休闲度假服务型的符合程度
	EDM22	商务公共服务设施建设与休闲度假服务型的符合程度

休闲度假服务型（Leisure Holiday Service，LHS）是景区高质量发展的重要模式之一。结合景区高质量发展的特点和机制，设计了 8 个观测变量进行测度，分别对组织协调机制（LHS1）、农户参与机制（LHS2）、长效监督机制（LHS3）这三个方面进行测度，具体见表 5 – 17。

表 5 - 17   休闲度假服务型（LHS）指标量表

变量		具体内容
组织协调机制 （LHS1）	LHS11	组织协调机制内容与休闲度假服务型的符合程度
	LHS12	组织协调机制力度与休闲度假服务型的符合程度
	LHS13	组织协调机制构成与休闲度假服务型的符合程度
农户参与机制 （LHS2）	LHS21	农户参与机制力度与休闲度假服务型的符合程度
	LHS22	农户参与机制构成与休闲度假服务型的符合程度
	LHS23	农户参与机制内容与休闲度假服务型的符合程度
长效监督机制 （LHS3）	LHS31	长效监督机制内容与休闲度假服务型的符合程度
	LHS32	长效监督机制实施与休闲度假服务型的符合程度

5.2.3 样本数据分析

与乡村俱乐部旅游业态创新与休闲度假服务型景区高质量发展模式几乎一致，分析所用数据为调查问卷收集所得的第一手资料。此次问卷共发放 300 份，回收 272 份，但在填写时出现部分居民和游客没有按照导语的要求回答问题的情况，以及漏答题的状况，由此判定一部分的问卷无效，剔除掉无效问卷后，共有 248 份有效问卷，即有效率为 91.2%。总体来说，符合要求，可以开始进一步的实证分析。在进行实证分析之前，为获取企业会奖旅游业态创新与休闲度假服务型景区高质量发展模式的协同情况，必须对调查问卷所得到的数据进行信度分析和效度分析，才能获取到准确、合理的研究结论。

在进行描述性统计时，以企业会奖旅游新业态、旅游经济结构、游客行为、企业发展模式和休闲度假服务型景区高质量发展模式五个方面为重点把握的内容，计算出每个变量的观测变量的均值和标准差，本章利用 SPSS 22 统计分析软件进行模型的数据计算分析，见表 5 - 18。

表 5 - 18   描述性统计

主要变量	潜在变量	观测变量	均值	标准差	最大值	最小值
企业会奖旅游新业态 （CTA）	市场条件（CTA1）	CTA11	3.69	0.674	5	2
		CTA12	3.74	0.713	5	2
	产品类型（CTA2）	CTA21	3.61	0.796	5	1
		CTA22	3.62	0.809	5	1

主要变量	潜在变量	观测变量	均值	标准差	最大值	最小值
企业会奖旅游新业态（CTA）	客源市场（CTA3）	CTA31	3.57	0.775	5	2
		CTA32	3.56	0.722	5	2
	社会环境（CTA4）	CTA41	3.65	0.799	5	1
		CTA42	3.61	0.749	5	1
旅游经济结构（TES）	消费市场（TES1）	TES11	3.17	0.685	5	1
		TES12	3.25	0.698	5	2
		TES13	3.16	0.650	5	1
	消费人群（TES2）	TES21	3.29	0.665	5	1
		TES22	3.21	0.740	5	1
	居民收入（TES3）	TES31	3.41	0.751	5	2
		TES32	3.19	0.682	5	2
	可持续能力（TES4）	TES41	3.18	0.773	5	1
		TES42	3.17	0.747	5	1
		TES43	3.11	0.692	5	1
游客行为（TB）	游客偏好（TB1）	TB11	3.26	0.740	5	2
		TB12	3.21	0.665	5	2
		TB13	3.01	0.669	5	1
	体验价值（TB2）	TB21	3.30	0.713	5	1
		TB22	3.08	0.711	5	1
		TB23	3.15	0.690	5	1
	游客满意度（TB3）	TB31	3.24	0.728	5	2
		TB32	3.10	0.685	5	1
		TB33	3.20	0.718	5	1
企业发展模（EDM）	景区高质量发展（EDM1）	EDM11	3.40	0.722	5	2
		EDM12	3.40	0.776	5	1
	商务配套设施（EDM2）	EDM21	3.43	0.715	5	2
		EDM22	3.32	0.702	5	2

主要变量	潜在变量	观测变量	均值	标准差	最大值	最小值
休闲度假服务型（LHS）	组织协调机制（LHS1）	LHS11	3.62	0.708	5	2
		LHS12	3.63	0.740	5	2
		LHS13	3.60	0.760	5	2
	农户参与机制（LHS2）	LHS21	3.63	0.730	5	2
		LHS22	3.63	0.761	5	2
		LHS23	3.71	0.715	5	2
	长效监督机制（LHS3）	LHS31	3.61	0.775	5	2
		LHS32	3.66	0.723	5	1

从理论与实践两个角度来看，一个好的量表应同时具有足够的信度、效度和实用性。因此，为了核验调查问卷中的数据是否能够符合条件，不仅需要进行信度检验，还需检验效度，运用 SPSS 22 软件对企业会奖旅游业态创新与休闲度假服务型景区高质量发展协同模式上的变量数据进行信度分析，在通过信度检验后，检验效度，得到各变量的 Cronbach's α 系数值，统计结果见表 5 - 19。

表 5 - 19　　　　　　　　　　信度和效度检验结果

变量	题项	α	因子载荷		KMO 值	累计方差解释率	Bartlett's 球形检验		
							X2	f	Sig.
企业会奖旅游新业态（CTA）	2	0.882	CTA11	0.910	0.952	76.120	1841.446	28	0.000
			CTA12	0.861					
	2	0.842	CTA21	0.874					
			CTA22	0.834					
	2	0.854	CTA31	0.858					
			CTA32	0.890					
	2	0.865	CTA41	0.876					
			CTA42	0.874					

续表

变量	题项	α	因子载荷		KMO 值	累计方差解释率	Bartlett's 球形检验		
							X2	f	Sig.
旅游经济结构（TES）	3	0.714	TES11	0.660	0.932	49.908	965.074	45	0.000
			TES12	0.713					
			TES13	0.743					
	2	0.768	TES21	0.758					
			TES22	0.822					
	2	0.440	TES31	0.604					
			TES32	0.684					
	3	0.689	TES41	0.634					
			TES42	0.743					
			TES43	0.677					
游客行为（TB）	3	0.680	TB11	0.710	0.905	45.751	658.621	36	0.000
			TB12	0.659					
			TB13	0.686					
	3	0.641	TB21	0.638					
			TB22	0.666					
			TB23	0.682					
	3	0.680	TB31	0.714					
			TB32	0.654					
			TB33	0.674					
企业发展模式（EDM）	2	0.754	EDM11	0.804	0.808	68.954	410.725	6	0.000
			EDM12	0.861					
	2	0.745	EDM21	0.816					
			EDM22	0.841					
休闲度假服务型（LHS）	3	0.850	LHS11	0.829	0.950	69.231	1391.378	28	0.000
			LHS12	0.827					
			LHS13	0.835					

续表

变量	题项	α	因子载荷		KMO 值	累计方差解释率	Bartlett's 球形检验		
							X2	f	Sig.
休闲度假服务型（LHS）	3	0.853	LHS21	0.818	0.950	69.231	1391.378	28	0.000
			LHS22	0.848					
			LHS23	0.835					
	2	0.788	LHS31	0.850					
			LHS32	0.813					

由表 5 - 19 所示的检验结果可知，大于 0.6 的 Cronbach's α 系数值超过 93%，表明量表的数据具有较好的信度，均为可接受范围；各观测变量的因子载荷均大于 0.6，KMO 值也在 0.80 以上，Bartlett's 球形检验显著性水平均在 0.000，均通过显著性检验，说明该量表具有良好的效度。综合以上结果可知，本书所采用的问卷数据具备反映测量变量真实架构的能力，说明该问卷的数据是符合要求的。

5.2.4 结构方程模型

在企业会奖旅游业态创新与休闲度假服务型景区高质量发展协同模式研究中，根据变量特征来构建模型。在企业会奖旅游业态创新与休闲度假服务型景区高质量发展协同模式的理论模型中，企业会奖旅游新业态、旅游经济结构、游客行为、企业发展模式和休闲度假服务型景区高质量发展模式这五个因素都是无法直接观测到的潜在变量，这五个变量的二级指标也是潜在变量。将企业会奖旅游业态创新与休闲度假服务型景区高质量发展协同作用中的各个变量在确定变量的性质特征后进行分类，企业会奖旅游新业态是内生变量，旅游经济结构、游客行为、企业发展模式是中间变量，休闲度假服务型景区高质量发展模式是外生变量。建立企业会奖旅游业态创新与休闲度假服务型景区高质量发展协同的初始结构方程模型，并用箭头来表示变量间的因果关系，如图 5 - 4 所示。

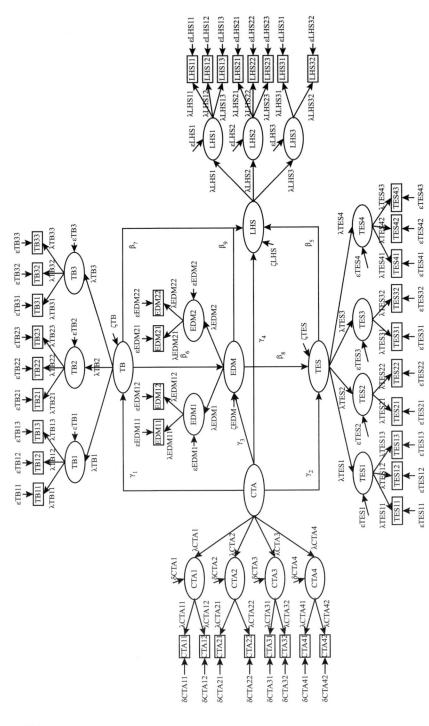

图 5-4 企业会奖旅游业态创新与闲度假服务型景区高质量发展协同模式的初始结构方程模型

图 5 – 4 显示了企业会奖旅游业态创新与休闲度假服务型景区高质量发展协同模式的初始结构方程模型，可以看到，企业会奖旅游业态创新与休闲度假服务型景区高质量发展协同模式的初始结构方程中有 9 项存在外生显变量 8 项，内在显变量 34 项，外生潜变量 4 项，内在潜变量 13 项。

具体表现为：外生显变量共有 8 项：CTA11 – 12、CTA21 – 22、CTA31 – 32、CTA41 – 42。

内生显变量共有 31 项：TES11 – 13、TES21 – 22、TES31 – 32、TES41 – 43、TB11 – 13、TB21 – 23、TB31 – 33、EDM11 – 12、EDM21 – 22、LHS11 – 13、LHS21 – 23、LHS31 – 32。

外生潜变量 4 项：CTA1 – 4。

内生潜在量 13 项：TES1 – 4、TB1 – 3、EDM1 – 2、LHS1 – 3。

在验证数据时，设置相关的变量可方便观测变量建立结构方程式。根据所建立的初始结构方程模型中的有关内容，外生潜变量是企业会奖旅游、市场条件、产品类型、客源市场、社会环境（CTA、CTA1 – 4），分别用 ζ_{CTA}、ζ_{CTA1}、ζ_{CTA2}、ζ_{CTA3}、ζ_{CTA4} 来表示。内生潜变量是旅游经济结构、消费市场、消费人群、居民收入、可持续能力、游客行为、游客偏好、体验价值、游客满意度、企业发展模式、景区高质量发展、商务配套设施、休闲度假服务型、组织协调、农户参与、长效监督（TES、TES1 – 4、TB、TB1 – 3、EDM、EDM1 – 2、LHS、LHS1 – 3），分别用 η_{TES}、η_{TES1}、η_{TES2}、η_{TES3}、η_{TES4}、η_{TB}、η_{TB1}、η_{TB2}、η_{TB3}、η_{EDM}、η_{EDM1}、η_{EDM2}、η_{LHS}、η_{LHS1}、η_{LHS2}、η_{LHS3} 来表示。

由此，所建立的企业会奖旅游业态创新与休闲度假服务型景区高质量发展协同模式的观测模型方程式如下所示：

$$
\begin{cases}
\chi_{CTA1} = \lambda_{CTA1}\xi_{CTA} + \delta_{CTA1}, \quad \chi_{CTA2} = \lambda_{CTA2}\xi_{CTA} + \delta_{CTA2}, \quad \chi_{CTA3} = \lambda_{CTA3}\xi_{CTA} + \delta_{CTA3}, \\
\chi_{CTA4} = \lambda_{CTA4}\xi_{CTA} + \delta_{CTA4}, \\
\chi_{CTA11} = \lambda_{CTA11}\xi_{CTA1} + \delta_{CTA11}, \quad \chi_{CTA12} = \lambda_{CTA12}\xi_{CTA1} + \delta_{CTA12}, \\
\chi_{CTA21} = \lambda_{CTA21}\xi_{CTA2} + \delta_{CTA21}, \quad \chi_{CTA22} = \lambda_{CTA22}\xi_{CTA2} + \delta_{CTA22}, \\
\chi_{CTA31} = \lambda_{CTA31}\xi_{CTA3} + \delta_{CTA31}, \quad \chi_{CTA32} = \lambda_{CTA32}\xi_{CTA3} + \delta_{CTA32}, \\
\chi_{CTA41} = \lambda_{CTA41}\xi_{CTA4} + \delta_{CTA41}, \quad \chi_{CTA42} = \lambda_{CTA42}\xi_{CTA4} + \delta_{CTA42}, \\
Y_{TES1} = \lambda_{TES1}\eta_{TES} + \varepsilon_{TES1}, \quad Y_{TES2} = \lambda_{TES2}\eta_{TES} + \varepsilon_{TES2}, \quad Y_{TES3} = \lambda_{TES3}\eta_{TES} + \varepsilon_{TES3}, \\
Y_{TES4} = \lambda_{TES4}\eta_{TES} + \varepsilon_{TES4}, \\
Y_{TES11} = \lambda_{TES11}\eta_{TES1} + \varepsilon_{TES11}, \quad Y_{TES12} = \lambda_{TES12}\eta_{TES1} + \varepsilon_{TES12}, \quad Y_{TES13} = \lambda_{TES13}\eta_{TES1} + \varepsilon_{TES13}, \\
Y_{TES21} = \lambda_{TES21}\eta_{TES2} + \varepsilon_{TES21}, \quad Y_{TES22} = \lambda_{TES22}\eta_{TES2} + \varepsilon_{TES22}, \quad Y_{TES31} = \lambda_{TES31}\eta_{TES3} + \varepsilon_{TES31},
\end{cases}
$$

$$
\left\{
\begin{aligned}
&Y_{TES32} = \lambda_{TES32}\eta_{TES3} + \varepsilon_{TES32}, \\
&Y_{TES41} = \lambda_{TES41}\eta_{TES4} + \varepsilon_{TES41}, \quad Y_{TES42} = \lambda_{TES42}\eta_{TES4} + \varepsilon_{TES42}, \quad Y_{TES43} = \lambda_{TES43}\eta_{TES4} + \varepsilon_{TES43}, \\
&Y_{TB1} = \lambda_{TB1}\eta_{TB} + \varepsilon_{TB1}, \quad Y_{TB2} = \lambda_{TB2}\eta_{TB} + \varepsilon_{TB2}, \quad Y_{TB3} = \lambda_{TB3}\eta_{TB} + \varepsilon_{TB3}, \\
&Y_{TB11} = \lambda_{TB11}\eta_{TB1} + \varepsilon_{TB11}, \quad Y_{TB12} = \lambda_{TB12}\eta_{TB1} + \varepsilon_{TB12}, \quad Y_{TB13} = \lambda_{TB13}\eta_{TB1} + \varepsilon_{TB13}, \\
&Y_{TB21} = \lambda_{TB21}\eta_{TB2} + \varepsilon_{TB21}, \quad Y_{TB22} = \lambda_{TB22}\eta_{TB2} + \varepsilon_{TB22}, \quad Y_{TB23} = \lambda_{TB23}\eta_{TB2} + \varepsilon_{TB23}, \\
&Y_{TB31} = \lambda_{TB31}\eta_{TB3} + \varepsilon_{TB31}, \quad Y_{TB32} = \lambda_{TB32}\eta_{TB3} + \varepsilon_{TB32}, \quad Y_{TB33} = \lambda_{TB33}\eta_{TB3} + \varepsilon_{TB33}, \\
&Y_{EDM1} = \lambda_{EDM1}\eta_{EDM} + \varepsilon_{EDM1}, \quad Y_{EDM2} = \lambda_{EDM2}\eta_{EDM} + \varepsilon_{EDM2}, \\
&Y_{EDM11} = \lambda_{EDM11}\eta_{EDM1} + \varepsilon_{EDM11}, \quad Y_{EDM12} = \lambda_{EDM12}\eta_{EDM1} + \varepsilon_{EDM12}, \\
&Y_{EDM21} = \lambda_{EDM21}\eta_{EDM2} + \varepsilon_{EDM21}, \quad Y_{EDM22} = \lambda_{EDM22}\eta_{EDM2} + \varepsilon_{EDM22}, \\
&Y_{LHS1} = \lambda_{LHS1}\eta_{LHS} + \varepsilon_{LHS1}, \quad Y_{LHS2} = \lambda_{LHS2}\eta_{LHS} + \varepsilon_{LHS2}, \quad Y_{LHS3} = \lambda_{LHS3}\eta_{LHS} + \varepsilon_{LHS3}, \\
&Y_{LHS11} = \lambda_{LHS11}\eta_{LHS1} + \varepsilon_{LHS11}, \quad Y_{LHS12} = \lambda_{LHS12}\eta_{LHS1} + \varepsilon_{LHS12}, \quad Y_{LHS13} = \lambda_{LHS13}\eta_{LHS1} + \varepsilon_{LHS13}, \\
&Y_{LHS21} = \lambda_{LHS21}\eta_{LHS2} + \varepsilon_{LHS21}, \quad Y_{LHS22} = \lambda_{LHS22}\eta_{LHS2} + \varepsilon_{LHS22}, \quad Y_{LHS23} = \lambda_{LHS23}\eta_{LHS2} + \varepsilon_{LHS23}, \\
&Y_{LHS31} = \lambda_{LHS31}\eta_{LHS3} + \varepsilon_{LHS31}, \quad Y_{LHS32} = \lambda_{LHS32}\eta_{LHS3} + \varepsilon_{LHS32}
\end{aligned}
\right.
$$

建立结构模型的方程公式表达如下：

$$
\left\{
\begin{aligned}
&\eta_{TB} = \gamma_1\xi_{CTA} + \zeta_{TB}, \\
&\eta_{EDM} = \gamma_3\xi_{CTA} + \beta_6\eta_{TB} + \zeta_{EDM}, \\
&\eta_{TES} = \gamma_2\xi_{CTA} + \beta_8\eta_{EDM} + \zeta_{TES}, \\
&\eta_{LHS} = \gamma_4\xi_{CTA} + \beta_7\eta_{TB} + \beta_9\eta_{EDM} + \beta_5\eta_{TES} + \zeta_{LHS} \circ
\end{aligned}
\right.
$$

其中，企业会奖旅游业态创新对游客行为、旅游经济结构、企业发展模式、休闲度假服务型景区高质量发展模式的作用路径用 γ_1、γ_2、γ_3、γ_4 来表示。旅游经济结构对休闲度假服务型景区高质量发展模式的作用路径用 β_5 来表示，游客行为对企业发展模式与休闲度假服务型景区高质量发展模式的作用路径用 β_6、β_7 来表示，企业发展模式对旅游经济结构与休闲度假服务型景区高质量发展模式的作用路径用 β_8、β_9 来表示。建立测量模型和结构模型后，还需检验拟合度、参数及决定系数等是否合适，本章选用了八种较常用的检测方法对上述指标进行检验，判断初始模型是否符合现实。分别为 CMIN\DF、CFI、IFI、TLI、AGFI、PNFI、RMSEA、RMR。在 AMOS 中导入上文的初始结构方程模型，运行后可获得企业会奖旅游业态创新与休闲度假服务型景区高质量发展协同模式的拟合指标值，见表 5–20。

表5-20　　　　　　　　　初始结构方程模型适配度检验结果

拟合指标	CMIN\DF	CFI	IFI	TLI	AGFI	PNFI	RMSEA	RMR
观测值	1.437	0.952	0.953	0.948	0.819	0.786	0.042	0.022
拟合标准	<3.00	>0.90	>0.90	>0.90	>0.80	>0.50	<0.08	<0.05

由表5-20可知，各项拟合指标检验数值均已达标，也说明了上文所建立的初始结构方程模型与调查问卷所得的数据进行了很好的拟合。因此，下一步估计可测度初始结构方程中各路径系数，见表5-21。

表5-21　　　　　　　　　初始结构方程路径估计

路径	模型路径	路径系数	S.E.	C.R.	P
γ_1	CTA→TB	0.588	0.6325	9.297	***
γ_2	CTA→TES	0.297	0.056	5.350	***
γ_3	CTA→EDM	0.238	0.072	3.309	***
γ_4	CTA→LHS	0.301	0.081	3.696	***
β_5	TES→LHS	0.131	0.145	0.902	0.367
β_6	TB→EDM	0.649	0.109	5.971	***
β_7	TB→LHS	0.196	0.120	1.632	0.102
β_8	EDM→TES	0.470	0.075	6.304	***
β_9	EDM→LHS	0.304	0.142	2.136	0.033

注：*** 表示 $p < 0.01$。

由表5-21可以看出，在企业会奖旅游业态创新与休闲度假服务型景区高质量发展模式的初始结构方程模型路径估计结果中，企业会奖旅游业态创新与休闲度假服务型景区高质量协同发展所搭建的初始结构方程存在一定的误差，虽然构建思路基本正确，但还需进行一定的调整。因此，通过删除旅游经济结构对休闲度假服务型景区高质量发展模式和旅游行为对休闲度假服务型景区高质量发展模式的直接作用关系路径，即 TES→LHS 与 TB→LHS，以此调整模型，见图5-5。

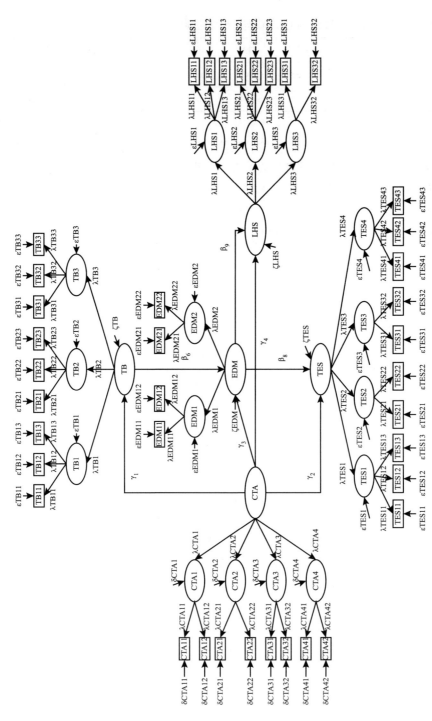

图 5－5　调整后的企业会奖旅游业态创新与休闲度假服务型景区高质量发展协同模式结构方程模型

图 5 - 5 为调整后的结构方程模型,将其导入 AMOS 中再次进行检验,见表 5 - 22。

表 5 - 22　　　　　　　调整后结构方程模型适配度检验结果

拟合指标	CMIN\DF	CFI	IFI	TLI	AGFI	PNFI	RMSEA	RMR
观测值	1.438	0.952	0.952	0.948	0.818	0.787	0.048	0.022
拟合标准	<3.00	>0.90	>0.90	>0.90	>0.80	>0.50	<0.08	<0.05

在拟合度检测的基础上,再次将建立调整后的结构方程模型放入 AMOS 中进行路径估算,其结果见表 5 - 23。

表 5 - 23　　　　　　　调整后的结构方程路径估计

路径	模型路径	非标准化路径系数	标准化路径系数	S. E.	C. R.	P
γ_1	CTA→TB	0.588	0.719	0.063	9.300	***
γ_2	CTA→TES	0.286	0.377	0.056	5.141	***
γ_3	CTA→EDM	0.227	0.260	0.071	3.199	0.001
γ_4	CTA→LHS	0.364	0.387	0.070	5.182	***
β_6	TB→EDM	0.669	0.625	0.109	6.142	***
β_8	EDM→TES	0.488	0.564	0.076	6.457	***
β_9	EDM→LHS	0.514	0.479	0.089	5.753	***

注: *** 表示 $p < 0.01$。

由表 5 - 23 可知,调整后的结构方程模型可以通过显著性检测,因为其中各路径大多数达到 0.01 的显著性水平,并且各路径系数的数值分布在 - 1 ~ 1,由此可判定调整后的结构方程模型为最终的结构方程模型,见图 5 - 6。

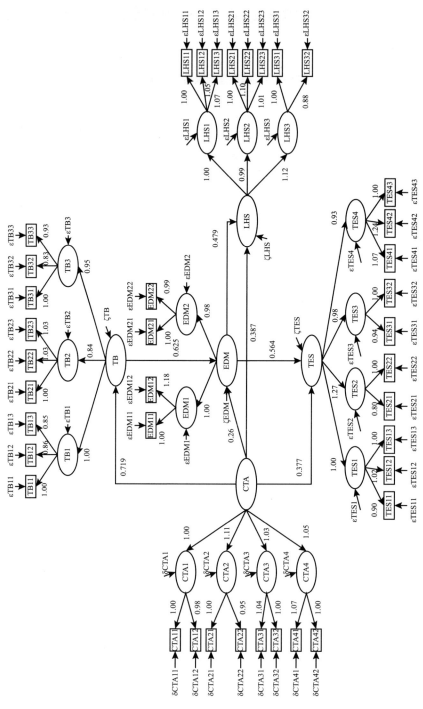

图 5 - 6 最终的企业会奖旅游业态创新与休闲度假服务型景区高质量发展协同的结构方程模型

5.2.5　结果讨论

依据以上实证结果，再结合上文的研究假设与概念模型，企业会奖旅游业态创新与休闲度假服务型景区高质量发展协同作用假设验证和路径系数进行了归纳总结。详情如下。

企业会奖旅游业态创新到游客行为这一路径中的 $p < 0.01$，即该路径显著，其标准化路径系数为 0.719，由此说明，原假设 HB1 成立。

企业会奖旅游业态创新到旅游经济结构这一路径中的 $p < 0.01$，即该路径显著，其标准化路径系数为 0.377，由此说明，原假设 HB2 成立。

企业会奖旅游业态创新到企业发展模式这一路径中的 $p = 0.001$，且在 1% 的水平上显著，即该路径显著，其标准化路径系数为 0.260，由此说明，原假设 HB3 成立。

企业会奖旅游业态创新到休闲度假服务型景区高质量发展模式这一路径中的 $p < 0.01$，即该路径显著，其标准化路径系数为 0.387，由此说明，原假设 HB4 成立。

旅游经济结构到休闲度假服务型景区高质量发展模式这一路径中的 p 为 0.367，即该路径不显著，应被删除，由此说明，原假设 HB5 不成立。

游客行为到企业发展模式这一路径中的 $p < 0.01$，即该路径显著，其标准化路径系数为 0.625，由此说明，原假设 HB6 成立。

游客行为到休闲度假服务型景区高质量发展模式这一路径在模型调整中删除了，即该路径不显著，应被删除，由此说明，原假设 HB7 不成立。

企业发展模式到旅游经济结构这一路径中的 $p < 0.01$，即该路径显著，其标准化路径系数为 0.564，由此说明，原假设 HB8 成立。

企业发展模式到休闲度假服务型景区高质量发展模式这一路径中的 $p < 0.01$，即该路径显著，其标准化路径系数为 0.479，由此说明，原假设 HB9 成立。

由此可以看出，企业会奖旅游业态创新对休闲度假服务型景区高质量发展模式的结构方程模型较好地与量表数据进行了拟合，企业会奖旅游业态创新到休闲度假服务型景区高质量发展模式有两种作用路径方式，一是路径系数为 0.387 的直接作用路径，二是总间接作用效应为 0.34 的间接作用路径，其中有两条较为显著的路径，其间接作用效应分别为 0.215（$0.719 \times 0.625 \times 0.479$）和 0.125（$0.26 \times 0.479$）。通过比较可以看出，企业会奖旅游业态创新对休闲度假服务型景区高质量发展模式的直接作用路径系数与间接作用路径系数是差不多的，旅游经济结构、游客行为和企业发展模式是三个中间变量的重要作用不容忽视。

为调整模型，删除旅游经济结构到休闲度假服务型景区高质量发展模式的作用路径与游客行为到休闲度假服务型景区高质量发展模式的作用路径这两条不显著路径。企业会奖旅游新业态受多方面影响，由旅游、商务、服务等功能综合而成，而旅游经济结构对休闲度假服务型景区高质量发展模式的影响均体现在各个要素中，其本身并没有直接的影响作用。

虽然在实际操作中发现，旅游经济结构对休闲度假服务型景区高质量发展模式这一路径并不显著，因此最终模型中被删除，但从企业会奖旅游业态创新与企业发展模式两个变量分别对旅游经济结构产生了 0.377 和 0.564 的路径系数的结果可见，需要充分重视其产生的重要作用。同时游客行为对休闲度假服务型景区高质量发展模式的直接作用被删除，但游客行为对休闲度假服务型产生间接作用，起到重要影响。

在最终的结构方程模型中，企业会奖旅游业态创新与休闲度假服务型景区高质量发展模式协同作用既关系到企业会奖旅游新业态的市场条件、产品类型、客源市场和社会环境，也与景区高质量发展中的组织协调、农户参与和长效监督有关。同时游客行为、企业发展模式、旅游经济结构都是企业会奖旅游业态创新与休闲度假服务型景区高质量发展模式协同的重要中间变量。在实践中，既要重视企业会奖旅游业态创新与休闲度假服务型景区高质量发展模式直接的关系，同时兼顾旅游经济结构、游客行为与企业发展模式在企业会奖旅游新业态发展中与景区高质量发展中的重要连接作用，将重点放在完善旅游经济结构、激发游客行为与创新企业发展模式上来。

5.3 原始自然观光旅游业态创新与自然环境依托型景区高质量发展协同模式数据验证

5.3.1 研究设计

原始自然观光旅游业态创新与自然环境依托型景区高质量发展模式在上文中已从理论的角度进行分析与描述，为能够进一步严谨且科学地研究原始自然观光旅游业态创新与自然环境依托型景区高质量发展的协同模式，采用定量分析进行数据验证。在方法的采用上，选择结构方程模型来完成。专门设计了《原始自然观光旅游业态创新与自然环境依托型景区高质量发展协同作用调查问卷》（简称"调查问卷"）去收集所需数据。原始自然观光旅游新业态、游客行为、农户意愿、政策创新及自然环境依托型景区高质量发展模式五个方面是在问卷设计中所需要重点关注的，对潜在变量进行度量时可通过观测变量的设置，提供第一手数据以便为分析原始自然观光旅游业态创新与自然环境依托型景区高质量发展协同模式奠定基础。因此，问卷主要包括以下五个方面的内容：第一部分是"原始自然观光旅游业态创新评测"，第二部分是"游客行为评测"，第三部分是"农户意愿评测"，第四部分是"政策创新评测"，第五部分是"自然环境依托型景区高质量发展模式评测"（见附录）。

首先为事先了解原始自然观光旅游业态创新与自然环境依托型景区高质量发展模式的发展状况，以便后续修改增减不适宜题目，于2021年10月23日展开了预调研，以原始自然观光旅游新业态为主要调研目的地，如广东省德庆县盘龙峡生态旅游区，其中当地居民、工作人员和游客为调研对象。由于正式调研的数据采集是在预调研基础上进行的，因此在第二阶段的正式调研开始前，对预调研的结果进行统计并修改不合适题项，正式调研时间为2021年10月至2021年12月展开，为了取得原始自然观光旅游业态创新与自然环境依托型景区高质量发展协同模式的数据，在问卷设计中充分考虑到相关的内容。

5.3.2　变量度量

在进行结构方程实证分析原始自然观光旅游业态创新与自然环境依托型景区高质量发展模式时，为解决关键变量的度量问题，对研究假设HC1~HC8进行假设检验。本书中原始自然观光旅游业态创新、自然环境依托型景区高质量发展模式、游客行为、居民意愿以及政策创新为主要关键变量，为实现研究目的，通过对这5个关键变量进行度量，对潜在变量进行定量分析时可采用观测变量。其中，原始自然观光旅游业态创新是被解释变量，自然环境依托型景区高质量发展模式、游客行为、居民意愿、政策创新是解释变量，同时给予测度。

原始自然观光旅游新业态（Primitive Nature Tourism，PNT）作为低密度旅游业态创新的重要形态之一，其兴起和发展与区域的环境资源、客源紧密相关，也与景区安全管理相互影响。同时与乡村俱乐部旅游新业态和企业会奖旅游新业态相比较，原始自然观光旅游新业态更注重生态的基础性作用。由此设置8个观测变量对生态基础（PNT1）、客源条件（PNT2）、资源基础（PNT3）及自然条件（PNT4）四个方面进行测度，见表5-24。

表 5 – 24   原始自然观光旅游新业态（PNT）指标量表

变量		具体内容
生态基础（PNT1）	PNT11	原始生态基础程度与自然环境依托型的符合程度
	PNT12	生态资源结构与自然环境依托型的符合程度
客源条件（PNT2）	PNT21	原始自然观光客源规模与自然环境依托型的符合程度
	PNT22	原始自然观光客源素质与自然环境依托型的符合程度
区位条件（PNT3）	PNT31	原始自然观光地理位置与自然环境依托型的符合程度
	PNT32	原始自然观光交通便利与自然环境依托型的符合程度
自然条件（PNT4）	PNT41	原始自然条件的发展潜力与自然环境依托型的符合程度
	PNT42	原始自然条件的类型分别与自然环境依托型的符合程度

        游客行为（Tourist Behavior，TB）既是研究低密度旅游的高质量发展的重要变量，也是决定着旅游经济复苏的关键因素。本章从低密度旅游与景区高质量发展两个方面出发，结合现有学者研究，依据游客偏好（TB1）、体验价值（TB2）和游客满意度（TB3）三个方面，设定 9 个观测变量，并对其进行测度，见表 5 – 25。

表 5 – 25   游客行为（TB）指标量表

变量		具体内容
游客需求（TB1）	TB11	游客旅游目的地需求偏好与自然依托型的符合程度
	TB12	游客旅游产品选择与自然依托型的符合程度
	TB13	游客需求转变方向与自然依托型的符合程度
体验价值（TB2）	TB21	游客体验价值构成与自然依托型的符合程度
	TB22	游客体验价值质量与自然依托型的符合程度
	TB23	游客体验价值拓展性与自然依托型的符合程度
满意度（TB3）	TB31	游客满意度行为偏好与自然依托型的符合程度
	7B32	游客满意度影响因素与自然环境依托型的符合程度
	TB33	游客满意度现状与自然环境依托型的符合程度

        要发展高质量景区，除了促进游客行为以外，还需遵循居民意愿，居民作为发展区域旅游经济的主体，是这场战略中的关键因素。要实现原始自然观光

旅游业态创新与自然环境依托型景区高质量的协同发展，居民意愿（Residents' Willingness，RW）是决定着原始自然观光旅游业态创新与自然环境依托型景区高质量发展模式是否搭建的关键因素。根据现有研究成果分析，本章分别为景区经济（RW1）、参与意识（RW2）、生产方式（RW3）、主体特征（RW4）四大方面进行阐释。设定了10个观测变量对其进行度量，见表5-26。

表5-26　　　　　　　　　居民意愿（RW）指标量表

变量		具体内容
景区经济（RW1）	RW11	景区经济收入模式与自然环境依托型的符合程度
	RW12	景区经济发展模式与自然环境依托型的符合程度
	RW13	景区经济发展转变方向与自然环境依托型的符合程度
参与意识（RW2）	RW21	居民参与景区建设意识程度与自然环境依托型的符合程度
	RW22	居民参与度与自然环境依托型的符合程度
生产方式（RW3）	RW31	居民的生活方式与自然环境依托型的符合程度
	RW32	居民未来生产方式发展方向与自然环境依托型的符合程度
主体特征（RW4）	RW41	居民的年龄与居住时间与自然环境依托型的符合程度
	RW42	居民的收入水平与自然环境依托型的符合程度
	RW43	居民的受教育水平与自然环境依托型的符合程度

政策创新（Policy Innovation，PI）是发展旅游经济的正向引导，是景区高质量发展的关键性因素。结合现国内外的旅游业现状的特征和方向，设置了两个方面、4项观测变量对生态制度（PI1）和区域联合制度（PI2）进行阐释，见表5-27。

表5-27　　　　　　　　　政策创新（PI）指标量表

变量		具体内容
生态保护制度（PI1）	PI11	生态保护制度内容与自然环境依托型的符合程度
	PI12	生态保护制度管理现状与自然环境依托型的符合程度
区域联合（PI2）	PI21	区域联合内容与自然环境依托型的符合程度
	PI22	区域联合管理制度与自然环境依托型的符合程度

自然环境依托型（Natural Environment Dependence，NED）是低密度旅游与景区高质量联合发展的重要模式之一。结合低密度、高质量发展的特征和机制，设置了组织协调机制（NED1）、居民参与机制（NED2）、长效监督机制

（NED3）三个方面，设置了 8 个观测变量进行变量度量，见表 5 - 28。

表 5 - 28 自然环境依托型（NED）指标量表

变量		具体内容
组织协调机制 （NED1）	NED11	组织协调机制内容与自然环境依托型的符合程度
	NED12	组织协调机制力度与自然环境依托型的符合程度
	NED13	组织协调机制构成与自然环境依托型的符合程度
居民参与机制 （NED2）	NED21	农户参与机制力度与自然环境依托型的符合程度
	NED22	农户参与机制构成与自然环境依托型的符合程度
	NED23	农户参与机制内容与自然环境依托型的符合程度
长效监督机制 （NED3）	NED31	长效监督机制内容与自然环境依托型的符合程度
	NED32	长效监督机制实施与自然环境依托型的符合程度

5.3.3 样本数据分析

相类似于乡村俱乐部旅游新业态和企业会奖旅游新业态与休闲度假服务型景区高质量发展模式协同，本节采用调查问卷方式去获取第一手数据资料，共发放 330 份调查问卷，回收 290 份问卷，回收率 87.9%，其中，在填写问卷中出现答案填报不完全以及模糊选择的现象，这导致部分调查问卷无效，只能剔除。剔除掉无效问卷后，共有 257 份有效问卷，即有效率为 88.6%。总体来说，符合要求的样本数量，可以进行数据实证分析。为了取得原始自然观光旅游业态创新与自然环境依托型景区高质量的发展协同模式，不仅需要科学、合理地设计调查问卷，还需对调查问卷所得到的数据进行信度分析和效度分析，才能获取到准确、合理的研究结论。

在进行描述性统计时，重点把握景区高质量发展模式原始自然观光旅游新业态、游客行为、居民意愿、政策创新和自然环境依托型景区高质量发展模式五个方面的内容，并且计算出各个主要变量的平均值和标准差，见表 5 - 29。

表 5 - 29 描述性统计

主要变量	潜在变量	观测变量	均值	标准差	最大值	最小值
原始自然观光 旅游新业态 （PNT）	生态基础（PNT1）	PNT11	3.71	0.674	5	1
		PNT12	3.73	0.707	5	1
	客源条件（PNT2）	PNT21	3.61	0.791	5	1
		PNT22	3.66	0.793	5	2

续表

主要变量	潜在变量	观测变量	均值	标准差	最大值	最小值
原始自然观光旅游新业态（PNT）	区位条件（PNT3）	PNT31	3.59	0.789	5	1
		PNT32	3.58	0.745	5	1
	自然条件（PNT4）	PNT41	3.66	0.812	5	1
		PNT42	3.63	0.769	5	1
游客行为（TB）	游客需求（TB1）	TB11	3.27	0.750	5	1
		TB12	3.21	0.678	5	1
		TB13	3.01	0.675	5	1
	体验价值（TB2）	TB21	3.32	0.716	5	1
		TB22	3.07	0.726	5	1
		TB23	3.14	0.690	5	1
	满意度（TB3）	TB31	3.23	0.726	5	1
		TB32	3.11	0.688	5	1
		TB33	3.19	0.721	5	1
居民意愿（RW）	景区经济（RW1）	RW11	3.16	0.688	5	1
		RW12	3.27	0.718	5	1
		RW13	3.16	0.654	5	1
	参与意识（RW2）	RW21	3.29	0.662	5	1
		RW22	3.20	0.737	5	1
	生产方式（RW3）	RW31	3.40	0.758	5	1
		RW32	3.19	0.677	5	1
	主体特征（RW4）	RW41	3.21	0.777	5	1
		RW42	3.15	0.736	5	1
		RW43	3.11	0.695	5	1
政策创新（PI）	生态保护制度（PI1）	PI11	3.39	0.751	5	1
		PI12	3.41	0.779	5	1
	区域联合（PI2）	PI21	3.44	0.720	5	1
		PI22	3.32	0.699	5	1

续表

主要变量	潜在变量	观测变量	均值	标准差	最大值	最小值
自然环境 依托型 （NED）	组织协调机制 （NED1）	NED11	3.62	0.729	5	1
		NED12	3.60	0.752	5	1
		NED13	3.59	0.759	5	1
	农户参与机制 （NED2）	NED21	3.61	0.747	5	1
		NED22	3.63	0.773	5	1
		NED23	3.72	0.732	5	1
	长效监督机制 （NED3）	NED31	3.58	0.790	5	1
		NED32	3.67	0.715	5	1

从理论与实践两个角度来看，一个好的量表应同时具有足够的信度、效度和实用性。因此，为了核验调查问卷中的数据是否能够符合条件，我们不仅需要进行信度检验，还需检验效度，我们运用 SPSS 22 软件对原始自然观光旅游业态创新与自然环境依托型景区高质量发展协同模式上的变量数据进行信度分析，在通过信度检验后，检验效度，得到各变量的 Cronbach's α 系数值，具体统计结果见表 5–30。

表 5–30　　　　　　　　　信度和效度检验结果

变量	题项	α	因子载荷		KMO 值	累计方差 解释率	Bartlett's 球形检验		
							X2	f	Sig.
原始自 然观光 旅游新 业态 （PNT）	2	0.909	PNT11	0.911	0.953	79.097	2144.575	28	0.000
			PNT12	0.904					
	2	0.855	PNT21	0.875					
			PNT22	0.859					
	2	0.886	PNT31	0.881					
			PNT32	0.916					
	2	0.877	PNT41	0.889					
			PNT42	0.877					

续表

变量	题项	α	因子载荷		KMO 值	累计方差解释率	Bartlett's 球形检验		
							X2	f	Sig.
游客行为（TB）	3	0.698	TB11	0.717	0.911	47.419	739.298	36	0.000
			TB12	0.680					
			TB13	0.708					
	3	0.655	TB21	0.660					
			TB22	0.673					
			TB23	0.694					
	3	0.683	TB31	0.723					
			TB32	0.652					
			TB33	0.685					
居民意愿（RW）	3	0.727	RW11	0.676	0.939	52.24	1094.022	45	0.000
			RW12	0.730					
			RW13	0.761					
	2	0.771	RW21	0.762					
			RW22	0.823					
	2	0.477	RW31	0.619					
			RW32	0.703					
	3	0.713	RW41	0.671					
			RW42	0.768					
			RW43	0.693					
政策创新（PI）	2	0.779	PI11	0.815	0.817	70.442	456.781	6	0.000
			PI12	0.872					
	2	0.757	PI21	0.828					
			PI22	0.840					

变量	题项	α	因子载荷		KMO 值	累计方差解释率	Bartlett's 球形检验		
							X2	f	Sig.
自然环境依托型（NED）	3	0.846	NED11	0.838	0.946	69.448	1467.59	28	0.000
			NED12	0.829					
			NED13	0.832					
	3	0.844	NED21	0.810					
			NED22	0.861					
			NED23	0.828					
	2	0.785	NED31	0.835					
			NED32	0.842					

由表 5 - 30 所示的检验结果可知，大于 0.6 的 Cronbach's α 系数值超过 93%，表明量表的数据具有较好的信度，均为可接受范围；各观测变量的因子载荷均大于 0.6，KMO 值也在 0.80 以上，Bartlett's 球形检验显著性水平均在 0.000 以上，通过显著性检验，说明该量表具有良好的效度。综合以上结果可知，本书所采用的问卷数据具备反映测量变量真实架构的能力，说明该问卷的数据是符合要求的。

5.3.4 结构方程模型

在原始自然观光旅游业态创新与自然环境依托型景区高质量发展协同模式研究中，根据变量特征来构建模型。在原始自然观光旅游业态创新与自然环境依托型景区高质量发展协同模式的理论模型中，原始自然观光旅游新业态、自然环境依托型景区高质量发展模式、游客行为、居民意愿、政策创新这五个因素都为无法直接观测到的潜在变量，这五个变量的二级指标也是潜在变量。将原始自然观光旅游业态创新与自然环境依托型景区高质量发展协同作用中的各个变量在确定好变量的性质特征后进行分类，原始自然观光旅游新业态是内生变量，游客行为、居民意愿、政策创新是中间变量，自然环境依托型景区高质量发展模式是外生变量。建立原始自然观光旅游新业态与自然环境依托型景区高质量发展协同的初始结构方程模型（见图 5 - 7），其中变量之间的因果关系已由箭头标明。

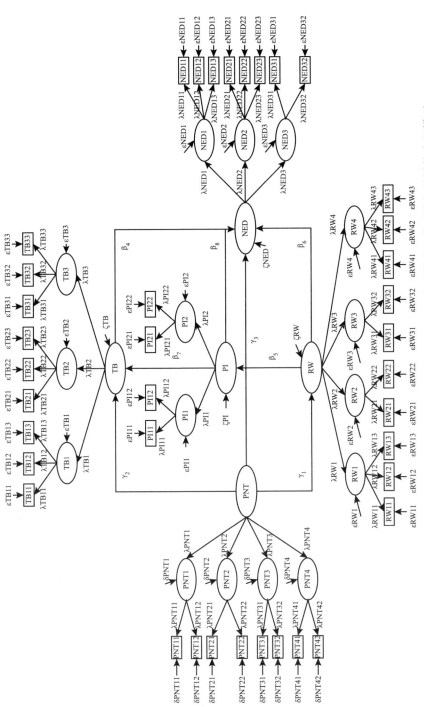

图 5 - 7 原始自然观光旅游业态创新与自然环境依托型景区高质量发展协同的初始结构方程模型

图 5-7 表明了原始自然观光旅游业态创新与自然环境依托型景区高质量协同发展的初始结构方程模型，在其中可以看出，外生显变量在原始自然观光旅游业态创新与自然环境依托型景区高质量的协同发展的初始结构方程中共有 8 项，内生显变量 31 项，外生潜变量 4 项，内生潜变量 12 项。

具体表现为：外生显变量共有 8 项：PNT11-12、PNT21-22、PNT31-32、PNT41-42。

内生显变量共有 31 项：TB11-13、TB21-23、TB31-33、RW11、RW12-13、RW21-22、RW31-32、RW41-43、PI11-12、PI21-22、NED11-13、NED21-23、NED31-32。

外生潜变量 4 项：PNT1-4。

内生潜变量 12 项：TB1-3、RW1-4、PI1-2、NED1-3。

在验证数据时，设置相关的变量可方便观测变量建立结构方程式。根据所建立的初始结构方程模型中的有关内容，外生潜变量是原始自然观光旅游新业态、生态基础、客源条件、区位条件、自然条件（PNT、PNT1-4），用 ζ_{PNT}、ζ_{PNT1}、ζ_{PNT2}、ζ_{PNT3}、ζ_{PNT4} 来表示。内生潜变量是游客行为、游客需求、体验价值、满意度、居民意愿、景区经济、参与意识、生产方式、主体特征、政策创新、生态保护制度、区域联合、自然环境依托型景区高质量发展模式、组织协调机制、农户参与机制、长效监督机制（TB、TB1-3、RW、RW1-4、PI、PI1-2、NED、NED1-3），分别用 η_{TB}、η_{TB1}、η_{TB2}、η_{TB3}、η_{RW}、η_{RW1}、η_{RW2}、η_{RW3}、η_{RW4}、η_{PI}、η_{PI1}、η_{PI2}、η_{NED}、η_{NED1}、η_{NED2}、η_{NED3} 来表示。

由此，建立的原始自然观光旅游业态创新与自然环境依托型景区高质量协同发展模式的观测模型方程式如下所示：

$$
\begin{cases}
\chi_{PNT1} = \lambda_{PNT1}\xi_{PNT} + \delta_{PNT1}, \ \chi_{PNT2} = \lambda_{PNT2}\xi_{PNT} + \delta_{PNT2}, \ \chi_{PNT3} = \lambda_{PNT3}\xi_{PNT} + \delta_{PNT3}, \\
\chi_{PNT4} = \lambda_{PNT4}\xi_{PNT} + \delta_{PNT4}, \\
\chi_{PNT11} = \lambda_{PNT11}\xi_{PNT1} + \delta_{PNT11}, \ \chi_{PNT12} = \lambda_{PNT12}\xi_{PNT1} + \delta_{PNT12}, \\
\chi_{PNT21} = \lambda_{PNT21}\xi_{PNT2} + \delta_{PNT21}, \ \chi_{PNT22} = \lambda_{PNT22}\xi_{PNT2} + \delta_{PNT22}, \\
\chi_{PNT31} = \lambda_{PNT31}\xi_{PNT3} + \delta_{PNT31}, \ \chi_{PNT32} = \lambda_{PNT32}\xi_{PNT3} + \delta_{PNT32}, \\
\chi_{PNT41} = \lambda_{PNT41}\xi_{PNT4} + \delta_{PNT41}, \ \chi_{PNT42} = \lambda_{PNT42}\xi_{PNT4} + \delta_{PNT42}, \\
Y_{TB1} = \lambda_{TB1}\eta_{TB} + \varepsilon_{TB1}, \ Y_{TB2} = \lambda_{TB2}\eta_{TB} + \varepsilon_{TB2}, \ Y_{TB3} = \lambda_{TB3}\eta_{TB} + \varepsilon_{TB3}, \\
Y_{TB11} = \lambda_{TB11}\eta_{TB1} + \varepsilon_{TB11}, \ Y_{TB12} = \lambda_{TB12}\eta_{TB1} + \varepsilon_{TB12}, \ Y_{TB13} = \lambda_{TB13}\eta_{TB13} + \varepsilon_{TB13}, \\
Y_{TB21} = \lambda_{TB21}\eta_{TB2} + \varepsilon_{TB21}, \ Y_{TB22} = \lambda_{TB22}\eta_{TB2} + \varepsilon_{TB22}, \ Y_{TB23} = \lambda_{TB23}\eta_{TB2} + \varepsilon_{TB23},
\end{cases}
$$

$$\begin{cases} Y_{TB31} = \lambda_{TB31}\eta_{TB3} + \varepsilon_{TB31}, \quad Y_{TB32} = \lambda_{TB32}\eta_{TB3} + \varepsilon_{TB32}, \quad Y_{TB33} = \lambda_{TB33}\eta_{TB3} + \varepsilon_{TB33}, \\[4pt] Y_{RW1} = \lambda_{RW1}\eta_{RW} + \varepsilon_{RW1}, \quad Y_{RW2} = \lambda_{RW2}\eta_{RW} + \varepsilon_{RW2}, \quad Y_{RW3} = \lambda_{RW3}\eta_{RW} + \varepsilon_{RW3}, \\[4pt] Y_{RW4} = \lambda_{RW4}\eta_{RW} + \varepsilon_{RW4}, \\[4pt] Y_{RW11} = \lambda_{RW11}\eta_{RW1} + \varepsilon_{RW11}, \quad Y_{RW12} = \lambda_{RW12}\eta_{RW1} + \varepsilon_{RW12}, \quad Y_{RW13} = \lambda_{RW13}\eta_{RW1} + \varepsilon_{RW13}, \\[4pt] Y_{RW21} = \lambda_{RW21}\eta_{RW2} + \varepsilon_{RW21}, \quad Y_{RW22} = \lambda_{RW22}\eta_{RW2} + \varepsilon_{RW22}, \\[4pt] Y_{RW31} = \lambda_{RW31}\eta_{RW3} + \varepsilon_{RW31}, \quad Y_{RW32} = \lambda_{RW32}\eta_{RW3} + \varepsilon_{RW32}, \\[4pt] Y_{RW41} = \lambda_{RW41}\eta_{RW4} + \varepsilon_{RW41}, \quad Y_{RW42} = \lambda_{RW42}\eta_{RW4} + \varepsilon_{RW42}, \quad Y_{RW43} = \lambda_{RW43}\eta_{RW4} + \varepsilon_{RW43}, \\[4pt] Y_{PI1} = \lambda_{PI1}\eta_{PI} + \varepsilon_{PI1}, \quad Y_{PI2} = \lambda_{PI2}\eta_{PI} + \varepsilon_{PI2}, \\[4pt] Y_{PI11} = \lambda_{PI11}\eta_{PI1} + \varepsilon_{PI11}, \quad Y_{PI12} = \lambda_{PI12}\eta_{PI1} + \varepsilon_{PI12}, \\[4pt] Y_{PI21} = \lambda_{PI21}\eta_{PI2} + \varepsilon_{PI21}, \quad Y_{PI22} = \lambda_{PI22}\eta_{PI2} + \varepsilon_{PI22}, \\[4pt] Y_{NED1} = \lambda_{NED1}\eta_{NED} + \varepsilon_{NED1}, \quad Y_{NED2} = \lambda_{NED2}\eta_{NED} + \varepsilon_{NED2}, \quad Y_{NED3} = \lambda_{NED3}\eta_{NED} + \varepsilon_{NED3}, \\[4pt] Y_{NED11} = \lambda_{NED11}\eta_{NED1} + \varepsilon_{NED11}, \quad Y_{NED12} = \lambda_{NED12}\eta_{NED1} + \varepsilon_{NED12}, \\[4pt] Y_{NED13} = \lambda_{NED13}\eta_{NED1} + \varepsilon_{NED13}, \\[4pt] Y_{NED21} = \lambda_{NED21}\eta_{NED2} + \varepsilon_{NED21}, \quad Y_{NED22} = \lambda_{NED22}\eta_{NED2} + \varepsilon_{NED22}, \\[4pt] Y_{NED23} = \lambda_{NED23}\eta_{NED2} + \varepsilon_{NED23}, \\[4pt] Y_{NED31} = \lambda_{NED31}\eta_{NED3} + \varepsilon_{NED31}, \quad Y_{NED32} = \lambda_{NED32}\eta_{NED3} + \varepsilon_{NED32} \circ \end{cases}$$

基于上述观测模型方程式，建立结构模型的方程公式表达如下：

$$\begin{cases} \eta_{RW} = \gamma_1\xi_{PNT} + \zeta_{RW}, \\[4pt] \eta_{TB} = \gamma_2\xi_{TB} + \beta_7\eta_{PI} + \zeta_{TB}, \\[4pt] \eta_{PI} = \beta_5\eta_{RW} + \zeta_{PI}, \\[4pt] \eta_{NED} = \gamma_3\xi_{PNT} + \beta_4\eta_{TB} + \beta_6\eta_{RW} + \beta_8\eta_{PI} + \zeta_{NED} \circ \end{cases}$$

其中，用 γ_1、γ_2、γ_3 表示原始自然观光旅游新业态对游客行为、居民意愿，政策创新、自然环境依托型景区高质量发展模式的作用路径，用 β_4 表示游客行为对自然环境依托型景区高质量发展模式的作用路径，用 β_5、β_6 表示居民意愿对政策创新与自然环境依托型景区高质量发展模式的作用路径，用 β_7、β_8 表示政策创新对游客行为与自然环境依托型景区高质量发展模式的作用路径。建立测量模型和结构模型后，还需检验拟合度、参数及决定系数等是否合适，本章选用了八种较常用的检测方法对上述指标进行检验，判断初始模型是否符合现实。选用了 CMIN\DF、CFI、IFI、TLI、AGFI、PNFI、RMSEA、RMR 八种拟合指标检验法来对数据进行检验。在 AMOS 中导入上文的初始结构方程模型，运行后可获得原始自然观光旅游业态创新与自然环境依托型景区高质量发展协同模式的拟合指标值，见表 5 – 31。

表 5 – 31　　　　　　　　　　初始结构方程模型适配度检验结果

拟合指标	CMIN\DF	CFI	IFI	TLI	AGFI	PNFI	RMSEA	RMR
观测值	1.473	0.954	0.954	0.950	0.820	0.796	0.043	0.021
拟合标准	<3.00	>0.90	>0.90	>0.90	>0.80	>0.50	<0.08	<0.05

由表 5 – 31 可知，各项拟合指标检验数值均已达标，也说明了上文所建立的初始结构方程模型与调查问卷所得的数据进行了很好的拟合。因此，下一步测度初始结构方程中各路径系数，见表 5 – 32。

表 5 – 32　　　　　　　　　　初始结构方程路径估计

路径	模型路径	路径系数	S. E.	C. R.	P
γ_1	PNT→RW	0.634	0.535	11.854	***
γ_2	PNT→TB	0.293	0.062	4.701	***
γ_3	PNT→NED	0.278	0.086	3.220	0.001
β_4	TB→NED	0.192	0.111	1.718	0.086
β_5	RW→PI	0.999	0.0983	10.166	***
β_6	RW→NED	0.108	0.164	0.656	0.512
β_7	PI→TB	0.497	0.080	6.188	***
β_8	PI→NED	0.381	0.136	2.803	0.005

注：*** 表示 $p < 0.01$。

由表 5 – 32 可以看出，在原始自然观光旅游业态创新与自然环境依托型景区高质量发展的初始结构方程模型路径估计结果中，原始自然观光旅游业态创新与自然环境依托型景区高质量协同发展所搭建的初始结构方程存在一定的误差，虽然构建思路基本正确，但还需进行一定的调整。因此，通过删除居民意愿对自然环境依托型景区高质量发展模式的直接作用关系路径，即 RW→NED，以此调整模型（见图 5 – 8）。

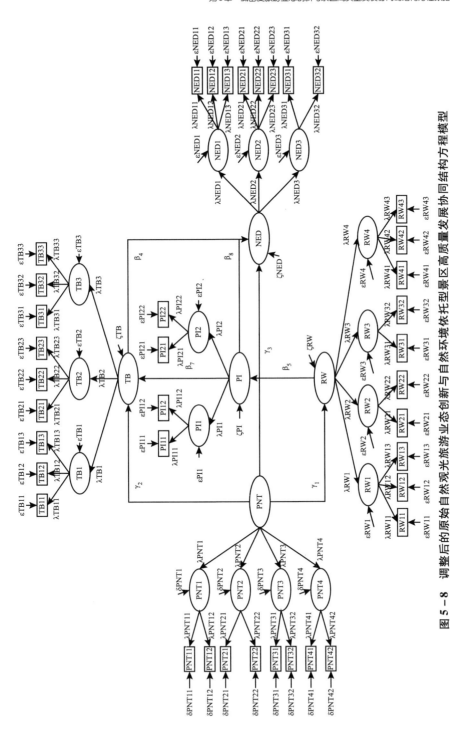

图 5 - 8 调整后的原始自然观光旅游业态创新与自然环境依托型景区高质量发展协同结构方程模型

图 5 - 8 为调整后的结构方程模型，将其导入 AMOS 中再次进行检验，具体见表 5 - 33。

表 5 - 33 调整后结构方程模型适配度检验结果

拟合指标	CMIN\DF	CFI	IFI	TLI	AGFI	PNFI	RMSEA	RMR
观测值	1.471	0.954	0.954	0.950	0.820	0.797	0.429	0.021
拟合标准	<3.00	>0.90	>0.90	>0.90	>0.80	>0.50	<0.08	<0.05

在拟合度检测的基础上，再次将建立调整后的结构方程模型放入到 AMOS 中进行路径估算，其结果见表 5 - 34。

表 5 - 34 调整后的结构方程路径估计

路径	模型路径	非标准化路径系数	标准化路径系数	S. E.	C. R.	P
γ_1	PNT→RW	0.634	0.814	0.053	11.851	***
γ_2	PNT→TB	0.291	0.347	0.063	4.640	***
γ_3	PNT→NED	0.309	0.320	0.068	4.544	***
β_4	TB→NED	0.190	0.165	0.111	1.714	0.087
β_5	RW→PI	1.002	0.846	0.098	10.190	***
β_7	PI→TB	0.501	0.552	0.081	6.192	***
β_8	PI→NED	0.441	0.421	0.099	4.430	***

注：*** 表示 $p < 0.01$。

由表 5 - 34 可知，调整后的结构方程模型可以通过显著性检测，因为其中各路径大多数达到 0.01 的显著性水平，并且各路径系数的数值分布在 -1~1，由此可判定调整后的结构方程模型为最终的结构方程模型，见图 5 - 9。

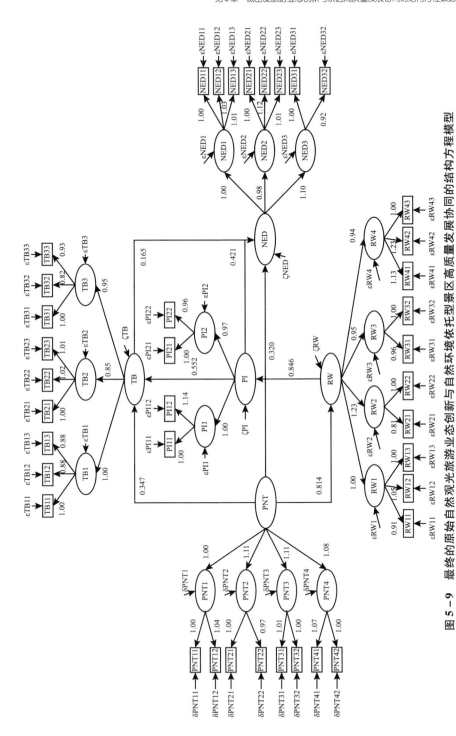

图5-9 最终的原始自然观光旅游业态创新与自然环境依托型景区高质量发展协同的结构方程模型

5.3.5 结果谈论

依照以上分析结果，结合上文研究假设与概念模型，对原始自然观光旅游业态创新与自然环境依托型景区高质量协同发展作用的假设验证和路径系数进行了归纳总结。

原始自然观光旅游业态创新到居民意愿这一路径中的 $p < 0.01$，即该路径显著，其标准化路径系数为 0.814，由此说明，原假设 HC1 成立。

原始自然观光旅游业态创新到游客行为这一路径中的 $p < 0.01$，即该路径显著，其标准化路径系数为 0.347，由此说明，原假设 HC2 成立。

原始自然观光旅游业态创新到自然环境依托型景区高质量发展模式这一路径中的 $p < 0.01$，即该路径显著，其标准化路径系数为 0.320，由此说明，原假设 HC3 成立。

游客行为到自然环境依托型景区高质量发展模式这一路径中的 p 值为 0.087，在 1% 的水平显著，即该路径显著，其标准化路径系数为 0.165，由此说明，原假设 HC4 成立。

居民意愿到政策创新这一路径中的 $p < 0.01$，即该路径显著，其标准化路径系数为 0.846，由此说明，原假设 HC5 成立。

居民意愿到自然环境依托型景区高质量发展模式这一路径中的 p 为 0.512，即该路径不显著，应被删除，由此说明，原假设 HC6 不成立。

政策创新到游客行为这一路径中的 $p < 0.01$，即该路径显著，其标准化路径系数为 0.552，由此说明，原假设 HC7 成立。

政策创新到自然环境依托型景区高质量发展模式这一路径中的 $p < 0.01$，即该路径显著，其标准化路径系数为 0.421，由此说明，原假设 HC8 成立。

由此可以看出，居民意愿、政策创新和游客行为作为原始自然观光旅游业态创新与自然环境依托型景区高质量协同发展的结构方程中至关重要的三个中间变量，原始自然观光旅游业态创新对游客行为、居民意愿的直接作用效应分别为 0.347 和 0.814，路径系数相对较高。这表明原始自然观光旅游业态的开展和可持续发展离不开游客与居民的支持，旅游业得以复兴，旅游经济得以复苏，区域甚至全国经济才能得以加快发展，而人民的生活水平可以提高，原始自然观光旅游新业态才有坚实的产业基础和发展的支持。同时，原始自然观光旅游新业态的发展不仅是低密度旅游业态创新的关键因素，也是景区高质量发展的重要方式，通过在自然景区中发展原始自然观光旅游新业态，可以提高当地居民经济收入，提升居民的生活经济水平。

政策创新也是其中关键的一步，虽然与原始自然观光旅游新业态无直接作用关系，但是对自然环境依托型景区高质量的发展模式有着直接作用效应，其直接作用效应十分显著。政策创新必须始终坚持以人为本、保护生态环境、坚持环境可持续发展的原则，将居民、景区工作人员与游客相结合，多渠道布局，使原始自然观光旅游业态创新与自然环境依托型景区高质量发展协同，实现低密度旅游与景区的高质量发展和原始自然环境相结合，实现可持续性发展。

针对以上研究成果，可获得两个重要的启示：一是原始自然观光旅游新业态作为低密度旅游业态创新的重要类型之一，对于景区高质量发展起着十分重要的作用，在其发展过程中，既要清楚原始自然环境的重要性，也要明白自然环境的脆弱性，更要注重可持续性发展。二是游客行为、居民意愿和政策创新都是重要的中间变量，在进行景区高质量发展的时刻更要注重景区吸引力打造，将重点放在游客、居民与景区工作人员上来。

5.4　原始自然探险旅游业态创新与自然环境依托型景区高质量发展协同模式数据验证

5.4.1　研究设计

原始自然探险旅游业态创新与自然环境依托型景区高质量发展模式在上文中已从理论的角度进行分析与描述，为能够进一步严谨且科学地研究原始自然探险旅游业态创新与自然环境依托型景区高质量的发展协同模式，采用定量分析进行数据验证。在方法的采用上，选择结构方程模型来完成，其原因与上述乡村俱乐部旅游业态创新与休闲度假服务型景区高质量发展协同相类似。为了能够收集到足够量的研究数据，专门为此设计了《原始自然探险旅游业态创新对自然环境依托型景区高质量协同发展作用调查问卷》（以下简称"调查问卷"）。在设计问卷时，对原始自然探险旅游新业态、自然产业结构、游客行为、自然环境依托型景区高质量发展模式四个方面重点把握，并通过观测变量的设定去测度潜在变量，为原始自然探险旅游业态创新与自然环境依托型景区高质量发展协同模式分析提供第一手数据。由此，设计该调查问卷时，主要包括四个方面的内容。其中，第一部分是"原始自然探险旅游新业态评测"，第二部分是"自然产业结构评测"，第三部分是"游客行为评测"，第四部分是"自然环境依托型景区高质量发展模式评测"（见附录）。

为事先了解原始自然探险旅游业态创新与自然环境依托型景区高质量发展模式的发展状况，以便后续修改增减不适宜题目，以及在调研的基础上开始做针对性的显著性的数据采收，于 2021 年 12 月 1 日展开了预调研。以原始自然探险旅游新业态为主要调研目的地，如湖北省的神农架国家自然保护区，其中当地居民、工作人员和游客为调研对象。由于正式调研的数据采集是在预调研基础上进行的，因此在第二阶段的正式调研开始前，对预调研的结果进行统计并修改不合适题项，正式调研时间为 2021 年 10 月至 2021 年 12 月展开，为了取得原始自然探险旅游业态创新与自然环境依托型景区高质量发展协同模式的数据，在问卷设计中充分考虑到相关的内容。

5.4.2　变量度量

在进行结构方程实证分析原始自然探险旅游业态创新与自然环境依托型景区高质量发展模式时，为解决关键变量的度量问题，对研究假设 HD1～HD5 进行假设检验。本书中原始自然探险旅游新业态、自然环境依托型景区高质量发展模式、自然产业结构、游客行为主要关键变量，通过对这 4 个关键变量进行度量，为实现研究目的，对潜在变量进行定量分析时可采用观测变量。其中，根据变量之间的相互关系和内在机制，在这 4 个关键变量中，原始自然探险旅游新业态是被解释变量，自然环境依托型景区高质量发展模式、自然产业结构以及游客行为是解释变量，同时给予测度。

原始自然探险旅游新业态（Primitive Nature Exploration，PNE）作为低密度旅游业态创新的重要种类之一，其兴起和延续不仅与区域的环境资源、居民、市场环境紧密相关，也受新冠肺炎疫情的防控常态化所影响，并且相较乡村俱乐部旅游业态创新与休闲度假服务型景区高质量发展模式，原始自然探险旅游新业态更侧重于新鲜感和生态资源的基础作用。从这个方面出发，研究从生态资源（PNE1）、市场条件（PNE2）、客源市场（PNE3）以及制度条件（PNE4）四个方面对原始自然探险旅游新业态进行测量，共设定了 10 个观测变量，见表 5 – 35。

表 5 – 35　　　　　　　　原始自然探险旅游新业态（PNE）指标量表

变量		具体内容
生态资源（PNE1）	PNE11	原始生态资源发展潜力与自然环境依托型的符合程度
	PNE12	原始自然探险的生态保护状况与自然环境依托型的符合程度
	PNE13	原始自然探险的生态资源可持续性与自然环境依托型的符合程度

续表

变量		具体内容
市场条件（PNE2）	PNE21	原始自然探险的市场定位与自然环境依托型的符合程度
	PNE22	原始自然探险的市场规模与自然环境依托型的符合程度
	PNE23	原始自然探险的市场构成与自然环境依托型的符合程度
客源市场（PNE3）	PNE31	原始自然探险的客源素质与自然环境依托型的符合程度
	PNE32	原始自然探险的客源等级与自然环境依托型的符合程度
制度条件（PNE4）	PNE41	原始自然探险的制度完善程度与自然环境依托型的符合程度
	PNE42	原始自然探险的制度执行状况与自然环境依托型的符合程度

　　自然产业结构（Natural Industrial Structure，NIS）作为研究设计中的基础因素变量，也是原始自然探险旅游业态创新与自然环境依托型景区高质量协同发展的关键性中间变量。本章结合相关学者成果，从低密度旅游与景区高质量发展两方面出发，从资源（NIS1）、游客需求（NIS2）、基础设施（NIS3）和经济效益（NIS4）四个方面进行度量，前三个方面分别设定了2个观测变量，第四个设置了3个观测变量，因此共有9个观测变量进行测度，见表5－36。

表5－36　　　　　　　　　自然产业结构（NIS）指标量表

变量		具体内容
资源（NIS1）	NIS11	原始自然资源禀赋与自然环境依托型的符合程度
	NIS12	原始资源的开发利用与自然环境依托型的符合程度
	NIS13	游客需求资源与自然环境依托型的符合程度
基础设施（NIS2）	NIS21	游客需求项目与景区发展和自然环境依托型的符合程度
	NIS22	原始探险的服务基础设施与自然环境依托型的符合程度
	NIS23	原始探险的安全基础设施与自然环境依托型的符合程度
经济效益（NIS3）	NIS31	原始自然的经济收益分配与自然环境依托型的符合程度
	NIS32	原始自然的未来经济收益与自然环境依托型的符合程度
	NIS33	原始自然的经济收益分配与自然环境依托型的符合程度

　　旅游业经济发展问题是既能缓解整体经济复苏问题、满足游客新需求的重要问题之一，也是促进景区高质量发展的关键一步。旅游业的发展促进了区域经济发展、产业高质量发展，而旅游经济得以延续发展的关键在于游客，因此游客行为是

主要变量。游客行为（Tourist Behavior，TB）不仅是旅游经济发展的重要内容，也是原始自然探险旅游新业态的关键因素。鉴于此，本章结合相关文献结论，设置了游客偏好与动机（TB1）、游客满意度（TB2）和游客安全意识（TB3）三个方面，并分别各设置3个观测变量进行度量，共有9个观测变量，见表5-37。

表 5-37   游客行为（TB）指标量表

变量		具体内容
游客偏好与动机（TB1）	TB11	游客旅游目的地需求偏好与自然环境依托型的符合程度
	TB12	游客旅游产品选择偏好与自然环境依托型的符合程度
	TB13	游客体验价值质量与自然环境依托型的符合程度
游客满意度（TB2）	TB21	游客满意度行为偏好与自然环境依托型的符合程度
	TB22	游客满意度影响因素与自然环境依托型的符合程度
	TB23	游客满意度现状与自然环境依托型的符合程度
安全意识（TB3）	TB31	游客安全意识建设与自然环境依托型的符合程度
	TB32	游客安全意识现状与自然环境依托型的符合程度
	TB33	游客安全意识感知价值与自然环境依托型的符合程度

自然环境依托型（Natural Environment Dependent，NED）是景区高质量发展的重要模式之一。结合目前社会特征和机制，设计了8个观测变量进行测度，分别对组织协调机制（NED1）、企业参与机制（NED2）、长效监督机制（NED3）这三个方面进行测度，见表5-38。

表 5-38   自然环境依托型（NED）指标量表

变量		具体内容
组织协调机制（NED1）	NED11	组织协调机制内容与自然环境依托型的符合程度
	NED12	组织协调机制力度与自然环境依托型的符合程度
	NED13	组织协调机制构成与自然环境依托型的符合程度
居民参与机制（NED2）	NED21	居民参与机制力度与自然环境依托型的符合程度
	NED22	居民参与机制构成与自然环境依托型的符合程度
	NED23	居民参与机制内容与自然环境依托型的符合程度
长效监督机制（NED3）	NED31	长效监督机制内容与自然环境依托型的符合程度
	NED32	长效监督机制实施与自然环境依托型的符合程度

5.4.3　样本数据分析

与上文的研究获取数据方式一致，本节分析所用数据为调查问卷收集所得的第一手资料。此次问卷共发放 340 份，其中回收数量有 287 份，回收率为 84.4%，其中，在填写问卷中出现答案填报不完全以及模糊选择的现象，这导致部分调查问卷无效，只能剔除。剔除掉无效问卷后，共有 251 份有效问卷，即有效率为 87.5%。由此，所获取数量符合样本数量的要求，开始实施实证分析。在开始实证分析之前，为了获取原始自然探险旅游业态创新与自然环境依托型景区高质量发展的协同模式状况，不仅需要科学、合理地设计调查问卷，还需通过信度和效度去对由问卷调查所得到的数据进行分析。

在进行描述性统计时，依照本文的研究设计思路，将关注点集聚在原始自然探险旅游新业态、自然产业结构、游客行为与自然环境依托型景区高质量发展模式四个方面上，同时计算出各个主要变量的平均值和标准差，见表 5－39。

表 5－39　　　　　　　　　　　描述性统计

主要变量	潜在变量	观测变量	均值	标准差	最大值	最小值
原始自然探险旅游新业态（PNE）	生态资源（PNE1）	PNE11	3.69	0.667	5	1
		PNE12	3.73	0.694	5	1
	市场条件（PNE2）	PNE21	3.68	0.722	5	1
		PNE22	3.61	0.781	5	1
		PNE23	3.65	0.779	5	2
	客源市场（PNE3）	PNE31	3.59	0.778	5	1
		PNE32	3.58	0.731	5	1
	制度条件（PNE4）	PNE41	3.66	0.731	5	1
		PNE42	3.60	0.748	5	1
自然产业结构（NIS）	资源（NIS1）	NIS11	3.17	0.674	5	1
		NIS12	3.24	0.714	5	1
		NIS13	3.14	0.648	5	1

主要变量	潜在变量	观测变量	均值	标准差	最大值	最小值
自然产业结构（NIS）	基础设施（NIS2）	NIS21	3.28	0.669	5	1
		NIS22	3.19	0.721	5	1
		NIS23	3.20	0.761	5	1
	经济效益（NIS3）	NIS31	3.15	0.728	5	1
		NIS32	3.08	0.701	5	1
		NIS33	3.39	0.761	5	1
游客行为（TB）	游客偏好与动机（TB1）	TB11	3.28	0.747	5	1
		TB12	3.20	0.670	5	1
		TB13	3.02	0.687	5	1
	游客满意度（TB2）	TB21	3.32	0.718	5	1
		TB22	3.07	0.725	5	1
		TB23	3.15	0.683	5	1
	安全意识（TB3）	TB31	3.25	0.733	5	1
		TB32	3.10	0.696	5	1
		TB33	3.17	0.707	5	1
自然环境依托型（NED）	组织协调机制（NED1）	NED11	3.37	0.781	5	1
		NED12	3.37	0.809	5	1
		NED13	3.41	0.750	5	1
	农户参与机制（NED2）	NED21	3.29	0.734	5	1
		NED22	3.64	0.713	5	1
		NED23	3.62	0.741	5	1
	长效监督机制（NED3）	NED31	3.59	0.754	5	1
		NED32	3.63	0.730	5	1

从理论与实践两个角度来看，一个好的量表应同时具有足够的信度、效度和实用性。因此，为了核验调查问卷中的数据是否能够符合条件，我们不仅需要进行信度检验，还需检验效度，我们运用 SPSS 22 软件对原始自然探险旅游业态创新与自然环境依托型景区高质量发展协同模式上的变量数据进行信度分析，在通过信度检验后，检验效度，得到各变量的 Cronbach's α 系数值，具体统计结果见表 5-40。

表 5 - 40 信度和效度检验结果

变量	题项	α	因子载荷		KMO 值	累计方差解释率	Bartlett's 球形检验		
							X2	df	Sig.
原始自然探险旅游新业态（PNE）	2	0.909	PNE11	0.911	0.963	79.786	2762.673	36	0.000
			PNE12	0.908					
	3	0.911	PNE21	0.915					
			PNE22	0.883					
			PNE23	0.866					
	2	0.884	PNE31	0.876					
			PNE32	0.914					
	2	0.872	PNE41	0.887					
			PNE42	0.878					
自然产业结构（NIS）	3	0.729	NIS11	0.696	0.937	53.540	1024.022	36	0.000
			NIS12	0.742					
			NIS13	0.758					
	3	0.753	NIS21	0.775					
			NIS22	0.810					
			NIS23	0.679					
	3	0.684	NIS31	0.766					
			NIS32	0.697					
			NIS33	0.648					
游客行为（TB）	3	0.708	TB11	0.731	0.915	56.561	834.776	36	0.000
			TB12	0.684					
			TB13	0.721					
	3	0.669	TB21	0.675					
			TB22	0.690					
			TB23	0.697					
	3	0.685	TB41	0.736					
			TB42	0.657					
			TB43	0.678					

变量	题项	α	因子载荷		KMO 值	累计方差解释率	Bartlett's 球形检验		
							X2	df	Sig.
自然环境依托型（NED）	3	0.836	NED11	0.751	0.905	74.052	1307.917	28	0.000
			NED12	0.792					
			NED13	0.763					
	3	0.800	NED21	0.782					
			NED22	0.792					
			NED23	0.836					
	2	0.771	NED31	0.762					
			NED32	0.752					

由表 5－40 所示的检验结果可知，Cronbach's α 系数值全部大于 0.6，表明量表的数据具有较好的信度，均为可接受范围；各观测变量的因子载荷均大于 0.6，KMO 值也在 0.90 以上，Bartlett's 球形检验显著性水平均为 0.000，表示通过显著性检验，说明该量表具有良好的效度。综合以上结果可知，本书所采用的问卷数据具备反映测量变量真实架构的能力，说明该问卷的数据是符合要求的。

5.4.4 结构方程模型

原始自然探险旅游业态创新与自然环境依托型景区高质量发展协同模式研究中，根据变量特征来构建模型。在原始自然探险旅游业态创新与自然环境依托型景区高质量发展协同模式的理论模型中，原始自然探险旅游新业态、自然产业结构、游客行为和自然环境依托型景区高质量发展模式这四个因素都为无法直接观测到的潜在变量。这四个变量的二级指标也是潜在变量。将原始自然探险旅游业态创新与自然环境依托型景区高质量发展协同作用中的各个变量在确定好变量的性质特征后进行分类，原始自然探险旅游新业态是内生变量，自然产业结构和游客行为是中间变量，自然环境依托型景区高质量发展模式是外生变量。建立原始自然探险旅游业态创新与自然环境依托型景区高质量发展协同的初始结构方程模型，并用箭头来表示变量间的因果关系，如图 5－10 所示。

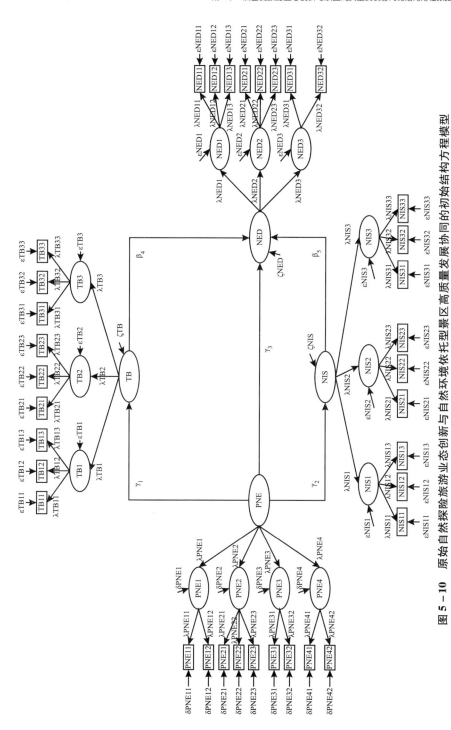

图 5 - 10　原始自然探险旅游业态创新与自然环境依托型景区高质量发展协同的初始结构方程模型

从图 5 - 10 所示的原始自然探险旅游业态创新与自然环境依托型景区高质量协同发展的初始结构方程模型中可以看出，原始自然探险旅游业态创新与自然环境依托型景区高质量协同发展的初始结构方程中有 9 项外生显变量，内生显变量 29 项，外生潜变量 4 项，内生潜变量 10 项。

具体表现为：9 项外生显变量分别为：PNE11 - 12、PNE21 - 23、PNE31 - 32、PNE41 - 42。

29 项内生显变量分别为：NIS11 - 13、NIS21 - 23、NIS31 - 33、TB11 - 13、TB21 - 23、TB31 - 33、TB41 - 43、NED11 - 13、NED21 - 23、NED31 - 32。

4 项外生潜变量分别为：PNE1 - 4。

10 项内生潜变量：NIS1 - 3、TB1 - 4、NED1 - 3。

为搭建好观测变量的结构方程式，进行原始自然探险旅游业态创新与自然环境依托型景区高质量协同发展模式的数据验证时，需要设置相关的变量。根据建立的初始结构方程模型分析得出，外生潜变量包括原始自然探险旅游新业态、生态资源、市场条件、客源市场、制度条件（PNE、PNE1 - 4），分别用 ζ_{PNE}、ζ_{PNE1}、ζ_{PNE2}、ζ_{PNE3}、ζ_{PNE4}表示。内生潜变量包括游客行为、游客偏好与动机、游客满意度、安全意识、自然产业结构、资源、基础设施、经济效益、自然环境依托型、组织协调机制、居民协调机制、长效监督机制（TB、TB1 - 3、NIS、NIS1 - 3、NED、NED1 - 3），分别用 η_{TB}、η_{TB1}、η_{TB2}、η_{TB3}、η_{NIS}、η_{NIS1}、η_{NIS2}、η_{NIS3}、η_{NED}、η_{NED1}、η_{NED2}、η_{NED3}表示。

基于此，建立原始自然探险旅游业态创新与自然环境依托型景区高质量协同发展模式的观测模型方程式：

$$
\begin{cases}
\chi_{PNE1} = \lambda_{PNE1}\xi_{PNE} + \delta_{PNE1}, \quad \chi_{PNE2} = \lambda_{PNE2}\xi_{PNE} + \delta_{PNE2}, \quad \chi_{PNE3} = \lambda_{PNE3}\xi_{PNE} + \delta_{PNE3}, \\
\chi_{PNE4} = \lambda_{PNE4}\xi_{PNE} + \delta_{PNE4}, \\
\chi_{PNE11} = \lambda_{PNE11}\xi_{PNE1} + \delta_{PNE11}, \quad \chi_{PNE12} = \lambda_{PNE12}\xi_{PNE1} + \delta_{PNE12}, \\
\chi_{PNE21} = \lambda_{PNE21}\xi_{PNE2} + \delta_{PNE21}, \quad \chi_{PNE22} = \lambda_{PNE22}\xi_{PNE2} + \delta_{PNE22}, \\
\chi_{PNE23} = \lambda_{PNE23}\xi_{PNE2} + \delta_{PNE23}, \\
\chi_{PNE31} = \lambda_{PNE31}\xi_{PNE3} + \delta_{PNE31}, \quad \chi_{PNE32} = \lambda_{PNE32}\xi_{PNE3} + \delta_{PNE32}, \\
\chi_{PNE41} = \lambda_{PNE41}\xi_{PNE4} + \delta_{PNE41}, \quad \chi_{PNE42} = \lambda_{PNE42}\xi_{PNE4} + \delta_{PNE42}, \\
Y_{TB1} = \lambda_{TB1}\eta_{TB} + \varepsilon_{TB1}, \quad Y_{TB2} = \lambda_{TB2}\eta_{TB} + \varepsilon_{TB2}, \quad Y_{TB3} = \lambda_{TB3}\eta_{TB} + \varepsilon_{TB3}, \\
Y_{TB11} = \lambda_{TB11}\eta_{TB1} + \varepsilon_{TB11}, \quad Y_{TB12} = \lambda_{TB12}\eta_{TB1} + \varepsilon_{TB12}, \quad Y_{TB13} = \lambda_{TB13}\eta_{TB1} + \varepsilon_{TB13}, \\
Y_{TB21} = \lambda_{TB21}\eta_{TB2} + \varepsilon_{TB21}, \quad Y_{TB22} = \lambda_{TB22}\eta_{TB2} + \varepsilon_{TB22}, \quad Y_{TB23} = \lambda_{TB23}\eta_{TB2} + \varepsilon_{TB23}, \\
Y_{TB31} = \lambda_{TB31}\eta_{TB3} + \varepsilon_{TB31}, \quad Y_{TB32} = \lambda_{TB32}\eta_{TB3} + \varepsilon_{TB32}, \quad Y_{TB33} = \lambda_{TB33}\eta_{TB3} + \varepsilon_{TB33}, \\
Y_{NIS1} = \lambda_{NIS1}\eta_{NIS} + \varepsilon_{NIS1}, \quad Y_{NIS2} = \lambda_{NIS2}\eta_{NIS} + \varepsilon_{NIS2}, \quad Y_{NIS3} = \lambda_{NIS3}\eta_{NIS} + \varepsilon_{NIS3}, \\
\end{cases}
$$

$$
\begin{cases}
Y_{NIS11} = \lambda_{NIS11}\eta_{NIS1} + \varepsilon_{NIS11}, \quad Y_{NIS12} = \lambda_{NIS12}\eta_{NIS1} + \varepsilon_{NIS12}, \\
Y_{NIS21} = \lambda_{NIS21}\eta_{NIS2} + \varepsilon_{NIS21}, \quad Y_{NIS22} = \lambda_{NIS22}\eta_{NIS2} + \varepsilon_{NIS22}, \quad Y_{NIS23} = \lambda_{NIS23}\eta_{NIS2} + \varepsilon_{NIS23}, \\
Y_{NIS31} = \lambda_{NIS31}\eta_{NIS3} + \varepsilon_{NIS31}, \quad Y_{NIS32} = \lambda_{NIS32}\eta_{NIS3} + \varepsilon_{NIS32}, \quad Y_{NIS33} = \lambda_{NIS33}\eta_{NIS3} + \varepsilon_{NIS33}, \\
Y_{NIS41} = \lambda_{NIS41}\eta_{NIS4} + \varepsilon_{NIS41}, \quad Y_{NIS42} = \lambda_{NIS42}\eta_{NIS4} + \varepsilon_{NIS42}, \quad Y_{NIS43} = \lambda_{NIS43}\eta_{NIS4} + \varepsilon_{NIS43}, \\
Y_{NED1} = \lambda_{NED1}\eta_{NED} + \varepsilon_{NED1}, \quad Y_{NED2} = \lambda_{NED2}\eta_{NED} + \varepsilon_{NED2}, \quad Y_{NED3} = \lambda_{NED3}\eta_{NED} + \varepsilon_{NED3}, \\
Y_{NED11} = \lambda_{NED11}\eta_{NED1} + \varepsilon_{NED11}, \quad Y_{NED12} = \lambda_{NED12}\eta_{NED1} + \varepsilon_{NED12}, \\
Y_{NED13} = \lambda_{NED13}\eta_{NED1} + \varepsilon_{NED13}, \\
Y_{NED21} = \lambda_{NED21}\eta_{NED2} + \varepsilon_{NED21}, \quad Y_{NED22} = \lambda_{NED22}\eta_{NED2} + \varepsilon_{NED22}, \\
Y_{NED23} = \lambda_{NED23}\eta_{NED2} + \varepsilon_{NED23}, \\
Y_{NED31} = \lambda_{NED31}\eta_{NED3} + \varepsilon_{NED31}, \quad Y_{NED32} = \lambda_{NED32}\eta_{NED3} + \varepsilon_{NED32}.
\end{cases}
$$

基于上述观测模型方程式，建立结构模型的方程公式表达如下：

$$
\begin{cases}
\eta_{TB} = \gamma_1\xi_{PNE} + \zeta_{TB}, \\
\eta_{NIS} = \gamma_2\xi_{PNE} + \zeta_{NIS}, \\
\eta_{NED} = \gamma_3\xi_{PNE} + \beta_4\eta_{TB} + \beta_5\eta_{NIS} + \zeta_{NED}.
\end{cases}
$$

其中，原始自然探险旅游新业态对游客行为、自然产业结构、自然环境依托型景区高质量发展模式的作用路径用 γ_1、γ_2、γ_3 来表示。用 β_4 代表游客行为对自然环境依托型景区高质量发展模式的作用路径，用 β_5 代表自然产业结构对自然环境依托型景区高质量发展模式的作用路径。建立测量模型和结构模型后，还需检验拟合度、参数及决定系数等是否合适，本章选用了八种较常用的检测方法对上述指标进行检验，判断初始模型是否符合现实。研究选用了 CMIN\DF、CFI、IFI、TLI、AGFI、PNFI、RMSEA、RMR 八种拟合指标检验法来对数据进行检验。在 AMOS 中导入上文的初始结构方程模型，运行后可获得原始自然探险与自然环境依托型协同模式的拟合指标值，详见表 5-41。

表 5-41　　　　　　　　初始结构方程模型适配度检验结果

拟合指标	CMIN\DF	CFI	IFI	TLI	AGFI	PNFI	RMSEA	RMR
观测值	1.764	0.938	0.938	0.932	0.818	0.791	0.053	0.031
拟合标准	<3.00	>0.90	>0.90	>0.90	>0.80	>0.50	<0.08	<0.05

由表 5-41 可知，各项拟合指标检验数值均已达标，也说明了上文所建立的初始结构方程模型与调查问卷所得的数据进行了很好的拟合。因此，下一步测度初始结构方程中各路径系数，见表 5-42。

表 5 -42 初始结构方程路径估计

路径	模型路径	非标准化路径系数	标准化路径系数	S. E.	C. R.	P
γ₁	PNE→TB	0.569	0.706	0.057	9.973	***
γ₂	PNE→NIS	0.570	0.752	0.050	11.382	***
γ₃	PNE→NED	0.250	0.313	0.074	3.363	***
β₄	TB→NED	0.261	0.263	0.075	3.499	***
β₅	NIS→NED	0.293	0.278	0.083	3.508	***

注：*** 表示 $p < 0.01$。

由表 5 -42 可以看出，在原始自然探险旅游业态创新到自然环境依托型景区高质量发展的初始结构方程模型路径估计结果中，绝大部分的指标都显现 0.01 的显著状水平，基本都可以通过显著性的检验，同时原始自然探险旅游新业态到自然环境依托型景区高质量发展模式的作用路径 $p < 0.01$。因此构建思路基本正确，上文所示初始结构方程模型为最终的结构方程模型，见图 5 -11。

5.4.5 结果讨论

根据上述实证结果，结合上文的研究假设与概念模型，对原始自然探险旅游新业态与自然环境依托型景区高质量协同发展的假设验证和路径系数做归纳总结。

原始自然探险旅游新业态到游客行为这一路径中的 $p < 0.01$，即该路径显著，其标准化路径系数为 0.706，由此说明，原假设 HD1 成立。

原始自然探险旅游新业态到自然产业结构这一路径中的 $p < 0.01$，即该路径显著，其标准化路径系数为 0.752，由此说明，原假设 HD2 成立。

原始自然探险旅游新业态到自然环境依托型景区高质量发展模式这一路径中的 $p < 0.01$，即该路径显著，其标准化路径系数为 0.313，由此说明，原假设 HD3 成立。

游客行为到自然环境依托型景区高质量发展模式这一路径中的 $p < 0.01$，即该路径显著，其标准化路径系数为 0.263，由此说明，原假设 HD4 成立。

自然产业结构到自然环境依托型景区高质量发展模式这一路径中的 $p < 0.01$，即该路径显著，其标准化路径系数为 0.278，由此说明，原假设 HD5 成立。

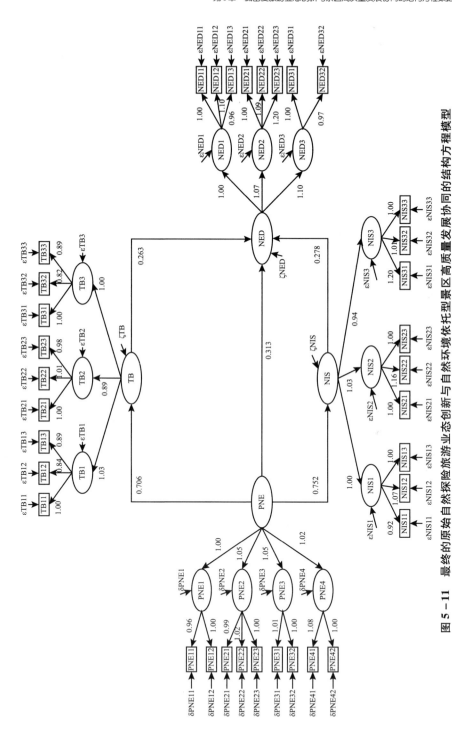

图5-11 最终的原始自然探险旅游业态创新与自然环境依托型景区高质量发展协同的结构方程模型

由此可以了解到，在建立的原始自然探险旅游业态创新与自然环境依托型景区高质量协同发展的结构方程中，游客行为和自然产业结构都是重要的中间变量，原始自然探险旅游新业态对游客行为和自然产业结构的直接作用效应分别为0.706和0.752，远高于上述研究搭建的结构方程模型中的其他作用路径数值。这正说明了原始自然探险旅游新业态的开发和发展离不开游客和自然资源，建立具有核心吸引力的旅游景区，才能吸引到、激发更多的游客动机，使他们将旅游需求转移到原始自然探险旅游新业态中来，成为原始自然探险旅游新业态的基础和发展支撑。原始自然探险旅游新业态不仅是低密度旅游业态创新的重要内容，也是实现景区高质量发展的关键路径，自然产业结构中资源的开发、基础设施的完善，同时也促进着经济效益的提升，能缓解经济问题，提高整体经济收益水平。

原始自然探险旅游新业态到自然环境依托型景区高质量发展模式，有两种作用路径方式，一方面是直接作用，其直接作用的效应为0.313，另一方面是间接作用，其间接作用路径有两条：一是原始自然探险旅游新业态通过影响游客行为对自然环境依托型景区高质量发展模式产生作用效应，其间接作用效应为0.186（0.703×0.263）；二是原始自然探险旅游新业态通过影响自然产业结构对自然环境依托型景区高质量发展模式产生间接作用效应，其间接作用效应为0.209（0.752×0.278）。总体而言，原始自然探险旅游新业态对自然环境依托型景区高质量发展模式产生了0.395的间接作用。

在原始自然探险旅游新业态与自然环境依托型景区高质量协同发展的结构方程模型的实证结果中，可以看出，原始自然探险旅游新业态到自然环境依托型景区高质量发展模式的间接作用效应高于直接作用效应。在现实中的景区高质量发展中，务必充分发展游客行为和自然产业结构两个中间变量，以创新为重点，打造核心吸引力，丰富自然产业资源，合理利用自然产业结构，推动游客行为，实现原始自然探险旅游业态创新与自然环境依托型景区高质量之间的协同发展。

5.5 狩猎海钓体验旅游业态创新与民俗文化体验型景区高质量发展协同模式的数据验证

5.5.1 研究设计

狩猎海钓体验旅游业态创新与民俗文化体验型景区高质量发展模式在上文已

经进行过深刻的分析和解释，为保证严谨，采用数据实证前需要进一步识别狩猎海钓体验旅游业态创新与民俗文化体验型景区高质量协同发展模式。在方法的采用上，选择结构方程模型来完成，选择原因与上述的乡村俱乐部旅游业态创新与休闲度假服务型景区高质量发展一致。为了得到研究所需要的数据要求，我们专门设计了《狩猎海钓体验旅游业态创新与民俗文化体验型景区高质量发展协同作用调查问卷》（以下简称"调查问卷"）。在问卷的整个设计过程中，着重于狩猎海钓体验旅游新业态、游客行为、文化创新、民俗文化体验型景区高质量发展模式四个方面，并针对潜在变量设计观测变量去进行测度，为狩猎海钓体验旅游业态创新与民俗文化体验型景区高质量发展协同模式的分析提供第一手数据。因此，问卷主要包括以下四个方面的内容：第一部分是"狩猎海钓体验旅游新业态评测"，第二部分是"游客行为评测"，第三部分是"文化创新评测"，第四部分是"民俗文化体验型景区高质量发展模式评测"（见附录）。

为事先了解狩猎海钓体验旅游业态创新与民俗文化体验型景区高质量发展模式的发展状况，以便后续修改增减不适宜题目，于 2021 年 12 月 8 日展开了预调研。狩猎海钓体验旅游新业态为主要调研目的地，如四川川西国际狩猎场，其中当地居民、工作人员和游客为调研对象。由于正式调研的数据采集是在预调研基础上进行的，因此在第二阶段的正式调研开始前，对预调研的结果进行统计并修改不合适题项，正式调研时间为 2021 年 10 月至 2021 年 12 月，为了取得狩猎海钓体验旅游业态创新与民俗文化体验型景区高质量发展协同模式的数据，在问卷设计中应充分考虑到相关的内容。

5.5.2　变量度量

对狩猎海钓体验旅游业态创新与民俗文化体验型景区高质量发展模式联合利用结构方程来进行实证分析，对研究假设 HE1～HE5 进行假设检验，目前最突出的问题在于关键变量的度量问题。在本书的研究思路中，以狩猎海钓体验旅游新业态、文化创新、游客行为以及民俗文化体验型景区高质量发展模式为主要的关键变量，并度量这四个主要变量，对潜在变量进行定量分析时可采用观测变量，实现研究目的。参照变量间的相关作用关系和内在机制因素，对这四个变量进行分类，狩猎海钓体验旅游新业态为被解释变量，文化创新、游客行为、民俗文化体验型景区高质量发展模式是解释变量，分别对解释变量和被解释变量进行测度。

狩猎海钓体验旅游新业态（Hunting and sea fishing experience，HSFE）是低密度旅游业态创新的旅游形式之一，作为民俗文化的新鲜产品，越来越多的游客参与其中，享受其中的乐趣，进而促进民俗文化经济发展。狩猎海钓体验旅游新业态的兴起和发展不仅与其独特的人文环境有关，可以使游客在其中得到充足的体验感，还包括了传统的民俗文化、优美的自然环境及恰当的区位条件为打造核心吸引力旅游目的地提供了强有力的条件。由此，可将区位条件（HSFE1）、人文环境（HSFE2）、客源市场（HSFE3）、文化基础（HSFE4）四个变量作为狩猎海钓体验旅游新业态的解释变量。针对这四个变量专门设置了9个观测变量，见表5-43。

表5-43 　　　　　　　　　狩猎海钓体验旅游新业态（HSFE）指标量表

变量		具体内容
区位条件（HSFE1）	HSFE11	狩猎海钓体验的交通状况与民俗文化体验型的符合程度
	HSFE12	狩猎海钓体验的地理位置与民俗文化体验型的符合程度
人文环境（HSFE2）	HSFE21	狩猎海钓体验新奇体验程度与民俗文化体验型的符合程度
	HSFE22	狩猎海钓体验的人文层级与民俗文化体验型的符合程度
	HSFE23	狩猎海钓体验人文景观项目与民俗文化体验型的符合程度
客源市场（HSFE3）	HSFE31	狩猎海钓体验的客源层次与民俗文化体验的符合程度
	HSFE32	狩猎海钓体验的客源素质与民俗文化体验的符合程度
文化基础（HSFE4）	HSFE41	狩猎海钓体验的民俗文化底蕴与民俗文化体验的符合程度
	HSFE42	狩猎海钓体验的文化创新与民俗文化体验的符合程度

文化创新（Cultural Innovation，CI）作为研究过程中关键的解释变量，更是研究狩猎海钓体验旅游业态创新与民俗文化体验型景区高质量协同发展的重要纽带。文化创新是狩猎海钓体验旅游新业态在民俗文化中得以兴起与发展的关键因素，其他文化与传统民俗文化相互结合发展创造出新的旅游产业，加之自媒体的推广，使其更为火热。因此设置9个观测变量对其他文化（HSFE1）、自媒体（HSFE2）、文化底蕴（HSFE3）三个方面进行测度，见表5-44。

表5-44 　　　　　　　　　　　　文化创新（CI）指标量表

变量		具体内容
其他文化（CI1）	CI11	其他文化方式与民俗文化体验型的符合程度
	CI12	其他文化规模与民俗文化体验型的符合程度
	CI13	其他文化的经济效益与民俗文化体验型的符合程度

变量		具体内容
自媒体（CI2）	CI21	自媒体平台构成与民俗文化体验型的符合程度
	CI22	自媒体平台主流方式与民俗文化体验型的符合程度
	CI23	自媒体推广面向群众与民俗文化体验型的符合程度
文化底蕴（CI3）	CI31	文化底蕴发展的创新技术与民俗文化体验型的符合程度
	CI32	传统文化底蕴组成和保护现状与民俗文化体验型的符合程度
	CI33	文化底蕴的延伸性与民俗文化体验型的符合程度

　　游客是促进旅游业经济发展的重要推动力量，要重视游客这个因素。发展狩猎海钓体验旅游新业态，游客行为和市场走向是发展期间必定观测的要素，只有了解游客的偏好和动机，清楚他们的旅游需求，才能更有针对性地设计旅游产品，并提高服务质量，进而提升游客的主体感知，促进狩猎海钓体验旅游新业态的发展以及旅游经济发展。由此，游客行为（Tourist Behavior，TB）可设定游客偏好（TB1）、满意度（TB2）、服务质量（TB3）三个方向，并设定了9个观测变量，对其进行测度，见表5－45。

表5－45　　　　　　　　　　游客行为（TB）指标量表

变量		具体内容
游客偏好与动机（TB1）	TB11	游客旅游目的地需求偏好与民俗文化体验型的符合程度
	TB12	游客旅游产品选择偏好与民俗文化体验型的符合程度
	TB13	游客需求转变方向与民俗文化体验型的符合程度
满意度（TB2）	TB21	游客满意度行为偏好与民俗文化体验型的符合程度
	TB22	游客满意度影响因素与民俗文化体验型的符合程度
	TB23	游客满意度现状与民俗文化体验型的符合程度
服务质量（TB3）	TB31	游客服务质量需求与民俗文化体验型的符合程度
	TB32	游客服务质量体验与民俗文化体验型的符合程度
	TB33	游客服务质量保障与民俗文化体验型的符合程度

　　民俗文化体验型（Folk Culture Experience，FCE）作为发展景区高质量的重要形式之一，具体设定为组织协调机制（FCE1）、居民参与机制（FCE2）、长效监督机制（FCE3）三个方向，针对其设定了8个测量变量进行观测，详细情况见表5－46。

表 5 –46 民俗文化体验型（FCE）指标量表

变量		具体内容
组织协调机制 （FCE1）	FCE11	组织协调机制力度与民俗文化体验型模式的符合程度
	FCE12	组织协调机制内容与民俗文化体验型模式的符合程度
	FCE13	组织协调机制构成与民俗文化体验型模式的符合程度
居民参与机制 （FCE2）	FCE21	居民参与机制内容与民俗文化体验型模式的符合程度
	FCE22	居民参与机制力度与民俗文化体验型模式的符合程度
	FCE23	居民参与机制构成与民俗文化体验型模式的符合程度
长效监督机制 （FCE3）	FCE31	长效监督机制内容与民俗文化体验型模式的符合程度
	FCE32	长效监督机制实施与民俗文化体验型模式的符合程度

5.5.3 样本数据分析

相类似于乡村俱乐部旅游新业态和企业会奖旅游新业态与休闲度假服务型景区高质量发展，本章采用调查问卷方式去获取第一手数据资料，共发放 340 份调查问卷，回收 300 份问卷，回收率为 90.9%，其中，在填写问卷中出现答案填报不完全以及模糊选择的现象，这导致部分调查问卷出现了无效选项，只能剔除。通过最后的统计，在 300 份的回收问卷中，共有 278 份有效问卷，有效率为 92.7%。在开始实证分析之前，为了获取狩猎海钓体验旅游业态创新与民俗文化体验型景区高质量发展的协同模式状况，不仅需要科学地、合理地设计调查问卷，还需通过信度和效度去对由问卷调查所得到的数据进行分析。

在进行描述性统计时，以狩猎海钓体验旅游新业态、文化创新、游客行为与民俗文化体验型景区高质量发展模式四个方面为重点把握的内容，计算出每个变量的观测变量的均值和标准差，利用 SPSS 22 统计分析软件进行模型的数据计算分析，见表 5 –47。

表 5 –47 描述性统计

主要变量	潜在变量	观测变量	均值	标准差	最大值	最小值
狩猎海钓体验 旅游新业态 （HSFE）	区位条件（HSFE1）	HSFE11	3.70	0.664	5	1
		HSFE12	3.73	0.691	5	1

续表

主要变量	潜在变量	观测变量	均值	标准差	最大值	最小值
狩猎海钓体验旅游新业态（HSFE）	人文环境（HSFE2）	HSFE21	3.69	0.723	5	1
		HSFE22	3.61	0.782	5	1
		HSFE23	3.65	0.779	5	2
	客源市场（HSFE3）	HSFE31	3.59	0.771	5	1
		HSFE32	3.59	0.728	5	1
	文化基础（HSFE4）	HSFE41	3.67	0.795	5	1
		HSFE42	3.62	0.753	5	1
文化创新（CI）	其他文化（CI1）	CI11	3.16	0.678	5	1
		CI12	3.24	0.713	5	1
		CI13	3.14	0.645	5	1
	自媒体（CI2）	CI21	3.28	0.663	5	1
		CI22	3.20	0.725	5	1
		CI23	3.20	0.760	5	1
	文化底蕴（CI3）	CI31	3.15	0.726	5	1
		CI32	3.08	0.697	5	1
		CI33	3.38	0.758	5	1
游客行为（TB）	游客偏好与动机（TB1）	TB11	3.28	0.746	5	1
		TB12	3.20	0.670	5	1
		TB13	3.02	0.683	5	1
	满意度（TB2）	TB21	3.32	0.717	5	1
		TB22	3.08	0.728	5	1
		TB23	3.14	0.679	5	1
	服务质量（TB3）	TB31	3.25	0.729	5	1
		TB32	3.11	0.693	5	1
		TB33	3.18	0.707	5	1
民俗文化体验型（FCE）	组织协调机制（FCE1）	FCE11	3.37	0.775	5	1
		FCE12	3.37	0.807	5	1
		FCE13	3.41	0.748	5	1
	居民参与机制（FCE2）	FCE21	3.29	0.733	5	1
		FCE22	3.64	0.710	5	1
		FCE23	3.62	0.739	5	1
	长效监督机制（FCE3）	FCE31	3.59	0.752	5	1
		FCE32	3.63	0.727	5	1

从理论与实践两个角度来看，一个好的量表应同时具有足够的信度、效度和实用性。因此，为了核验调查问卷中的数据是否能够符合条件，我们不仅需要进行信度检验，还需检验效度，我们运用 SPSS 22 软件对狩猎海钓体验旅游业态创新与民俗文化体验型景区高质量发展协同模式上的变量数据进行信度分析，在通过信度检验后，检验效度，得到各变量的 Cronbach's α 系数值，具体统计结果见表 5 –48。

表 5 –48　　　　　　　　　　信度和效度检验结果

变量	题项	α	因子载荷		KMO 值	累计方差解释率	Bartlett's 球形检验		
							X2	df	Sig.
狩猎海钓体验旅游新业态（HSFE）	2	0.909	HSFE11	0.911	0.963	79.676	2779.864	36	0.000
			HSFE12	0.908					
	3	0.908	HSFE21	0.914					
			HSFE22	0.879					
			HSFE23	0.865					
	2	0.886	HSFE31	0.880					
			HSFE32	0.914					
	2	0.873	HSFE41	0.886					
			HSFE42	0.876					
文化创新（CI）	3	0.719	CI11	0.681	0.934	52.871	1010.450	36	0.000
			CI12	0.735					
			CI13	0.755					
	3	0.749	CI21	0.769					
			CI22	0.806					
			CI23	0.672					
	3	0.682	CI31	0.768					
			CI32	0.696					
			CI33	0.647					
游客行为（TB）	3	0.707	TB11	0.727	0.916	48.487	838.069	36	0.000
			TB12	0.685					
			TB13	0.722					
	3	0.664	TB21	0.671					
			TB22	0.687					
			TB23	0.697					

变量	题项	α	因子载荷		KMO 值	累计方差解释率	Bartlett's 球形检验		
							X2	df	Sig.
游客行为（TB）	3	0.684	TB31	0.732	0.916	48.487	838.069	36	0.000
			TB32	0.666					
			TB33	0.677					
民俗文化体验型（FCE）	3	0.841	FCE11	0.755	0.904	74.133	1324.305	28	0.000
			FCE12	0.792					
			FCE13	0.772					
	3	0.796	FCE21	0.778					
			FCE22	0.789					
			FCE23	0.834					
	2	0.768	FCE31	0.756					
			FCE32	0.750					

由表 5 - 46 所示的检验结果可知，Cronbach's α 系数值均大于 0.6，表明量表的数据具有较好的信度，均为可接受范围；各观测变量的因子载荷均大于 0.6，KMO 值也在 0.90 以上，Bartlett's 球形检验显著性水平为 0.000，均通过显著性检验，说明该量表具有良好的效度。综合以上结果可知，本书所采用的问卷数据具备反映测量变量真实架构的能力，说明该问卷的数据是符合要求的。

5.5.4 结构方程模型

从狩猎海钓体验旅游业态创新与民俗文化体验型景区高质量协同发展模式的理论模型可以了解到，狩猎海钓体验旅游新业态、文化创新、游客行为、民俗文化体验型这四个因素都是无法直接观测到的潜在变量，这四个变量所涉及的二级指标也是潜在变量。显性变量和潜在变量都存在内生变量和外生变量两种形式。在确定变量的性质之后，进行下一步分类，分类整理狩猎海钓体验旅游业态创新与民俗文化体验型景区高质量的协同发展模式中的各项变量，其中，狩猎海钓体验旅游新业态是内生变量，文化创新和游客行为是中间变量，民俗文化体验型景区高质量发展模式是外生变量。由此，建立的狩猎海钓体验旅游业态创新与民俗文化体验型景区高质量协同发展模式的初始结构方程模型，见图 5 - 12。

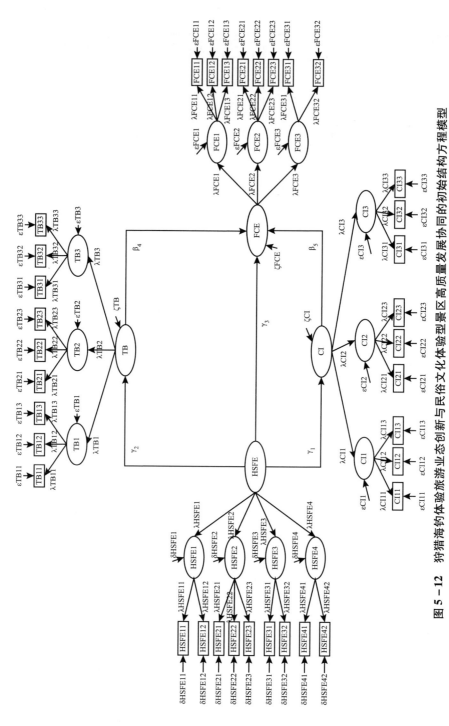

图 5－12　狩猎海钓体验旅游业态创新与民俗文化体验型景区高质量发展协同初始结构方程模型

图 5 - 12 展示了狩猎海钓体验旅游业态创新与民俗文化体验型景区高质量协同发展的初始结构方程模型，从中可以看到，有外生显变量 9 项，内生显变量 26 项，外生潜变量 4 项，内生潜变量 9 项。

具体表现为：9 项外生显变量分别为：HSFE11 - 12、HSFE21 - 23、HSFE31 - 32、HSFE41 - 42。

26 项内生显变量分别为：CI11 - 13、CI21 - 23、CI31 - 33、TB11 - 13、TB21 - 23、TB31 - 33、FCE11 - 13、FCE21 - 23、FCE31 - 32。

4 项外生潜变量分别为：HSFE1 - 4。

9 项内生潜变量分别为：CI1 - 3、TB1 - 3、FCE1 - 3。

为了搭建观测变量的结构方程式，在开始进行狩猎海钓体验旅游业态创新与民俗文化体验型景区高质量协同发展的模式数据验证时，必须对有关的变量进行设置。依照研究所搭建的初始结构方程模型的有关变量，外生潜变量是狩猎海钓体验旅游新业态、区位条件、人文环境、客源市场、文化基础（HSFE、HSFE1 - 4），分别用 ζ_{HSFE}、ζ_{HSFE1}、ζ_{HSFE2}、ζ_{HSFE3}、ζ_{HSFE4} 表示。内生潜变量是文化创新、其他文化、自媒体、文化底蕴、游客行为、游客偏好与动机、满意度、服务质量、民俗文化体验型、组织协调机制、居民参与机制、长效监督机制（CI、CI1 - 3、TB、TB1 - 3、FCE、FCE1 - 3），分别用 η_{CI}、η_{CI1}、η_{CI2}、η_{CI3}、η_{TB}、η_{TB1}、η_{TB2}、η_{TB3}、η_{FCE}、η_{FCE1}、η_{FCE2}、ζ_{FCE3} 表示。

因此，狩猎海钓体验旅游业态创新与民俗文化体验型景区高质量协同发展模式的观测模型方程式为：

$$
\begin{cases}
\chi_{HSFE1} = \lambda_{HSFE1}\xi_{HSFE} + \delta_{HSFE1}, \quad \chi_{HSFE2} = \lambda_{HSFE2}\xi_{HSFE} + \delta_{HSFE2}, \\
\chi_{HSFE3} = \lambda_{HSFE3}\xi_{HSFE} + \delta_{HSFE3}, \\
\chi_{HSFE11} = \lambda_{HSFE11}\xi_{HSFE1} + \delta_{HSFE11}, \quad \chi_{HSFE12} = \lambda_{HSPE12}\xi_{HSFE1} + \delta_{HSFE12}, \\
\chi_{HSFE21} = \lambda_{HSFE21}\xi_{HSFE2} + \delta_{HSFE21}, \quad \chi_{HSFE22} = \lambda_{HSFE22}\xi_{HSFE2} + \delta_{HSFE22}, \\
\chi_{HSFE23} = \lambda_{HSFE23}\xi_{HSFE2} + \delta_{HSFE23}, \\
\chi_{HSFE31} = \lambda_{HSFE31}\xi_{HSFE3} + \delta_{HSFE31}, \quad \chi_{HSFE32} = \lambda_{HSFE32}\xi_{HSFE3} + \delta_{HSFE32}, \\
\chi_{HSFE41} = \lambda_{HSFE41}\xi_{HSFE4} + \delta_{HSFE41}, \quad \chi_{HSFE42} = \lambda_{HSFE42}\xi_{HSFE4} + \delta_{HSFE42}, \\
Y_{CI1} = \lambda_{CI1}\eta_{CI} + \varepsilon_{CI1}, \quad Y_{CI2} = \lambda_{CI2}\eta_{CI} + \varepsilon_{CI2}, \quad Y_{CI3} = \lambda_{CI3}\eta_{CI} + \varepsilon_{CI3}, \\
Y_{CI11} = \lambda_{CI11}\eta_{CI1} + \varepsilon_{CI11}, \quad Y_{CI12} = \lambda_{CI12}\eta_{CI1} + \varepsilon_{CI12}, \quad Y_{CI13} = \lambda_{CI13}\eta_{CI1} + \varepsilon_{CI13}, \\
Y_{CI21} = \lambda_{CI21}\eta_{CI2} + \varepsilon_{CI21}, \quad Y_{CI22} = \lambda_{CI22}\eta_{CI22} + \varepsilon_{CI22}, \quad Y_{CI23} = \lambda_{CI23}\eta_{CI2} + \varepsilon_{CI23}, \\
Y_{CI31} = \lambda_{CI31}\eta_{CI3} + \varepsilon_{CI31}, \quad Y_{CI32} = \lambda_{CI32}\eta_{CI3} + \varepsilon_{CI32}, \quad Y_{CI33} = \lambda_{CI33}\eta_{CI3} + \varepsilon_{CI33}, \\
Y_{TB1} = \lambda_{TB1}\eta_{TB} + \varepsilon_{TB1}, \quad Y_{TB2} = \lambda_{TB2}\eta_{TB} + \varepsilon_{TB2}, \quad Y_{TB3} = \lambda_{TB3}\eta_{TB} + \varepsilon_{TB3},
\end{cases}
$$

$$\begin{cases} Y_{TB11} = \lambda_{TB11}\eta_{TB1} + \varepsilon_{TB11}, & Y_{TB12} = \lambda_{TB12}\eta_{TB1} + \varepsilon_{TB12}, & Y_{TB13} = \lambda_{TB13}\eta_{TB1} + \varepsilon_{TB13}, \\ Y_{TB21} = \lambda_{TB21}\eta_{TB2} + \varepsilon_{TB21}, & Y_{TB22} = \lambda_{TB22}\eta_{TB2} + \varepsilon_{TB22}, & Y_{TB23} = \lambda_{TB23}\eta_{TB2} + \varepsilon_{TB23}, \\ Y_{TB31} = \lambda_{TB31}\eta_{TB3} + \varepsilon_{TB31}, & Y_{TB32} = \lambda_{TB32}\eta_{TB3} + \varepsilon_{TB32}, & Y_{TB33} = \lambda_{TB33}\eta_{TB3} + \varepsilon_{TB33}, \\ Y_{FCE1} = \lambda_{FCE1}\eta_{FCE} + \varepsilon_{FCE1}, & Y_{FCE2} = \lambda_{FCE2}\eta_{FCE} + \varepsilon_{FCE2}, & Y_{FCE3} = \lambda_{FCE3}\eta_{FCE} + \varepsilon_{FCE3}, \\ Y_{FCE11} = \lambda_{FCE11}\eta_{FCE1} + \varepsilon_{FCE11}, & Y_{FCE12} = \lambda_{FCE12}\eta_{FCE1} + \varepsilon_{FCE12}, & Y_{FCE13} = \lambda_{FCE13}\eta_{FCE1} + \varepsilon_{FCE13}, \\ Y_{FCE21} = \lambda_{FCE21}\eta_{FCE2} + \varepsilon_{FCE21}, & Y_{FCE22} = \lambda_{FCE22}\eta_{FCE2} + \varepsilon_{FCE22}, & Y_{FCE23} = \lambda_{FCE23}\eta_{FCE2} + \varepsilon_{FCE23}, \\ Y_{FCE31} = \lambda_{FCE31}\eta_{FCE3} + \varepsilon_{FCE31}, & Y_{FCE32} = \lambda_{FCE32}\eta_{FCE3} + \varepsilon_{FCE32}. \end{cases}$$

基于上述观测模型方程式，可根据其一般形式搭建出狩猎海钓体验旅游业态创新与民俗文化体验型景区高质量协同发展的结构方程式，具体如下：

$$\begin{cases} \eta_{CI} = \gamma_1 \xi_{HSFE} + \zeta_{CI}, \\ \eta_{TB} = \gamma_2 \xi_{HSFE} + \zeta_{TB}, \\ \eta_{FCE} = \gamma_3 \xi_{HSFE} + \beta_4 \eta_{TB} + \beta_5 \eta_{CI} + \zeta_{FCE}. \end{cases}$$

其中，狩猎海钓体验旅游新业态对文化创新、游客行为、民俗文化体验型景区高质量发展模式的作用路径用 γ_1、γ_2、γ_3 表示。用 β_4 代表游客行为对民俗文化体验型的作用路径，用 β_5 代表着文化创新对民俗文化体验型景区高质量发展模式的作用路径。建立测量模型和结构模型后，还需检验拟合度、参数及决定系数等是否合适，本章选用了八种较常用的检测方法对上述指标进行检验，判断初始模型是否符合现实。分别为 CMIN\DF、CFI、IFI、TLI、AGFI、PNFI、RMSEA、RMR。在 AMOS 中导入上文的初始结构方程模型，运行后可获得狩猎海钓体验旅游业态创新与民俗文化体验型景区高质量发展协同模式的拟合指标值，见表 5 - 49。

表 5 - 49　　　　　　　　初始结构方程模型适配度检验结果

拟合指标	CMIN\DF	CFI	IFI	TLI	AGFI	PNFI	RMSEA	RMR
观测值	1.762	0.938	0.939	0.932	0.819	0.791	0.052	0.031
拟合标准	<3.00	>0.90	>0.90	>0.90	>0.80	>0.50	<0.08	<0.05

由表 5 - 49 可知，各项拟合指标检验数值均已达标，也说明了上文所建立的初始结构方程模型与调查问卷所得的数据进行了很好的拟合。因此，下一步测度初始结构方程中各路径系数，见表 5 - 50。

表 5 – 50 初始结构方程路径估计

路径	模型路径	非标准化路径系数	标准化路径系数	S. E.	C. R.	P
γ_1	HSFE→CI	0.567	0.750	0.050	11.339	***
γ_2	HSFE→TB	0.566	0.706	0.057	9.967	***
γ_3	HSFE→FCE	0.248	0.309	0.075	3.321	***
β_4	TB→FCE	0.261	0.262	0.075	3.482	***
β_5	CI→FCE	0.326	0.283	0.113	2.882	***

注：*** 表示 $p < 0.01$。

从表 5 – 50 可以看出，绝大部分的指标都显现 0.01 的显著状水平，基本都可以通过显著性的检验。由于狩猎海钓体验旅游新业态到民俗文化体验型景区高质量发展模式的作用路径为 0.309，且 $p < 0.01$。因此构建思路基本正确，上文所示初始结构方程模型为最终的结构方程模型，见图 5 – 13。

5.5.5 结果讨论

根据上述的结构方程实证的结果，并结合所提出的研究假设与概念模型，对狩猎海钓体验旅游业态创新与民俗文化体验型景区高质量协同发展的假设验证和路径系数做归纳得出以下结论。

狩猎海钓体验旅游新业态到文化创新这一路径中的 $p < 0.01$，即该路径显著，其标准化路径系数为 0.750，由此说明，原假设 HE1 成立。

狩猎海钓体验旅游新业态到游客行为这一路径中的 $p < 0.01$，即该路径显著，其标准化路径系数为 0.706，由此说明，原假设 HE2 成立。

狩猎海钓体验旅游新业态到民俗文化体验型景区高质量发展模式这一路径中的 $p < 0.01$，即该路径显著，其标准化路径系数为 0.309，由此说明，原假设 HE3 成立。

游客行为到民俗文化体验型景区高质量发展模式这一路径中的 $p < 0.01$，即该路径显著，其标准化路径系数为 0.262，由此说明，原假设 HE4 成立。

文化创新到民俗文化体验型景区高质量发展模式这一路径中的 $p < 0.01$，即该路径显著，其标准化路径系数为 0.283，由此说明，原假设 HE5 成立。

由此可以了解到，在建立的狩猎海钓体验旅游业态创新与民俗文化体验型景区高质量协同发展的结构方程中，文化创新和游客行为都是重要的中间变量，而且在结构方程模型中高于其他作用路径相应的影响作用。狩猎海钓体验旅游新业

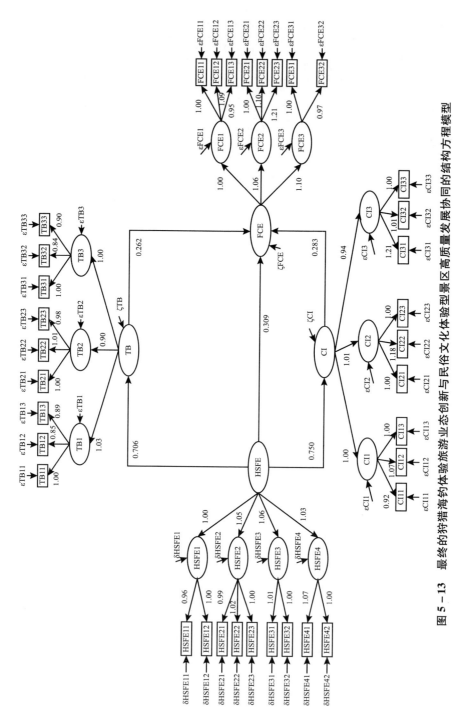

图 5 - 13　最终的狩猎海钓体验旅游业态创新与民俗文化体验型景区高质量发展协同的结构方程模型

态分别对文化创新和游客行为产生的直接作用效应为 0.750 和 0.706，远高于上述研究搭建的结构方程模型中的其他作用路径。该数据表明了狩猎海钓体验旅游新业态的引用和发展离不开游客和创新的基础，建立具有核心吸引力的旅游景区，才能吸引和激发更多的游客动机，使他们将旅游需求转移到狩猎海钓体验旅游新业态中来，成为狩猎海钓体验旅游新业态的基础和发展的支撑。狩猎海钓体验旅游新业态不仅是低密度旅游业态创新的重要内容，也是实现景区高质量发展的关键路径，其他文化与传统民俗文化的相互融合，碰撞出新的火花，让急需释放旅游需求的人们感受新的旅游项目，提升幸福感，并且提高经济效益水平。

狩猎海钓体验旅游新业态到民俗文化体验型景区高质量发展模式有两种作用路径方式，一方面是直接作用，其直接作用的效应为 0.309。另一方面是间接作用，其间接作用路径有两条：一是狩猎海钓体验旅游新业态通过影响文化创新对民俗文化体验型景区高质量发展模式产生作用效应，其间接作用效应为 0.212（0.750×0.283）；二是狩猎海钓体验旅游新业态通过影响游客行为对民俗文化体验型产生间接作用效应，其间接作用效应为 0.185（0.702×0.262）。总体而言，狩猎海钓体验旅游新业态对民俗文化体验型景区高质量发展模式产生了 0.397 的间接作用。

在狩猎海钓体验旅游业态创新与民俗文化体验型景区高质量协同发展的结构方程模型的实证结果中，可以看出，狩猎海钓体验旅游新业态到民俗文化体验型景区高质量发展模式的间接作用效应高于直接作用效应。在现实中的景区高质量发展中，务必充分参考文化创新与游客两个中间变量，以传统文化底蕴为起点，以创新为重点，打造核心吸引力，丰富民俗文化传统旅游形式，合理利用传统民俗，并利用现有最新自媒体方式，各方面各个渠道进行宣传，提高狩猎海钓的知名度，打造高质量旅游景区。在原有传统民俗文化基础上进行创新举措，取之精华，狩猎海钓体验旅游新业态不仅是新模式旅游，更是新民俗文化旅游，通过不断创新旅游营销点，增强旅游核心吸引力。

5.6　房车游艇宿营旅游业态创新与民俗文化体验型协同发展模式数据验证

5.6.1　研究设计

房车游艇宿营旅游业态创新与民俗文化体验型景区高质量发展模式在上文中

已从理论的角度分析与描述，为能够进一步且严谨、科学地研究房车游艇宿营旅游业态创新与民俗文化体验型景区高质量发展的协同模式，采用定量分析进行数据验证。在方法的采用上，选择结构方程模型来完成，原因与上述的乡村俱乐部旅游业态创新与休闲度假服务型景区高质量发展一致。我们专门设计了《房车游艇宿营旅游业态创新对民俗文化体验型景区高质量协同发展作用调查问卷》（以下简称"调查问卷"）收集所需数据。房车游艇宿营旅游新业态、旅游发展模式、景区建设规模游客行为及民俗文化体验型四个方面是在问卷设计中所需要重点关注的，对潜在变量进行度量时可通过观测变量的设置，为房车游艇宿营旅游业态创新对民俗文化体验型景区高质量发展协同模式的分析提供第一手数据。因此，问卷主要包括以下五个方面的内容：第一部分是"房车游艇宿营旅游新业态评测"，第二部分是"旅游发展模式评测"，第三部分是"游客行为评测"，第四部分是"景区建设规模评测"，第五部分是"民俗文化体验型景区高质量发展模式评测"（见附录）。

为事先了解房车游艇宿营旅游业态创新与民俗文化体验型景区高质量发展模式的发展状况，以便后续修改增减不适宜题目，于2021年12月22日展开了预调研，房车游艇宿营旅游新业态为主要调研目的地，如深圳七星湾房车露营地，其中当地居民、工作人员和游客为调研对象。由于正式调研的数据采集是在预调研基础上进行的，因此在第二阶段的正式调研开始前，对预调研的结果进行统计并修改不合适题项，正式调研时间为2021年10月至2021年12月，为了取得房车游艇宿营旅游业态创新与民俗文化体验型景区高质量发展协同模式的数据，在问卷设计中要充分考虑到相关的内容。

5.6.2　变量度量

在进行结构方程实证分析房车游艇宿营旅游业态创新对民俗文化体验型景区高质量发展时，为解决关键变量的度量问题，对研究假设 HF1～HF8 进行假设检验。本书中房车游艇宿营旅游新业态、民俗文化体验型景区高质量发展模式、景区建设规模、游客行为、旅游发展模式为主要关键变量，为实现研究目的，通过对这 5 个关键变量进行度量，对潜在变量进行定量分析时可采用观测变量。其中，房车游艇宿营旅游新业态是被解释变量，景区建设规模、游客行为、旅游发展模式和民俗文化体验型景区高质量发展模式是解释变量，同时给予测度。

房车游艇宿营旅游新业态（Rv Yacht Camping，RYC）是低密度旅游业态创新的新旅游形式之一，也为民俗文化在新时期的创新旅游模式，逐渐吸引大量高品质游客，进而促进了旅游经济效益，说明其有效且快速。房车游艇宿营旅游新业态的兴起和流行与新时代社会环境紧密相关，包括政策要求、自然环境、人口密度等，完美的自然生态资源、独特的人文环境为促进游客游玩行为提供基础条件。由此，研究设置房车游艇宿营旅游新业态的三个解释变量分别为社会环境（RYC1）、自然生态（RYC2）、人文环境（RYC3）。房车游艇宿营旅游新业态是高级别的旅游项目，而市场选择也是非常重要的，客源市场的规模和层次直接影响到房车游艇宿营旅游新业态的整体经济发展，因此将客源市场变量（RYC4）也加入房车游艇宿营旅游新业态中作为一个解释变量。因此，针对以上解释变量，共设定 4 个观测变量，见表 5 - 51。

表 5 - 51　　　　　　　房车游艇宿营旅游新业态（RYC）指标量表

变量		具体内容
社会环境（RYC1）	RYC11	房车游艇宿营发展环境与民俗文化体验型的符合程度
	RYC12	社会旅游环境现行规则与民俗文化体验型的符合程度
自然生态（RYC2）	RYC21	房车游艇宿营周边生态环境与民俗文化体验型的符合程度
	RYC22	房车游艇宿营自然发展潜力与民俗文化体验型的符合程度
人文环境（RYC3）	RYC31	房车游艇宿营的传统民俗文化与民俗文化体验型的符合程度
	RYC32	房车游艇宿营的文化创新与民俗文化体验型的符合程度
客源市场（RYC4）	RYC41	房车游艇宿营的客源市场规模与民俗文化体验型的符合程度
	RYC42	房车游艇宿营的客源素质与民俗文化体验型的符合程度

旅游发展模式（Tourism Development Model，TDM）不仅是房车游艇宿营旅游新业态项目的基础变量，也是房车游艇宿营旅游业态创新与民俗文化体验型景区高质量之间协同发展模式的关键中间变量。旅游发展模式是重要的解释变量，传统的民俗文化、新颖的外来文化、自媒体都是推动其发展的主动力。由此，本章从民俗文化（TDM1）、外来文化（TDM2）、自媒体（TDM3）和建设主体（TDM4）四方面出发，总共设定 10 个观测变量分别进行变量度量，见表 5 - 52。

表 5 - 52　　　　　　　旅游发展模式（TDM）指标量表

变量		具体内容
民俗文化（TDM1）	TDM11	民俗文化发展现状与民俗文化体验型的符合程度
	TDM12	民俗文化经济效益与民俗文化体验型的符合程度
	TDM13	民俗文化未来经济效益与民俗文化体验型的符合程度

变量		具体内容
外来文化（TDM2）	TDM21	外来文化方式与民俗文化体验型的符合程度
	TDM22	外来文化的经济效益与民俗文化体验型的符合程度
自媒体（TDM3）	TDM31	自媒体平台构成与民俗文化体验型的符合程度
	TDM32	自媒体平台主流方式与民俗文化体验型的符合程度
建设主体（TDM4）	TDM41	社会环境状况与民俗文化体验型的符合程度
	TDM42	现有文化规模与民俗文化体验型的符合程度
	TDM43	流行营销渠道构成与民俗文化体验型的符合程度

在发展房车游艇宿营旅游新业态，注重产业创新的同时，更要在此基础上促进游客行为，不仅要掌握游客的偏好和旅游动机，更要留意主体感知和服务质量，进而发展创新旅游产品，促进旅游经济可持续性发展。鉴于此，将游客行为分为旅游动机（TB1）和主体感知价值（TB2）两个变量，设置4个观测变量进行测度，见表5-53。

表5-53   游客行为（TB）指标量表

变量		具体内容
旅游动机（TB1）	TB11	游客旅游目的地需求偏好与民俗文化体验型的符合程度
	TB12	游客旅游产品选择偏好与民俗文化体验型的符合程度
主体感知价值（TB2）	TB21	游客主体感知价值与民俗文化体验型的符合程度
	TB23	游客主体感知延续性与民俗文化体验型的符合程度

景区建设规模（Scenic Area Construction Scale，SACS）是重要的被解释变量，也是研究房车游艇宿营旅游业态创新与民俗文化体验型景区高质量协同发展的重要中间变量之一。将其设置为空间布局（SACS1）、服务经济（SACS2）、要素整合（SACS3）三个方面，共设置9个观测变量，见表5-54。

表5-54   景区建设规模（SACS）指标量表

变量		具体内容
空间布局（SACS1）	SACS11	景区空间布局范围与民俗文化体验型的符合程度
	SACS12	景区空间布局结构与民俗文化体验型的符合程度
	SACS13	景区空间规模建设与民俗文化体验型的符合程度

续表

变量		具体内容
服务经济（SACS2）	SACS21	景区服务经济定位与民俗文化体验型的符合程度
	SACS22	景区服务经济结构与民俗文化体验型的符合程度
	SACS23	景区服务经济利润与民俗文化体验型的符合程度
要素整合（SACS3）	SACS31	景区劳动力要素与民俗文化体验型的符合程度
	SACS32	景区资本要素与民俗文化体验型的符合程度
	SACS33	景区文化要素与民俗文化体验型的符合程度

民俗文化体验型（Folk Culture Experience，FCE）作为发展景区高质量的重要形式之一，设计了8个观测变量进行测度，分别对组织协调机制（FCE1）、居民参与机制（FCE2）、长效监督机制（FCE3）这三个方面进行测度，见表5－55。

表5－55　　　　民俗文化体验型（FCE）指标量表

变量		具体内容
组织协调机制（FCE1）	FCE11	组织协调机制力度与民俗文化体验型模式的符合程度
	FCE12	组织协调机制内容与民俗文化体验型模式的符合程度
	FCE13	组织协调机制构成与民俗文化体验型模式的符合程度
农户参与机制（FCE2）	FCE21	农户参与机制内容与民俗文化体验型模式的符合程度
	FCE22	农户参与机制力度与民俗文化体验型模式的符合程度
	FCE23	农户参与机制构成与民俗文化体验型模式的符合程度
长效监督机制（FCE3）	FCE31	长效监督机制内容与民俗文化体验型模式的符合程度
	FCE32	长效监督机制实施与民俗文化体验型模式的符合程度

5.6.3 样本数据分析

类似于乡村俱乐部旅游新业态和企业会奖旅游新业态与休闲度假服务型景区高质量发展，本节采用调查问卷方式去获取第一手数据资料，共发放330份调查问卷，回收293份问卷，回收率为88.8%，其中，在填写问卷中出现答案填报不完全以及模糊选择的现象，这导致部分调查问卷无效，只能剔除。剔除掉无效问卷后，共有251份有效问卷，即有效率为91.9%。总体来说，符合要求，可以开

239

始进一步的实证分析。为了获取房车游艇宿营旅游业态创新与民俗文化体验型景区高质量发展的协同模式状况，不仅需要科学、合理地设计调查问卷，还必须通过信度和效度去对由问卷调查所得到的数据进行分析。

在进行描述性统计时，重点把握房车游艇宿营旅游新业态、旅游发展模式、游客行为、景区建设规模与民俗文化体验型景区高质量发展模式五个方面，计算出每个变量的观测变量的均值和标准差，见表5-56。

表5-56　　　　　　　　　　描述性统计

主要变量	潜在变量	观测变量	均值	标准差	最大值	最小值
房车游艇宿营旅游新业态（RYC）	社会环境（RYC1）	RYC11	3.70	0.676	5	1
		RYC12	3.73	0.707	5	1
	自然生态（RYC2）	RYC21	3.68	0.738	5	1
		RYC22	3.60	0.799	5	1
	人文环境（RYC3）	RYC31	3.57	0.792	5	1
		RYC32	3.58	0.745	5	1
	客源市场（RYC4）	RYC41	3.65	0.812	5	1
		RYC42	3.60	0.763	5	1
旅游发展模式（TDM）	民俗文化（TDM1）	TDM11	3.16	0.694	5	1
		TDM12	3.25	0.710	5	1
		TDM13	3.15	0.661	5	1
	外来文化（TDM2）	TDM21	3.29	0.666	5	1
		TDM22	3.20	0.743	5	1
	自媒体（TDM3）	TDM31	3.20	0.773	5	1
		TDM32	3.15	0.740	5	1
	建设主体（TDM4）	TDM41	3.39	0.763	5	1
		TDM42	3.18	0.683	5	1
		TDM43	3.20	0.727	5	1
游客行为（TB）	游客偏好与动机（TB1）	TB11	3.35	0.777	5	1
		TB12	3.36	0.818	5	1

续表

主要变量	潜在变量	观测变量	均值	标准差	最大值	最小值
游客行为（TB）	服务质量（TB3）	TB21	3.40	0.753	5	1
		TB22	3.29	0.737	5	1
景区建设规模（SACS）	空间布局（SACS1）	SACS11	3.26	0.753	5	1
		SACS12	3.20	0.678	5	1
		SACS13	3.01	0.683	5	1
	服务经济（SACS2）	SACS21	3.31	0.718	5	1
		SACS22	3.06	0.725	5	1
		SACS23	3.14	0.700	5	1
	要素整合（SACS3）	SACS31	3.23	0.732	5	1
		SACS32	3.10	0.687	5	1
		SACS33	3.19	0.727	5	1
民俗文化体验型（FCE）	组织协调机制（FCE1）	FCE11	3.62	0.723	5	1
		FCE12	3.61	0.751	5	1
		FCE13	3.59	0.769	5	1
	居民参与机制（FCE2）	FCE21	3.63	0.738	5	1
		FCE22	3.64	0.773	5	1
		FCE23	3.70	0.732	5	1
	长效监督机制（FCE3）	FCE31	3.59	0.811	5	1
		FCE32	3.66	0.743	5	1

　　从理论与实践两个角度来看，一个好的量表应同时具有足够的信度、效度和实用性。因此，为了核验调查问卷中的数据是否能够符合条件，我们不仅需要进行信度检验，还需检验效度，我们运用 SPSS 22 软件对房车游艇宿营旅游业态创新与民俗文化体验型景区高质量发展协同模式上的变量数据进行信度分析，在通过信度检验后，检验效度，得到各变量的 Cronbach's α 系数值，具体统计结果见表 5 -57。

表 5 - 57 信度和效度检验结果

变量	题项	α	因子载荷		KMO 值	累计方差解释率	Bartlett's 球形检验		
							X2	df	Sig.
房车游艇宿营旅游新业态（RYC）	2	0.907	RYC11	0.917	0.957	80.709	1126.027	28	0.000
			RYC12	0.910					
	2	0.872	RYC21	0.911					
			RYC22	0.880					
	2	0.885	RYC31	0.883					
			RYC32	0.921					
	2	0.872	RYC41	0.883					
			RYC42	0.881					
旅游发展模式（TDM）	3	0.730	TDM11	0.679	0.939	52.885	1097.512	45	0.000
			TDM12	0.726					
			TDM13	0.749					
	2	0.765	TDM21	0.770					
			TDM22	0.826					
	2	0.646	TDM31	0.663					
			TDM32	0.759					
	3	0.675	TDM41	0.617					
			TDM42	0.721					
			TDM43	0.741					
游客行为（TB）	2	0.801	TB11	0.836	0.823	73.117	508.846	6	0.000
			TB12	0.878					
	2	0.792	TB21	0.840					
			TB22	0.866					
景区建设规模（SACS）	3	0.705	SACS11	0.721	0.910	47.777	735.284	36	0.000
			SACS12	0.682					
			SACS13	0.710					
	3	0.661	SACS21	0.662					
			SACS22	0.674					
			SACS23	0.697					

续表

变量	题项	α	因子载荷		KMO 值	累计方差解释率	Bartlett's 球形检验		
							X2	df	Sig.
景区建设规模（SACS）	3	0.692	SACS31	0.729	0.910	47.777	735.284	36	0.000
			SACS32	0.655					
			SACS33	0.687					
民俗文化体验型（FCE）	3	0.857	FCE11	0.835	0.946	70.470	1487.948	28	0.000
			FCE12	0.832					
			FCE13	0.837					
	3	0.865	FCE21	0.836					
			FCE22	0.865					
			FCE23	0.841					
	2	0.829	FCE31	0.832					
			FCE32	0.838					

由表 5－57 所示的检验结果可知，Cronbach's α 系数值均都大于 0.6，表明量表的数据具有较好的信度，均为可接受范围；各观测变量的因子载荷均大于 0.6，KMO 值也在 0.80 以上，Bartlett's 球形检验显著性水平均为 0.000，表示通过显著性检验，说明该量表具有良好的效度。综合以上结果可知，本书所采用的问卷数据具备反映测量变量真实架构的能力，说明该问卷的数据是符合要求的。

5.6.4 结构方程模型

在房车游艇宿营旅游业态创新与民俗文化体验型景区高质量发展协同模式研究中，根据变量特征来构建模型。在房车游艇宿营旅游业态创新与民俗文化体验型景区高质量发展协同模式的理论模型中，房车游艇宿营旅游新业态、旅游发展模式、游客行为、景区建设规模、民俗文化体验型景区高质量发展模式这五个因素都为无法直接观测到的潜在变量，这五个变量的二级指标也是潜在变量。将房车游艇宿营旅游业态创新与民俗文化体验型景区高质量发展协同作用中的各个变量在确定好变量的性质特征后进行分类，房车游艇宿营旅游新业态是内生变量，旅游发展模式、景区建设规模和游客行为是中间变量，民俗文化体验型景区高质量发展模式是外生变量。建立房车游艇宿营旅游业态创新与民俗文化体验型景区高质量发展协同的初始结构方程模型并用箭头来表示变量间的因果关系，如图 5－14 所示。

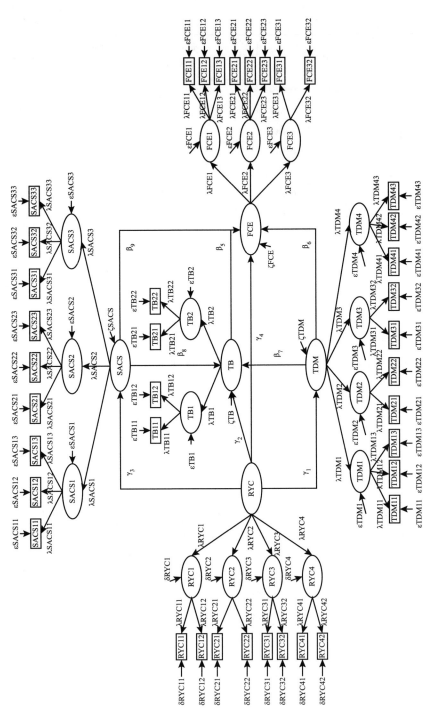

图 5－14 房车游艇宿营旅游业态创新与民俗文化体验型景区高质量发展协同的初始结构方程模型

图 5-14 展现了房车游艇宿营旅游业态创新与民俗文化体验型景区高质量协同发展的初始结构方程模型,从中可以看出,共有外生显变量 8 项、内生显变量 35 项、外生潜变量 4 项、内生潜变量 12 项。

具体表现为:8 项外生显变量分别为:RYC11-12、RYC21-22、RYC31-32、RYC41-42。

33 项内生显变量分别为:TDM11-13、TDM21-22、TDM31-32、TDM41-43、TB11-12、TB21-22、TB31-32、SACS11-13、SACS21-23、SACS31-33、FCE11-13、FCE21-23、FCE31-32。

4 项外生潜变量分别为:RYC1-4。

12 项内生潜变量分别为:TDM1-4、TB1-2、SACS1-3、FCE1-3。

在验证数据时,设置相关的变量可方便观测变量建立结构方程式。根据所建立的初始结构方程模型中的有关内容,外生潜变量是房车游艇宿营旅游新业态、社会环境、自然生态、人文环境、客源市场 (RYC、RYC1-4),分别用 ξ_{RYC}、ξ_{RYC1}、ξ_{RYC2}、ξ_{RYC3}、ξ_{RYC4} 来表示。内生潜变量是旅游发展模式、民俗文化、外来文化、自媒体、建设主体、游客行为、游客偏好与动机、游客主体感知、景区建设规模、空间布局、服务经济、要素整合、民俗文化体验型、组织协调机制、居民参与机制、长效监督机制 (TDM、TDM1-4、TB、TB1-2、SACS、SACS1-3、FCE、FCE1-3),可分别用 η_{TDM}、η_{TDM1}、η_{TDM2}、η_{TDM3}、η_{TDM4}、η_{TB}、η_{TB1}、η_{TB2}、η_{SACS}、η_{SACS1}、η_{SACS2}、η_{SACS3}、η_{FCE}、η_{FCE1}、η_{FCE2}、η_{FCE3} 表示。

据此,建立的房车游艇宿营旅游业态创新与民俗文化体验型景区高质量协同发展模式的观测模型方程式如下所示:

$$
\begin{cases}
\chi_{RYC1} = \lambda_{RYC1}\xi_{RYC} + \delta_{RYC1}, \quad \chi_{RYC2} = \lambda_{RYC2}\xi_{RYC} + \delta_{RYC2}, \quad \chi_{RYC3} = \lambda_{RYC3}\xi_{RYC} + \delta_{RYC3}, \\
\chi_{RYC4} = \lambda_{RYC4}\xi_{RYC} + \delta_{RYC4}, \\
\chi_{RYC11} = \lambda_{RYC11}\xi_{RYC1} + \delta_{RYC11}, \quad \chi_{RYC12} = \lambda_{RYC12}\xi_{RYC1} + \delta_{RYC12}, \\
\chi_{RYC21} = \lambda_{RYC21}\xi_{RYC2} + \delta_{RYC21}, \quad \chi_{RYC22} = \lambda_{RYC22}\xi_{RYC2} + \delta_{RYC22}, \\
\chi_{RYC31} = \lambda_{RYC31}\xi_{RYC3} + \delta_{RYC31}, \quad \chi_{RYC32} = \lambda_{RYC32}\xi_{RYC3} + \delta_{RYC32}, \\
\chi_{RYC41} = \lambda_{RYC41}\xi_{RYC4} + \delta_{RYC41}, \quad \chi_{RYC42} = \lambda_{RYC42}\xi_{RYC4} + \delta_{RYC42}, \\
Y_{TDM1} = \lambda_{TDM1}\eta_{TDM} + \varepsilon_{TDM1}, \quad Y_{TDM2} = \lambda_{TDM2}\eta_{TDM} + \varepsilon_{TDM2}, \quad Y_{TDM3} = \lambda_{TDM3}\eta_{TDM} + \varepsilon_{TDM3}, \\
Y_{TDM4} = \lambda_{TDM4}\eta_{TDM} + \varepsilon_{TDM4} \\
Y_{TDM11} = \lambda_{TDM11}\eta_{TDM1} + \varepsilon_{TDM11}, \quad Y_{TDM12} = \lambda_{TDM12}\eta_{TDM1} + \varepsilon_{TDM12}, \\
Y_{TDM13} = \lambda_{TDM13}\eta_{TDM1} + \varepsilon_{TDM13}, \\
Y_{TDM21} = \lambda_{TDM21}\eta_{TDM2} + \varepsilon_{TDM21}, \quad Y_{TDM22} = \lambda_{TDM22}\eta_{TDM2} + \varepsilon_{TDM22},
\end{cases}
$$

$$\left\{\begin{array}{l}
Y_{TDM31} = \lambda_{TDM31}\eta_{TDM3} + \varepsilon_{TDM31}, \quad Y_{TDM32} = \lambda_{TDM32}\eta_{TDM3} + \varepsilon_{TDM32}, \\[4pt]
Y_{TDM41} = \lambda_{TDM41}\eta_{TDM4} + \varepsilon_{TDM41}, \quad Y_{TDM42} = \lambda_{TDM42}\eta_{TDM4} + \varepsilon_{TDM42}, \\[4pt]
Y_{TDM43} = \lambda_{TDM43}\eta_{TDM4} + \varepsilon_{TDM43}, \\[4pt]
Y_{TB1} = \lambda_{TB1}\eta_{TB} + \varepsilon_{TB1}, \quad Y_{TB2} = \lambda_{TB2}\eta_{TB} + \varepsilon_{TB2}, \\[4pt]
Y_{TB11} = \lambda_{TB11}\eta_{TB1} + \varepsilon_{TB11}, \quad Y_{TB12} = \lambda_{TB12}\eta_{TB1} + \varepsilon_{TB12}, \\[4pt]
Y_{TB21} = \lambda_{TB21}\eta_{TB2} + \varepsilon_{TB21}, \quad Y_{TB22} = \lambda_{TB22}\eta_{TB2} + \varepsilon_{TB22}, \\[4pt]
Y_{SACS1} = \lambda_{SACS1}\eta_{SACS} + \varepsilon_{SACS1}, \quad Y_{SACS2} = \lambda_{SACS2}\eta_{SACS} + \varepsilon_{SACS2}, \quad Y_{SACS3} = \lambda_{SACS3}\eta_{SACS} + \varepsilon_{SACS3}, \\[4pt]
Y_{SACS11} = \lambda_{SACS11}\eta_{SACS1} + \varepsilon_{SACS11}, \quad Y_{SACS12} = \lambda_{SACS12}\eta_{SACS1} + \varepsilon_{SACS12}, \\[4pt]
Y_{SACS13} = \lambda_{SACS13}\eta_{SACS1} + \varepsilon_{SACS13}, \\[4pt]
Y_{SACS21} = \lambda_{SACS21}\eta_{SACS2} + \varepsilon_{SACS21}, \quad Y_{SACS22} = \lambda_{SACS22}\eta_{SACS2} + \varepsilon_{SACS22}, \\[4pt]
Y_{SACS23} = \lambda_{SACS23}\eta_{SACS2} + \varepsilon_{SACS23}, \\[4pt]
Y_{SACS31} = \lambda_{SACS31}\eta_{SACS3} + \varepsilon_{SACS31}, \quad Y_{SACS32} = \lambda_{SACS32}\eta_{SACS3} + \varepsilon_{SACS32}, \\[4pt]
Y_{SACS33} = \lambda_{SACS33}\eta_{SACS3} + \varepsilon_{SACS33}, \\[4pt]
Y_{FCE1} = \lambda_{FCE1}\eta_{FCE} + \varepsilon_{FCE1}, \quad Y_{FCE2} = \lambda_{FCE2}\eta_{FCE} + \varepsilon_{FCE2}, \quad Y_{FCE3} = \lambda_{FCE3}\eta_{FCE} + \varepsilon_{FCE3}, \\[4pt]
Y_{FCE11} = \lambda_{FCE11}\eta_{FCE1} + \varepsilon_{FCE11}, \quad Y_{FCE12} = \lambda_{FCE12}\eta_{FCE1} + \varepsilon_{FCE12}, \quad Y_{FCE13} = \lambda_{FCE13}\eta_{FCE1} + \varepsilon_{FCE13}, \\[4pt]
Y_{FCE21} = \lambda_{FCE21}\eta_{FCE2} + \varepsilon_{FCE21}, \quad Y_{FCE22} = \lambda_{FCE22}\eta_{FCE2} + \varepsilon_{FCE22}, \quad Y_{FCE23} = \lambda_{FCE23}\eta_{FCE2} + \varepsilon_{FCE23}, \\[4pt]
Y_{FCE31} = \lambda_{FCE31}\eta_{FCE3} + \varepsilon_{FCE31}, \quad Y_{FCE32} = \lambda_{FCE32}\eta_{FCE3} + \varepsilon_{FCE32}.
\end{array}\right.$$

基于上述观测模型方程式,可根据其一般形式搭建出房车游艇宿营旅游业态创新与民俗文化体验型景区高质量协同发展的结构方程式,具体如下:

$$\left\{\begin{array}{l}
\eta_{TDM} = \gamma_1\xi_{RYC} + \zeta_{TDM}, \\[4pt]
\eta_{TB} = \gamma_2\xi_{RYC} + \beta_6\eta_{TDM} + \beta_7\eta_{SACS} + \zeta_{TB}, \\[4pt]
\eta_{FCE} = \gamma_3\xi_{RYC} + \beta_4\eta_{TB} + \beta_5\eta_{TDM} + \beta_8\eta_{SACS} + \zeta_{FCE}.
\end{array}\right.$$

其中,房车游艇宿营旅游新业态对旅游发展模式、游客行为、景区建设规模、民俗文化体验型景区高质量发展模式的作用路径用 γ_1、γ_2、γ_3、γ_4 表示。用 β_5 代表游客行为对民俗文化体验型景区高质量发展模式的作用路径,用 β_6、β_7 代表旅游发展模式对民俗文化体验型景区高质量发展模式和游客行为景区高质量发展模式的作用路径,用 β_8、β_9 代表景区建设规模对游客行为高质量发展模式和民俗文化体验型高质量发展模式的作用路径。建完测量模型和结构模型后,还需检验拟合度、参数及决定系数等是否合适,本章选用了八种较常用的检测方法对上述指标进行检验,判断初始模型是否符合现实,分别为 CMIN\DF、CFI、IFI、TLI、AGFI、PNFI、RMSEA、RMR。在 AMOS 中导入上文的初始结构方程模型,运行后可获得房车游艇宿营旅游业态创新与民俗文化体验型景区高质量发展协同模式的拟合指标值，见表5-58。

表5-58　　　　　　　　初始结构方程模型适配度检验结果

拟合指标	CMIN\DF	CFI	IFI	TLI	AGFI	PNFI	RMSEA	RMR
观测值	1.578	0.945	0.945	0.939	0.807	0.788	0.048	0.029
拟合标准	<3.00	>0.90	>0.90	>0.90	>0.80	>0.50	<0.08	<0.05

由表5-58可知，各项拟合指标检验数值均已达标，也说明了上文所建立的初始结构方程模型与调查问卷所得的数据进行了很好的拟合。因此，下一步测度初始结构方程中各路径系数，见表5-59。

表5-59　　　　　　　　初始结构方程路径估计

路径	模型路径	路径系数	S.E.	C.R.	P
γ_1	RYC→TDM	0.621	0.054	11.538	***
γ_2	RYC→TB	0.038	0.109	0.352	0.725
γ_3	RYC→SACS	0.619	0.063	9.883	***
γ_4	RYC→FCE	0.251	0.094	2.668	0.008
β_5	TB→FCE	0.269	0.087	3.102	0.002
β_6	TDM→FCE	0.190	0.118	1.609	0.108
β_7	TDM→TB	0.628	0.126	4.980	***
β_8	SACS→TB	0.372	0.103	3.618	***
β_9	SACS→FCE	0.245	0.0946	2.588	0.01

注：*** 表示 $p<0.01$。

由表5-59可以看出，在房车游艇宿营旅游业态创新与民俗文化体验型景区高质量发展的初始结构方程模型路径估计结果中，房车游艇宿营旅游业态创新与民俗文化体验型景区高质量协同发展所搭建的初始结构方程存在一定的误差，虽然构建思路基本正确，但还需进行一定的调整。因此，通过删除房车游艇宿营旅游业态创新到游客行为和旅游发展模式到民俗文化体验型景区高质量发展模式两条直接作用关系路径，即RYC→TB、TDM→FCE，以此调整模型，见图5-15。

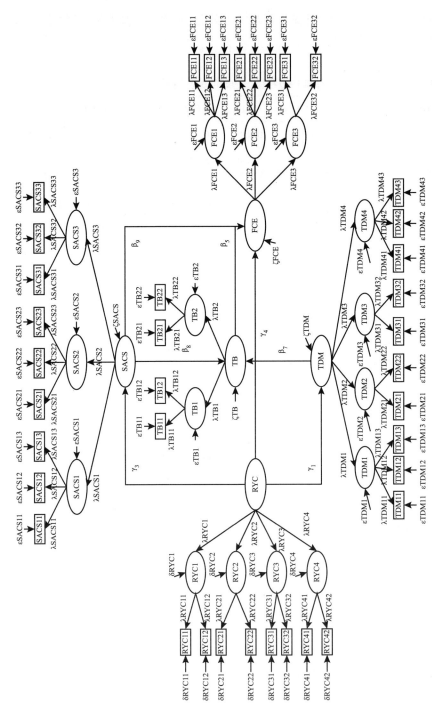

图 5－15 调整后的房车游艇宿营旅游业态创新与民俗文化体验型景区高质量发展协同结构方程模型

图 5 – 15 为调整后的结构方程模型，将其导入 AMOS 中再次进行检验，见表 5 – 60。

表 5 – 60　　　　　　　调整后结构方程模型适配度检验结果

拟合指标	CMIN\DF	CFI	IFI	TLI	AGFI	PNFI	RMSEA	RMR
观测值	1.577	0.944	0.945	0.939	0.807	0.790	0.048	0.029
拟合标准	<3.00	>0.90	>0.90	>0.90	>0.80	>0.50	<0.08	<0.05

在拟合度检测的基础上，再次将建立调整后的结构方程模型放入到 AMOS 中进行路径估算，其结果见表 5 – 61。

表 5 – 61　　　　　　　调整后的结构方程路径估计

路径	模型路径	非标准化路径系数	标准化路径系数	S. E.	C. R.	P
γ_1	RYC→TDM	0.623	0.799	0.055	11.563	***
γ_3	RYC→SACS	0.620	0.740	0.063	9.903	***
γ_4	RYC→FCE	0.320	0.338	0.075	4.273	***
β_5	TB→FCE	0.336	0.339	0.076	4.450	***
β_7	TDM→TB	0.670	0.548	0.099	6.799	***
β_8	SACS→TB	0.377	0.331	0.085	4.440	***
β_9	SACS→FCE	0.255	0.226	0.093	2.756	0.006

注：*** 表示 $p < 0.01$。

由表 5 – 61 可知，调整后的结构方程模型可以通过显著性检测，因为其中各路径大多数达到 0.01 的显著性水平，并且各路径系数的数值分布在 – 1 ~ 1，由此可判定调整后的模型为最终的结构方程模型，见图 5 – 16。

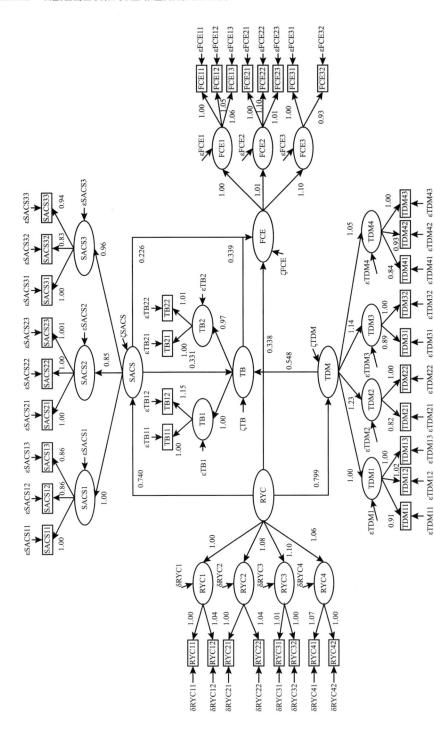

图 5-16 最终调整后的房车游艇营宿旅游业态创新与民俗文化体验型景区高质量发展协同结构方程模型

5.6.5 结果讨论

依照上述实证结果，结合上文研究假设和概念模型，对房车游艇宿营旅游业态创新与民俗文化体验型景区高质量协同发展的假设验证和路径系数做归纳得出结论。

房车游艇宿营旅游新业态到旅游发展模式这一路径中的 $p < 0.01$，即该路径显著，其标准化路径系数为 0.799，由此说明，原假设 HF1 成立。

房车游艇宿营旅游新业态到游客行为这一路径中的 p 为 0.725，即该路径不显著，应被删除，由此说明，原假设 HF2 不成立。

房车游艇宿营旅游新业态到景区建设规模这一路径中的 $p < 0.01$，即该路径显著，其标准化路径系数为 0.740，由此说明，原假设 HF3 成立。

房车游艇宿营旅游新业态到民俗文化体验型景区高质量发展模式这一路径中的 $p < 0.01$，即该路径显著，其标准化路径系数为 0.338，由此说明，原假设 HF4 成立。

游客行为到民俗文化体验型景区高质量发展模式这一路径中的 $p < 0.01$，即该路径显著，其标准化路径系数为 0.339，由此说明，原假设 HF4 成立。

旅游发展模式到民俗文化体验型景区高质量发展模式这一路径中的 p 为 0.108，即该路径不显著，应被删除，由此说明，原假设 HF6 不成立。

旅游发展模式到游客行为这一路径中的 $p < 0.01$，即该路径显著，其标准化路径系数为 0.548，由此说明，原假设 HF7 成立。

景区建设规模到游客行为这一路径中的 $p < 0.01$，即该路径显著，其标准化路径系数为 0.331，由此说明，原假设 HF8 成立。

景区建设规模到民俗文化体验型景区高质量发展模式这一路径中的 p 为 0.006，在 1% 的水平上显著，即该路径显著，其标准化路径系数为 0.226，由此说明，原假设 HF9 成立。

由此可以了解到，在建立房车游艇宿营旅游业态创新与民俗文化体验型景区高质量协同发展的结构方程中，旅游发展模式、景区建设规模和游客行为都是重要的中间变量，而且在结构方程模型中高于其他作用路径相应的影响作用。房车游艇宿营旅游新业态对旅游发展模式和景区建设规模的直接作用效应分别为 0.799 和 0.740，远高于上述研究搭建的结构方程模型中的其他作用路径，虽然房车游艇宿营旅游新业态没有直接作用游客行为，但由景区建设规模与旅游发展模式间接作用到游客行为，各产生了 0.331 和 0.548 的直接作用效应。数据表明了房车游艇宿营旅游新业态的引用和发展离不开旅游模式的创新与景区内部建设，当创造了具有核心吸引力的旅游景区，才能吸引和激发更多的游客动机，使他们将旅游需求转移到房车游艇宿营旅游新业态中来，成为房车游艇宿营旅游新业态的基础和发展的支撑。而且房车游艇宿营旅游新业态不仅是低密度旅游业态创新的重要内容，也是实现景区高质量发展的关键路径，外来文化与传统民俗文化的相互融合，碰撞出新的火花，让急需释放旅游需求的人们感受新的旅游项目，提升幸福感，并且提高经济效益水平。

房车游艇宿营旅游新业态到民俗文化体验型景区高质量发展模式有两种作用路径方式：一方面是直接作用，其直接作用的效应为 0.338；另一方面是间接作用，其间接作用路径有三条：一是房车游艇宿营旅游新业态通过景区建设规模对民俗文化体验型景区高质量发展模式产生作用效应，其间接作用效应为 0.167（0.740×0.226）；二是房车游艇宿营旅游新业态通过影响旅游发展模式对游客行为及游客行为对民俗文化体验型景区高质量发展模式产生间接作用效应，其间接作用效应为 0.148（0.799×0.548×0.339）；三是房车游艇宿营旅游新业态通过影响景区建设规模对游客行为及游客行为对民俗文化体验型景区高质量发展模式产生间接作用效应，其间接作用效应为 0.083（0.74×0.331×0.339）。总体而言，房车游艇宿营旅游新业态对民俗文化体验型景区高质量发展模式产生了0.398 的间接作用。

依据房车游艇宿营旅游业态创新与民俗文化体验型景区高质量协同发展的结构方程实证结果，可以得出以下的启发：一是不断创新旅游发展模式，才能源源不断地带来新的客源，满足不同游客的需求。二是重点把握游客行为引导，游客是房车游艇宿营旅游新业态的主导者，也是旅游经济发展的消费主体，游客的偏好与动机是需要我们重点关注的，是关系着房车游艇宿营旅游新业态是否能够发展的重要部分，不仅以游客的需求为目标，同时保留自身特色，在旅游市场才能站稳脚跟。三是景区内部建设十分重要，合理的空间布局、高品质的服务、完善的基础设施，都是促进景区经济效益的重要元素。四是房车游艇宿营旅游新业态作为一种民俗文化创新体验的新模式，要实现房车游艇宿营旅游业态创新与民俗文化体验型景区高质量协同发展的模式，必须根据现实社会环境，合理地、可持续性地开发自然生态资源，对传统民俗文化进行保留与创新，选择合适的客源市场，进而不断提高旅游经济效益。

第 6 章

低密度旅游业态创新与景区高质量
发展协同的 SPS 案例验证

6.1 乡村俱乐部旅游业态创新与休闲度假服务型景区高质量发展协同模式：以广东喜客野奢乡村俱乐部为例

6.1.1 SPS 案例研究方法与材料收集

结构实用情景化（Structured – Pragmatic – Situational，SPS）新型案例研究方法论，是经潘善琳教授及其团队研究创立的方法论，即为结构化—实用化—情境化三合一。SPS 案例研究范式较为有效地解决了中国案例研究者常常面对的困境，SPS 案例研究方法通过提供系统化的操作流程，规范完善研究的步骤与逻辑，使用动态和静态建模方式，使案例研究变得更实用化和规范化。

SPS 案例研究范式，需收集案例的相关资料数据来获得相应的基础素材。第一手资料是从研究团队亲身经历或收集调查中直接所得，是直接且未经修饰的数据信息，具有直接性、准确性和科学性强的特点，同时也具有生动性、可读性，较第二手资料更具有高度保密性的优势。第二手资料是研究团队进行目的性收集、归纳现有的各种资料，并且相对于第一手资料，二手资料更容易获得，总结性更强，更透明化、更能准确地定义问题和构造恰当的设计方案，同时也能更深刻地解释原始数据的优点。第一手资料和二手资料相互依存、相互补充，在无一手资料的情况下，可以借鉴他人的资料，即第二手资料，通过一手资料及二手资料的整理归纳成资料数据库，从而为下一步进行案例描述和分析奠定基础。

本书第一手资料的收集方式包括实地调查所获得的资料、问卷调查、专家访谈、座谈调查、电子邮件等，在获取一手资料的过程中，按照本书设计思路有目标性、有计划地进行收集资料和展开调查。

二手资料除了从中国知网中的期刊获取外，还可从 Web of Science、Taylor & Francis、Springer、Elsevier、JCR 等相关海外期刊作为最主要的文献参考，同时通过新浪网、人民网、知乎、马蜂窝以及网络自媒体的浏览查询，对相关低密度旅游业态的媒体新闻以及评论信息进行查询和资料的归纳。

6.1.2 案例选取

本案例选用的是广东喜客野奢乡村俱乐部。喜客野奢乡村俱乐部位于广东省惠州市上河村，位处青山环绕的小山坳里的"喜客"，堪称"罗浮山脚下野奢俱乐部"，是如今年轻人的聚会新平台。民宿有以"喜字和客字"命名的主题客房22间，是由原上河小学改建而来，占地面积2600多平方米，可以满足各种需求，即使分散休息娱乐也不会感到拥挤，可以充分享受到自由与惬意。2018年10月试营业以来，每个周末都有人携家带口或约上三五好友聚会，完全放松地过几天田园生活。观星望月、把酒言欢、青山绿水间、返璞归真心，这是喜客野奢乡村俱乐部的经营理念。

喜客野奢乡村俱乐部将旅游与乡村及娱乐完美地整合在一起，不仅有利于推进低密度旅游业态创新进程，也有利于乡村旅游经济的发展，打造精品民宿，集娱乐、休闲、观光、度假于一体的乡村俱乐部旅游新业态。

6.1.3 案例描述分析

1. 第一阶段：善于利用自身优势，开创旅游新模式

21世纪以来，我国全面重视旅游产业，深化旅游产业改革，惠州旅游产业

实现质量飞跃，从2002年旅游总收入31亿元增长到2010年的140亿元，从排列全省第十名提高到第六名。惠州市的旅游资源丰富，景点类型多，较为密集，自然景观占比高。博罗县隶属于广东省惠州市，是首批国家全域旅游示范区创建单位和首批广东省全域旅游示范区。2011年，博罗县出台《博罗县农家乐休闲旅行项目竞争性扶持资金评审办法》，并大力发展乡村旅游，将乡村转变为旅游景区景点。通过政府引导及扶持，推动了一批以农家风味餐饮为主的农家乐的兴起。虽然这一时期博罗县农家乐数量猛增，但未形成规模化，且多以餐饮为主，其他娱乐活动项目较少，旅游效益提升缓慢，如何发展旅游产业值得深入研究。

博罗县善于利用自身优势。首先，利用罗浮山获批国家5A级景区的带动效应，大力推动环绕罗浮山旅游经济带开发，结合乡村特色，进一步丰富乡村旅游内容，成功创建省级、国家级休闲农业与乡村旅游示范点。其次，博罗县有着丰富的乡村旅游资源，集现代观光农业、茶园等资源类型，但分布较散，需要进一步打造旅游品牌。从具体实施方法来看，一是博罗县积极实施乡村振兴战略，改善了农村人居环境和旅居环境，保护了乡村旅游资源，而且还创造了新的旅游资源。二是2016年以来，博罗县以建设全域旅游示范县为目标，大力发展现代服务业，加强旅游宣传，提升博罗县旅游管理水平，旅游经济效益得到迅速提升。三是打造乡村旅游"名片"。以建设美丽乡村为引领，以创建国家生态县为契机，坚持绿色发展，打造生态旅游品牌。

2. 第二阶段：突出优势资源，促进旅游产业发展

2017年至今，博罗县整合各方投资发展乡村旅游，至此一批以禾肚里稻田酒店、喜客野奢乡村俱乐部为代表的乡村高端民宿产品兴起，博罗县民宿的知名度、品牌力、服务质量持续提升，带动着博罗县民宿业的发展。其中麦客喜客野奢乡村俱乐部位于广东惠州博罗县的一个小村庄上河村，有着宜人的风景与丰富的农产品，是由一所废弃小学校舍改建而成。通过对农产品及相关自然环境资源进行旅游开发，参照国外的相关案例——新加坡金沙酒店，喜客野奢乡村俱乐部将当地自然资源的优势和开发方向相结合，将原始与自然融入到建筑中。

一是深度发掘休闲度假旅游产业。将大自然与基础服务设施相结合，围绕大自然原始风光，促进配套设施建设，打造休闲度假、轻松自得的田园生活。博罗县位于休闲度假旅游带的关键节点上，其周边存在大量有休闲度假旅游需求的游客，博罗县的区位与市场资源优势明显，发展休闲度假旅游产业优势较大。

二是紧跟时事热点，多渠道进行推广。喜客野奢乡村俱乐部在试营业期间，吸引各式博主前往拍照打卡，制造"网红"效应。创新宣传手段，利用秋天水稻

作为主题，利用自媒体制造热点，利用线上方式宣传休闲度假产品。为了更好地通过自媒体平台获得更多的流量，实现不一样的流量突破，利用当地的各种自然特色，以各种天气环境、生态、农产品的优势，使用大量照片在自媒体上做宣传，让更多的游客关注喜客野奢乡村俱乐部的风景特色，在宣传的同时不断吸收成功案例经验和思考自身不足。

三是牢牢抓住游客心理，激发游客休闲度假旅游意愿。首先，喜客野奢乡村俱乐部位于罗浮山5A级景区和龙门南昆山国家森林公园中间，四周都为青山绿水，有近千平方米的游乐区和特色的稻田风景，吸引着向往美丽风景的游客前往观光。其次，俱乐部所配备的基础设施都有其用心之道，住房装修都以大自然为主题，看似简朴，实为轻奢、悠闲。最后，喜客野奢乡村俱乐部抓住游客心理，创新传统模式，采用了"乡村+休闲度假"模式的旅游产业，不仅有自助烧烤、烟花娱乐等，又有高尔夫、温泉等项目。

3. 第三阶段：打造休闲度假服务，高速发展经济

喜客野奢乡村俱乐部利用自然风光和基础设施，全面开发大自然的吸引力，不断完善区内基础设施服务。为了打造休闲度假服务，推动经济高速发展，喜客野奢俱乐部牢牢把握游客行为，不断创新行业发展模式和促进自身经济发展，在规模、装修、娱乐项目、经营模式等方面进行创新。同时，随着休闲度假旅游的逐渐兴起，加上区内产品发展模式和经济效益提高，喜客野奢乡村俱乐部成为休闲度假服务旅游的好去处。

基于以上的发展方向，在全面快速提高休闲度假经济的目标下，喜客野奢乡村俱乐部有着自己的发展策略。一是明确自身市场定位，重点突出野奢特色。准确把握市场消费需求，使游客在自然中与山水森林互动，充分利用独特优势，并且通过高品质的度假体验、完善的休闲服务设施，使游客在自然中仍能享受舒适的现代生活。二是提高受众群体消费能力，进行低密度旅游。精准定位市场，目光放在高层次人群中，积极打造高质量产业、高品质服务，通过引进先进的设施项目获得更多的群体，提升俱乐部整体水平，强化旅游服务。三是实现多产业整合发展，提高经济效益。喜客野奢乡村俱乐部前有稻海，后有山水，天然的山水景色为喜客野奢的"野"提供着基础，复刻了新加坡空中无边泳池，棋牌KTV、温泉泡池、mini高尔夫球场等，"奢"得自然，休闲度假完美融合，实现了二者相结合的高质量发展，取得了更好的经济效益。四是提升当地经济。喜客野奢乡村俱乐部的理念为变废为宝，充分利用旧校舍，发展俱乐部的同时，还提升了周边居民的经济收入，使农产品更为畅销。

6.1.4　案例发现与讨论

在喜客野奢乡村俱乐部的发展过程中，产品是基础条件，企业是活力源泉，人才服务设施是关键要素，紧抓市场是主要前进力量。通过对各种因素的综合测量，将重点放在案例中的居民、产品、企业、措施及市场等方面，提炼出游客行为、行业发展模式、经济发展模式三个关键性要素，并通过对这三个要素进行科学化、结构化的分析，搭建出喜客野奢乡村俱乐部建设中的游客行为作用模型、行业发展模式作用模型、经济发展模式作用模型。

1. 游客行为作用模型

"野奢"一词在2008年便由国外流传到国内，是以高端休闲闻名的旅游接待产品，将自然与奢华相互结合，其创新和升级与现代社会的游客需求紧密相连，满足当代人对时尚、个性化、私密空间的追求，游客是喜客野奢乡村俱乐部得以延续发展的动力来源。基于上述阐述，结合乡村俱乐部旅游业态创新与休闲度假服务型景区高质量发展协同模式的结构方程式实证分析结论，科学地模拟出喜客野奢乡村俱乐部建设中的游客行为作用模型，见图6-1。

图6-1展示了喜客野奢乡村俱乐部建设中游客行为的作用模型，结合喜客野奢乡村俱乐部中的市场条件、产品类型、客源市场与社会环境四个要素出发，可从以下四个方面进行阐释。

市场条件方面。喜客野奢乡村俱乐部有着天然的优势，不但所建设的面积大，能够满足游客私密空间的要求，而且内部建设定位高端，在宣传推广时有自身的合理定位。喜客野奢乡村俱乐部是满足游客需求的综合体验场所，游客是喜客野奢乡村俱乐部景区的主导者。喜客野奢乡村俱乐部借助周围环境，将俱乐部的周边与内部进行改造建设，快速吸引游客，提升了俱乐部的经济收益。

产品类型方面。产品类型是旅游经济发展、促进旅游业与旅游经济发展的重要因素之一。产品类型的丰富程度是吸引游客前往的基础条件，也是休闲度假服务景区发展的根本原因以及发展休闲旅游经济的基础。喜客野奢乡村俱乐部的产品类型是游客体验价值的升级依据所在，只有俱乐部的配套产品能够满足人们日益增长的美好生活需要，俱乐部的日常经营才会得以继续，价值从而提升。

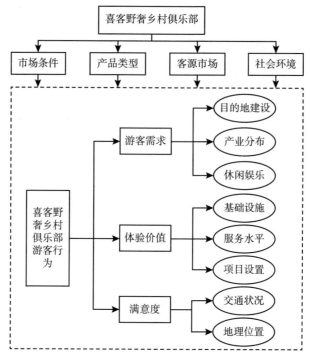

图6-1　喜客野奢乡村俱乐部建设中游客行为作用模型

客源市场方面。俱乐部聚焦高端客户群体，针对游客需求完善基础设施，引进人才，做好服务培训。在喜客野奢乡村俱乐部的发展过程中，俱乐部将建筑和自然结合在一起，大自然的魅力与奢华的享受相融合，展现了休闲娱乐的新潮流。为符合高端定位，俱乐部从选址、俱乐部主题、经营模式到基础设施规划分布，都紧紧围绕"野奢"二字，为旅游产业高质量发展和扩大提供了良好的基础。

社会环境方面。一方面，由于旅游业是一个非常敏感的产业，社会各种因素的变化都会对旅游产生影响，具有特殊性与敏感性，当突发事件发生时，高密度景区则极易受到影响，而喜客野奢乡村俱乐部的定位重点在于低密度旅游，服务质量也将得到提高，推动当地的旅游经济发展。另一方面，旅游产业作为一种区别于传统产业门类的特殊产业，具有与相关产业的高度关联性和对区域经济社会发展的强辐射带动性。高品质旅游的兴起，起到改善民生的作用，不但能推动区域经济的发展，还能带动当地居民生活水平的提高，随之改变人们传统的落后思想观念，高质量发展理念深入人心。

2. 行业发展模式作用模型

随着现代工业化发展和城市压力加大，休闲度假旅游逐渐成为旅游产业的新模式，喜客野奢乡村俱乐部的行业发展模式成为促进旅游经济效益的增长点，与游客需求逐渐贴近，行业发展模式的形成和选择关乎着区域旅游产业发展的可行性和可持续性。基于此，从市场开发手段、产品类型和基础设施三个方面出发，搭建出喜客野奢乡村俱乐部建设中行业发展模式的作用模型，见图6-2。

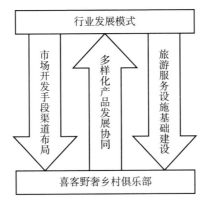

图6-2　喜客野奢乡村俱乐部的行业发展模式作用模型

由图6-2可以了解到，在喜客野奢乡村俱乐部的行业发展模式中，市场开发手段、产品类型和基础设施三个要素都有着重要作用。行业发展模式结合自然环境资源建设融合原乡村休闲项目内容，进行合理、科学化创新发展，创新发展当地乡村旅游建设，行业发展模式的具体作用可以从以下几个方面进行叙述。

一是自媒体的兴起和快速发展为喜客野奢乡村俱乐部的建设过程中提供新机遇。2003年，"自媒体"一词映入眼帘，随着国内外互联网的高速发展，自媒体所带来的无限流量、各式热点，也给新式旅游产品带来新的宣传渠道。大数据的发展，使整个社会信息传播速度加快，游客的需求在大数据的收集下早已透明化，喜客野奢乡村俱乐部可以针对市场定位准确投放广告、视频。

二是产品多样化协同发展使区域旅游产业创新得以开展，为喜客野奢乡村俱乐部的发展提供新的助力。喜客野奢乡村俱乐部所在地惠州市上河村不仅有田园，还有山水森林，资源丰富，一方面，围绕着本地特色农产品及乡野产品，开展了各式项目、娱乐、美食等旅游产品。另一方面，在主题与装修上创新，突破传统经营方式，创新旅游模式。

三是合理布局喜客野奢乡村俱乐部的旅游基础设施建设，把乡村打造成特色俱乐部。基础设施不仅包括俱乐部周围环境的设施建设，还包含整体服务体系等。一方面，乡村俱乐部作为一个休闲型娱乐场所，要实现其发展，公共基础设施的配备是最基本的要求。另一方面，加强服务设施建设有利于提高旅游满意度，进而促进游客的重游率及介绍率。

3. 经济发展模式作用模型

喜客野奢乡村俱乐部中的经济发展模式创新反映着休闲度假服务旅游产业的市场定位情况，喜客野奢乡村俱乐部的消费市场、消费人群及居民收入都对区域旅游经济发展有着或多或少的影响。结合喜客野奢乡村俱乐部经济发展模式的调整，重点掌握消费市场、消费人群以及居民收入三个要素的具体内容，科学地模拟出喜客野奢乡村俱乐部中经济发展模式的作用模型，见图 6-3。

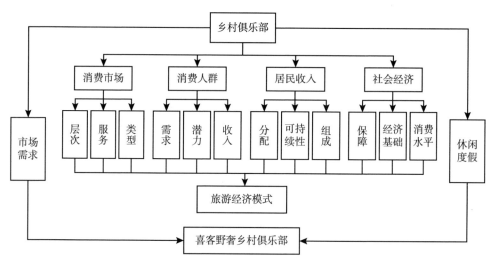

图 6-3 喜客野奢乡村俱乐部的经济发展模式作用模型

由图 6-3 可以看出，喜客野奢乡村俱乐部的经济发展模式对消费市场层次、市场服务、消费类型、游客需求、发展潜力、区域经济收入、居民利益分配、收益可持续性发展以及居民产业收入组成具有影响作用，详细来讲，其经济发展模式可以分为以下三个方面：

一是明确定位市场，加强技术支持服务，创新产业类型，提高游客满意度，抛弃以往的乡村旅游印象。

二是精准分析目标群体，将其定位在都市高端消费阶层，进而打造高端消费氛围，推动周边经济发展，通过全新的开发思路，促进区域经济效益提升，满足游客高品质需求。

三是不断引进人才，实现人员的高质量培训，培养出一支高素质的员工队伍，善于与居民携手合作，做好乡村俱乐部的宣传，让当地居民也参与到产业活动中来，保障居民利益。

6.1.5　案例验证总结

本节案例以广东惠州上河村喜客野奢乡村俱乐部为例，采用实地调研方式获取原始数据资料，保障了数据来源的可靠性与真实性。对于如何开展乡村俱乐部旅游业态创新与休闲度假服务型景区高质量协调发展的案例验证研究，首先阐释了以喜客野奢乡村俱乐部作为案例目的地的选题依据，对案例进行描述，将喜客野奢乡村俱乐部的建设和发展分为三个阶段，通过对三个阶段进行分析探讨，叙述喜客野奢乡村俱乐部的发展前景及对策。其中，依据乡村俱乐部旅游业态创新与休闲度假服务型景区高质量发展协同模式的结构方程实证结果，重点把握游客行为、行业发展模式及经济发展模式构造三个方面的内容，搭建出喜客野奢乡村俱乐部建设中的游客行为作用模型、行业发展模式作用模型、经济发展模式构造作用模型。

采用SPS案例研究方法进行单案例研究，以广东惠州市上河村喜客野奢乡村俱乐部为案例，对乡村俱乐部旅游业态创新与休闲度假服务型景区高质量协同发展模式进行验证。结合乡村俱乐部旅游业态创新与休闲度假服务型景区高质量协同发展模式的分析框架，研究假设分析和结构方程实证分析有关内容，基于喜客野奢乡村俱乐部的发展现状，重点把握游客行为、行业发展模式、经济发展模式对乡村俱乐部创新转型以及景区高质量发展之间的作用，用单案例验证了乡村俱乐部与休闲度假服务型景区高质量协同发展过程中的作用要素，进一步验证了乡村俱乐部旅游业态创新与休闲度假服务型景区高质量协同发展的模式。

6.2 企业会奖旅游业态创新与休闲度假服务型景区 高质量发展协同模式：以广西桂林大埠村 Club Med 桂林度假村为例

6.2.1 案例选取

案例选用广西桂林的地中海俱乐部（Club Med）度假村，Club Med 桂林度假村位于广西桂林雁山区大埠村，周围被群山环绕，拥有与众不同的喀斯特地貌，被称为"地中海俱乐部"，是会奖旅游度假的好去处，占地 46 万平方米，区内设有 330 个房间、830 张床位，以供游客休息、娱乐、度假，放松心情。度假村开设了各种娱乐项目，美食、休闲、探险、文化、娱乐应有尽有，自然与现代相结合，即使带小孩一起也可以悠闲自由玩乐，俱乐部有专人引导孩子参与其他活动。与合作伙伴、公司同事参与具有特色且舒适写意的团队旅行历程，或拥有精彩的度假村内团建活动，感受刺激精彩的活动项目，享受完美的商务活动体验。"远离城市喧嚣，投身桂林奇景，感受宁静时刻"，人与自然和谐共处，这是 Club Med 桂林度假村所强调的经营理念。

Club Med 桂林度假村提倡人与自然及服务和谐融合在一起，不仅有利于推动低密度旅游业态创新发展，也有利于区域旅游经济的发展。丰富的商务活动，打造出一个"一价全包式"旅游服务，并有专业的工作人员为游客提供企业会奖旅游服务。

6.2.2 案例描述分析

1. 第一阶段：创新发展模式，多产业联合发展

1998 年，由台湾企业家曹日章先生创立的愚自乐园，位于广西壮族自治区桂林市雁山区大埠乡，虽然拥有两百多件各具风格特色的室外雕塑作品、地景迷宫及洞窟艺术，且在 2003 年被评为国家级 4A 级景区，吸引了人们前来观看，但深感缺乏融入感，2006 年，愚自乐园还处于单纯的观光旅游的低端消费链，虽

有深厚的文化底蕴，但在全球经济危机后，外国游客逐渐减少，而国内人们追求满足休闲旅游的需求日益增加，单纯的文化艺术和游玩已不能满足人们需要。愚自乐园的旅游资源虽然丰富，但未得到很好地开发与利用，比起同为旅游目的地的桂林而言略微缺少吸引力，尤其是在疫情时期下，人们的消费心理发生了巨大的转变，创新旅游项目迫在眉睫，如何改变现状值得进一步探讨。

要创新发展模式，多产业联合发展。首先，打造特色度假村品牌，加强旅游产品吸引力，以满足游客对休闲度假旅游的需求，并引进了法国"地中海俱乐部"（Club Med），打造出桂林高端旅游品牌。其次，虽然游客的消费需求发生了转变，但愚自乐园的营销定位实施全面高端化，开启了旅游新事业。具体实施方法：一是联合了全球最大的旅游度假连锁集团（法国的地中海俱乐部），同时完善自身旅游产品体系，建设社交、旅游、文化活动等项目，提升景区档次，完善旅游服务基础设施，提高游客融入感。二是为了吸引更多的高端客户，改变营销定位，充分利用自身的文化底蕴、景观资源，不断完善配套设施及商务服务，增强景区核心吸引力，提升旅游经济效益。三是制定规章制度，加强统一管理，提升人员整体素质。

2. 第二阶段：了解当代游客新需求，探索旅游产业新生机

愚自乐园是集洞窟艺术与当代雕塑为一体的国家级旅游景区，绝美的自然风光和浓郁独特的艺术氛围成为其特色，具有"东方的卢浮宫""现代的敦煌"之称，深厚的文化底蕴，奇特的桂林山水风景为其景区建设提供了坚实的基础。而地中海俱乐部（Club Med）是世界上最著名的旅游度假机构之一，提倡"短而美"的度假新体验。通过对游客需求及相关专业化服务进行旅游开发，Club Med 桂林度假村将当地山水奇景的优势和顶级服务相互结合，使现代化艺术与专业化服务融入景区建设中。

一是围绕高品质旅游需求创新发展思路。将原有环境与高档管理机制相结合，围绕"精致、短途"的理念，促进基础服务设施建设，打造高端商务、高质享受的旅游项目。

二是紧跟市场需求，打造品牌建设。Club Med 桂林度假村是愚自乐园与地中海俱乐部相结合的产物，通过园区庞大的面积及真实山水的背景，运用独特的经营理念、专业化的经营管理、成熟的营销手段开设了众多娱乐养生设施，打造出这一商务旅游度假的好去处。为了更好地发展旅游产业，满足现代市场需求，利用当地文化内涵丰富的景区建筑，提供各种高端产品，准确定位市场，发挥外部环境的优势，借助 Club Med 的高端品牌建设，使得世界各地消费者前来体验。

不断完善管理机制，参照 Club Med 在世界各地的成功案例来思考自身优缺点，将原本无收益高投入的艺术园区建设为"国际旅游度假村"，走在国际旅游产业前端，也成为桂林国际旅游胜地之一。

三是紧紧掌握游客心理。首先，Club Med 桂林度假村地处桂林大埠村和愚自乐园国家级 4A 级景区中，四周风景如画，拥有几百件的艺术作品，更有当代独有的艺术风貌，吸引着向往艺术气息的游客前来游览。其次，自供给侧改革以来，我国消费者的消费方式已经发生转变，游客的需求和眼光也逐渐在提高，正是因为这一点，度假村所建设的旅游项目都有其特点，景区建设均以高端、自然、悠闲娱乐为主，环境优美，专业服务设施齐全，满足了游客需求。最后，创新传统模式，倡导"精致、短途假期"的旅游方式，不仅填补了游客没有长假的缺点，也满足了"小团队"游客旅游需求，Club Med 桂林度假村深挖游客心理，以全新面貌展现于众人面前。

3. 第三阶段：发展可持续品牌，重视相关人才培养

Club Med 桂林度假村利用现代化设施和高端商务配套服务，全面打造文化艺术气息，不断营造区内休闲度假氛围，推广度假村品牌。为了发展可持续品牌，Club Med 桂林度假村注重人才培养，不断制定景区内部管理规则和促进产业链高端化延伸，在服务、奖励制度、配套设施、工作人员等方面进行管控。同时，随着休闲度假旅游的逐渐兴起，加上区内高端商务配置和高质服务，Club Med 桂林度假村成为企业会奖旅游的最佳选择。

基于以上的发展方向，在全面快速提升休闲度假经济效益的引领下，Club Med 桂林度假村制定了自己的发展方式。一是打造特有度假体验，重点突出品牌优势。建设特色海神战戟标志及"一价全包"的法式度假理念，使企业在景区内享受定制化度假服务，充分利用区内会务设施，无需企业准备策划，便有完美会议体验，并且通过完善的娱乐休闲项目、高质量的服务体验，使游客在度假村中感受完美的商务活动体验。二是定位受众游客，满足个性化需求。项目开发设定游客人群，打造难忘会奖旅游回忆，提升企业自身形象与声誉，通过建设先进商务配套设施吸引更多企业，完善会议场所的同时建设多样化的会后休闲项目，满足企业团队中个性化需求。三是设定人才培养计划，促进共同经济效益发展。Club Med 桂林度假村不仅雇用国际员工，还聘请当地居民，高质量的服务体验为 Club Med 桂林度假村带来了众多游客，配备了 Club Med 的灵魂——G.O，他们是来自全球各地并精通至少两门语言且充满无限活力的年轻人，G.O 文化贯穿整个旅程，只有实现二者相互融合的高品质发展，才能延长游客逗留时间，提高旅

游经济效益。四是为当地经济提供发展机会。Club Med 桂林度假村在取得收益的同时，解决了当地居民的就业难题，还附带提高了周边居民的经济收入，拓展了产业渠道。

6.2.3 案例发现与讨论

在 Club Med 桂林度假村的建设与发展过程中，产品是基础条件，企业是活力源泉，人才服务设施是关键要素，紧抓市场是主要前进力量。通过对各种因素的综合测量，将重点放在案例中的居民、产品、企业、措施及市场等方面，提炼出游客行为、企业发展模式、旅游经济结构三个关键性要素，并对这三个要素进行科学化、结构化分析，搭建出 Club Med 桂林度假村建设中的游客行为的作用模型、企业发展模式作用模型、旅游经济结构作用模型，对游客行为、企业发展模式以及旅游经济结构在企业会奖旅游业态创新与景区高质量发展协同中的作用进行案例分析。

1. 游客行为作用模型

"会奖旅游"一词在 2002 年被提出，是定位高端市场的旅游产品，将消费与服务相互融合，满足当代人对服务、个性化、休闲度假的需求，游客是 Club Med 桂林度假村得以持续发展的动力源泉。基于上述阐述，结合企业会奖旅游业态创新与休闲度假服务型景区高质量发展协同模式实证分析结论，合理模拟出 Club Med 桂林度假村建设中游客行为的作用模型，见图 6-4。

结合度假村景区的实际情况，从市场条件、产品类型、客源市场、社会环境四个要素出发，分析研究 Club Med 桂林度假村的游客行为作用。

市场条件方面。度假村不仅提供专业服务，满足游客个性化需求，而且内部基础设施商务化，在设置项目上有较高的质量要求。特别在新时代下，人们追求美好生活的需要，旅游的需求也随之增加，为了满足这类需求的增长，在合作共赢、共同进步的策划下，Club Med 桂林度假村依托桂林山水，将愚自乐园与 Club Med 度假集团合作建设度假村，高端服务成为占领市场的重要端口。

产品类型方面。产品类型关系到游客行为产生、提高游客体验感与游客行为产生。产品类型的丰富程度是促进游客消费的基础条件，是休闲度假服务景区建设的根本因素，是提升休闲商务旅游经济的基础所在。Club Med 桂林度假村的产品类型是游客体验价值提升原因之一，只有度假村的基础商务设施有利于游客的个性化商务休闲需求时，度假村的建设之美才能得以延续，效益因而提高。

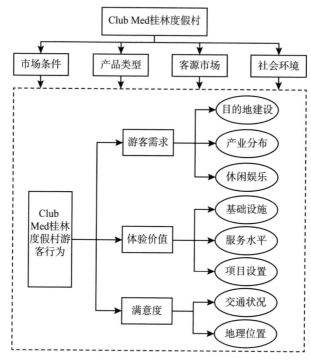

图 6-4　Club Med 桂林度假村建设中游客行为的作用模型

客源市场方面。度假村定位高端商务会议，从游客满意度出发，改善周边交通设施，提升便利，从游客入门到旅程结束做好服务，以高质量服务为景区待客宗旨。在 Club Med 桂林度假村的改建过程中，度假村将艺术与风景融合在一起，愚自乐园的艺术之美与桂林山水完美融合，促进了游客们的情感升华。由客源因素入手，从合作定位、产业方向、基础改造以及项目产品规划布局，都牢牢把握"休闲"二字，为景区经济效益提升和持续发展铺垫了良好的前提。

社会环境方面。由于会奖旅游具有档次高和市场潜力大的特性，当有会奖旅游活动开展时，区域经济效益则极易提升。度假村的定位在于商务休闲服务，通过服务项目使游客感知价值所在，随之体验感评价也得到相应提升，推动区域的旅游经济效益。另外，高质量服务需求的增加，起到推动旅游建设的作用，不但能推动旅游产业的升级，还能带动景区内部的基础设施完善。服务质量提升，游客的满意度才能提高。

2. 企业发展模式作用模型

随着愚自乐园景区的发展与过低的经济效益，休闲娱乐旅游结合成为景区发展的新方向，Club Med 桂林度假村的企业发展模式成为促进旅游经济发展的引导手段，企业发展模式的创新与发展关系到区域旅游产业发展的可行性与可持续性。基于此，从景区高质量、社区服务和商务配套设施三个方面入手，搭建出 Club Med 桂林度假村建设中企业发展模式的作用模型，见图 6 – 5。

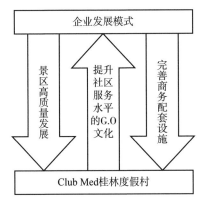

图 6 – 5　Club Med 桂林度假村的企业发展模式作用模型

由图 6 – 5 可以了解到，在 Club Med 桂林度假村的企业发展模式中，景区高质量发展、社区服务水平和商务配套设施三个要素均起着关键作用。可以看出，企业发展模式参考 Club Med 度假机构模式，结合原愚自乐园发展现状，进行科学、可持续性创新发展，同时提升了当地经济效益。企业发展模式的具体作用可以从以下三个方面进行阐述。

一是景区高质量发展的兴起为 Club Med 桂林度假村的建设提供新方向。随着我国经济的高速增长，高质量发展将推动需求变化和景区质量发展，也给产业市场定位带来新方向。新时代以来，人们的消费需求、整个社会消费趋向变化较大，Club Med 桂林度假村针对市场需求改变旅游项目、基础设施。在追求高质量的时代，高质量项目建设是提升园区经济效益的重要方式和创新方案。

二是社区服务完善性促进区域旅游产业规模化，为 Club Med 桂林度假村的建设提供新的推动力。Club Med 桂林度假村依靠丰富的文化底蕴，不仅有国际先进的管理经验，还有高质量的服务，拥有独特的 G. O 团队文化。一方面，提倡贴心温情式服务，提供了各式餐饮、娱乐、项目等服务。另一方面，打造度假全新体验模式，在体验感上升级，突破传统管理模式，打造度假村的旅游产业高端化，并依靠 Club Med 集团成熟的管理模式，成为新时代高质量景区。

三是合理完善 Club Med 桂林度假村的商务基础设施建设，把景区建设成为具有全新假期概念的度假村。商务基础设施不但提供家庭式休闲旅游的项目活动，还有专为公司或团体的活动，以及场地的提供服务等。一方面，度假村作为企业会展旅游举办地，要完成其可持续发展，商务配套设施的建设是必不可少的。另一方面，加强商务配套设施，能提升游客体验感，进而提高旅游经济产业发展及经济效益。

3. 旅游经济结构作用模型

结合 Club Med 桂林度假村的旅游经济结构的修正，重点把握消费市场、消费人群、居民收入及可持续能力四个要素，科学地模拟出 Club Med 桂林度假村中旅游经济结构的作用模型，见图 6 - 6。

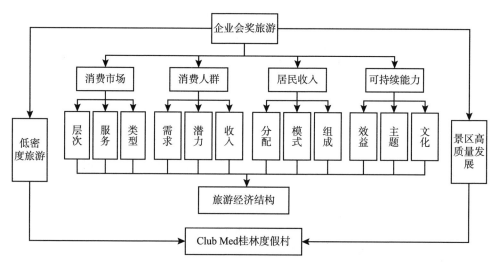

图 6 - 6　Club Med 桂林度假村的旅游经济结构作用模型

Club Med 桂林度假村的旅游经济结构对消费市场层次定位、服务项目、市场类型、消费者需求、消费潜力、经济效益收入、居民效益分配、居民结构组成、景区实际效益及品牌文化建设结构具有影响。具体来说，其旅游经济结构调整后有以下三个方面的表现：

一是 Club Med 桂林度假村改变了原愚自乐园的形象及消费市场定位，不仅进行了景区宣传活动，也调整了消费市场定位，通过加强与高品质机构合作，完善商务配套设施，提高了经济效益。

二是紧跟旅游产业发展热点，根据不同时期的旅游需求与人群区别，拓展度假村产业链，通过不同主题与特色完善商务旅游配置，对度假村休闲旅游产业特色进行再挖掘，实现景区高质量发展。

三是不断打造可持续能力，营造全新的旅游文化品牌，积极开发旅游新产业，打造旅游、文化及品牌相互促进的重要维度，明确自身定位与艺术氛围，充分了解自身特色，做好品牌宣传，在完善各类旅游设施，将服务与景区建设深度融合，增强可持续性能力。

6.2.4 案例验证总结

本节以广西桂林市大埠村 Club Med 桂林度假村为例，通过实地调研来获取一手数据资料，保障了数据来源的真实性和可靠性。为了开展企业会奖旅游与休闲度假服务型发展的案例验证探究，首先阐释了以 Club Med 桂林度假村作为案例目的地的选题依据，对案例进行描述，将 Club Med 桂林度假村的建设和发展分为三个阶段，通过对这三个阶段进行深入分析，识别出 Club Med 桂林度假村的发展难题及相应对策方案。其中，分析上文所搭建的企业会奖旅游业态创新与休闲度假服务型景区高质量协同发展模式的结构方程实证结果，重点掌握游客行为、企业发展模式及旅游经济结构三个方面的内容，搭建出 Club Med 桂林度假村建设中游客行为的作用模型、Club Med 桂林度假村建设中企业发展模式的作用模型、Club Med 桂林度假村建设中旅游经济结构的作用模型。

采取 SPS 案例研究方法进行案例研究，以广西桂林大埠村 Club Med 桂林度假村为案例，对企业会奖旅游业态创新与休闲度假服务型景区高质量协同发展模式进行验证。联系上文搭建的企业会奖旅游业态创新与休闲度假服务型景区高质量协同发展模式的分析框架、研究假设和结构方程实证分析相关内容，基于 Club Med 桂林度假村的开展现状，重点把握游客行为、企业发展模式、旅游经济结构对企业会奖旅游创新升级以及景区高质量发展中的作用，用单一案例证实了企业会奖旅游业态创新与休闲度假服务型景区高质量协同发展的过程中的影响因素，进一步验证了企业会奖旅游业态创新与休闲度假服务型景区高质量协同的发展模式。

6.3 原始自然观光旅游业态创新与自然环境依托型景区 高质量发展协同模式：以云南腾冲市大塘村 高黎贡山原始森林为例

6.3.1 案例选取

本节案例选用云南腾冲市大塘村高黎贡山原始森林。高黎贡山原始森林位于云南省保山市，地处怒江大峡谷的国家级自然保护区，被誉为"世界物种基因库""世界自然博物馆""野生动物的乐园""生物聚宝盆"，是原始自然旅游观光客的必去之地。高黎贡山原始森林跨越 3 个州市，共 280 万平方米，是国际级的 A 级保护区，有着丰富的珍稀植物，特有种、保护种等药用及可食用的植物类群多种多样，在这里不仅可以观赏美丽风景，也可以探讨学术与生态调研。在自然保护区内，一日便可以欣赏到一年四季的美丽风景和各式气候，以及多民族共存的景区乐园。打造融入自然之美、享受大自然的高品质旅游业态和全新的"自由行旅游模式"，这是高黎贡山原始森林景区的发展之道。

高黎贡山原始森林将自然风光与文化旅游资源结合在一起，不仅形成了丰富多彩的旅游资源，且推动了低密度旅游业态创新进程，也有利于生态旅游经济的发展，以及生态资源的保护，打造一个原始景区乐园，集生态、文化、多民族共存、观赏于一体的原始自然观光旅游新业态。

6.3.2 案例描述分析

1. 第一阶段：增强旅游资源开发意识

1983 年起，高黎贡山原始森林被批准为国家级自然保护区，随着全国旅游业的发展，高黎贡山自然保护区也为旅游业贡献着自己的一份力量。虽然高黎贡山有丰富的旅游生态资源，有独特的生物多样性资源，历史文化底蕴深厚，聚集了众多民族文化，令人向往。但在实际旅游规划中，因各级部门对旅游业的产业定位、发展前景不够重视，发展思路不够清晰，导致高黎贡山景区的发展受到限制。高黎贡山的生态资源异常丰富，但没有形成旅游经济可持续发展的开发意识，未考虑到生态资源对于旅游产业的重要性，仍走大众旅游发展路线，容易出现景区超载现象，旅游资源受到破坏，如何提高旅游经济效益需要尽快探讨。

高黎贡山原始森林要增强旅游资源开发意识。首先为处理高黎贡山在发展旅游产业时产生的难题，提出新概念旅游方式，即生态旅游，加强开发生态原始资源可持续发展意识，以保护高黎贡山保护区的原始自然资源不被过多破坏，并为生态旅游资源的兴起提供良好的自然条件和资源基础。其次，高黎贡山在实际规划中受重视程度不够，但云南早在2000年便有旅游品牌意识，目标是打造"绿色"的旅游城市形象。具体实施方法，一是相继建立景区管理中心，同时成立了高黎贡山农民生物多样性保护协会，加强对生态环境的保护，提高旅游项目开发质量，提高游客体验感，增加产品丰富度。二是为了打造品牌知名度，第一届国际旅游节于2000年在昆明举办，提高了云南旅游产业的品牌影响力，通过不断地拓宽品牌宣传渠道，促进区域旅游产业发展，云南的生态旅游开发力度增强，生态旅游开发意识提升。三是培养当地居民的开发保护意识，提升环境维护意识。

2. 第二阶段：开启特色旅游建设，不趋于大众旅游

作为著名的深大断裂纵谷区的高黎贡山，是集多种植被山林、珍稀动植物、历史文化、地质地貌等为一体的旅游生态景区，为其发展铺垫了良好的资源基础，高品质的自然环境、自由行旅游模式为度假区建设提供了强大动力。高黎贡山原始森林是高黎贡山中一块重要区域，有着珍贵的旅游资源，将生态资源与个性化需求融入旅游产业创新发展。

一是发展生态旅游，满足游客需求变化。将生态旅游的特点与游客需求相结合，以游客需求为基础，促进生态旅游开发建设，打造个性化、新颖性的景区旅游。高黎贡山原始森林的生态资源环境使游客需求得到了很大的满足感，促进着游客行为的产生。

二是保持原始自然的景观特色。高黎贡山原始森林的生态旅游发展，通过独特原始森林风光魅力，吸引着众多游客前往观光。通过丰富多样的生态类型，充分利用动植物资源，注意原始森林的脆弱性，打造可持续保护原始自然景观的管理制度。充分利用自身独特的自然环境、动植物资源优势，加之资金的投入，使游客感受到生态旅游的独有魅力，在发展的同时不断影响着当地居民生产生活

方式，由于原始森林的脆弱性和不可逆性，原始森林景区要重视可持续发展，避免外来游客对高黎贡山原始森林的环境破坏，由当地居民为其承担后果。

三是打造共同利益体。首先，提高当地居民对生态环境保护建设的认知，让当地居民自觉保护当地生态环境。其次，促进当地居民参与到高黎贡山原始森林保护区的建设中，带动当地就业，提高居民收入水平。最后，打造景区与当地居民的经济利益与生态利益共同体，促进景区高质量发展。

3. 第三阶段：紧跟生态旅游可持续发展

高黎贡山利用生态保护和人文景观保护，全面发展当地旅游经济，坚定走生态建设可持续发展道路，不断进行政策创新，实现经济与环保的协调发展。

基于以上的发展方向，高黎贡山原始森林有着自己的发展策略。一是完善生态保护制度。准确认识生态资源价值，通过全方位的保护政策，合理保护和开发生态资源，使生态旅游促进区域经济增长。二是培养高素质人才，提供产业原动力。着力打造高素质人才队伍，通过树立富有魅力的生态旅游服务形象吸引更多的游客，景区工作人员引导游客提升生态保护意识，促进生态旅游产业持续发展。三是贯彻落实可持续性发展理念，提升社会效益。高黎贡山原始森林严格的保护政策为原始森林的"景"提供了保障，加强景区的日常管理工作，将生态保护到底，保护与开发相结合，只有实现二者相结合的高质量发展，才能取得更高的社会效益。四是为当地人才创造就业机会。高黎贡山原始森林要因人制宜，通过培养人才，发展生态服务产业项目，为当地人才创造就业机会，提升居民的生活水平和幸福感。

6.3.3 案例发现与讨论

在云南高黎贡山原始森林的建设过程中，生态是基础条件，企业是活力源泉，政策保护是关键要素，紧抓需求是主要前进方向。通过对各种因素的综合测量，将重点放在案例中的居民、产品、企业、措施及环境等方面，提炼出居民意愿、政策创新、游客行为三个关键性要素，并通过对这三个要素进行科学化、结构化的分析，搭建出高黎贡山原始森林建设中的居民意愿的作用模型、政策创新的作用模型、游客行为的作用模型，为探讨居民意愿、政策创新和游客行为在原始自然观光旅游业态创新与景区高质量发展的协同中的作用进行案例分析。

1. 居民意愿作用模型

高黎贡山原始森林的当地居民意愿变化展示了自然生态旅游观光产品项目建设的推动理念，高黎贡山原始森林的景区经济、参与意识、生产方式及主体特征均对当地居民意愿建设具有重要的作用。基于高黎贡山原始森林的当地居民的思想变化，重点了解景区经济、参与意识、生产方式及主体特征四个要素间的发展内容，合理地搭建出高黎贡山原始森林中居民意愿的作用模型，见图6-7。

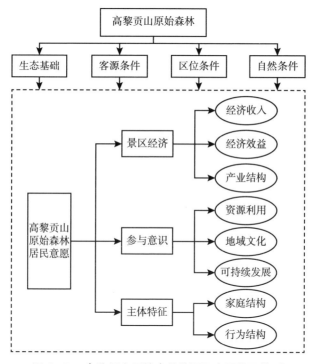

图6-7 高黎贡山原始森林的居民意愿作用模型

由图6-7可以看出，云南高黎贡山原始森林的当地居民意愿对景区生态资源、民俗文化遗产、民族聚集、居民参与意识、景区经济结构、居民生活生产方式、资源分配、地理位置以及原始自然风光维护具有影响作用，具体来说，其居民意愿引导可以分为以下三个方面：

一是高黎贡山原始森林在开发中，最初便拥有丰富的生态资源，不仅跨越面积大、资源独特，在发展生态旅游方面有着与生俱来的优势所在，而且居民对于原始森林的自然环境有着深厚感情，更愿意保护自己赖以生存的家园，推动着景区发展。

二是明确客源条件，将其定位在高端生态保护旅游人群，进而减少游客不良行为，维护景区自然环境，通过打造合适的客源定位，促进区域生态效益提高。

三是不断建设景区周边环境，实现景区高质量发展，完善周边交通设施，配合当地政府的要求，提升产品服务质量，引导居民认同生态旅游保护活动，改变其生产生活方式，提高游客体验感。

2. 政策创新作用模型

从生态保护制度和区域联合制度两个方面考虑，模拟出高黎贡山原始森林开发中政策创新的作用模型，见图6－8。

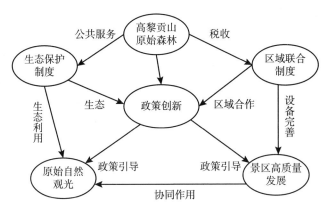

图6－8　高黎贡山原始森林的政策创新作用模型

由图6－8可以看出，在高黎贡山原始森林的政策创新中，生态保护制度和区域联合制度两个方面都起到重要作用。政策创新促进原始自然观光景区发展的同时推动着生态保护制度实施，进行合理、快速的景区区域联合，同时促进景区高质量发展。政策创新的具体作用可以从以下三个方面进行诠释。

一是国家和地方政策的创新为高黎贡山原始森林景区的建设发展提供了支持。2000年"生态保护"一词被国务院提出，随着国家对于生态环境保护与建设力度加大，政策创新给旅游产业带来新路径。1983～1986年，高黎贡山先后从省级自然保护区晋升为国家级自然保护区，整体发展速度很快，2021年，云南省提出加强高黎贡山生物多样性保护措施。做好复合型生态系统、优化生态安全屏障体系等工作，是保障高黎贡山生态多样性的方法。

二是税收优惠政策的出台使当地产业得以保护及发展，为高黎贡山区域经济发展提供推动力。高黎贡山原始森林所在的国家级自然保护区以茶叶等为主要产业，依靠每年三月的春茶吸引各地游客，而国家和云南省的政策创新不仅为纳税人提供"绿色通道"，还出台各项税收优惠政策，提升企业经济活力，一方面，围绕着当地特色产品，开展各式美食、娱乐、观光等活动。另一方面，创新税收优惠政策，更好地保障产业升级。

三是人才引进策略，把原始森林搭建成富有旅游吸引力的景区。人才流失现象频繁发生，员工积极性不高，以及人才资源引进手段缺失等，都让高黎贡山人才资源缺失严重。一方面，人才作为景区建设的核心竞争力，要实施景区建设，人才引进及培养是必不可少的。另一方面，加强人才政策创新，提供更多就地就近就业机会，促进当地经济发展。

3. 游客行为作用模型

"生态旅游"这一术语于1983年由世界自然保护联盟首先提出，是以特色的生态环境为重点的旅游活动，将保护生态资源和提高居民生活水平相结合，其创新和升级与新时代的游客需求紧密相关，即满足现代人回归大自然的需求，而游客是高黎贡山原始森林得以持续发展的关键因素。基于上述阐述，结合原始自然观光与自然环境依托型发展协同模式的结构方程式实证分析结论，合理地模拟出高黎贡山原始森林建设中游客行为的作用模型，见图6-9。

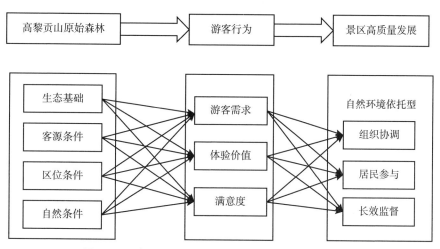

图6-9 高黎贡山原始森林开发中游客行为作用模型

图 6-9 显示了高黎贡山原始森林开发中游客行为的作用模型，结合高黎贡山原始森林中的生态基础、客源条件、区位条件与自然条件四个要素，可从以下四个方面进行阐述。

生态基础方面。不但具有丰富的生态资源，满足游客向往大自然的需求，而且具有人文底蕴，在开发景观时打造完善的交通体系。高黎贡山原始森林是打开游客视野的原生态观光点，游客是高黎贡山原始森林景区的影响者。为了满足人们对向往大自然的需求，在深度挖掘、合理开发的基础上，高黎贡山原始森林依托自身资源，将原始森林的生态与人文进行相互融合，原始资源成为发展旅游产业的有利条件。

客源条件方面。客源条件关系着旅游市场发展，是促进旅游市场发展的重要因素之一。客源条件是提升经济效益的前提条件，是自然环境依托景区开发的根本原因，也是发展自然环境依托景区经济的基础。高黎贡山原始森林的客源条件是旅游产业发展的创新依据所在，只有景区内相应项目的开发满足了游客的生态观光需求，激发了游客重游率，景区的旅游效益才能带动区域第一三产业的发展。

区位条件方面。完善景区交通设施，做好旅游服务，从游客出行到回程，以提高满意度为最终服务宗旨。在高黎贡山原始森林的开发过程中，景区将生态环境的地理优势与交通的便利相结合，展现出自然观光的新方式。从地质地貌、景区资源、发展现状以及动植物资源开发，都把握住"可持续"三个字，为后续旅游产业发展和提高经济效益提供条件。

自然条件方面。由于原始森林具有天然性和独特性，当进行深度开发时，区内独特景观则极易受到破坏，而原始森林生态旅游的定位重心在于可持续开发，如此自然景观便较为多样化，而且游客体验价值得以提高，促进游客的旅游行为产生。另外，由于高质量生态旅游业的发展，推动着区域经济的发展，同时产生更多就业机会，从而带动当地居民的生活水平提高。

6.3.4 案例验证总结

本次研究案例以云南腾冲市大塘村高黎贡山原始森林为例，通过对其进行实地调研来获取原始数据资料，保障了数据来源的准确性和可靠性。为了对原始自然观光与自然环境依托型发展的案例展开验证研究，首先阐释了以高黎贡山原始森林作为案例目的地的选题理由，对案例进行描述，将高黎贡山原始森林的建设和发展分为三个阶段，通过对这三个阶段的深入分析，判断出高黎贡山原始森林发展难题及相应对策。其中，依据上文原始森林与自然环境依托型景区高质量协同模式的结构方程实证结果，重点把握居民意愿、政策创新和游客行为三个方面的内容，搭建出高黎贡山原始森林建设中的居民意愿的作用模型、政策创新的作用模型、游客行为的作用模型。

采用SPS案例研究方法进行单案例研究，以云南省腾冲市大塘村高黎贡山原始森林为案例，对原始自然观光旅游业态创新与自然环境依托型景区高质量协同发展模式进行实证分析。结合上文所搭建的原始自然观光旅游业态创新与自然环境依托型景区高质量协同发展模式的分析框架、研究假设和结构方程实证分析相关内容，基于云南腾冲大塘村高黎贡山原始森林的发展情况，重点分析了居民意愿、政策创新、游客行为对原始自然观光创新以及景区高质量发展中的作用，用单案例证实了原始自然观光旅游业态创新与自然环境依托型景区高质量发展的协同过程中的影响因素，进一步验证原始自然观光旅游业态创新与自然环境依托型景区高质量的协同发展模式。

6.4 原始自然探险旅游业态创新与自然环境依托型景区 高质量发展协同模式：以西藏林芝市大渡卡村 雅鲁藏布大峡谷探险为例

6.4.1 案例选取

本节案例选用西藏雅鲁藏布大峡谷探险，雅鲁藏布大峡谷位于西藏林芝市大渡卡村，集冰川、绝壁、陡坡、泥石流和巨浪滔天于一体的大峡谷，被称为"地球上最后的秘境"，是全球唯一一块"处女地"，是最令人向往的、最美丽动人的宝库。雅鲁藏布大峡谷由喜马拉雅山板块运动和江水冲刷形成，全长504.6千米，海拔2880米，作为世界之最，是于20世纪末中国科学家的重大地理发现，可以利用其丰富的特殊资源优势，满足游客猎奇心理，打造集观光、度假、探险、科研及漂流于一体的适合四季、大众旅游的景区。2020年被评为国家5A级旅游景区，游客们可以在这里观峡谷、赏美峰，体验一下世界最深最长的河流峡谷的震撼奇观。以生态保护为主，可持续对生态资源进行开发，以生态旅游发展来保护大自然，是雅鲁藏布大峡谷景区的开发方法。

雅鲁藏布大峡谷将自身的特点与旅游产业相结合，利用丰富的特殊自然资源，逐步成为集观光、摄影、徒步、自驾、游船、科考、探险、朝圣等功能为一体的综合型景区、世界级生态旅游目的地。同时雅鲁藏布大峡谷作为世界第一大峡谷，以其独特的地理风貌，丰富的自然资源，珍稀的野生动物吸引着大量游客，成为西藏必去景点之一。不仅推动了低密度旅游业态创新发展，也有利于探险旅游经济的发展及生态资源的可持续开发。

6.4.2 案例描述分析

1. 第一阶段：人间净地，醉美林芝

自国家开始实施西部大开发后，位于西藏东南部的林芝市，其悠久的历史文化迎来了旅游业发展的热潮，从20世纪90年代至今，林芝市的游客人数实现飞跃性增长。林芝市的民族文化丰富，区内环境优越，植被资源丰富，是国内第三大林区。游客成倍增长的同时，问题也随之而来，人员管理能力不足、游客环境保护意识落后给林芝的生态环境带来巨大影响。林芝市除具有丰富的人文生态资源外，也有着不容小觑的自然生态资源，比其他城市的旅游资源相比更具有竞争优势，但存在着资金投入不足问题，以致基础设施投入、开发程度均存在问题，旅游发展受到限制，如何开发旅游项目值得思考。

林芝市的目标是营造"人间净地，醉美林芝"的品牌效应。首先为解决林芝市在发展生态旅游中所产生的突出问题，培养大众保护环境意识，加强景区管理制度，减少大量游客有意或无意地给生态保护区带来的破坏行为，培养理性游玩意识。其次，林芝市虽然有着丰富的野生动植物资源、神奇独特的地质地貌，但只有形成品牌效应才能带来更大的收益。从具体实施方法来看，一是发展了生态观光、生态探险等生态旅游项目，同时完善自身景区管理制度，加大力度发展休闲旅游和绿色旅游，提升旅游目的地品牌效应，创办旅游活动节目，提升知名度。二是为了更好地打造旅游项目，加大资金投入，合理利用自身民族文化特色、生态资源，通过加强建设生态旅游基础设施，发展特色产业，使游客需求得到满足，提升旅游接待能力，扩大市场推广范围。三是增加当地居民就业岗位，促进社会效益的提高。

2. 第二阶段：山水民族风情，精品旅游品牌

荣获第二批国家生态文明建设示范市县称号的林芝市，是集自然资源和人文

旅游资源为一体的旅游城市，优美的生态环境是其特色，具有"西藏江南"之称，生态旅游资源是其旅游产业成为支柱性产业的基础。而雅鲁藏布大峡谷是西藏林芝市的一个景区，有着独特的自然资源。通过对生态资源进行旅游产品开发，林芝市已开发三个自然保护区，并重点开发了尼洋河风光带、鲁朗林海观光带和雅鲁藏布大峡谷生态旅游区，雅鲁藏布大峡谷将自身的神秘色彩与险峻地势相互融合开发，将生态与旅游结合到一起，无论是孤身一人、朋友同行还是家人游玩都有适合的游玩路线。

一是将人文环境与自然资源相结合，可持续发展生态旅游产业。随着近年来生态旅游建设力度的加强，减少了旅游垃圾和践踏等不文明现象发生，打造出优良的自然环境。引导当地居民参与景区的环境保护，共同建造理想探险乐园。

二是紧跟游客需求，发展多样化产品。雅鲁藏布大峡谷针对游客旅游需求，借助自身优势，开发观光旅游产品、摄影旅游产品及休闲旅游产品等，创新旅游业态，利用旅游项目的生态教育功能，打造生态旅游产品。

3. 第三阶段：打造特色5A级，提升景区经济效益

雅鲁藏布大峡谷利用生态资源和制度政策，全面挖掘独特项目吸引力，不断完善区内服务基础设施。为了使自然环境依托型旅游产业快速发展，雅鲁藏布大峡谷深度挖掘游客需求，不断创新自然产业结构和促进游客行为，在资源、设施、保护措施、景区规划等各方面做好准备。同时，随着自然环境依托型旅游的逐渐兴起，加上区内自然产业结构和游客行为发展，雅鲁藏布大峡谷成为生态旅游的好地方。

基于以上的发展方向，在全面快速提升生态旅游经济效益的目标下，雅鲁藏布大峡谷有着自己的发展策略。一是创新景区政策方向，关注特色峡谷风光。深度挖掘游客消费需求，充分利用自身生物多样性，通过各种方式，提升知名度和品牌影响力。二是打造景区特色，形成核心吸引力。通过已开发的旅游项目引导更多居民参与，激发居民积极参加大峡谷旅游发展，逐渐形成核心吸引力。三是响应国家政策，持续发展居民经济。雅鲁藏布大峡谷前有旅游扶贫政策，后有合理开发生态资源准则，可以在开展旅游项目的同时进行扶贫活动，促进贫困户旅游增收，提高当地居民收入。目前当地农牧户参与程度较高，而旅游所带来的经济效益也成为当地大部分家庭的主要收入来源。四是严格把控游客行为。雅鲁藏布大峡谷的经营理念为可持续发展，实施限流制度，保护其生态环境不受破坏。

6.4.3 案例发现与讨论

在西藏雅鲁藏布大峡谷的发展过程中，生态是基础条件，企业是活力源泉，政策保护是关键要素，紧抓需求是主要前进方向。通过对各个要素的综合考虑，将重心放在政府、市场、游客、居民及环境等方面，提取出游客行为和自然产业结构两个关键性要素，并通过对这两个方面进行科学化、建设性的分析，搭建出雅鲁藏布大峡谷开发中的游客行为的作用模型、雅鲁藏布大峡谷开发中的自然产业结构的作用模型。为探讨游客行为和自然产业结构在原始自然探险旅游业态创新与景区高质量发展的协同中的作用进行案例分析。

1. 游客行为作用模型

"探险旅游"一词在20世纪90年代才由国外传入国内，是满足游客猎奇心理的户外探险旅游，将自然与探险相互结合，其创新和升级与现代的游客需求紧紧相连，满足当代人对感官体验、身心挑战、锻炼自身能力的追求，游客是雅鲁藏布大峡谷得以延续发展的动力源泉。基于上述阐述，结合原始自然探险旅游业态创新与自然环境依托型景区高质量发展协同模式的结构方程式实证分析结论，科学地模拟出雅鲁藏布大峡谷开发中游客行为的作用模型，见图6-10。

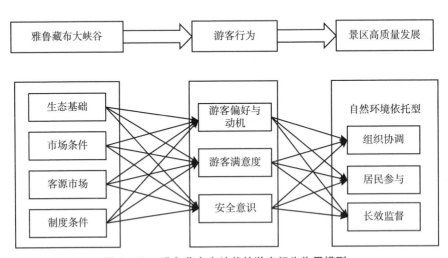

图 6-10　雅鲁藏布大峡谷的游客行为作用模型

由图6-10可以了解到，雅鲁藏布大峡谷的生态基础、市场条件、客源市场和制度条件这四方面，对游客偏好与动机、游客满意度、安全意识和体验价值起作用，从而也对雅鲁藏布大峡谷景区高质量发展有着重要影响。雅鲁藏布大峡谷的景色和生态资源为游客提供了视觉上的享受与精神上的冲击，游客行为关乎雅鲁藏布大峡谷的高质量发展。

生态基础方面。大峡谷有着天然的险峻，不但是世界上最大、最深的峡谷，满足游客追寻探险的需求，而且生态资源丰富多样，在项目开发时有充足的资源基础。雅鲁藏布大峡谷是提供视觉精神双重享受的原生态探险地，生态旅游对于自然保护区是一把"双刃剑"，保护区如何将资源保护与经济利益结合起来，实现景区可持续发展至为关键。在科学开发、生态保护的前提下，雅鲁藏布大峡谷的旅游开发将原始环境与保护措施进行融合建设，以生态为开发要点成为吸引游客的关键要素。

市场条件方面。市场条件是旅游产品开发、激发旅游业与旅游产品创新的关键环节之一。市场定位的准确程度是提升旅游经济的关键要素，是自然环境依托景区开发的关键要求，也是发展生态旅游经济的基础。雅鲁藏布大峡谷景区的市场条件是游客偏好得以满足的根本所在。

客源市场方面。大峡谷定位于追求个性化的游客群体，针对游客偏好而开发景区项目、产品建设，做好市场调研，了解游客消费能力与兴趣，以多样化为开发依据。在雅鲁藏布大峡谷的开发过程中，大峡谷将天然优势与旅游结合在一起，将原生态的独特与新奇体验相结合，展现了自然探险的体验价值。在客源体验方面，从加强服务质量、项目相应措施、设备建设以及安全保障规定管理等方面为提升游客满意度提供基础条件。

制度条件方面。一方面，由于探险旅游具有的冒险性和安全性，当进行探险旅游活动时，游客体验的刺激感得到提升，大峡谷的制度定位在保障游客安全。另一方面，低密度旅游的发展，管控游客流量，保障景区游客的安全，激发游客行为，升华体验价值，进而提高探险旅游的经济效益。

2. 自然产业机构作用模型

雅鲁藏布大峡谷的自然产业结构是随着新时代游客消费需求及旅游意识变化的，自然探险旅游促使景区完善旅游基础设施，激发游客行为，自然产业结构的更新和发展关系到景区旅游经济发展的可靠性和可持续性。基于此，从资源、游客需求、基础设施及经济效益四个要素出发，模拟出雅鲁藏布大峡谷开发中自然经济结构的作用模型，见图6-11。

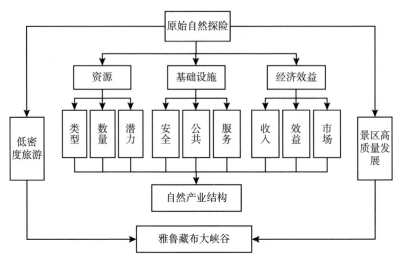

图 6-11 雅鲁藏布大峡谷的自然产业结构作用模型

由图 6-11 可以看出，在雅鲁藏布大峡谷的自然产业结构中，资源、游客需求、基础设施及经济效益四个要素均为重点内容。自然产业结构结合生态旅游建设发展加之景区高质量发展方向，进行科学、可持续创新发展，同时关注建设自然环境生态旅游建设创新问题，自然产业结构的作用可以从以下几个方面进行诠释。

一是资源的类别与发展潜力为雅鲁藏布大峡谷的开发过程提供了前提条件。雅鲁藏布大峡谷是青藏高原最具神秘色彩的地区，具有独特的地质构造，不仅有着丰富的自然资源，集合了峡谷、冰川、瀑布等多种自然奇观，同时也有多种珍稀动植物。

二是开发和创新旅游产品、项目，为雅鲁藏布大峡谷的开发提供新动力。新时代以来，游客需求不断变化，一方面，围绕着大峡谷的神奇特点，开发各式项目、探险、娱乐等产品。另一方面，创新旅游产品项目，不再一味盲目从众，在内容与内涵上进行改变，做好服务保障。

三是完善雅鲁藏布大峡谷的安全基础设施。基础设施不仅包括景区设施的安全建设、公共服务建设、服务基础设施等基础配套设备，还包括专门的经营管理制度，以及配套的保护措施等。一方面，雅鲁藏布大峡谷作为当地旅游产业主要支柱，做好安全基础设施是景区高质量发展的保障。另一方面，完善景区基础设施能够增强游客安全感，提高旅游目的地的核心吸引力和游客满意度。

6.4.4 案例验证总结

本节以西藏林芝市大渡卡村雅鲁藏布大峡谷为例，通过对其进行实地调研获取原始数据资料，保障了数据来源的准确性和可靠性。为了对原始自然探险与自然环境依托型发展的案例展开验证研究，首先阐释了以雅鲁藏布大峡谷作为案例目的地的选题理由，对案例进行描述，将雅鲁藏布大峡谷的建设和发展分为三个阶段，通过对这三个阶段深入分析，判断出雅鲁藏布大峡谷的发展难题及相应对策。其中，依据上文原始自然探险旅游业态创新与自然环境依托型景区高质量发展协同模式的结构方程实证结果，重点把握旅游行为和自然产业结构两个方面的内容，搭建出雅鲁藏布大峡谷建设中的游客行为的作用模型、雅鲁藏布大峡谷建设中的自然产业结构的作用模型。

采用SPS案例研究方法进行单案例研究，以西藏林芝市大渡卡村雅鲁藏布大峡谷为案例，对原始自然探险旅游业态创新与自然环境依托型景区高质量协同发展模式进行实证分析。结合上文所搭建的原始自然探险旅游业态创新与自然环境依托型景区高质量协同发展模式的分析框架、研究假设和结构方程实证分析相关内容，基于西藏林芝市大渡卡村雅鲁藏布大峡谷的现发展情况，重点分析了游客行为、自然产业结构对原始自然探险旅游业态创新以及景区高质量发展中的作用，用单案例证实了原始自然探险旅游业态创新与自然环境依托型景区高质量发展的协同过程中的影响因素，进一步验证原始自然探险旅游业态创新与自然环境依托型景区高质量的协同发展模式。

6.5 狩猎海钓体验旅游业态创新与民俗文化体验型景区高质量发展协同模式：以黑龙江铁力市桃山镇桃山国际狩猎为例

6.5.1 案例选取与材料收集

本次案例选用黑龙江省桃山国际狩猎场，桃山国际狩猎场位于黑龙江省中部，位处小兴安岭山脉的一处山区的狩猎场，是中国第一个国际野生动物狩猎场，已成为国内外游客们狩猎和旅游的胜地。狩猎场占地总面积为 210 平方千米，桃山天然野生动物饲养狩猎场于 20 世纪 80 年代初开始建造，饲养各类动物，以确保狩猎场有足够的动物狩猎资源，满足游客一年四季能够狩猎的需求，既能体验狩猎到真实动物，也可以充分了解狩猎文化知识，玩乐之余，感受文化。游客可以与狩猎爱好者们、亲朋好友一起，来场真实的狩猎体验，感受狩猎带来的精彩与快感，或者来到室内，在狩猎的闲暇时间了解狩猎文化，观看原始的狩猎工具，感受先人的艰辛与勇敢，体验原始狩猎文化，感受不一样的旅游新体验，同时体验着东北民俗特色文化，这是桃山国际狩猎场的旅游定位。

桃山国际狩猎场将狩猎体验与住宿餐饮及休闲项目完美结合，不仅有利于推进低密度旅游业态创新发展，也有利于区域旅游经济发展，打造一个原始生态又具有生活气息的旅游景点，集狩猎、住宿、休闲、观光等为一体的狩猎体验旅游业态创新。

6.5.2　案例描述分析

1. 第一阶段：重构狩猎文化历史

在漫长的历史长河中，人类为了生存便依靠狩猎和采集野生动植物作为食物，作为一种原始而又古老的生产方式，人们制造各种工具，并在长期的实践中，得以不断的传承，但仍没有保存完整，狩猎文化所遗留下来的哲学观影响着人们，融入人们的日常生产与生活，对文化传承有一定的保障。但随着时代的变迁，当前的人类更注重生态平衡的保护，原始的狩猎文化与现代社会的发展需求不相符合，生态保护与狩猎的冲突，无疑给狩猎文化的发展带来沉重打击。狩猎文化虽然历史悠久，却与现在的生活发展大相径庭，过度的狩猎行为极易造成野生动物的灭绝，以致狩猎文化被严格控制，饱受争议，如何延续狩猎文化传承是值得探讨的。

桃山狩猎场首先要解决狩猎文化在传承中所遇到的种种难题，需要引导人与自然和谐共处，并加强狩猎文化对生态环境的适应，弱化狩猎文化给生态环境带来的危害，建立科学合理的狩猎文化传播，传承狩猎文化。其次，狩猎文化虽然被贴上"血腥残暴"的标签，但狩猎文化有着更为深远的意义。一是发展现代狩猎，由于传统狩猎是为了生存，而现代狩猎则是以休闲娱乐为主，不再一味地猎杀动物，同时以保护为前提，进行合理科学地猎杀动物。二是为了禁止偷猎行为的发生，适当开放狩猎，如非洲在开放狩猎前，偷猎现象十分严重，种群数量也急剧下降，而开放后动物数量则恢复到了原来数量甚至更多，产生更高的经济效益。三是宣传合理狩猎的必要性，桃山狩猎场制定合理的猎取量，以防止对动物资源利用过度或利用不足，有利于野生动物保护。

2. 第二阶段：调整策略，发展狩猎旅游

作为国家第一个国际天然动物狩猎场的桃山国际狩猎场，拥有集山林草溪为一体的特殊地理环境，为野生动物的繁衍生息提供了理想场所，可称为"桃山国家森林公园"，丰富的野生动物资源，新奇刺激的体验为景区的可持续发展提供了新驱动。而桃山狩猎场制定了不同动物的狩猎期，可以在一年四季都有着不同的狩猎体验。通过原有野生资源和后期人工养殖及休闲游乐项目建设进行旅游业态创新，参照国际标准从20世纪80年代初便开始有计划地开发建设，狩猎场与当地天然动植物资源和环境条件相互结合，将体验与文化融入旅游产业。

一是深度开发狩猎文化体验产业。将自然环境与原始文化相结合，即体现对自然资源的保护，打造相关旅游体验项目建设，营造修养身心、享受新奇的狩猎场所。

二是满足游客需求，开发多样化项目。桃山狩猎场吸引着国内外的游客前往体验狩猎文化，设置封闭狩猎区及饲养区，保障狩猎动物资源充足，利用人工手段，打造一年四季均可满足游客需求的狩猎场所。为了让游客可以通过狩猎场有更好的旅游体验，利用丰富多彩的狩猎文化，以各种原始狩猎工具展示区、标本室、科普展览室等狩猎文化项目，加上专业化的导猎员，使更多的游客深刻感受狩猎旅游的文化魅力，在开发创新的同时不断宣传狩猎文化的重要性，通过不断吸收国外成功案例经验和管理方式，桃山狩猎场将园区打造成狩猎爱好者的游乐场所，曾接待过20多个国家和地区的狩猎团队。

三是牢牢打造服务设施。首先，桃山国际狩猎场位于山水并茂、灌木苍翠的桃山国家公园中，四面百鸟争鸣，600多平方千米的狩猎面积，更有90%的森林覆盖率，吸引爱好狩猎及探险体验的游客前往体验。其次，随着民俗文化的兴起，我国对于民俗文化的观念产生变化，正是因为这一点，狩猎场设施建设以狩猎文化为主题，不仅新奇，而且富有内涵，民俗文化体验感受真实。最后，改变旅游模式，采用了"体验+专业服务"模式的旅游项目，不仅可以亲自狩猎、导猎员陪同等服务，又有住宿、餐饮、停车场等基础配置，桃山狩猎场紧抓旅游服务设施，体验美好生活。

3. 第三阶段：享受狩猎文化

桃山狩猎场利用狩猎文化和区内设施建设，打造国际狩猎体验场所，同步发

展狩猎文化建设。为了发展民俗文化体验旅游，桃山国际狩猎场深度激发游客动机，不断促进文化创新发展和创新景区项目增加，在设施、服务、项目活动、体验度等全方位进行创新。同时，随着民俗文化体验旅游的日益发展，加上当前文化旅游经济效益和游客需求的提高，桃山国际狩猎场作为狩猎文化建设场所，使游客体验远古狩猎活动，满足游客对狩猎文化的探索需求，这使得桃山国际狩猎场成为了狩猎民俗体验的好去处。

基于以上的发展方向，在全面快速提升民俗文化体验经济的目标下，桃山狩猎场有着自我的发展策略。一是明确游客需求，重点突出狩猎文化。明确打造自身景区建设，使游客在自身体验中感受民俗文化，充分利用地形优势，在大自然景观中，感受狩猎的愉悦，并且通过高质量的狩猎体验、高规格的项目活动，使游客在景区中满足对狩猎文化的探索需求。二是提高工作人员素质，提高游客体验度。设定管理规则，培养高素质人才，积极打造高质量项目、高档次服务，通过引进相关人才，提升狩猎场整体水平，提高游客满意度。三是实现多方面体验融合，提升游客体验感。桃山国际狩猎场前有亲身狩猎，后有文化展览，场内设有原始森林景区、动物标本室、科普展览室、原始狩猎工具展示室等体现狩猎民俗各类项目，与民俗文化体验完美接洽，全面的狩猎旅游建设为桃山国际狩猎场的文化发展提供了条件，只有二者实现高质量协调发展，才能获得更高的经济效益。

6.5.3 案例发现与讨论

在黑龙江桃山国际狩猎场的发展过程中，文化内涵是基础条件，企业是活力源泉，景区管理是关键要素，紧抓需求是主要前进方向。通过对各个要素的综合考虑，将重心放在游客、市场、管理、居民及环境等方面，提取出文化创新和游客行为两个关键性要素，并通过对这两方面进行科学化、建设性的分析，搭建出桃山国际狩猎场开发中的文化创新的作用模型、桃山国际狩猎场开发中的游客行为的作用模型。为探讨文化创新和游客行为在狩猎海钓体验旅游业态创新与景区高质量发展协同中的作用进行案例分析。

1. 文化创新作用模型

桃山国际狩猎场的文化创新是随着狩猎文化再发展和人们思想转变而来的，文化创新导致人们思想的转变，也正因人们需求的变化使民俗文化有更好的创新，推进着社会经济的发展。基于此，从创意文化、自媒体及文化底蕴三个要素出发，模拟出桃山国际狩猎场发展中文化创新的作用模型，见图6-12。

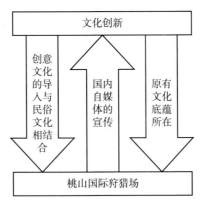

图6-12　桃山国际狩猎场的文化创新作用模型

由图6-12可以看出，在桃山国际狩猎场的文化创新中，创意文化、自媒体和文化底蕴三个要素都有着实质作用。景区文化创新结合适当的宣传手段发展新奇狩猎文化旅游，同时最大程度地挖掘当地传统民俗文化开发项目，文化创新的作用可以从以下几个方面进行诠释。

一是创意文化的引进与民俗文化相结合为桃山国际狩猎场的开发建设过程中提供新思维。近年来"狩猎文化"一词的热度上涨，随着国内外传统思维的打开，狩猎旅游可带来经济效益、科研价值，也给自然资源保护带来了新思路，传统的生态保护带来的效果远不及此。21世纪以来，生态保护思想的正确转变，狩猎的价值在大众的实验下早已证实，桃山狩猎场对国外的狩猎旅游成果加以吸取，以最低成本去实现生态环境保护及动物保护。

二是自媒体渠道配合宣传使狩猎旅游产业得以发展，为桃山国际狩猎场的建设提供了推动力。桃山国际狩猎场身为国家第一个国际天然动物狩猎场，狩猎场内有着完善的建设，不仅有丰富的动物资源，还有完善的服务设施，提供了高质量的服务体验，一方面，围绕景区独特特色及体验项目，进行了各类媒体、微博、官网等宣传渠道；另一方面，升级自媒体宣传手段，掌握景区流量密码，在游客需求与景区市场定位上转变，围绕狩猎文化的含义，营造民俗文化体验中具有高额回报的旅游体验点。

三是正确宣传桃山国际狩猎场的文化底蕴，把桃山建设成具有民俗风味的狩猎场。传统历史文化中的狩猎文化不仅只有狩猎场中的狩猎行为、解决温饱的手段方式，后期逐渐发展成为宫廷休闲方式。桃山狩猎场作为一个狩猎体验场所，若要实现其可持续发展，民俗底蕴的丰富度必须得到维护，挖掘景区文化底蕴的有利于建设高质量景区，进而提高游客体验价值。

2. 游客行为作用模型

"狩猎旅游"一词在20世纪80年代初才在我国开启，狩猎旅游业是以高端民俗文化闻名的旅游体验产品，将自然与狩猎相互结合，其更新和升华与新时代的市场需求紧密相关。游客是桃山国际狩猎场得以持续开发的关键要素。基于上述阐述，结合狩猎海钓体验旅游业态创新与民俗文化体验型景区高质量发展协同模式的结构方程式实证分析结论，合理地模拟出桃山国际狩猎场开发中游客行为的作用模型，见图6-13。

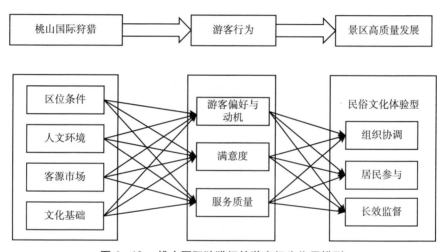

图6-13　桃山国际狩猎场的游客行为作用模型

由图6-13看出，游客行为既是旅游产业发展的重要因素，也是新时代下景区高质量发展的关键一环。桃山国际狩猎的区位条件、人文环境、客源市场和文化基础，对游客的旅游偏好与动机、游客满意度和服务质量起到重要作用，因而对景区高质量发展产生影响。

根据桃山国际狩猎场的实际情况出发，分析其对游客行为的影响作用。狩猎旅游一般选在野外自然环境优美、生态资源丰富的地方，桃山国际狩猎场内如画的风景、各类奇山异石、生态良好，狩猎场外环境优美，场内狩猎设施完善，具有国际标准的基础设施，为游客提供了良好的接待和服务能力。由于狩猎市场的特殊性，其游客类型都属于高消费群体，因此对于狩猎场的要求自然会比较高，而狩猎场的各种设备的完善、服务质量的提高，更符合游客需求，促成游客行为的产生。

6.5.4　案例验证结果

本节以黑龙江铁力市桃山镇桃山国际狩猎为例，通过对其进行实地调研来获取原始数据资料，保障了数据来源的准确性和可靠性。为了对狩猎海钓体验旅游业态创新与民俗文化体验型景区高质量发展的案例展开验证研究，首先阐释了以桃山国际狩猎场作为案例目的地的选题理由，对案例进行描述，将桃山国际狩猎场的建设和发展分为三个阶段，通过对这三个阶段深入分析，判断出桃山国际狩猎场的发展难题及相应对策。其中，依据狩猎海钓体验旅游业态创新与民俗文化体验型景区高质量协同模式的结构方程实证结果，重点把握文化创新和游客行为两个方面的内容，搭建出桃山国际狩猎场建设中的文化创新的作用模型、桃山国际狩猎场建设中的游客行为的作用模型。

采用SPS案例研究方法进行单案例研究，以黑龙江铁力市桃山镇桃山国际狩猎场案例，对狩猎海钓体验旅游业态创新与民俗文化体验型景区高质量协同发展模式进行实证分析。结合上文所搭建的狩猎海钓体验旅游业态创新与民俗文化体验型景区高质量协同发展模式的分析框架、研究假设和结构方程实证分析相关内容，基于黑龙江铁力市桃山镇桃山国际狩猎场的现发展情况，重点分析了文化创新、游客行为对狩猎海钓体验业态创新以及景区高质量发展中的作用，用单案例证实了狩猎海钓体验旅游业态创新与民俗文化体验型景区高质量发展的协同过程中的作用因素，进一步验证狩猎海钓体验旅游业态创新与民俗文化体验型景区高质量的协同发展模式。

6.6　房车游艇宿营旅游业态创新与民俗文化体验型景区高质量发展协同模式：以北京市房山区天开村天开花海露营为例

6.6.1　案例选取与材料收集

房车游艇宿营旅游业态创新与民俗文化体验型景区高质量协同模式是指根据

不同的旅游方式和旅游项目，以生态保护为前提，将自然景观和民俗文化深度融合进行创新发展旅游项目，打造具有较高经济效益及社会效益的旅游模式。本次案例选用北京市房山区天开花海露营为例，天开花海景区位于北京市房山区韩村河镇天开村北，以万亩花海为背景的休闲景区，被誉为"一沟两湖五产业，三线八区十二景"，成了人们自驾露营及房车体验场所，位于田园花海中间的营地，总规划面积为 10000 亩，是由原天开水库建造而成，具有独特优势，营地内既可以满足房车露营者停靠修整，还可以满足游客休闲娱乐活动体验；既有观光项目，又建设了登山步道、公共厕所等基础配套设施，充分体现个性化旅游。与家人或亲密好友，自驾前往或者搭乘其他工具前往，住房车、搭帐篷，或者共同参与其他项目，比如民俗旅游、农村特色美食、满族风情等，感受民俗文化的魅力。其每年接客量达 5 万人次，在这一片花海中感受大自然的优美与传统民俗文化的魅力。以自然为背景，以文化为中心，实现民俗文化创新推广，体验新风采，是天开花海露营的建设理念。

天开花海露营将田园与旅游及服务建设在一起，结合大自然资源，成为一个集文化体验、生活、休闲、娱乐等功能于一体的宿营区，不仅有利于推进低密度旅游业态创新发展，也有利于旅游经济效益的提升。

6.6.2 案例描述分析

1. 第一阶段：水库再利用，勾勒田园风光

2020 年国家明确提出积极发展休闲农业旅游、森林旅游和乡村服务业，深化旅游产业改革。房山区旅游产业以传统农业为基础，以传统文化为依托，进行旅游产业创新。房山区有着丰富自然生态资源和人文资源，具有一定的旅游产业优势。但在后续实际发展中，因房山区的基础设施较为落后，无论道路、水路还是电路等都存在着设备设施老化的情况，成了旅游发展的阻碍，旅游与服务设施的不协调，无疑给房山休闲旅游产业发展带来阻碍。房山区的旅游活动无突出项目，同质化旅游项目过多，与其他旅游目的地相比，缺乏自身独特优势，且未形成自身品牌，旅游市场难以打开，如何开发旅游产品值得研究。

房山区打造田园风光景观。首先，转换发展思路，以"生态休闲、产业互动、突出效益"为准则，积极发展景观农业文化旅游资源，改变房山区旅游业无特色项目的形象，扩大实施开发方向，开发新的旅游项目。其次，房山区虽然没

有独特优势的旅游产品，但房山区打造属于自己的景观建设，将景区及周边串联成一个景区产业链。具体实施方法：一是发展了民俗文化旅游、自然景观旅游等，同时完善产业融合发展，地方政府和居民共同探索符合自身的发展之路，提升旅游产品质量，吸引游客前往。二是为了形成景区产业链，拓宽发展思路，合理利用自然环境和天开村的民俗文化，通过共同发展，满足人们向往休闲娱乐的需求，旅游景区内部经济效益得到提升，增加整体收入。三是注重高素质服务人员的培养，助力旅游体验景区创建。

2. 第二阶段：天开花海添风采

素来有"人之源""城之源"及"都之源"的房山区，是集文化山水为一体的旅游资源区域，优越的生态环境造就了房山的特色风光，被誉为"北京人之家"的称号，历史悠久的文化底蕴，治理有序、绿色发展的生态宜居策略为其提供了创新驱动、文旅融合的前提基础。而天开村正是北京市房山区的一个小村庄，因当地的天开寺而出名。通过对当地的建筑及人工自然环境资源的再开发利用，结合传统民俗文化及新兴的旅游体验项目——高端观光宿营旅游项目，开辟出了"天开花海"，将花海与周边产业相联合于一起，打造观光娱乐和宿营体验的民俗旅游生态景区。

一是深度开发景区游玩新产业。将自然景观与民俗文化相融合，第一产业与第二、第三产业融合发展，共同提升旅游景区经济效益，打造高端民俗旅游生态主题景区。景区内设有万亩花海种植区、观光露营区、百科示范区及相应的管理服务区，以保障游客体验感。

二是增加新鲜事物，采用多样化模式。天开花海景区在修建期间，调研游客需求，勾勒出良好的生态景区，完善景区基础设施建设，利用万亩花海为主题，利用原有民俗文化，辅助旅游基础设施，建造出生态旅游服务体验的经营模式。为了更好地吸引国内外游客，提高旅游经济效益，特意种植万亩花海景观，通过改善卫生环境、增加绿化等保护措施，加上景区内部管理制度的落实，使游客积极参与景区建设和营造良好的生态环境，天开花海主题景区将一个荒废水库改造为"花海露营区"，深受周边游客及露营者的喜爱。

三是深深抓住游客心理。首先，天开花海景区位于具有悠久历史的天开村中，四周均是田园风景，拥有千年古刹天开寺和古柏，更有热情好客的村民，造就了拥有独特味道的全新特色景区，吸引着周边游客前往体验。其次，自提倡文旅融合以来，我国着手打造文旅融合新业态、新产品。以高标准推进文旅深度融合，正是由于这一点，天开花海景区所开设的产业及项目均有其内涵所在，如景区的"花"文化和内涵、萤火虫观赏区、打树花非遗和音乐美食广场等。最后，开启全新模式，构筑出"城镇—田园"空间休闲模式的旅游产业，不仅对房车、帐篷露营区进行统一管理，促进景区安全及卫生综合管理，又有烧烤、传统节目表演等娱乐节目，天开花海景区满足游客需求，全力打造高质量景区。

3. 第三阶段：打造景区品牌效应

天开花海景区利用自然风光和营地设施，全面挖掘特色设施吸引力，不断完善景区服务基础设施建设，促进营地品牌化发展。为了打造民俗文化体验品牌效应快速发展，天开花海景区简化游客出行方式，不断创新景区建设规模和促进旅游发展模式，在空间布局、服务、生态、环境建设等全方位进行改造。同时，随着民俗文化体验热度的日益高涨，加上景区项目建设规模和发展模式更新，天开花海景区成为了民俗文化体验型的好场所。

基于以上的发展方向，在全方位打造民俗文化体验旅游的目标下，天开花海景区有着自己的发展策略。一是重视自身品牌宣传，重点推出宿营特色。提升景区知名度，使景区在自我宣传中打造出旅游景点品牌，为了增加宣传内容，定期举办丰富多彩的特色活动，使游客在自然中感受特色景观及传统民俗文化氛围。二是拓宽宣传品牌渠道，增加自媒体宣传。景区利用大数据筛选，将目标游客定位于自驾游群体，全面打造高质量项目、高品质服务，通过打造自然的生态美景及民俗文化传承项目获得更高的满意度，提升景区品牌效应。三是实现多方位宣传发展，提高经济效益。天开花海露营前有配套娱乐，后有营地设施，完善的景区建设为天开花海露营的"营"提供了基础，打造特色的天开花海观光季、烟花节、登山节、采摘节、萤火幻境、铁树开花等项目，传统民俗活动各式各样，宣传体验相结合，只有实现二者相融合的高质量发展，才能获得真正的经济效益。四是为当地居民提供就业机会。天开花海露营区的宗旨是因材施用，安排岗位就业，促进当地居民经济水平及生活水平的提高，还附带促进民俗文化高质量发展，使游客个性化需求得到满足，打造低密度旅游模式的品牌化，形成核心吸引力。

6.6.3　案例发现与讨论

在北京天开花海露营的发展过程中，文化内涵是基础条件，企业是活力源泉，景区管理是关键要素，紧抓需求是主要前进方向。通过对各方面因素的综合考虑，将重心置于游客、企业、居民、规模及发展模式等方面的内容上，提取出景区建设规模、游客行为和旅游发展模式三个关键性要素，对这三方面进行科学化、合理性的分析，搭建出天开花海露营建设中的景区建设规模的作用模型、天开花海露营建设中的游客行为的作用模型、天开花海露营建设中的旅游发展模式的作用模型，为讨论景区建设规模、游客行为和旅游发展模式在房车游艇宿营旅游业态创新与景区高质量发展协同中的作用进行案例分析。

1. 景区建设规模作用模型

天开花海露营景区中的景区建设规模影响着低密度旅游业态创新的景区高质量发展的协同情况，结合天开花海露营景区建设规模的发展，重点把握空间布局、服务经济及要素整合三个方面间的具体内容，合理地搭建出天开花海露营景区中景区建设规模的作用模型，见图6-14。

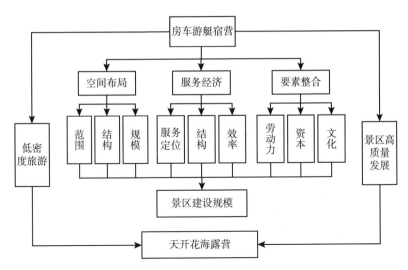

图6-14　北京天开花海露营的景区建设规模作用模型

从图6-14可以了解到，北京天开花海露营的景区建设规模对当地的景区空间规划、景区规模、服务定位、经济结构、服务效率、劳动力整合、资本组合以及文化品牌具有影响作用，详细来讲，其景区建设规模的影响可以分为以下几个方面：

一是天开花海露营景区在开发中，改变以往传统开发模式，不仅满足了游客休闲观光需求，也使游客获得最深度的旅游体验，发展品牌化景区，提升游客满意度，加强景区建设规模。

二是高效促进服务经济项目，将其定位于自驾游旅游方式。通过定位旅游消费人群，打造以自驾露营为主题的旅游服务项目，满足游客个性化需求，推动一二三产业深度融合发展，促进当地区域旅游经济效益。

三是不断进行要素整合，实现自然环境与旅游创新的高质量发展。通过引进人才、培养人才、加大资金投入、做好民俗文化宣传，实现人力、资本、文化三要素整合，优化景区要素结构，提高景区建设规模。

2. 游客行为作用模型

游客行为是影响旅游目的地品牌建设的重要因素之一，其中关乎游客偏好与动机、游客主体感知两个方面的要素。结合新时代实际状况，以相关研究作为参考，对天开花海的游客行为进行解析，搭建出天开花海露营的游客行为的作用模型，见图 6-15。

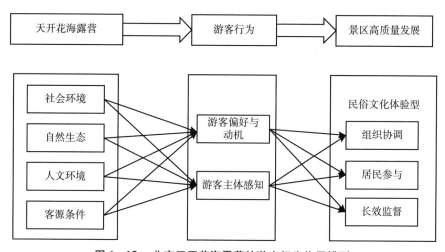

图 6-15　北京天开花海露营的游客行为作用模型

由图 6-15 可以看出，天开花海的社会环境、自然生态、人文环境和客源市场四个方面，对游客的偏好与动机、游客的主体感知产生主要影响，进而影响了天开花海景区高质量发展的过程。天开花海露营可以为游客提供观光、餐饮、露营等旅游服务的场所，游客的抉择关乎天开花海的旅游服务质量和游客重游率，是天开花海得以兴起和发展的关键因素。

根据天开花海露营景区的发展现状，分析其对游客行为的影响作用。房车旅游一般选在景区附近或内部，或周边环境良好、民俗文化丰富的营地，而天开花海景区中万亩花海与传统民俗文化相互融合，营地内外环境优美，服务基础措施完善，为游客提供了良好的服务和接待能力。由于房车旅游的独特性，其游客类别均属于自由行游客，因此对于营地的配置有着较高要求，而营地的各种服务设施的完善，有利于提升游客满意度。

3. 旅游发展模式作用模型

天开花海露营的旅游发展模式是随着大众对旅游需求的增加以及需求的个性化而发展来的，低密度高质量旅游逐渐成为旅游业态创新的新方向。基于此，从民俗文化、外来文化及自媒体三个要素入手，模拟出天开花海露营的旅游发展模式的作用模型，见图6-16。

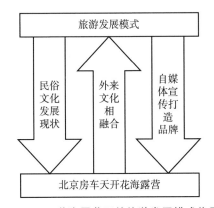

图6-16 天开花海露营区的旅游发展模式作用模型

由图6-16可以看出，在天开花海露营区的旅游发展模式中，民俗文化、外来文化和自媒体三个要素均有着重要作用。充分利用民俗文化增加景区的文化内涵，根据自身文化定位结合外来文化，进行多业态融合发展，利用自媒体进行宣传，提升影响力和知名度。旅游发展模式作用可以从以下几个方面进行叙述。

一是民俗文化的传承与复兴为天开花海露营的建设进程中提供新方案。近年来"文旅融合"一词多次被提及，随着民俗文化的复兴发展，民俗文化给文化旅游产业带来创新点。天开花海针对民俗文化专门打造旅游项目，提升游客体验感，发展民俗文化体验项目是体现文化价值的方法。

二是外来文化创新性联合发展使区域旅游模式得到创新，为天开花海露营的建设提供一定的文化基础。天开花海露营景区、建设万亩花海以供游客观赏，景区内设计别致，不仅有花海景观，还有完善的配套设施，打造出与大自然亲密接触的休闲区域，一方面，围绕田园风光，因地制宜开发景观，建设了各式花卉、古迹等景点；另一方面，创新旅游方式，景观与旅游活动相融合，开发更多主题的项目，围绕当地特色文化及美食，开发不同主题的旅游项目，使其成为新时代自驾游的营地。

三是打造属于天开花海露营景区的旅游品牌，将旅游目的地建设成多渠道宣传的景区。宣传手段不仅有传统宣传方式如广告、标语、招牌等，还通过自媒体等新颖渠道。一方面，房车旅游作为一个新兴旅游体验项目，自媒体的多渠道开发是关键；另一方面，完善区域品牌的建设，提升区域影响力和知名度，在游客心里留下深刻印象。

6.6.4 案例验证结果

本节以北京市房山区天开村天开花海露营为例，通过对其进行实地调研来获取原始数据资料，保障了数据来源的准确性和可靠性。为了对房车游艇宿营旅游业态创新与民俗文化体验型景区高质量发展的案例展开验证研究，首先阐释了以天开花海露营作为案例目的地的选题理由，对案例进行描述，将天开花海露营的建设和发展分为三个阶段，通过对这三个阶段深入分析，判断出天开花海露营的发展难题及相应对策。其中，依据房车游艇宿营旅游业态创新与民俗文化体验型景区高质量协同模式的结构方程实证结果，重点把握景区建设规模、游客行为和旅游发展模式三个方面的内容，搭建出天开花海露营建设中的景区建设规模的作用模型、天开花海露营建设中的游客行为的作用模型、天开花海露营建设中的旅游发展模式的作用模型。

采用 SPS 案例研究方法进行单案例研究，以北京市房山区天开村天开花海露营案例，对房车游艇宿营旅游业态创新与民俗文化体验型景区高质量协同发展模式进行实证分析。结合上文所搭建的房车游艇宿营旅游业态创新与民俗文化体验型景区高质量协同发展模式的分析框架、研究假设和结构方程实证分析相关内容，基于北京市房山区天开村天开花海露营的发展情况，重点分析了景区建设规模、游客行为和旅游发展模式对房车游艇宿营业态创新以及景区高质量发展中的作用，用单案例证实了房车游艇宿营旅游业态创新与民俗文化体验型景区高质量发展的协同过程中的作用因素，进一步验证房车游艇宿营旅游业态创新与民俗文化体验型景区高质量的协同发展模式。

第7章

低密度旅游业态创新与景区高质量
发展协同模式的实现路径

7.1 乡村俱乐部旅游业态创新与休闲度假服务型景区 高质量发展协同模式的实现路径

乡村俱乐部旅游新业态，是基于乡村、自然生态的休闲度假服务项目，是乡村旅游项目旅游模式，以环境良好的乡村作为主要体验场景，特别是乡村民宿、户外活动、森林公园、私人农庄、个人会所、农业公园等。乡村俱乐部旅游新业态的特性使乡村旅游从"量"的增加走向了"质"的提高，乡村俱乐部旅游新业态的发展更有利于提升休闲度假服务型景区的高质量发展。乡村俱乐部旅游新业态的发展与游客行为选择、行业发展模式创新及经济发展模式的界定息息相关。

7.1.1 乡村俱乐部旅游业态创新与休闲度假服务型景区 高质量联合发展的规划

要根据新时期的市场需求，根据当前乡村俱乐部旅游模式的现状，确定发展俱乐部的具体方式，明确划分市场条件和环境，通过创新开发产品类型，了解客源市场，完善乡村俱乐部旅游新业态的设施建设，引导休闲度假服务型景区高质量发展。

第一，把握乡村俱乐部旅游新业态的规划。首先，企业必须聚焦高端人群，形成头部竞争。确定自身俱乐部的市场定位，为旅游行业发展做好基础保障。其次，居民适当参与乡村俱乐部旅游新业态建设，规划当地居民参与乡村俱乐部建设的具体路径，为乡村俱乐部旅游新业态的稳定发展做好铺垫。并且通过合理规划旅游消费范围去确定消费市场、消费人群，将休闲度假与旅游业深度融合。最后，完善俱乐部建设保障制度，实施有效监督工作。创新发展农村休闲农业与乡村旅游，为俱乐部制定相应的管理机制。通过对旅游产业及相关产业实施政府监管，改善无序发展状态，规范整体项目流程审批、经营和服务的流程，向智能化转变，推动第三产业的快速发展。

第二，把握游客行为的规划。首先，企业提前调研游客需求，做好项目策划。根据新时代游客的个性化需求，为俱乐部个性化发展做好方法创新。修建或提供有特色的旅游项目、娱乐活动，度假服务区凸显个性化，激发游客的行为发生。其次，促进居民积极参与游客服务。重视景区招聘的工作计划，加强旅游企业的基层及高层管理服务团队建设。通过对当地居民进行培训，将景区建设与服务意识相互结合，促进游客行为发生。最后，统一设置游客管理体系，规范景区管理。加强低密度旅游项目的游客体验感，打造游客管理、游玩和体验一体化。

第三，把握行业及经济发展模式的规划。首先，企业必然创新休闲模式，打造度假行业。明确自身项目的特色活动创新方向，为低密度旅游的行业发展模式做好因地制宜的创新。通过新时代下的社会经济发展水平、经济发展模式、行业特点、旅游资源、客源及市场定位去分析景区的发展方向，遵循因地制宜的方式，结合实际情况，发展适当的行业及经济模式。其次，鼓励居民打造乡村俱乐部品牌建设，形成规模化市场。加强对居民的就业指导，为景区建设的品牌发展做好基础搭建。居民参与特色美食服务、特色乡村活动等一体化服务，将乡村自然品牌与营销渠道融合发展，进行休闲旅游产业的品牌规模化发展。最后，制定提高消费人群重游率的相应制度，增加经济效益。促进体验过景区或项目的游客二次消费，为前往乡村俱乐部的游客携带家人重游。增加旅游福利，给予游客的家人更多优惠，搭建游客的优惠政策、实施路径和具体方式的设置，进行侧面的行业激发模式，推进经济的效益快速发展。

7.1.2　乡村俱乐部旅游业态创新与休闲度假服务型景区高质量联合发展的实施

随着经济全球化以及疫情时期下人们的需求变化，旅游需求也发生着巨大变化，休闲度假成为人们旅游的首要目的，游客决策行为影响着区域旅游目的地的发展情况，而旅游目的地的创新程度及发展状况也深深关乎游客行为。

第一，促进乡村俱乐部旅游新业态的发展。首先，企业开发休闲旅游产品，创新乡土文化。制定俱乐部景观建设的标准规则，为实际建设时的景区内部建设做好创新方向。通过满足游客的休闲度假、拓宽视野、增长见识等多重目的于一体的旅游项目，遵循标准化原则，提升建设质量。其次，建设特色景区，打造品质项目。提供当地特色的服务项目，营造独特的服务项目，提升乡村俱乐部的价值，将乡村味道与度假休闲融合一体，进行高质量的景区建设。最后，出台监督乡村俱乐部建设的政策法规。分类推进旅游产品及制度改革，为品牌化与口碑化设计的工作监督部署做好相关管理。

第二，激发游客行为。首先，企业重视游客的职业差异，设计项目活动。针对不同职业的游客建设项目，让各行各业的游客能够舒缓身心。其次，居民协助解说系统全覆盖，提供完善信息服务。通过自主个性化安排行程，为全区范围内各种媒体的协助给予游客帮助。通过信息服务中的服务、知识、情感的输入使游客获得关键信息，达到游客的分流、安全提醒和行为提示等管理功能。最后，完善游客行为管理机制，规范旅游行为。通过创新游客管理方法和线上预约服务，达到减少游客拥挤现象，提升游客体验感，提高旅游经济收益。

第三，促进可持续发展。首先，企业从实际的状况出发，选取恰当的发展模式。准确把握旅游行业的状况变化、经济发展趋势以及经济结构，促进旅游景区结构转型，打造休闲度假服务型旅游产业，增强地区经济实力。其次，促进居民参与景区建设，提供特色化服务，满足游客所需。鼓励居民参与景区建设，提供特色服务，加长旅游产业链，提升景区旅游产品附加值。最后，制定景区管理制度，践行绿色发展理念。充分利用乡村生态环境，景区建设遵循绿色建筑设计的原则，促进景区可持续发展。

7.1.3 乡村俱乐部旅游业态创新与休闲度假服务型景区高质量联合发展的保障与可持续

第一，保障乡村俱乐部旅游新业态的可持续发展。首先，结合时代发展，企业积极打造私密空间，提高景区的自然景观覆盖率。保障景区内各个设施得到巧妙安排、创新建设、合理打造低密度的休闲度假新产业，合理、科学地安排整体空间布局，进行整体环境、地理地貌的打造，建设可持续发展的乡村俱乐部旅游新业态。其次，提供灵活自主的选择权，创造休闲生活氛围。为游客提供灵活自主的旅游方式，积极将地域文化、休闲文化与旅游项目深度融合。最后，建立完善的投诉处理程序，规范管理制度，提高游客体验价值。耐心了解游客的意见和要求，及时给出合适的对策，落实双方收益的处理方案，进行景区预期效果理想值维护，实现景区内部的规范管理与统筹协调。

第二，促进游客的需求产生。首先，企业提高游客限制条件，改变市场定位，线上线下相结合，为乡村俱乐部旅游新业态可持续发展提供保障基础。吸引更多高消费、高需求和高素质的游客前来景区，设置预订服务，减少游客拥挤现象的发生，避免人群拥挤降低体验感，提高游客体验感。其次，改善乡村环境卫生，推出高端、高档的旅游产品线，为新时代下乡村旅游的高端化表现形式设置相应产品。对本地区的环境进行改良，突出当地环境特色，形成具有价值导向的项目，针对地方环境特色，进行相关旅游项目的开发和旅游产品的设计，积极促进当地旅游产业可持续发展。最后，完善各项社会保障制度，构建长效机制。结合疫情时期旅游需求现状，提高游客的旅游消费信心，设置保障机制开启安全保护，确保游客安全，提升游客的体验参与性，构建鼓励游客消费的长效机制。

第三，引导行业模式可持续发展。首先，创新景区发展理念，休闲度假的发展与乡村旅游业融合式经营。依照当地的发展和特色，制定可持续发展的长期发展战略，同时注重经济效益和社会效益。其次，完善公共服务建设设施，营造品牌形象。由于部分乡村经济较为落后，为景区的高质量建设增加困难。企业引入资金后，进行统一装修、营销、分配客源等管理，改善公共服务基础设施，提升旅游产品与服务质量，营造品牌形象。最后，加大乡村旅游行业的政策及资金支持，确保可持续经营。加大对农村休闲农业与乡村旅游行业的政策倾斜力度和资金支持力度，保障可持续的基础设施财政投入，引导市场、社会及民间资本加入，吸引意向群体加入开发农村休闲农业与乡村旅游项目，为产业增添新活力。

7.2　企业会奖旅游业态创新与休闲度假服务型景区 高质量发展协同模式的实现路径

企业会奖旅游新业态是企业的会展及奖励旅游，包括了 4 个组成部分：会议、奖励旅游、大会、展览。企业会奖旅游新业态是一种大型或小型团体的新型商务旅游，区别于其他旅游业态，它有整体时间长、高端、利润高等优势，每年全球参与会奖旅游的人数庞大，旅游经济效益较高。由于企业会奖旅游的特殊性，因而选择场地时会更看重配套设施、服务质量和整体氛围，企业会奖旅游新业态的兴起和发展由游客行为、企业发展模式创新及旅游经济结构的变化三个方面组成。

7.2.1　企业会奖旅游业态创新与休闲度假服务型景区高 质量联合发展的规划

第一，规划景区环境建设。首先，企业必须优化旅游环境，延长游客逗留时间。由于会奖旅游的特殊性，为游客逗留旅游目的地的时间延长做好充足准备。通过严格控制目的地环境要求、改善交通及空气质量、控制道路交通情况来规范景区的整体建设，遵守绿色开发原则，坚决抵制居民或游客对空气质量做出破坏行为，杜绝一切不文明行为。其次，居民积极参与景区建设，提供合适服务。突出当地文化的创新承接，为商务旅游的丰富程度添加精彩瞬间。通过适当的旅游体验项目提升游客逗留时间、消费水平和体验感，将休闲度假与商务相互融合，进行商务旅游的创新性建设。最后，规范市场行为，促进有效规划。规范景区建设的管理机制，对景区的建设规划进行有效的政策把控，创新以往的管理机制，提升经济效益，促进会奖旅游的经济发展。

第二，合理分析游客行为。首先，塑造地区会奖旅游目的地品牌，推动经济效益。重视会奖旅游的经济带头作用，关注会奖旅游企业对产品的宣传和促销，以高质量景区建设为前提，进行景区设施规划。其次，重构会奖旅游产业布局，创新原有基础。保持原有的旅游目的地的资源，为会奖旅游城市的文化内涵保留历史底蕴。结合当地的民俗文化、人文风采、休闲娱乐等元素形成创新产业，引进时尚、高科技等元素，进行旅游项目的建设，提升会奖旅游目的地的独特性。最后，发挥政府的主导作用，促进高质量发展。加强对休闲度假服务产业的扶持力度，为景区项目建设提供坚硬基础。

第三，推动旅游经济向前发展。首先，构建良好的市场运作机制，维护利益主体。设置旅游业与会展业之间的协调发展，为会展旅游市场的正常运作提供理想机制。加强会奖旅游的市场营销规划，加强宣传和市场推广渠道，坚信口碑建设为第一要务，进行景区总体规划时，重点打造会奖旅游城市。其次，建立责任共担制，分享相应利益。休闲度假各核心利益相关者既享受到利益，又为会奖旅游景区的规划建设承担一份责任。通过加强对相关利益主体的思想教育，树立正确的发展理念，坚持以大众共同利益为主体，在追求经济最大化的同时，相互监督与合作。最后，政府制定相应补贴政策，加大资金投入。鼓励企业积极开展创新会奖旅游项目的投入，为会奖旅游产业发展保驾护航。优化会奖旅游的资源配置，维护景区建设的政策规划保障。

7.2.2 企业会奖旅游与休闲度假服务型景区高质量联合发展的实施

第一，加强会奖旅游的建设实施。首先，加强会奖旅游市场主体的培养，规范市场行为。完善景区管理制度，为会奖旅游的快速发展提供促进作用。打造会奖旅游示范企业，制定服务标准，建立完善的会奖旅游统一标准和框架。其次，注重景区内部人才培养，建立人才引进的制度，为会奖旅游景区的内部管理提供基础辅助功能。对会奖旅游企业的人员进行了培养，使其具有基本知识、文化能力、组织能力和经济意识，坚持因人而异的培养方式，鼓励当地居民参与景区内外部建设。最后，注重融合发展会奖旅游的产业链。实施多产业融合，加入康体、休闲，以及创意、策划等智力因素，促进城市旅游建设更加快速发展。

第二，促进游客行为的产生。首先，景区提升旅游服务品质，提高游客体验感。由于商务游客的价格敏感度较低，商务游客更关注旅游期间的服务品质。完善会奖园区内的管理机制，对工作人员的服务质量进行严格把控，提高服务品质，提升游客满意度。其次，工作人员得到实际培训，价值得到提升。通过对内部员工严格培训，使工作人员的知识、技能、工作方法、工作态度以及工作价值观得到改善和提高，进而改变游客的体验评价，提高旅游区域经济效益发展，激发游客的旅游行为发生。最后，政府制定相应的激励政策，加强营销推广。激励游客的旅游目的地感知，为会奖旅游目的地的宣传推广做好铺垫，吸引游客。打造多渠道、多方式的宣传渠道，同时进行质量高要求把控，提升旅游产品质量。

第三，促进经济效益和社会效益双提升。首先，企业凸出且强化每个会奖旅游目的地的特色，深度挖掘景观。归纳总结会奖旅游目的地的潜在资源，为每个会奖旅游目的地的特点、优势做好分门别类。通过区分和联合各种类型的目的地，方便游客选择适合的旅游景点，提高整体效率，提升旅游目的地的旅游体验价值。其次，居民生产生活方式得以改变，积极向上发展。把握当地居民的流动，为建设良好的会奖旅游目的地、发展会奖旅游经济提供坚实力量。积极发展会奖旅游及相关联的产业，地方政府同步制定专项人才计划，进行目的地的整体实施规范。最后，出台景区文化资源保护政策，重视区域文化保护。加强景区文化资源的建设，自古以来所留存下来的文化传承是景区的宝贵财富资源。在原先文化基础上增添更多的创新文化，重视游客的文化体验，进行文化维护与创新发展，使游客感受景区的价值所在，促进景区文化的高质量发展。

7.2.3 企业会奖旅游与休闲度假服务型景区高质量联合发展的保障和可持续

第一，保障会奖旅游的可持续发展。首先，规范市场行为，保障发展基础。通过国家相关部门间的协调，规划联席会议制度，充分考虑旅游规划的全局性，同时基于其联席会议制度，积极寻求企业与会奖旅游间的可持续发展。其次，配备专业化人才，高度重视品牌建设。专业人才专职负责会奖旅游市场的研究与开发，为各地市场实际情况合理安排展会的成功举办。通过与旅游协会合作及适当的市场促销活动，吸引国内外的各种会议，同时打造"代言人"，引进具有品牌效应的国际会议以做宣传，提高会奖旅游企业和城市的知名度。最后，重视会奖旅游中客源的合理选择，搭建高端化、个性化的旅游项目，提供因人制宜的旅游项目。

第二，激发游客行为的发生。首先，维护景区外部环境。根据相应的外部环境打造高质量设施设备，提高游客体验感，进行游客需求的探索，保障游客的旅游行为的可持续发展。除完善维护外部环境外，积极发挥企业的自主性。其次，塑造会奖旅游形象的可持续，从品牌入手。塑造会奖旅游品牌形象，为游客留下深刻的印象，提高游客的重游率。会奖旅游新业态的丰厚利润及巨大的市场潜力，吸引着越来越多的旅游目的地和旅游企业加入。最后，制定相关环境政策制度，促进旅游经济提升。保护环境资源的可持续，为会奖旅游新业态的高质量发展提供基础源泉。

第三，保障旅游产业经济发展。首先，重视景区内外的基础设施建设，促进会奖旅游模式的可持续发展。提出景区内外的建筑、景区周围的自然环境治理等方面的工作要求，对景区特色文化进行旅游开发和产品设计，提升会奖旅游目的地的文化品位。其次，把握当地居民的流动，以人才推动持续发展。积极发展当地人才参与景区建设，为建设良好的会奖旅游目的地、发展会奖旅游新业态经济提供坚实的力量。培育新兴产业群，带动旅游、交通、住宿、餐饮等相关产业的发展，实施可持续发展战略，以经济、社会、生态效益为中心，重视会奖旅游目的地的整体保障服务。最后，强调政府引导性作用。制定和完善相关法规，整合会奖旅游资源，为后续的会奖旅游景区产业的可持续性发展提供基础。通过有效协调、引导会奖旅游的经济发展，营造一个公开、公正的竞争和规范化管理的氛围，不断提高会奖旅游的综合效益，保持会奖旅游新业态经济可持续发展。

7.3 原始自然观光旅游业态创新与自然环境依托型景区高质量协同模式的实现路径

生态旅游是生态性旅游，以生态美吸引游客，为旅游业所利用，原始自然观光旅游新业态中的自然景观旅游资源是指大自然赋予地理区域的能使人产生美感的自然环境及其景象的地域组合。但是自然景观旅游资源必须经过人为的开发、建筑旅游设施，才能称之为旅游资源。对原始自然观光资源进行规划，要根据当地旅游资源优势，增强居民意愿，促进政策创新以及激发游客行为。

7.3.1 原始自然观光旅游业态创新与自然环境依托型景区高质量联合发展的规划

第一，把握原始自然观光旅游新业态的规划。首先，合理规划原始自然景区，打造良好的生态环境。科学合理地设定原始自然景区的边界，为原始自然观光资源的利用情况和发展现状做出规划。修整以往原始自然景区建设中被无意或人为破坏的环境，建立生态资源栖息地，进行综合生态治理，全面修复原始自然生态景区。其次，规范居民行为，搭建自然观光景点。做好原始自然景区的日常维护，为生态旅游建设下的原始生态资源提供发展基础。规范当地居民生产生活方式，建立合理的行为准则，进行生态资源保护，同时全面提升当地居民的收入水平。最后，保护原始生态资源，制定相关法律法规。规范原始自然环境生态旅游市场和从业者，为原始生态旅游的旅游目的地建设提供规划依据。制定各类重大或突发事件的应急预案，保障景区内生态、观光设备及游客安全，深入了解景区实际情况，全方面制定景区发展规划。

第二，分析居民与游客行为。首先，企业创新经营思维，加强科学管理。改变"粗放经营"的做法，限制游客人数，保护生态资源和环境资源，做好资源结构的景点设置，遵循"不过度开发"的原则，进行有计划、有选择地开采，实现生态、社会、经济三大效益的提升。其次，提倡居民及游客文明旅游。加强人们教育管理和宣传教育，通过转变全民观念将生态教育和生态道德教育纳入国家教育计划，在小学、中学和大学中增设这一方面的教育内容。最后，改进区内交通环境，严格遵守规则。合理规划区内交通布局，杜绝容易产生污染的机动车进入景区，采用无污染材质修建区内道路，绕开生态脆弱带，选择生态恢复能力较强的区域，引导区内交通向生态、绿色、低碳方向发展。

第三，出台原始自然旅游政策的创新规划。首先，针对生态旅游出台专门性国家级法律法规，完善教育机制。建立生态旅游专家规划和指导的辅助系统，为新兴的生态旅游开发提供规划依据。其次，建立景区生态保护管理制度。鼓励游客、企业、景区管理者以及当地居民多方配合，为原始自然景区的环境影响评价及对策设置规章制度。最后，各乡镇、各市政府加大依法监管力度。禁止可能造成严重破坏环境的项目建设，促进原始自然观光的生态旅游健康发展。通过为居民提供就业机会的方式控制居民采挖药材的范围、种类和数量，以此保护生物多样性、维护自然原始环境，进行区内各项经营活动的控制规划，完善原始自然景区法律法规的制定。

7.3.2 原始自然观光旅游业态创新与自然环境依托型景区高质量联合发展的实施

第一，制定原始自然观光旅游新业态发展的具体措施。首先，积极发挥自身资源优势，合理设计旅游路线。建立相关的原始自然景区服务中心和生态环境监测站，为生态旅游景区的具体实施提供监管作用。同时研究景区的最大载客量，防止过度利用原始生态资源，控制负面影响活动的发展。其次，严格要求游客和旅游企业约束自己的行为，实质保护旅游资源与旅游环境，减少旅游不文明行为的发生。最后，划分生态环境保护区，提高体验感。结合已有的生态景点与服务基础设施设备，为游客实地观光时的景象环境提供相应的规划路线。坚持生态资源利用最大化和效益最大化，优化体验价值。

第二，约束当地居民与游客的行为。首先，实施环境保护宣传教育，明确行为限制。通过享受自然美景的馈赠、天然景色、生态资源去提高游客及居民的体验方式，遵守保护环境的准则，自觉保护环境，建设更优质的生态旅游观光项目。其次，提高居民和游客的认知水平。广泛宣传原始自然景区开展旅游产业的特殊性，为新时期下生态观光旅游提倡文明旅游方式的宣传做好铺垫工作，利用多种媒体渠道和途径对游客进行环境保护教育，门票、导游图、景区内的路标皆可标明生态知识与注意事项。最后，修建生态景区的基础设施，贯彻生态保护。善用区内自然死亡或倒掉的树木制作简易木凳、垃圾桶等，为生态旅游的环境保护做出一份贡献。采用环保的材料或就地取材打造区内的标志牌、说明牌、管理服务点等基础设施，建设对自然环境无害的建筑设施，落实生态保护理念。

第三，落实原始自然旅游政策。首先，设定并实施相应的制度拓宽融资渠道，扩大资金来源。实现生态旅游经济的良性循环，为原始自然观光的高质量发展提供实施基础。其次，针对游客和居民进行生态保护知识普及教育，提高环保意识。提升居民生态环境保护参与感，为生态旅游资源的实际维护提供策略计划。实行全民保护生态环境，建立完备生态文明制度，开展生态文明建设。最后，各级政府严格执行相关法规，强化法制观念，促使游客切实做到遵守法律法规，为生态旅游环境管理提供坚实基础。

7.3.3 原始自然观光旅游业态创新与自然环境依托型景区高质量联合发展的保障与可持续

第一，保障原始自然观光旅游新业态的可持续发展。首先，企业必须设定最大载客量，注重景区可持续开发。游客数量控制在自然环境承载能力范围之内，为生态旅游景区内部的可持续开发做出保障措施。通过确定开发景区的规模大小、区位和空间形态，规划原始自然景区内部的各功能布局，严守最大载客量标准，进行相应的内部监督管理，加强相关的规章和制度。其次，重视当地居民对于自身家园建设的责任意识，促进当地旅游可持续发展。居民积极保护自然生态环境，为自身利益权利的获得提供更好的基础。在责任与权利的权衡中，推动居民逐渐意识到生态的重要性，更有利于自然生态观光旅游的长远、可持续发展。

第二，保障居民与游客的行为与可持续发展。首先，企业以可持续发展的战略眼光保障联合管理。联合景区周边的乡镇共同管理旅游产业，为新时代下生态观光旅游可持续建设提供坚实基础。其次，保障生态旅游可持续发展，提高实际利益。提倡居民参与景区建设工作中，为新时代下生态旅游经济发展提高生活水平创造就业机会。通过宣传引导生态旅游所带来的实际利益，让当地居民自发地去保护生态环境，提升区域经济发展的可持续性。最后，完善景区服务生态化机制。在景区外部集中修建住宿及餐饮等主要服务设施，通过生态角度严格控制，营造绿色环境的气氛，引导游客对绿色理念的深入领会，倡导游客的绿色行为。

第三，保障原始自然旅游政策的实施与可持续发展。首先，联合各产业共同遵守生态旅游可持续发展原则，制定专门的管理制度。通过节省能源、循环使用，各产业减少有害废弃物品的排放，降低能源的消耗。在景区外围开设生态农业生产体验、垂钓、水上娱乐等休闲活动，以环境保护为前提，追求生态旅游可持续发展。其次，景区紧抓智慧化发展，完善智慧管理和服务。借助大数据与人工智能，提高景区经营与管理效率，提升游客体验和生态旅游项目的参与度，引导企业科学运营。最后，建立统一管理与决策执行的旅游管理机构。参照统一标准化发展，为生态旅游下的原始自然景区的资源可持续发展提供相应的保障措施。

7.4 原始自然探险旅游业态创新与自然环境依托型景区高质量发展协同模式的实现路径

原始自然探险旅游新业态是依托原始自然环境的探险旅游活动，探险者到人迹罕至或险状环生的特殊环境进行充满神秘感和刺激感的旅游考察活动，是自然环境依托型景区另一发展方向。原始自然探险旅游新业态的建设包括了游客行为的规范以及自然产业结构的创新。

7.4.1 原始自然探险旅游业态创新与自然环境依托型景区高质量联合发展的规划

第一，规划原始自然探险旅游的景区建设。首先，规划景区原始自然探险资源。针对原始自然探险旅游新业态的市场需求，为探险旅游发展做好事前规划。通过对旅游市场的调查、游客消费行为分析，进行开发项目工作，创新探险旅游路线和旅游探险产品。其次，转换思路，改造景区的产品形象。分析当地居民在景区的辅助作用，通过居民的居住经验将景区内的景观全面、系统、有层次、多角度地提供给游客，以保护环境和方便游客为原则，进行相应景区分析布局，充分体现居民在景区建设中的强大作用。最后，建立探险旅游申报制度，健全相关法律法规。对景区实际环境进行安全控制，为相关部门及各级旅游管理部门制定相关法律法规提供参考。加强政府职能管理，注重企业自身的管理，尊重以人为本的发展原则，进行各类群体的责任认定制度，保证景区的建设安全。

第二，注重游客行为的规范管理。首先，打造独特吸引力的旅游目的地，营造特殊风格。做好游客市场定位，突出同类旅游产品的个性化、差异化，打造目的地形象。通过在自然旅游资源方面、人文资源方面中突出自身独特性和区域差异性，打造凸显创新性的旅游活动项目，进行特色化建设，同时全方面覆盖游客需求。其次，开辟新的旅游目的地，设计低密度路线。抓住游客的好奇心与探索本性，为旅游目的地创新开发铺垫基础。开发新旅游路线与旅游产品时最大限度地保留景区原本景观，保存文化及自然遗产保持原始风貌，进行景区本色保留发展。最后，规范游客行为，保护生态环境。提高游客保护生态环境的意识，对其进行生态旅游教育，制定游客准则，减少破坏环境的现象，促进景区可持续发展。

第三，事前做好自然产业结构的规划。首先，加强内部人员的技能培养，规划合理课程。针对所需要的技能和知识进行专业性课程及技能技巧的培训，做好自身知识更新，提升工作人员的技能。其次，依靠当地居民规划项目基础设施，促进产业结构完善。依靠当地居民的生活经验及对景区的了解开设个性化项目，将成功优秀经验与实际生活体验相互结合，进行具有特色的探险旅游产业项目规划建设。最后，设置考核机制及招商协商机制。搭建招商引资平台，为探险旅游资源的创新开发创造良好的投资环境。建立完善的项目库，加大宣传和推广力度，规范外来投资企业和民营企业的协调服务，利用基础设施、景点景区进行招商工作，推动招商引资基础性工作的创新。

7.4.2 原始自然探险旅游业态创新与自然环境依托型景区高质量联合发展的实施

第一，保障原始自然探险旅游新业态的具体实施。首先，企业针对旅游开发建立协调统一的管理体系。保护区域内各景点的自然价值，最大限度地保留自然景观的完整性。禁止景区内设置游乐设施、住宿餐饮，做好景区内原始生态，提升原始探险旅游景区的旅游价值。其次，设计创新探险旅游路线，挖掘全新的渠道。结合科技与群众的融合作用，通过居民的视角，将高科技与探险相结合，设计出具有新的乐趣的探险旅游产品。最后，完善相应的法律体系，实现游客有法可依。界定旅游项目的活动性质，建立救援机制方式，保证游客在景区内部的安全，结合国外的"保险"与"救援"相融合的做法，建立民间和政府相合作的救援组织。

第二，实施游客行为的具体措施。首先，创新探险旅游营销手段。利用网络技术和资源，扩大探险旅游的宣传范围，吸引更多的游客。加强网站的建设和相关游戏的开发，遵守"创新、安全"的原则，进行网络营销创新，激发人们的旅游动机。其次，打造品牌产品化战略，提升景区品牌质量。衍生景区的品牌力量，为打造吸引游客前来探险旅游的项目活动给予合理开发支持。提高探险旅游所对应的旅游企业的服务水平、产品质量、企业的知名度和品牌化，将促销宣传维护和周边地区联合发展相互结合，进行景区内新旅游产品的开发。最后，针对探险旅游的风险管控做出研究规划，提出相应解决方案。

第三，完善自然产业结构的具体措施。首先，在原有的旅游行程规划基础上，添加个性化安排。加强原始探险旅游景区项目的个性化，提高游客对旅游企业的忠诚度和体验价值。依托高校旅游专业开展人才培养，委托高校开设地质地貌类课程、文化历史遗产类课程及野外探险急救类课程。其次，适当配备基础的生活设施，完善具体实施。完善预防救援系统配备，利用当地居民熟悉环境的优势在第一时间内完成救援工作，将现代化技术理论与之配合，进行景区内的预防救援设施及应急设施的配备建设。最后，制定区域旅游协作政策，加大建设力度。善于利用资本市场，拓宽融资渠道，为探险旅游配套服务体系建设注入必要的资金。通过政府联合投资方式加大旅游基础设施的建设力度，设计出具有合理性、科学性的旅游协作政策，完善探险旅游的自然产业结构，推动景区建设快速发展。

7.4.3 原始自然探险旅游业态创新与自然环境依托型景区高质量联合发展的保障与可持续

第一，促进原始自然探险旅游新业态的保障与可持续发展。首先，企业改变自身内部制度设置，改变开发思路。打造景区个性化的发展核心，为新时代下探险旅游的同质化现象做出新突破。通过设置游客自主选择制度，鼓励游客和旅行社开发旅游项目，做到"人无我有，人有我优"的宗旨，拓展全新的可持续开发方向。其次，提高当地居民经济收入，促进景区可持续发展。加大旅游景区的宣传力度，为原始自然探险景区的发展提供助力。通过提高景区的品牌效应和知名度，促进景区高质量发展，从而促进当地居民的经济效益提升。最后，加强景区项目的宏观监督，完善保险制度。完善游客的旅游保险种类，为探险旅游中的游客提供安全保障。旅游职能部门完善探险旅游安全保障体系，丰富保险产品，使其具有事前预防功能、事中监督和营救功能以及事后补偿、改善功能。

第二，提高游客旅游的安全意识。首先，注重游客的安全教育，保持长远目光。深度引导游客了解并理解探险旅游的危险性，为"安全第一、预防为主"的意识打造基础。设置相关制度使游客更为完整地认知到探险旅游的相关事项，提前做好充足的准备，避免事故发生，进行安全教育，促进探险旅游可持续发展。其次，提升游客的身体及心理素质。鼓励游客做好自身评估，根据自身条件匹配相应的探险旅游活动形式。活动组织者主动审核游客的身体及心理素质，避免在活动中出现旅游安全事故。最后，出台相关探险旅游保险保障制度，实现无负担游玩。游客旅游需求的变化，为原始探险旅游的建设发展提供了"危"与"机"的情况。通过提高旅游保险产品与游客需求相匹配程度，提高游客旅行动机的发生率，从而满足游客探险旅游需求。

第三，着重自然产业结构的保障与可持续发展。首先，企业着重引进战略性高级人才，保障景区可持续发展。调动工作人员的积极性，为优秀企业人才提供舞台。通过联合战术层面的技术人员、管理人才、战略性高级人员保障景区内部的基本供给，秉持"多劳多得"的奖励原则，进行物质及精神的奖励，切实增强人才的归属感和凝聚力。其次，推动探险旅游的可持续开发，建设服务配套设施。打造景区旅游公共服务的完整性，为探险旅游的自然产业结构发展提供保障。打造旅游交通道路精品工程，减少游客受交通问题的困扰，将实际交通道路便利性与旅游信息公共服务体系相互结合，满足游客的自身时间安排及保障自身的安全。最后，创造游客出行条件，拓展企业业务。通过鼓励旅游企业开设分支机构或代理商、收购或兼并等方式联盟合作，实现资源共享、产品共推、互相提供产业支持，营造探险旅游相关利益者的共赢局面。

7.5 狩猎海钓体验旅游业态创新与民俗文化体验型景区高质量发展协同模式的实现路径

狩猎旅游是以狩猎为目的的一种特殊旅游方式，尽管在国内备受争议，但仍受部分游客喜欢。建造适合狩猎动物生活的区域，便是狩猎场，通过经营管理，既可以体验狩猎，又可以感受狩猎文化。同时狩猎场也有分类，如森林、荒漠等。海钓是指在海边钓鱼，也属于生态旅游的内容，既是休闲也是运动，既刺激又富有乐趣，海钓产业与第一、第三产业结合发展，是集多种项目为一体的文化体验旅游。狩猎旅游与海钓产业都属于高端旅游产品，且为生态旅游，由此狩猎海钓体验的升级有利于民俗文化体验型景区的高质量发展，而狩猎海钓体验旅游新业态的规划应把握区位条件、自然条件、人文环境以及文化的维护。

7.5.1 狩猎海钓体验旅游业态创新与民俗文化体验型景区高质量联合发展的规划

第一，做好狩猎海钓体验旅游新业态的规划。首先，企业坚持科学性和合法性的原则，提高建设水平。科学规划狩猎场的合理布局，为生态保护环境下的狩猎海钓发展提供策略方案。在整体规划中对狩猎场的功能分区、狩猎资源以及客源市场进行科学合理的论证。其次，创造狩猎旅游快速发展环境，合理统筹协调。通过立法、林业、旅游、教育、土地等多部门共同统筹协调，做好服务和监管工作。根据狩猎海钓的技术含量高、知识专业强、设备要求高等特性，进行职能理顺，完善狩猎海钓的整体体验。最后，完善现有狩猎海钓的法律法规体系，实现宏观规划。加强研究创新政策与制度管理，为国内新兴的狩猎海钓产业的各类问题加以规范要求。借鉴狩猎海钓产业较发达的国家的相关法律法规，各级部门再根据本地实际情况，进行更为详细的法规制定，做好狩猎海钓产业的发展规划。

第二，合理规划游客行为。首先，企业采用灵活管理方式，多渠道融资。采取股份制形式管理旅游产业，多种形式开发旅游产业，进行灵活管理，推动民俗文化体验旅游经济的发展。其次，居民改善民宿服务，延伸营地产业链。利用狩猎场和海岛的本地资源特色，开发独特的民宿旅游产品。民宿内部的卫生环境、采光条件、特色美食成为核心吸引力的重要因素，将民俗文化与地域民宿旅游产品相互结合，进行狩猎海钓营地的游客体验建设。最后，设置有关游客行为的法律法规，贯彻生态保护。严格控制旅游产业的发展走向，出台相关的海钓狩猎法规，限制游客的不当行为，规范狩猎海钓的管理、规程与比赛管理标准等，促进游客行为的快速产生。

第三，推动融合发展。首先，企业打开狭窄观念，提高经济效益。开阔游客们的眼界，了解野生动物和海洋生物资源的保护开发等方面的知识，注重野生动植物资源的保护，进行资源合理开发，提高生物资源的经济效益。其次，重视游客安全。提高对游客安全的重视程度，加强森林防火措施和海钓场的安全宣传与措施去制定火灾应急预案、森林防火基础设施建设、提供求救联系方式等，将安全建设规划置于首位，全面建设特色旅游的安全保护措施。最后，加强产品联动发展，顺应时代潮流。整合狩猎海钓旅游资源的不同要素，进行多样化的旅游方式，打造企业形象，准确市场划分，准确游客需求满足，促进民俗文化的整体发展。

7.5.2 狩猎海钓体验旅游业态创新与民俗文化体验型景区高质量联合发展的实施

第一，注重狩猎海钓场的实际管理。首先，企业注重狩猎场的管理水平及服务质量，注重长远投入。建设狩猎海钓产品的品牌效应，提高狩猎海钓场间的竞争力，提升内部管理水平，注重质量的把控，进行品牌建设，提高狩猎海钓等景区的体验感。其次，简化狩猎海钓场审批程序，提高体验价值。营造高效行政环境，改变以往烦琐的审批流程，提升景区体验价值。最后，加大相关基础设施建设，多渠道引进资金。鼓励更多的经济成分参与，成立专门的研究中心或协会去研究狩猎海钓的未来发展趋势，为开发工作提供基础。

第二，加大游客行为的落实管理。首先，企业必须调整整体产业结构，营造其特有文化。增加营销手段，通过运用价格策略来调节旅游淡旺季所带来的市场供需矛盾，遵循文旅融合的宗旨，进行网站、杂志等途径加大宣传工作，扩大市场份额。其次，深度挖掘当地传统文化，提高居民收入。挖掘当地传统民俗文化，为文旅融合下狩猎场内与海岛所产生的旅游产品的多元化创新提供当地特色。通过提高当地居民的收入去提升生活水平质量，从而使居民自愿传承传统文化，将民俗传统文化与品牌化相互融合，进行深度旅游产品的开发。最后，规范狩猎海钓旅游制度。重点保护海域、森林或狩猎场的生态环境，严格禁止鱼类排卵期及非狩猎期内的捕鱼与打猎等行为。利用当代高科技手段与民俗文化的形式去创新旅游产品，生动地表现当地旅游资源的历史民俗文化，举办富有地方文化特色的旅游节庆活动，进行文化内涵的展示。

第三，进行民俗文化升级。首先，企业利用技术手段维护景区，做好景区环境的容量测算。通过利用防御和控制手段对游客行为进行限制，对其进行生态旅游教育，促进游客行为的改善。其次，做好专业化人才引进，安全维护游客行为。做好民俗文化的专业人才的具体引进工作，通过高校引进高素质人才，招收当地具有经验的猎人、农户及老手渔民，提高游客的体验感，提升民俗文化等级，将旅游业发展与当地居民经济收入相挂钩，促进狩猎海钓旅游景区的高质量发展。最后，实施旅游品牌经营策略，确保旅游质量。加快民俗文化的旅游消费升级，旅游相关产品质量可依靠科技水平与高质量人才，整个旅游体验流程的每个环节都要保证其完整性，对其进行品牌体系化搭建，促进景区的高质量发展。

7.5.3　狩猎海钓体验旅游业态创新与民俗文化体验型景区高质量联合发展的保障与可持续

第一，保障狩猎海钓体验旅游新业态的顺利进行。首先，重视狩猎海钓环境建设，促进可持续发展。通过设置具有针对性的宏观指导思想、微观的详细规划去改善狩猎旅游企业的经营行为，遵守生态可持续发展的原则，提升长期效益。其次，做好旅游资源的信息调查与统计，加强监管保护。积极利用狩猎海钓的相关产业链和就业机会，为当地居民的生产生活发展提供坚实后盾。加强对野生动植物资源的保护，保障可持续发展，禁止盗猎。遵守法律底线，净化市场环境，引导当地居民的生产生活方式。最后，综合各方面需求，合理统筹发展。综合运用法律经济行政手段，引导狩猎海钓体验旅游新业态的长期可持续发展，做好"疏"和"整"相结合，进行政策保护，积极发挥政府的重要作用。

第二，积极保障游客行为的可持续激发。首先，企业必须转换思维，形成完备体系。对营地进行规模化文化开发，为游客新需求下的旅游活动项目开发提供新发展思维。通过打造狩猎海钓旅游开发、经营、管理、监督的全体系，建设可持续的营地，提高效益，进行转换思维时，达成深度的社会文化理念共识。其次，建立健全旅游服务体系，加强人员培训。健全管理与规章制度，通过建立服务质量监督、咨询以及投诉受理与处理中心，将游客体验与景区人员服务相互挂钩，提高游客满意度的可持续建设。最后，积极倡导正确生态消费观，尊重民俗习惯。采取客观平等的态度，在面对不同的民俗习惯时，促进文化交流。提高游客正确的生态意识和生态消费观，尊重当地民俗习惯并挖掘当地民风民俗，扶持且带动居民增收，改善生产生活条件，促进景区内环境、资源、人口、社会相互协调的可持续发展。

第三，做好民俗文化的可持续升级。首先，企业促进当地生态旅游的可持续发展，减少不文明现象。做好狩猎海钓旅游企业的监管工作，借助狩猎海钓旅游新业态消费者大数据，建立各产业供需平衡表，基于集成产品各类数据，进行互联网深入推入，开展互联网的数据挖掘。其次，做好相关人员的培训，促进景区可持续发展。加强工作人员的职业培训，为可持续发展景区高质量下的游客需求提供基础保障。建立人员伤亡救助紧急预案，防止事故发生，将民俗文化体验与旅游安全相互兼顾，促进景区的可持续发展。最后，发挥自身独特文化优势，突出内涵特色。打造传统民俗文化与狩猎海钓旅游新业态的品牌旅游，通过不同民俗文化差异体验刺激游客消费，激发游客行为，打造精品旅游景点，凸显独特的文化优势，保障民俗文化的可持续发展。

7.6 房车游艇宿营旅游业态创新与民俗文化体验型景区高质量发展协同模式的实现路径

房车游艇宿营旅游新业态中的房车旅游是一种以房车为载体的新型旅游方式，游艇旅游既能乘坐游艇、欣赏美景外，还可以体验新奇、刺激的海上项目，是高端消费市场，是一项集运动、航海、娱乐、休闲、社交于一体的新型旅游形式，游艇旅游主要在于享受快感、高速运动、环球旅游（帆船）、滑水以及相关的休闲活动。房车游艇宿营旅游新业态是民俗文化体验型的创新与高质量发展，而房车游艇宿营旅游新业态的规划需要修整景区建设规模、掌握并激发游客行为，以及创新旅游发展模式。

7.6.1 房车游艇宿营旅游业态创新与民俗文化体验型景区高质量联合发展的规划

第一，规范房车游艇营地建设。首先，企业必须加强自主研发能力，研究客户需求。明确房车游艇宿营旅游新业态的消费定位，定期考察市场，了解市场变化、游客需求，使产品规划更贴合市场，以客户需求为原则，进行空间布局，扩大客源市场。其次，规划有效开发区域，保护生态环境。完善营地内部的基础服务设施，营地选址在进出城市方便的郊区等，规划好房车游艇的定点区域，将房车游艇营地建设与内部基础设施相互结合，进行房车游艇营地的特色化建设。最后，管理主体责任区分，监管分工明确。规范化监管房车游艇营地建设分布，加强房车游艇租赁的管理方法，完善房车游艇产业的配套法律法规，进行定期评估，规范管理租赁政策。

第二，加强房车游艇相关产业链结合发展。首先，企业加强行业间的协作，共同提供相关服务。建立规模化的房车游艇营地，建立统一的服务与管理模式，打造规模化项目，既使游客感受多方面的服务与便利，又可让房车游艇生产商、房车游艇营地和景区景点等行业相互协作，提供相关服务。其次，鼓励企业创新发展，落实产品设计。打造富有房车游艇体验的产品，比如通过提供房车游艇半自助游产品，提供房车游艇的相关服务，以此来增加市场竞争力，满足游客个性化需求。最后，加强政府对旅游产业发展的主导作用，建立相关政策法规。建立房车相关交通法规，给予营地的配套设施与交通建设优惠政策，降低营地建设成本，提高游客服务质量，同时加强安全管理，推动房车及游艇旅游行业快速发展。

第三，推动游客行为发展。首先，企业采用多渠道营销，广泛传播信息。综合运用多种营销手段和市场推广手段，为互联网发达的时代下游客消费需求做好旅游前的信息渠道。通过线上和线下共同发展的销售方式去广泛传播房车游艇旅游新业态的信息，让更多游客了解房车游艇旅游，从而激发游客的向往之心。其次，增加多种服务类型，重视目标人群。做好目标人群的服务，通过基础服务设施的规划，提升游客体验价值，促进居民参与景区建设，激发更多游客行为发生，从而提高居民收益。最后，推出旅游优惠政策，设置旅游试点。通过最优的优惠政策或免费参与，让游客真实感受旅游带来的新鲜感和价值感，更新传统旅游的消费理念，进行景区规划，提高游客的重游率。

7.6.2　房车游艇宿营旅游业态创新与民俗文化体验型景区高质量联合发展的实施

第一，落实房车游艇营地的措施实施。首先，企业提升旅游产品附加值，打造经典的房车游艇旅游线路，通过景区周边省市多方联合发展，拓宽旅游活动的区域，构造内容丰富、具有鲜明特色的旅游产品，提升旅游产品的附加值，进行产品创新，综合开发旅游产品。其次，推出优惠营销策略，吸引游客流量。大力提高景区营地的知名度，通过广告、媒体、节庆活动、展览会等方式提高知名度，塑造品牌效应，将策略与景区建设相结合，进行景区品牌化手段实施。最后，加大政策创新力度，简化审批流程。创新实施"一站式"审批新模式，通过简化游艇出海手续及房车租赁手续激发游客行为，完善整体旅游流程的监管模式和管理体系，设计提高游客体验价值的流程，推进旅游项目的落实建设。

第二，加快旅游产业通道融合。首先，建立完善的慢游特色产品，形成外部交通及内部交通特色体系，为新时代下追求慢生活的高端游客群体提供新颖体验与便利。布局营地的服务基础设施，打造特色休闲项目、特色步道、主题营地等，丰富游客在景区的体验感，动静相结合，感受个性化项目。其次，挖掘景区历史文化，强化特色发展。挖掘区域旅游的民俗文化底蕴，增强房车游艇休闲旅游的综合竞争力。建设营地民俗文化体验区，推出文化感官更为强烈的旅游项目，更好地满足游客的体验需求，从而提高区域经济效益。最后，结合城乡融合发展契机，加快文化旅游发展。形成跨区域的文旅旅游资源，为形成旅游吸引力提供动力源泉，推进全域旅游发展。提高营地周边城市的核心地位，以此带动区域整体旅游发展的经济效益，从而发展全区域经济。

第三，引导和激发游客行为。首先，完善营地基础设施开发，提高游客体验。重视房车游艇营地的等级和服务品牌建设，借鉴国外设置营地等级的分级方法，将等级设计与游客需求相互结合，提高游客体验价值。其次，根据各地区的实际，制定旅业业发展标准，全面提高营地等级与品牌建设，注重服务质量的把控，制定适宜的体系，培养标准化的管理与产品开发人才，推进景区、旅行社等旅游相关行业服务质量的全面提升。最后，正确引导游客，创新旅游业态。正确引导民俗文化体验的游客消费导向，引导公众接纳房车游艇旅游新业态，改变游客旅游的消费理念，推动旅游经济效益提升。

7.6.3 房车游艇宿营旅游业态创新与民俗文化体验型景区高质量联合发展的保障与可持续

第一，保障房车游艇营地的可持续建设。首先，企业加大宣传力度，增强景区可持续发展。增强房车游艇的认识程度，优先带动部分市场，提升区域经济效益，进行差异化营销，扩大房车游艇旅游的客源市场。其次，重视建设保护环境设施，标准化管理。遵守有关部门颁布的可行性循环经济发展政策，将环境安全保护与旅游管理相互结合，进行营地的保障性维护。最后，落实游客体验后跟踪服务，保障后续提升。提升营地的便利化服务水平，为游客体验景区后的后续评价提供依据。运用大数据、区块链、北斗导航系统等平台资源，做好大数据下的游客资源管理，规范公共游艇泊位、维修保养平台、水上加油等基础设计的保障工作，推动房车游艇宿营旅游新业态的可持续发展。

第二，重视多元业态创新升级。首先，提高景区综合发展项目创新可持续性，推进旅游经济发展。加速更新景区的基础服务、文化体验及休闲项目，为不断升级的国民消费需求与心理提供新去处。通过文化体验及休闲项目的可持续发展，带动营地周边景区的流量与效益，挖掘景区所承载的文化底蕴，形成不可复制的文化体验价值。其次，因人制宜地设计旅游产品，满足不同层次的旅游需求。增加旅游产品的附加值。提高产品的体验水平，深度开发民俗文化资源，提高文化传承率。最后，推动一二三产业融合，营造低碳高质旅游环境。加大与信息科技融合，为大数据时代下的民俗文化体验旅游业提供发展保障。

第三，保障游客行为的可持续发展。首先，企业结合当地民俗文化，共同创造产品。开发房车游艇营地的民俗文化资源，为新时代下的房车游艇旅游共同创造更多的旅游产品。丰富游客的体验感和主体价值，将民俗文化旅游与房车游艇旅游相互结合，打造景区吸引力，实现营地的可持续发展。其次，加强房车游艇产品的营销推广。运用自媒体平台进行快速高效的线上营销，建立可靠的房车游艇旅游的相关网站，并且通过线下的业内协会、相关人士举办的展会等，推荐房车游艇的高端旅游方式，提高游客认可度。最后，建立合理的管理规章和程序，统一服务管理。建立景区的游客服务管理保障制度，通过高科技智慧化管理，进行线上管理联合线下配合，共同打造游客喜爱的游客空间，激发游客前来再次体验，提高游客重游率。

结　　论

　　本书以典型事实描述、理论构建、实证检验和政策设计等为四步骤进行研究，系统性研究"低密度旅游六种业态类型创新与景区高质量发展协同模式"中的现状、分析框架、实现路径等因素。在理论上构建低密度旅游业态创新与景区高质量发展协同模式来扩展理论体系，进而补全后疫情时代旅游企业出现生存困境等严重阻碍旅游产业复苏的短板，破解急需激发旅游业发展的新动能以应对现有旅游发展模式难以解决疫情防控限制下旅游企业及景区生存困境的重大现实问题，促进我国旅游的高质量发展和创新。总体而言，本书取得了一定的创造性成果，主要包括以下几个方面：

　　一是分析框架的搭建，总分析框架和各子分析框架是低密度旅游六种业态类型与景区高质量发展协同模式的分析框架。基于低密度旅游业态创新与景区高质量发展的相关文献分析，低密度旅游业态创新和景区高质量发展的概念和特征得以突现，划分低密度旅游业态和景区高质量发展的维度并剖析其内涵，对低密度旅游业态创新的理论模型进行构建，关联景区高质量发展模式。基于此，搭建了低密度旅游六种业态类型与景区高质量发展协同模式的分析框架，并对其进行相关分析说明。

　　二是构建低密度旅游六种业态类型与景区高质量发展协同模式的概念模型。通过对低密度旅游六种业态类型与景区高质量发展协同模式进行描述，分析低密度旅游六种业态类型与景区高质量发展协同模式的影响因素。通过对低密度旅游业态创新与景区高质量发展的相关文献进行检索，分析六种新型业态类型的作用方向，主要包括乡村俱乐部旅游业态创新、企业会奖旅游业态创新、原始自然观光旅游业态创新、原始自然探险旅游业态创新、狩猎海钓体验旅游业态创新、房车游艇宿营旅游业态创新等类型，并提出研究假设。基于此假设，结合分析框架，构建低密度旅游六种业态类型与景区高质量发展协同模式的概念模型。

三是构建低密度旅游六种业态类型与景区高质量发展协同模式的结构方程模型。通过观测变量的设置、结构问卷的设计，以及因子分析，构建基于旅游者与当地居民的低密度旅游六种业态类型与景区高质量发展协同的结构方程模型。实证结果发现：乡村俱乐部旅游新业态可以通过游客行为、行业发展模式、经济发展模式三个中间变量对休闲度假服务型景区高质量发展模式实现间接的影响作用，其间接效应大于各变量之间的直接效应；企业会奖旅游新业态对休闲度假服务型景区高质量发展模式治理的结构方程模型较好地与量表数据进行了拟合，企业会奖旅游对休闲度假服务型景区高质量发展模式不仅有着直接作用效应，还有较为显著的间接作用路径；游客行为与居民意愿两个变量在原始自然观光旅游业态创新与自然环境依托型景区高质量治理协同中具有重要作用；自然产业结构与游客行为在原始自然探险旅游业态创新与自然环境依托型景区高质量发展协同中发挥着重要作用；狩猎海钓体验旅游业态创新对民俗文化体验型景区高质量发展模式不仅能够产生直接作用，还可以通过游客行为和文化创新两个中间变量产生间接作用；房车游艇宿营旅游新业态对民俗文化体验型景区高质量发展模式则通过游客行为和景区建设规模两个中间变量产生间接作用。

四是将 SPS 案例研究范式利用到低密度旅游六种业态类型与景区高质量发展协同模式研究中，利用结构化、实效化、系统化的案例发现和讨论低密度旅游六种业态类型与景区高质量发展协同模式。运用单案例研究的方法，结合本书建立的分析框架、研究假设、理论模型以及结构方程分析的结果，基于低密度旅游业态创新类型的发展现状，对乡村俱乐部旅游业态创新与休闲度假服务型景区高质量发展、企业会奖旅游业态创新与休闲度假服务型景区高质量发展、原始自然观光旅游业态创新与自然环境依托型景区高质量发展、原始自然探险旅游业态创新与自然环境依托型景区高质量发展、狩猎海钓体验旅游业态创新与民俗文化体验型景区高质量发展、房车游艇宿营旅游业态创新与民俗文化体验型景区高质量发展协同模式进行了实际的案例验证。

五是提出低密度旅游六种业态类型与景区高质量发展协同模式的实现路径。基于背景的现状，结合规划、分析、设计和实施这四个板块，分析低密度旅游业态创新与景区高质量发展的协同效果，基于此提出了针对事前分析与规划、事中设计与实施和事后保障与可持续的低密度旅游六种业态类型与景区高质量发展协同模式的实现路径，在众多实施策略中识别出重点策略进行合理采纳，对旅游业复苏战略具有重要的参考价值。

本书创新性地将乡村俱乐部、企业会奖旅游、原始自然观光、原始自然探险、狩猎海钓体验与房车游艇宿营六种创新业态与景区高质量发展的休闲度假服务型、自然环境依托型以及民俗文化体验型三种景区高质量发展模式相结合，一改以往的研究范式，有效避免了研究范式的片面性，厘清低密度旅游业态创新与景区高质量发展的相互关系，在探讨两者协同模式时，将低密度旅游业态创新与景区高质量发展协同进行实质性研究，搭建低密度旅游与景区建设的协同的基础理论架构，既丰富了低密度旅游相关研究，又为旅游业复苏战略提供了思路和新发展方向，具有重要的理论价值和现实意义。

限于自身学术水平和学术水平，本书虽然对低密度旅游六种业态类型与景区高质量发展协同模式进行了深入研究，但研究仍有许多不足之处，还需进一步展开研究：

第一，由低密度旅游业态创新与景区高质量发展协同模式受到多方因素的影响，各种旅游业态在长期发展都存在着不同阶段性的变化，这点应被考虑到，同时在后续的研究中，不能仅限于现有维度，需再添加中间变量，有关二者协同时出现的关键因素要动态地去观测，并将其纳入研究范围，将各创新业态与景区建设在不同阶段的不同模式考虑在内。

第二，扩大问卷的调查范围，收集更多景区的数据，与此同时为了使收集到的数据所做的计量分析更有价值，在分析前应采用适当的方法对数据进行预处理，提取出可用数据，剔除不需要的数据。

第三，由于低密度旅游业态不断发展变化，可以进一步对低密度旅游业态与景区建设在不同时段下的协同模式进行研究和探索。未来可以从更长远的角度收集多时段的数据，采用时间序列的数据形式进行分析，观察和研究低密度旅游业态与景区建设在不同时段下的协同模式的变化，对低密度旅游业态进行更全面的研究。

第四，低密度旅游业态类型有很多种，本书采用的六种低密度旅游创新业态仅代表一部分低密度旅游业态类型，在之后的研究中，可以对其他低密度旅游业态类型进行研究，或探讨不同的低密度旅游创新业态与景区高质量发展协同模式的差异，进一步丰富低密度旅游的相关研究。

附录

附录1 乡村俱乐部旅游业态创新对休闲度假服务型景区高质量发展协同作用调查问卷

尊敬的先生/女士：

您好！我是"低密度旅游业态创新与景区高质量协同模式研究"课题组的调查员，希望能占用您一点宝贵时间帮我们完成这份问卷调查，非常感谢您的支持！

（一）被访问者的基本情况

1. 请问您是：

A. 地方居民　　　　B. 外来游客　　　C. 工作人员

2. 请问您的年龄属于以下哪一个阶段：

A. 14 岁及以下　　B. 15 ~ 24 岁　　C. 25 ~ 44 岁　　　D. 45 岁以上

3. 请问您在本地居住的时间属于以下哪一个阶段：

A. 5 年及以下　　　　　　　　B. 5 ~ 10 年（不包括第 5 年）

C. 10 ~ 20 年（不包括第 10 年）　　D. 20 ~ 30 年（不包括第 20 年）

E. 30 年以上（不包括第 30 年）

4. 请问您的职业属于以下哪一个类别：

A. 工人　　　　　B. 职员　　　　C. 教育工作者　　D. 农民

E. 自由职业者　　F. 管理人员　　G. 军人　　　　　H. 学生

I. 服务人员　　　J. 技术人员　　K. 政府工作人员　L. 退休人员

M. 其他

5. 请问您的家庭有几口人：

A. 5 人以上（不包括5 人）　　　B. 2 ~ 5 人

C. 单身

6. 请问您的家庭年收入属于以下哪一个分段：

A. 8000 元及以下　　　　　　　B. 8000 ~ 10000 元（不含 8000 元）

C. 10000 ~ 15000 元（不含 10000 元）D. 15000 ~ 20000 元（不含 10000 元）

E. 20000 ~ 30000 元（不含 20000 元）F. 30000 ~ 50000 元（不含 30000 元）

G. 50000 元以上（不含 50000 元）

（二）被访者从事旅游业的情况

7. 请问您的家庭是否有从事旅游行业的成员：

A. 是　　　　　　　　B. 否

8. 若有从事旅游行业的家庭成员，则他从事的旅游经营活动属于以下哪一类：

A. 餐饮　　　　　B. 住宿　　　　　C. 导游　　　　　D. 交通

E. 景区管理　　　F. 旅游产品销售　G. 旅游规划　　　H. 娱乐

I. 其他旅游活动

9. 请问您的旅游收入与家庭总收入的占比是多少：

A. 80% 以上（不包括 80%）　　　　B. 50% ~ 80%（不包括 50%）

C. 20% ~ 50%（不包括 20%）　　　　D. 10% ~ 20%（不包括 10%）

E. 10% 以下

（三）被访者的旅游感知情况

请您根据自我判断进行选择，1 表示最低（最少、最不好、最不满意），2 表示较低（较少、比较不好、比较不满意），3 表示中等（一般），4 表示较高（较多、较好、较为满意），5 表示最高（最多、最好、最满意）。

第一部分：乡村俱乐部旅游新业态状况

序号	测量指标	现在的状态				
		1	2	3	4	5
1	乡村俱乐部的市场定位满足心理预期值					
2	乡村俱乐部的不同职业满足心理预期值					
3	乡村俱乐部的产品类型满足心理预期值					
4	乡村俱乐部的产品创新满足心理预期值					
5	乡村俱乐部的游客市场规模满足心理预期值					
6	乡村俱乐部的游客市场构成满足心理预期值					
7	乡村俱乐部的人口密度满足心理预期值					
8	乡村俱乐部的自然环境满足心理预期值					

第二部分：经济发展模式状况

序号	测量指标	现在的状态				
		1	2	3	4	5
1	消费市场的层次满足心理预期值					
2	消费市场的结构满足心理预期值					
3	消费市场的市场需求特征满足心理预期值					
4	消费人群的层次满足心理预期值					
5	消费人群的结构满足心理预期值					
6	居民的收入分配满足心理预期值					
7	居民的收入构成满足心理预期值					
8	社会的经济收入模式满足心理预期值					
9	社会的经济发展观念满足心理预期值					
10	社会的经济基础满足心理预期值					

第三部分：游客行为状况

序号	测量指标	现在的状态				
		1	2	3	4	5
1	游客旅游目的需求偏好满足心理预期值					
2	游客旅游产品选择满足心理预期值					
3	游客需求转变方向满足心理预期值					
4	游客体验价值构成满足心理预期值					
5	游客体验价值质量满足心理预期值					
6	游客体验价值拓展性满足心理预期值					
7	游客满意度行为偏好满足心理预期值					
8	游客满意度影响因素满足心理预期值					
9	游客满意度现状满足心理预期值					

第四部分：行业发展模式状况

序号	测量指标	现在的状态				
		1	2	3	4	5
1	行业市场开发手段多样性满足心理预期值					
2	行业市场开发现状满足心理预期值					
3	旅游项目设施建设满足心理预期值					
4	景区公共服务设施建设满足心理预期值					

第五部分：休闲度假服务型景区高质量发展模式

序号	测量指标	现在的状态				
		1	2	3	4	5
1	组织协调机制内容满足心理预期值					
2	组织协调机制力度满足心理预期值					
3	组织协调机制构成满足心理预期值					
4	企业参与机制力度满足心理预期值					
5	企业参与机制构成满足心理预期值					
6	企业参与机制内容满足心理预期值					
7	长效监督机制内容满足心理预期值					
8	长效监督机制实施满足心理预期值					

附录2 企业会奖旅游业态创新对休闲度假服务型景区高质量发展协同作用调查问卷

尊敬的先生/女士：

您好！我是"低密度旅游业态创新与景区高质量协同模式研究"课题组的调查员，希望能占用您一点时间帮我们完成这份问卷调查，非常感谢您的支持！

（一）被访问者的基本情况

1. 请问您是：

A. 地方居民　　　　B. 外来游客　　　　C. 工作人员

2. 请问您的年龄属于以下哪一个阶段：

A. 14 岁及以下　　B. 15～24 岁　　C. 25～44 岁　　　D. 45 岁以上

3. 请问您在本地居住的时间属于以下哪一个阶段：

A. 5 年及以下　　　　　　　　　B. 5～10 年（不包括第 5 年）

C. 10～20 年（不包括第 10 年）　D. 20～30 年（不包括第 20 年）

E. 30 年以上（不包括第 30 年）

4. 请问您的职业属于以下哪一个类别：

A. 工人　　　　　B. 职员　　　　C. 教育工作者　　D. 农民

E. 自由职业者　　F. 管理人员　　G. 军人　　　　　H. 学生

I. 服务人员　　　J. 技术人员　　K. 政府工作人员　L. 退休人员

M. 其他

5. 请问您的家庭有几口人：

A. 5 人以上（不包括 5 人）　　　B. 2～5 人

C. 单身

6. 请问您的家庭年收入属于以下哪一个分段：

A. 8000 元及以下　　　　　　　　B. 8000～10000 元（不含 8000 元）

C. 10000～15000 元（不含 10000 元）D. 15000～20000 元（不含 10000 元）

E. 20000～30000 元（不含 20000 元） F. 30000～50000 元（不含 30000 元）

G. 50000 元以上（不含 50000 元）

（二）被访者从事旅游业的情况

7. 请问您的家庭是否有从事旅游行业的成员：

A. 是　　　　　　　B. 否

8. 若有从事旅游行业的家庭成员，则他从事的旅游经营活动属于以下哪一类：

A. 餐饮　　　　B. 住宿　　　　C. 导游　　　　D. 交通

E. 景区管理　　F. 旅游产品销售　G. 旅游规划　　H. 娱乐

I. 其他旅游活动

9. 请问您的旅游收入与家庭总收入的占比是多少：

A. 80% 以上（不包括 80%）　　　B. 50%～80%（不包括 50%）

C. 20%～50%（不包括 20%）　　　D. 10%～20%（不包括 10%）

E. 10% 以下

（三）被访者的旅游感知情况

请您根据您的判断进行选择，1 表示最低（最少、最不好、最不满意），2 表示较低（较少、比较不好、比较不满意），3 表示中等（一般），4 表示较高（较多、较好、较为满意），5 表示最高（最多、最好、最满意）。

第一部分：企业会奖旅游新业态状况

序号	测量指标	现在的状态				
		1	2	3	4	5
1	企业会奖旅游的市场定位满足心理预期值					
2	企业会奖旅游的职业差异满足心理预期值					
3	企业会奖旅游的产品类型满足心理预期值					
4	企业会奖旅游的产品创新满足心理预期值					
5	企业会奖旅游的游客市场规模满足心理预期值					
6	企业会奖旅游的游客市场构成满足心理预期值					
7	企业会奖旅游的人口密度满足心理预期值					
8	企业会奖旅游的自然环境满足心理预期值					

第二部分：旅游经济结构状况

序号	测量指标	现在的状态				
		1	2	3	4	5
1	消费市场的层次满足心理预期值					
2	消费市场的结构满足心理预期值					
3	消费市场的市场需求满足心理预期值					
4	消费人群的层次满足心理预期值					
5	消费人群的结构满足心理预期值					
6	居民的收入分配满足心理预期值					
7	居民的收入构成满足心理预期值					
8	旅游经济可持续发展规划状况满足心理预期值					
9	旅游经济可持续结构成分满足心理预期值					
10	旅游产业可持续发展满足心理预期值					

第三部分：游客行为状况

序号	测量指标	现在的状态				
		1	2	3	4	5
1	游客旅游目的地需求偏好满足心理预期值					
2	游客旅游产品选择满足心理预期值					
3	游客需求转变方向满足心理预期值					
4	游客体验价值构成满足心理预期值					
5	游客体验价值质量满足心理预期值					
6	游客体验价值拓展性满足心理预期值					
7	游客满意度行为偏好满足心理预期值					
8	游客满意度影响因素满足心理预期值					
9	游客满意度现状满足心理预期值					

第四部分：企业发展模式状况

序号	测量指标	现在的状态				
		1	2	3	4	5
1	景区高质量开发手段多样性满足心理预期值					
2	景区高质量发展现状满足心理预期值					
3	商务旅游项目设施建设满足心理预期值					
4	商务公共服务设施建设满足心理预期值					

第五部分：休闲度假服务型景区高质量发展模式状况

序号	测量指标	现在的状态				
		1	2	3	4	5
1	组织协调机制内容满足心理预期值					
2	组织协调机制力度满足心理预期值					
3	组织协调机制构成满足心理预期值					
4	农户参与机制力度满足心理预期值					
5	农户参与机制构成满足心理预期值					
6	农户参与机制内容满足心理预期值					
7	长效监督机制内容满足心理预期值					
8	长效监督机制实施满足心理预期值					

328

附录 3　原始自然观光旅游业态创新对自然环境依托型景区高质量发展协同作用调查问卷

尊敬的先生/女士：

您好！我是"低密度旅游业态创新与景区高质量协同模式研究"课题组的调查员，希望能占用您一点时间帮我们完成这份问卷调查，非常感谢您的支持！

（一）被访问者的基本情况

1. 请问您是：

A. 地方居民　　　　　B. 外来游客　　　　C. 工作人员

2. 请问您的年龄属于以下哪一个阶段：

A. 14 岁及以下　　B. 15～24 岁　　C. 25～44 岁　　　D. 45 岁以上

3. 请问您在本地居住的时间属于以下哪一个阶段：

A. 5 年及以下　　　　　　　　B. 5～10 年（不包括第 5 年）

C. 10～20 年（不包括第 10 年）　　D. 20～30 年（不包括第 20 年）

E. 30 年以上（不包括第 30 年）

4. 请问您的职业属于以下哪一个类别：

A. 工人　　　　　B. 职员　　　　C. 教育工作者　　　D. 农民

E. 自由职业者　　F. 管理人员　　G. 军人　　　　　　H. 学生

I. 服务人员　　　J. 技术人员　　K. 政府工作人员　　L. 退休人员

M. 其他

5. 请问您的家庭有几口人：

A. 5 人以上（不包括 5 人）　　　　B. 2～5 人

C. 单身

6. 请问您的家庭年收入属于以下哪一个分段：

A. 8000 元及以下　　　　　　　　B. 8000～10000 元（不含 8000 元）

C. 10000～15000 元（不含 10000 元）　D. 15000～20000 元（不含 10000 元）

E. 20000～30000 元（不含 20000 元） F. 30000～50000 元（不含 30000 元）

G. 50000 元以上（不含 50000 元）

（二）被访者从事旅游业的情况

7. 请问您的家庭是否有从事旅游行业的成员：

A. 是　　　　　　　　B. 否

8. 若有从事旅游行业的家庭成员，则他从事的旅游经营活动属于以下哪一类：

A. 餐饮　　　　　B. 住宿　　　　　C. 导游　　　　　D. 交通

E. 景区管理　　　F. 旅游产品销售　G. 旅游规划　　　H. 娱乐

I. 其他旅游活动

9. 请问您的旅游收入与家庭总收入的占比是多少：

A. 80% 以上（不包括 80%）　　　　B. 50%～80%（不包括 50%）

C. 20%～50%（不包括 20%）　　　　D. 10%～20%（不包括 10%）

E. 10% 以下

（三）被访者的旅游感知情况

请您根据您的判断进行选择，1 表示最低（最少、最不好、最不满意），2 表示较低（较少、比较不好、比较不满意），3 表示中等（一般），4 表示较高（较多、较好、较为满意），5 表示最高（最多、最好、最满意）。

第一部分：原始自然观光旅游新业态状况

序号	测量指标	现在的状态				
		1	2	3	4	5
1	原始生态基础程度满足心理预期值					
2	生态资源结构满足心理预期值					
3	原始自然观光客源规模满足心理预期值					
4	原始自然观光客源级别满足心理预期值					
5	原始自然观光地理位置满足心理预期值					
6	原始自然观光交通便利满足心理预期值					
7	原始自然条件的发展潜力满足心理预期值					
8	原始自然条件的类型分别满足心理预期值					

第二部分：游客行为状况

序号	测量指标	现在的状态				
		1	2	3	4	5
1	游客旅游目的地需求偏好满足心理预期值					
2	游客旅游产品选择满足心理预期值					
3	游客需求转变方向满足心理预期值					
4	游客体验价值构成满足心理预期值					
5	游客体验价值质量满足心理预期值					
6	游客体验价值拓展性满足心理预期值					
7	游客满意度行为偏好满足心理预期值					
8	游客满意度影响因素满足心理预期值					
9	游客满意度现状符合满足心理预期值					

第三部分：居民意愿状况

序号	测量指标	现在的状态				
		1	2	3	4	5
1	景区经济收入模式满足心理预期值					
2	景区经济发展模式满足心理预期值					
3	景区经济发展转变方向满足心理预期值					
4	居民参与景区建设意识程度满足心理预期值					
5	居民参与度满足心理预期值					
6	居民的生活方式满足心理预期值					
7	居民未来生产方式发展方向满足心理预期值					
8	居民生产方式环保理念满足心理预期值					
9	居民的年龄与居住时间满足心理预期值					
10	居民的收入水平满足心理预期值					
11	居民的受教育水平满足心理预期值					

第四部分：政策创新状况

序号	测量指标	现在的状态				
		1	2	3	4	5
1	生态保护制度内容满足心理预期值					
2	生态保护制度管理现状满足心理预期值					
3	区域联合内容满足心理预期值					
4	区域联合管理制度满足心理预期值					

第五部分：自然环境依托型景区高质量发展模式状况

序号	测量指标	现在的状态				
		1	2	3	4	5
1	组织协调机制内容满足心理预期值					
2	组织协调机制力度满足心理预期值					
3	组织协调机制构成满足心理预期值					
4	农户参与机制力度满足心理预期值					
5	农户参与机制构成满足心理预期值					
6	农户参与机制内容满足心理预期值					
7	长效监督机制内容满足心理预期值					
8	长效监督机制实施满足心理预期值					

附录4 原始自然探险旅游业态创新对自然环境 依托型景区高质量发展协同作用调查问卷

尊敬的先生/女士：

您好！我是"低密度旅游业态创新与景区高质量协同模式研究"课题组的调查员，希望能占用您一点时间帮我们完成这份问卷调查，非常感谢您的支持！

（一）被访问者的基本情况

1. 请问您是：

A. 地方居民　　　　　B. 外来游客　　　　C. 工作人员

2. 请问您的年龄属于以下哪一个阶段：

A. 14 岁及以下　　　B. 15～24 岁　　　C. 25～44 岁　　　　D. 45 岁以上

3. 请问您在本地居住的时间属于以下哪一个阶段：

A. 5 年及以下　　　　　　　　　　　B. 5～10 年（不包括第 5 年）

C. 10～20 年（不包括第 10 年）　　　D. 20～30 年（不包括第 20 年）

E. 30 年以上（不包括第 30 年）

4. 请问您的职业属于以下哪一个类别：

A. 工人　　　　　　B. 职员　　　　　C. 教育工作者　　　D. 农民

E. 自由职业者　　　F. 管理人员　　　G. 军人　　　　　　H. 学生

I. 服务人员　　　　J. 技术人员　　　K. 政府工作人员　　L. 退休人员

M. 其他

5. 请问您的家庭有几口人：

A. 5 人以上（不包括 5 人）　　　　　B. 2～5 人

C. 单身

6. 请问您的家庭年收入属于以下哪一个分段：

A. 8000 元及以下　　　　　　　　　B. 8000～10000 元（不含 8000 元）

C. 10000～15000 元（不含 10000 元）D. 15000～20000 元（不含 10000 元）

E. 20000～30000 元（不含 20000 元） F. 30000～50000 元（不含 30000 元）

G. 50000 元以上（不含 50000 元）

（二）被访者从事旅游业的情况

7. 请问您的家庭是否有从事旅游行业的成员：

A. 是   B. 否

8. 若有从事旅游行业的家庭成员，则他从事的旅游经营活动属于以下哪一类：

A. 餐饮   B. 住宿   C. 导游   D. 交通

E. 景区管理   F. 旅游产品销售 G. 旅游规划   H. 娱乐

I. 其他旅游活动

9. 请问您的旅游收入与家庭总收入的占比是多少：

A. 80% 以上（不包括 80%）   B. 50%～80%（不包括 50%）

C. 20%～50%（不包括 20%）   D. 10%～20%（不包括 10%）

E. 10% 以下

（三）被访者的旅游感知情况

请您根据您的判断进行选择，1 表示最低（最少、最不好、最不满意），2 表示较低（较少、比较不好、比较不满意），3 表示中等（一般），4 表示较高（较多、较好、较为满意），5 表示最高（最多、最好、最满意）。

第一部分：原始自然探险旅游新业态状况

序号	测量指标	现在的状态				
		1	2	3	4	5
1	原始生态资源发展潜力满足心理预期值					
2	原始自然探险的生态保护状况满足心理预期值					
3	原始自然探险的生态资源可持续性满足心理预期值					
4	原始自然探险的市场定位满足心理预期值					
5	原始自然探险的市场规模满足心理预期值					
6	原始自然探险的市场构成满足心理预期值					
7	原始自然探险的客源素质满足心理预期值					
8	原始自然探险的客源等级满足心理预期值					
9	原始自然探险的制度完善程度满足心理预期值					
10	原始自然探险的制度执行状况满足心理预期值					

第二部分：自然产业结构状况

序号	测量指标	现在的状态				
		1	2	3	4	5
1	原始自然资源禀赋满足心理预期值					
2	原始资源的开发利用满足心理预期值					
3	游客需求资源满足心理预期值					
4	游客需求项目与景区发展满足心理预期值					
5	原始探险的服务基础设施满足心理预期值					
6	原始探险的安全基础设施满足心理预期值					
7	原始自然的经济收益分配满足心理预期值					
8	原始自然的未来经济收益满足心理预期值					
9	原始自然的经济收益分配满足心理预期值					

第三部分：游客行为状况

序号	测量指标	现在的状态				
		1	2	3	4	5
1	游客旅游目的地需求偏好满足心理预期值					
2	游客旅游产品选择偏好满足心理预期值					
3	游客体验价值质量满足心理预期值					
4	游客满意度行为偏好满足心理预期值					
5	游客满意度影响因素满足心理预期值					
6	游客满意度现状满足心理预期值					
7	游客安全意识建设满足心理预期值					
8	游客安全意识现状满足心理预期值					
9	游客安全意识感知价值满足心理预期值					

第四部分：自然环境依托型景区高质量发展模式状况

序号	测量指标	现在的状态				
		1	2	3	4	5
1	组织协调机制内容满足心理预期值					
2	组织协调机制力度满足心理预期值					
3	组织协调机制构成满足心理预期值					
4	农户参与机制力度满足心理预期值					
5	农户参与机制构成满足心理预期值					
6	农户参与机制内容满足心理预期值					
7	长效监督机制内容满足心理预期值					
8	长效监督机制实施满足心理预期值					

附录5 狩猎海钓体验旅游业态创新对民俗文化体验型景区高质量发展协同作用调查问卷

尊敬的先生/女士：

您好！我是"低密度旅游业态创新与景区高质量协同模式研究"课题组的调查员，希望能占用您一点时间帮我们完成这份问卷调查，非常感谢您的支持！

（一）被访问者的基本情况

1. 请问您是：

A. 地方居民　　　　B. 外来游客　　　C. 工作人员

2. 请问您的年龄属于以下哪一个阶段：

A. 14 岁及以下　　B. 15~24 岁　　C. 25~44 岁　　　D. 45 岁以上

3. 请问您在本地居住的时间属于以下哪一个阶段：

A. 5 年及以下　　　　　　　　　B. 5~10 年（不包括第 5 年）

C. 10~20 年（不包括第 10 年）　D. 20~30 年（不包括第 20 年）

E. 30 年以上（不包括第 30 年）

4. 请问您的职业属于以下哪一个类别：

A. 工人　　　　　B. 职员　　　　C. 教育工作者　　D. 农民

E. 自由职业者　　F. 管理人员　　G. 军人　　　　　H. 学生

I. 服务人员　　　J. 技术人员　　K. 政府工作人员　L. 退休人员

M. 其他

5. 请问您的家庭有几口人：

A. 5 人以上（不包括 5 人）　　　　B. 2~5 人

C. 单身

6. 请问您的家庭年收入属于以下哪一个分段：

A. 8000 元及以下　　　　　　　　　B. 8000~10000 元（不含 8000 元）

C. 10000~15000 元（不含 10000 元）D. 15000~20000 元（不含 10000 元）

E. 20000~30000 元（不含 20000 元）　F. 30000~50000 元（不含 30000 元）

G. 50000 元以上（不含 50000 元）

（二）被访者从事旅游业的情况

7. 请问您的家庭是否有从事旅游行业的成员：

A. 是　　　　　　　B. 否

8. 若有从事旅游行业的家庭成员，则他从事的旅游经营活动属于以下哪一类：

A. 餐饮　　　　　　B. 住宿　　　　　　C. 导游　　　　　　D. 交通

E. 景区管理　　　　F. 旅游产品销售　　G. 旅游规划　　　　H. 娱乐

I. 其他旅游活动

9. 请问您的旅游收入与家庭总收入的占比是多少：

A. 80% 以上（不包括 80%）　　　　　B. 50%~80%（不包括 50%）

C. 20%~50%（不包括 20%）　　　　　D. 10%~20%（不包括 10%）

E. 10% 以下

（三）被访者的旅游感知情况

请您根据您的判断进行选择，1 表示最低（最少、最不好、最不满意），2 表示较低（较少、比较不好、比较不满意），3 表示中等（一般），4 表示较高（较多、较好、较为满意），5 表示最高（最多、最好、最满意）。

第一部分：狩猎海钓体验旅游新业态状况

序号	测量指标	现在的状态				
		1	2	3	4	5
1	狩猎海钓体验的交通状况满足心理预期值					
2	狩猎海钓体验的地理位置满足心理预期值					
3	狩猎海钓体验新奇体验程度满足心理预期值					
4	狩猎海钓体验的人文层级满足心理预期值					
5	狩猎海钓体验人文景观项目满足心理预期值					
6	狩猎海钓体验的客源层次满足心理预期值					
7	狩猎海钓体验的客源素质满足心理预期值					
8	狩猎海钓体验的民俗文化底蕴满足心理预期值					
9	狩猎海钓体验的文化创新满足心理预期值					

第二部分：文化创新状况

序号	测量指标	现在的状态				
		1	2	3	4	5
1	其他文化方式满足心理预期值					
2	其他文化规模满足心理预期值					
3	其他文化的经济效益满足心理预期值					
4	自媒体平台构成满足心理预期值					
5	自媒体平台主流方式满足心理预期值					
6	自媒体推广面向群众满足心理预期值					
7	文化底蕴发展的创新技术满足心理预期值					
8	传统文化底蕴组成和保护现状满足心理预期值					
9	文化底蕴的延伸性满足心理预期值					

第三部分：游客行为状况

序号	测量指标	现在的状态				
		1	2	3	4	5
1	游客旅游目的地需求偏好满足心理预期值					
2	游客旅游产品选择偏好满足心理预期值					
3	游客需求转变方向满足心理预期值					
4	游客满意度分为偏好满足心理预期值					
5	游客满意度影响因素满足心理预期值					
6	游客满意度现状性满足心理预期值					
7	游客服务质量需求满足心理预期值					
8	游客服务质量体验满足心理预期值					
9	游客服务质量保障满足心理预期值					

第四部分：民俗文化体验型景区高质量发展模式状况

序号	测量指标	现在的状态				
		1	2	3	4	5
1	组织协调机制力度满足心理预期值					
2	组织协调机制内容满足心理预期值					
3	组织协调机制构成满足心理预期值					
4	居民参与机制内容满足心理预期值					
5	居民参与机制力度满足心理预期值					
6	居民参与机制构成满足心理预期值					
7	长效监督机制内容满足心理预期值					
8	长效监督机制实施满足心理预期值					

附录6 房车游艇宿营旅游业态创新对民俗文化体验型景区高质量发展协同作用调查问卷

尊敬的先生/女士：

您好！我是"低密度旅游业态创新与景区高质量协同模式研究"课题组的调查员，希望能占用您一点时间帮我们完成这份问卷调查，非常感谢您的支持！

（一）被访问者的基本情况

1. 请问您是：

A. 地方居民　　　　B. 外来游客　　　C. 工作人员

2. 请问您的年龄属于以下哪一个阶段：

A. 14 岁及以下　　B. 15～24 岁　　C. 25～44 岁　　　D. 45 岁以上

3. 请问您在本地居住的时间属于以下哪一个阶段：

A. 5 年及以下　　　　　　　　　B. 5～10 年（不包括第 5 年）

C. 10～20 年（不包括第 10 年）　D. 20～30 年（不包括第 20 年）

E. 30 年以上（不包括第 30 年）

4. 请问您的职业属于以下哪一个类别：

A. 工人　　　　　B. 职员　　　　　C. 教育工作者　　D. 农民

E. 自由职业者　　F. 管理人员　　　G. 军人　　　　　H. 学生

I. 服务人员　　　J. 技术人员　　　K. 政府工作人员　L. 退休人员

M. 其他

5. 请问您的家庭有几口人：

A. 5 人以上（不包括 5 人）　　　B. 2～5 人

C. 单身

6. 请问您的家庭年收入属于以下哪一个分段：

A. 8000 元及以下　　　　　　　　B. 8000～10000 元（不含 8000 元）

C. 10000～15000 元（不含 10000 元）　D. 15000～20000 元（不含 10000 元）

E. 20000 ~ 30000 元（不含 20000 元）　F. 30000 ~ 50000 元（不含 30000 元）

G. 50000 元以上（不含 50000 元）

（二）被访者从事旅游业的情况

7. 请问您的家庭是否有从事旅游行业的成员：

A. 是　　　　　　　　　B. 否

8. 若有从事旅游行业的家庭成员，则他从事的旅游经营活动属于以下哪一类：

A. 餐饮　　　　　　B. 住宿　　　　　C. 导游　　　　　D. 交通

E. 景区管理　　　　F. 旅游产品销售　G. 旅游规划　　　H. 娱乐

I. 其他旅游活动

9. 请问您的旅游收入与家庭总收入的占比是多少：

A. 80% 以上（不包括80%）　　　　B. 50% ~ 80%（不包括50%）

C. 20% ~ 50%（不包括20%）　　　　D. 10% ~ 20%（不包括10%）

E. 10% 以下

（三）被访者的旅游感知情况

请您根据您的判断进行选择，1 表示最低（最少、最不好、最不满意），2 表示较低（较少、比较不好、比较不满意），3 表示中等（一般），4 表示较高（较多、较好、较为满意），5 表示最高（最多、最好、最满意）。

第一部分：房车游艇营地状况

序号	测量指标	现在的状态				
		1	2	3	4	5
1	房车游艇宿营发展环境满足心理预期值					
2	社会旅游环境现行规则满足心理预期值					
3	房车游艇宿营周边生态环境满足心理预期值					
4	房车游艇宿营自然发展潜力满足心理预期值					
5	房车游艇宿营的传统民俗文化满足心理预期值					
6	房车游艇宿营的文化创新满足心理预期值					
7	房车游艇宿营的客源市场满足心理预期值					
8	房车游艇宿营的客源素质满足心理预期值					

第二部分：旅游发展模式状况

序号	测量指标	现在的状态				
		1	2	3	4	5
1	民俗文化发展现状满足心理预期值					
2	民俗文化经济效益满足心理预期值					
3	民俗文化未来经济效益满足心理预期值					
4	外来文化方式满足心理预期值					
5	外来文化的经济效益满足心理预期值					
6	自媒体平台构成满足心理预期值					
7	自媒体平台主流方式满足心理预期值					
8	社会环境状况满足心理预期值					
9	现有文化规模满足心理预期值					
10	流行营销渠道构成满足心理预期值					

第三部分：游客行为状况

序号	测量指标	现在的状态				
		1	2	3	4	5
1	游客旅游目的地需求偏好满足心理预期值					
2	游客旅游产品选择偏好满足心理预期值					
4	游客主体感知价值满足心理预期值					
6	游客主体感知延续性满足心理预期值					

第四部分：景区建设规模状况

序号	测量指标	现在的状态				
		1	2	3	4	5
1	景区空间布局范围满足心理预期值					
2	景区空间布局结构满足心理预期值					
3	景区空间规模建设满足心理预期值					
4	景区服务经济定位满足心理预期值					
5	景区服务经济结构满足心理预期值					

续表

序号	测量指标	现在的状态				
		1	2	3	4	5
6	景区服务经济利润满足心理预期值					
7	景区劳动力要素满足心理预期值					
8	景区资本要素满足心理预期值					
9	景区文化要素满足心理预期值					

第五部分：民俗文化体验型景区高质量模式状况

序号	测量指标	现在的状态				
		1	2	3	4	5
1	组织协调机制力度满足心理预期值					
2	组织协调机制内容满足心理预期值					
3	组织协调机制构成满足心理预期值					
4	农户参与机制内容满足心理预期值					
5	农户参与机制力度满足心理预期值					
6	农户参与机制构成满足心理预期值					
7	长效监督机制内容满足心理预期值					
8	长效监督机制实施满足心理预期值					

参 考 文 献

［1］艾琳．突发公共卫生事件视角下中国工会的治理机制研究——以新冠肺炎防控为例［J］．西北大学学报（哲学社会科学版），2021，51（6）：117-127．

［2］安贺新，王乙臣．民俗文化类旅游景区顾客体验影响因素实证研究——基于北京、湖南部分民俗文化景区的调查数据［J］．经济管理，2013，35（5）：118-127．

［3］白凯，马耀峰，李天顺，等．西安入境旅游者认知和感知价值与行为意图［J］．地理学报，2010，65（2）：244-255．

［4］保继刚．旅游者行为研究［J］．社会科学家，1987（6）：19-22．

［5］鲍芳，袁园媛，张靖弦，等．马拉松消费者行为研究：特征、挑战与趋势［J］．武汉体育学院学报，2020，54（6）：10-18．

［6］鲍贵．我国外语教学研究中的统计分析方法使用调查［J］．外语界，2012（1）：44-51，60．

［7］北京龙山新新小镇［J］．建筑学报，2003（9）：34-36．

［8］卞显红．城市旅游空间结构研究［J］．地理与地理信息科学，2003（1）：105-108．

［9］曹锦阳．全媒体时代旅游文化传播模式的转化与重塑［J］．社会科学家，2020（8）：64-69．

［10］曹开军，杨良健．社区旅游参与能力、旅游感知与自然保护意识间的互动关系研究——以新疆博格达自然遗产地为例［J］．新疆大学学报（哲学·人文社会科学版），2020，48（6）：23-32．

［11］曹诗图．旅游哲学刍议［J］．旅游论坛，2009，2（1）：1-6．

［12］曹玉茹．基于SPSS的多选项问题研究［J］．统计与决策，2020，36（10）：55-58．

［13］钞小静，廉园梅，罗鎏锴．新型数字基础设施对制造业高质量发展的影响［J］．财贸研究，2021，32（10）：1-13．

［14］陈传康. 大都市区建设中的城市管理实践与探索——以温州为例［J］. 中国发展，2010，10（4）：86－89.

［15］陈锋仪，艾欣. 会奖旅游业发展研究进展［J］. 绿色科技，2020（21）：199－200，207.

［16］陈刚. 发展人类学视角下乡村振兴与民族地区传统村落旅游开发研究［J］. 贵州民族研究，2021，42（3）：160－164.

［17］陈海鹰，杨桂华，曾小红，等. 旅游生态补偿标准：类别构成及核算模型［J］. 旅游科学，2017，31（4）：15－31.

［18］陈俊安. 我国房车休闲旅游业发展与展望［J］. 学术交流，2012（9）：128－130.

［19］陈乾康. 自驾车旅游市场开发研究［J］. 旅游学刊，2004（3）：66－71.

［20］陈秋华，修新田. 构建具有中国特色的旅游生态经济管理体制［J］. 旅游学刊，2016，31（9）：5－8.

［21］陈霄，石强，陈婉欣. 中国游客对游艇旅游的感知与吸引力研究［J］. 经济地理，2021，41（11）：218－224.

［22］陈兴，覃建雄，李晓琴，等. 川西横断山脉高山峡谷区旅游特色化开发战略——兼论中国西部山地旅游发展路径［J］. 经济地理，2012，32（9）：143－148.

［23］陈娅玲，秦国华，余正军. 重要的世界旅游目的地建设：高质量发展、山地旅游与人才培养——第二届"西藏旅游发展与旅游教育高端论坛"综述［J］. 西藏民族大学学报（哲学社会科学版），2020，41（6）：213－216.

［24］陈岩英，谢朝武. 常态化疫情防控下的旅游发展：转型机遇与战略优化［J］. 旅游学刊，2021，36（2）：5－6.

［25］陈玉娟. 永康市副中心城镇绿色空间系统规划探索［J］. 经济地理，2002（S1）：179－182.

［26］陈悦，陈超美，刘则渊，等. CiteSpace 知识图谱的方法论功能［J］. 科学学研究，2015，33（2）：242－253.

［27］陈芸，邹统钎. 转型期海南海岛探险旅游体验管理研究［J］. 旅游论坛，2011，4（5）：67－73.

［28］程立军，王丽娜，李杨. 后疫情时代旅游市场扩散影响因素的实证分析——基于 TAM－IDT 模型［J］. 商业经济研究，2021（7）：188－192.

［29］程励，赵晨月. 新冠肺炎疫情背景下游客户外景区心理承载力影响研

究——基于可视化行为实验的实证 [J]. 旅游学刊, 2021, 36 (8): 27 - 40.

[30] 迟福林. 以高质量发展为核心目标建设现代化经济体系 [J]. 行政管理改革, 2017 (12): 4 - 13.

[31] 储德平, 郑耀星, 董厚保. 海南国际旅游岛发展房车旅游的对策探析 [J]. 资源开发与市场, 2013, 29 (8): 870 - 873.

[32] 戴斌. 改革中蝶变开放中成长——我国旅游业发展 40 年 [J]. 前线, 2019 (5): 41 - 44.

[33] 戴斌. 高质量发展是旅游业振兴的主基调 [J]. 人民论坛, 2020 (22): 66 - 69.

[34] 戴斌. 论当代旅游发展与民众获得感 [J]. 社会科学家, 2017 (8): 24 - 27.

[35] 戴斌. 文旅融合时代: 大数据、商业化与美好生活 [J]. 人民论坛·学术前沿, 2019 (11): 6 - 15.

[36] 戴斌. 新冠疫情对旅游业的影响与应对方略 [J]. 人民论坛·学术前沿, 2020 (6): 46 - 52.

[37] 戴斌. 游客与市民共享的生活场景才是商业创新的源泉 [J]. 旅游学刊, 2018, 33 (2): 3 - 4.

[38] 戴斌, 张进福, 马仪亮, 等. 中国旅游发展笔谈——品质旅游 [J]. 旅游学刊, 2018, 33 (12): 1 - 14.

[39] 戴宏, 郭嘉, 李羿翔, 等. 中国汽车露营地发展模式与创新路径研究 [J]. 长安大学学报 (自然科学版), 2018, 38 (5): 196 - 204.

[40] 邓立斌, 陈端吕, 邓丽群. 西藏雅鲁藏布大峡谷国家级自然保护区生态评价 [J]. 林业科学, 2011, 47 (5): 1 - 6.

[41] 邓贤峰, 李霞. "智慧景区" 评价标准体系研究 [J]. 电子政务, 2012 (9): 100 - 106.

[42] 丁晓燕, 孔静芬. 乡村旅游发展的国际经验及启示 [J]. 经济纵横, 2019 (4): 79 - 85.

[43] 董培海, 李庆雷, 李伟. 大众旅游现象研究综述与诠释 [J]. 旅游学刊, 2019, 34 (6): 135 - 144.

[44] 杜雅文, 陈志钢, 刘丹. 乡村旅游中饮食文化原真性感知、品牌形象与满意度研究——以陕西省 "袁家村" 为例 [J]. 资源开发与市场, 2017, 33 (1): 90 - 94.

[45] 范建华, 秦会朵. "十四五" 我国文化产业高质量发展的战略定位与

路径选择 [J]. 云南师范大学学报 (哲学社会科学版), 2021, 53 (5): 73 - 85.

[46] 方创琳. 中国新型城镇化高质量发展的规律性与重点方向 [J]. 地理研究, 2019, 38 (1): 13 - 22.

[47] 方清云, 陈前. 重返民间: 自媒体时代少数民族山歌发展的新特点——基于浙江畲族山歌发展变迁的考察与分析 [J]. 中南民族大学学报 (人文社会科学版), 2020, 40 (3): 62 - 67.

[48] 方仁. An Analysis about the Natural Environment of Tourism in Kunming [J]. 科技信息: 学术研究, 2008 (25): 117 - 120.

[49] 冯晓华, 黄震方. 疫情常态化防控下游客旅游行为意向研究 [J]. 干旱区资源与环境, 2021, 35 (4): 203 - 208.

[50] 冯耘. 可持续发展视角下乡村民俗旅游发展研究 [J]. 农业经济, 2020 (8): 50 - 52.

[51] 付铁山, 刘笑冰. 日本高尔夫球场转型发展研究 [J]. 体育文化导刊, 2015 (1): 108 - 111.

[52] 高文智. 农业生态观光旅游发展模式研究——以齐齐哈尔市为例 [J]. 中国农业资源与区划, 2016, 37 (4): 214 - 218.

[53] 葛丽君. 高端文旅装备, 开启"说走就走"的旅行 [J]. 走向世界, 2021 (37): 50 - 51.

[54] 葛南南, 樊信友. 城市居民休闲度假旅游的消费动机与行为规律: 重庆例证 [J]. 重庆社会科学, 2014 (5): 60 - 66.

[55] 耿松涛, 刘柯妤, 严荣. 会展专业"双螺旋上升式"教学模式及其实施路径研究 [J]. 实验技术与管理, 2020, 37 (9): 204 - 207.

[56] 耿松涛, 王琳. 我国会奖旅游发展的影响因素及动力机制研究 [J]. 经济研究参考, 2015 (69): 93 - 100.

[57] 耿松涛, 杨晶晶, 严荣. 基于 G1—标准离差—TOPSIS 的会奖旅游竞争力评价模型研究 [J]. 数学的实践与认识, 2020, 50 (19): 312 - 320.

[58] 耿松涛, 杨晶晶, 严荣. 自贸区 (港) 建设背景下海南会展业发展评价及政策选择 [J]. 经济地理, 2020, 40 (11): 140 - 148.

[59] 耿松涛, 杨晶晶. 中国旅游装备制造业低端锁定的作用机制及突破路径研究 [J]. 学习与探索, 2020 (4): 130 - 136.

[60] 耿松涛, 张凤鸣. 海口会奖旅游目的地品牌化建设路径选择研究 [J]. 企业经济, 2015, 34 (10): 141 - 147.

[61] 顾雅青, 吴元芳. 旅游行为产生的动力分析 [J]. 商场现代化, 2007

（15）：154－155.

[62] 郭焕成，吕明伟．我国休闲农业发展现状与对策［J］．经济地理，2008（4）：640－645.

[63] 郭辉军，李恒，刀志灵．社会经济发展与生物多样性相互作用机制研究——以高黎贡山为例［J］．云南植物研究，2000（S1）：42－51.

[64] 郭瑞娟．我国农村地区文化旅游产业发展趋势及差异化研究［J］．农业经济，2021（9）：49－51.

[65] 郭艳萍，刘敏．基于POI数据的山西省旅游景区分类及空间分布特征［J］．地理科学，2021，41（7）：1246－1255.

[66] 韩锋，宁攸凉，赵荣．自然保护区森林旅游对社区农户收入影响分析［J］．生态经济，2019，35（8）：136－140.

[67] 韩剑磊，明庆忠．边境地区旅游网站信息流与旅游流的耦合关系——基于云南省的实证分析［J］．社会科学家，2020（5）：85－90.

[68] 郝帅．黑龙江省乡村民族文化旅游发展研究——以大兴安岭十八站鄂伦春族民族乡为例［J］．黑龙江民族丛刊，2021（2）：51－56.

[69] 何建民．世界各国疫情防控主要模式及文化和旅游恢复发展路径［J］．旅游学刊，2021，36（2）：6－8.

[70] 何仁伟，李光勤，曹建华．酒香真的不怕巷子深吗？——基于国家级风景名胜区的区位选择问题研究［J］．旅游学刊，2018，33（9）：94－107.

[71] 侯天琛，杨兰桥．新发展格局下文旅融合的内在逻辑、现实困境与推进策略［J］．中州学刊，2021（12）：20－25.

[72] 侯宇亭，彭国强，陆元兆，等．全域旅游背景下我国体旅融合发展的协同效应与创新路径［J］．体育文化导刊，2021（10）：29－35，42.

[73] 胡美，陈昌．广州体育旅游与乡村旅游融合发展研究［J］．广州体育学院学报，2021，41（3）：42－45.

[74] 胡佳澍，黄海燕．要素视角下区域体育产业效率及其影响因素——基于上海市各辖区2014－2018年数据的实证分析［J］．体育学刊，2021，28（2）：48－53.

[75] 胡炜霞．景观生态视角下周边环境与旅游景区协调规划研究——以平遥古城为例［J］．人文地理，2011，26（6）：155－159.

[76] 胡炜霞，刘家明，李明，等．山西煤炭经济替代产业探索——兼论重点旅游景区拉动地区经济发展之路径［J］．中国人口·资源与环境，2016，26（4）：168－176.

[77] 胡炜霞，吴成基，李娟．旅游景区周边环境范围界定的影响因素及定性方法——以晋陕景区为例 [J]．干旱区资源与环境，2012，26（9）：184 - 189.

[78] 胡炜霞，吴成基．山西自然生态旅游资源定量评价和区划研究 [J]．生态经济，2006（5）：160 - 163.

[79] 胡晓艳，师守祥．旅游区位论研究综述 [J]．北京第二外国语学院学报，2010，32（9）：28 - 32.

[80] 黄海燕．"双循环新发展格局下体育产业高质量发展"专题思考 [J]．体育学研究，2021，35（3）：99.

[81] 黄宏斌，刘倩茹，熊慧银．基于流量效应的上市公司自媒体营销信息披露对经营绩效的影响 [J]．管理学报，2021，18（2）：287 - 296.

[82] 黄木易，岳文泽，冯少茹，等．基于 MCR 模型的大别山核心区生态安全格局异质性及优化 [J]．自然资源学报，2019，34（4）：771 - 784.

[83] 黄奇帆．伟大复兴的关键阶段——学习《中华人民共和国国民经济和社会发展第十四个五年规划和 2035 年远景目标纲要》的认识和体会 [J]．人民论坛，2021（15）：6 - 10.

[84] 黄晓弘，付丽宁．惠州城市旅游形象定位的思考 [J]．惠州学院学报（社会科学版），2008（4）：16 - 18.

[85] 黄嫄．景观生态装置艺术在桂林 CLUB MED 度假村中的应用——以景观作品《水上飞翼》为例 [J]．美与时代（城市版），2016（1）：61 - 62.

[86] 黄志强，陆林，戴年华，等．江西省自然保护区发展布局空缺分析 [J]．生态学报，2014，34（11）：3099 - 3106.

[87] 贾艳琼．北京市房山区乡村旅游节事活动的 SWOT 分析及策略 [J]．安徽农业科学，2013，41（18）：7869 - 7871.

[88] 江晶，刘学瑜．北京市农业文化创意产业的主要模式和借鉴启示 [J]．农业经济与管理，2013（6）：12 - 20.

[89] 姜昳芃，栾维新．山东石化产业波及效应与工业用水排水情况关系研究 [J]．生态经济，2012（12）：97 - 100.

[90] 姜广义，席亚飞，刘欢欢，等．北京冬奥前期长春市冰雪休闲旅游发展对策分析——基于区位理论视角 [J]．山东体育学院学报，2017，33（3）：48 - 53.

[91] 康年，瞿立新，宋波．会展行业人才需求与职业院校专业设置匹配分析 [J]．中国职业技术教育，2020（29）：5 - 15.

［92］匡红云，江若尘．主题公园资源要素与"令人难忘的旅游体验"［J］．经济管理，2019，41（1）：137－155.

［93］赖斌．基于民生视角的民族地区旅游资源开发模式研究［J］．西南民族大学学报（人文社会科学版），2015，36（1）：150－153.

［94］赖胜强，唐雪梅，朱敏．网络口碑对游客旅游目的地选择的影响研究［J］．管理评论，2011，23（6）：68－75.

［95］李彩霞．浅谈高职旅游英语教学中旅游文化的融入——以山东旅游职业学院为例［J］．青岛酒店管理职业技术学院学报，2011，3（1）：60－61，72.

［96］李凤亮，杨辉．文化科技融合背景下新型旅游业态的新发展［J］．同济大学学报（社会科学版），2021，32（1）：16－23.

［97］李凤，汪德根．基于游客网络点评的房车营地发展影响因素和机理——以苏州太湖房车露营公园为例［J］．地理与地理信息科学，2019，35（2）：135－140.

［98］李凤，汪德根，刘昌雪，等．中国自驾车房车营地空间分布特征及其驱动机制［J］．资源科学，2017，39（2）：288－302.

［99］李国兵．珠三角城市旅游收入影响因素分析——基于旅游收入的定义［J］．地域研究与开发，2019，38（5）：91－96.

［100］李海涛．惠州旅游发展及其相关问题的探讨［J］．惠州学院学报（社会科学版），2011，31（5）：37－42.

［101］李静，谢小雨，潘旭东，等．面向康养旅游的北戴河智慧骑行服务策略研究［J］．包装工程，2021，42（8）：115－123.

［102］李柳颖，武佳藤．新冠肺炎疫情对居民消费行为的影响及形成机制分析［J］．消费经济，2020，36（3）：19－26.

［103］李龙，杨效忠．旅游廊道：概念体系、发展历程与研究进展［J］．旅游学刊，2020，35（8）：132－143.

［104］李鹏，邓爱民．"双循环"新发展格局下旅游业发展路径与策略［J］．经济与管理评论，2021，37（5）：21－30.

［105］李荣启．民俗类非遗在当代的保护与传承［J］．艺术百家，2018，34（6）：211－218，225.

［106］李婷，李枫．世界狩猎业现状及其在野生动物管理中的应用［J］．野生动物学报，2018，39（4）：985－990.

［107］李伟，江秀辉．山东半岛蓝色经济区海岛休闲渔业开发评价［J］．南方农业学报，2013，44（11）：1932－1936.

［108］李玺. 城市商务旅游竞争力：评价体系及方法的创新研究［J］. 旅游学刊，2010，25（4）：27－31.

［109］李喜梅. 河南省生态旅游与精准扶贫协调发展的 SWOT 分析［J］. 地域研究与开发，2017，36（6）：93－97.

［110］李向荣，时玉坤. 乡村生态旅游服务质量研究——以山东省房干生态旅游区为例［J］. 林业经济，2019，41（9）：73－79.

［111］李晓莉，马洁. 旅行社企业转型中的服务创新研究——以旅行社经营会奖旅游为例［J］. 江西财经大学学报，2015（3）：27－33.

［112］李晓琴. 基于"产业融合"理论的低碳旅游业态创新路径研究［J］. 西南民族大学学报（人文社科版），2016，37（2）：126－130.

［113］李晓通，寸亚玲，张成胜. 我国少数民族传统体育的人类学溯源［J］. 体育文化导刊，2015（10）：53－57.

［114］李雪. 我国自驾游（跨市）市场季节性测度及其地域差异［J］. 旅游学刊，2021，36（8）：140－154.

［115］李益，胡佳澍，黄海燕. 新时代体育发展综合评价体系构建及实证研究［J］. 体育科学，2020，40（7）：14－24，39.

［116］李震清. 产业链延伸视阈下我国乡村旅游市场营销模式建构研究——以四川省为例［J］. 中国农业资源与区划，2017，38（7）：213－220，225.

［117］李正波. 高黎贡山国家级自然保护区生态旅游开发初探［J］. 生态经济，2001（5）：33－35.

［118］连玉銮. 生态旅游的"小众"模式管窥——从王朗等自然保护区的实践谈起［J］. 四川师范大学学报（社会科学版），2005（1）：35－40.

［119］廉晓璐，张敏. 养老综合体建筑模式研究［J］. 天津城建大学学报，2016，22（3）：159－162.

［120］梁国强，侯海燕，任佩丽，等. 高质量论文使用次数与被引次数相关性的特征分析［J］. 情报杂志，2018，37（4）：147－153.

［121］梁雪松，马耀峰，李天顺. 旅游区位与市场拓展关系的研究——以西安市日本入境市场为例［J］. 地域研究与开发，2007（1）：68－71.

［122］梁永贤. 旅游产业发展与地区经济发展耦合协调度分析——以山东为个案研究［J］. 东岳论丛，2021，42（8）：82－91.

［123］林娜. 旅游地品牌建设的文化价值选择与塑造——以桂林国际旅游胜地建设为例［J］. 社会科学家，2014（11）：70－74.

［124］林文凯，胡海胜，徐国良，等. 中国城乡居民旅游消费周期的区制划

分及动态变迁分析［J］. 旅游科学, 2020, 34 (5): 62 - 79.

［125］刘安乐, 杨承玥, 明庆忠, 等. 中国文化产业与旅游产业协调态势及其驱动力［J］. 经济地理, 2020, 40 (6): 203 - 213.

［126］刘昌雪, 汪德根. 长江三角洲国际旅游市场一体化发展研究——基于市场亲景度和竞争态分析［J］. 经济问题探索, 2008 (4): 107 - 111, 115.

［127］刘楚光, 陆军, 余玉群, 等. 甘肃省国际盘羊狩猎场的管理与综合评估［J］. 生物多样性, 2000 (4): 441 - 448.

［128］刘嘉龙. 中外湖泊休闲旅游经验借鉴与启示——以世界三大千岛湖旅游度假发展为例［J］. 浙江学刊, 2012 (6): 195 - 199.

［129］刘静, 徐峥静茹, 彭培好, 潘欣. 旅游踩踏对鸡冠山森林公园土壤微生物数量及酶活性的影响［J］. 江苏农业科学, 2016, 44 (2): 398 - 402.

［130］刘莲香. 新形势下如何有效激活文旅消费［J］. 人民论坛·学术前沿, 2020 (14): 112 - 115.

［131］刘倩倩, 宋瑞, 周功梅. 旅华外国客源市场的俱乐部收敛研究——识别方法与影响因素［J］. 旅游学刊, 2021, 36 (6): 88 - 102.

［132］刘天虎, 金海龙, 吴佩钦, 等. 登山探险旅游安全保障体系研究——以新疆慕士塔格峰为例［J］. 生产力研究, 2010 (2): 100 - 102.

［133］刘相军, 张士琴, 孙九霞. 地方性知识对民族旅游村寨自然环境的治理实践［J］. 旅游学刊, 2021, 36 (7): 27 - 42.

［134］刘晓春. 民俗旅游的意识形态［J］. 旅游学刊, 2002 (1): 73 - 76.

［135］刘逸, 陈欣诺, 保继刚, 等. 游客对自然和人文旅游资源的情感画像差异研究［J］. 旅游学刊, 2019, 34 (10): 21 - 31.

［136］龙江智. 从体验视角看旅游的本质及旅游学科体系的构建［J］. 旅游学刊, 2005 (1): 21 - 26.

［137］卢兰, 张群英, 滕建珍. 贵州喀斯特旅游资源可持续发展需重视的关键科技问题［J］. 经济地理, 2002 (5): 638 - 640, 623.

［138］卢双珍. 云南磨盘山国家森林公园生态旅游的 SWOT 分析及发展策略［J］. 安徽农业科学, 2008 (13): 5607 - 5610.

［139］卢雯君. 森林生态旅游发展研究——评《基于利益相关者的森林生态旅游发展研究》［J］. 林业经济, 2020, 42 (6): 99.

［140］卢玉平. 精准扶贫视角下福建省乡村生态旅游模式开发研究［J］. 农业经济, 2018 (8): 36 - 38.

［141］陆林, 朱申莲, 刘曼曼. 杭州城市旅游品牌的演化机理及优化［J］.

地理研究，2013，32（3）：556-569.

[142] 陆敏，殷樱，陶卓民．基于计划行为理论的游客不文明行为产生机理研究［J］．干旱区资源与环境，2019，33（4）：196-202.

[143] 禄树晖．林芝市特色农牧产业选择与高质量发展研究［J］．西藏民族大学学报（哲学社会科学版），2020，41（1）：127-131，147.

[144] 吕连琴，刘爱荣．我国乡村旅游高级化的产品设计导向［J］．地域研究与开发，2002（4）：69-72.

[145] 罗慧敏，喻忠磊，张华．文化创意型旅游地游客满意度测评及影响因子分析——以上海市田子坊、M50和红坊为例［J］．资源科学，2016，38（2）：353-363.

[146] 罗秋菊，陈可耀，黄霞．社区居民对会展业经济影响感知研究——以广州琶洲村村民为例［J］．热带地理，2012，32（2）：113-120，127.

[147] 罗赟敏，马耀峰，陈青松．青海省A级旅游景区空间分布特征分析［J］．青海民族研究，2015，26（1）：58-62.

[148] 马奔，刘凌宇，段伟，等．森林景区周边农户生态旅游经营行为研究——以陕西秦岭地区为例［J］．农林经济管理学报，2015，14（6）：653-660.

[149] 马波，王嘉青．常态化疫情防控下的旅游产业新走向［J］．旅游学刊，2021，36（2）：1-3.

[150] 马丽卿，胡卫伟．产业转型期的长三角区域海洋旅游特色产品链构建［J］．人文地理，2009，24（2）：125-128.

[151] 马鹏．基于可持续发展观下的我国狩猎旅游发展策略探究［J］．林业资源管理，2007（2）：43-46.

[152] 马小燕，郑晓齐．高等教育文献研究范式的嬗变、问题及反思［J］．高教探索，2019（8）：37-43.

[153] 毛勇．乡村旅游产品体系与开发［J］．中南民族大学学报（人文社会科学版），2009，29（2）：142-145.

[154] 孟融．论突发疫情防控措施的国家向度及法律控制［J］．南开学报（哲学社会科学版），2020（5）：127-135.

[155] 梦梦，刘鑫，赵英男，等．自然保护地环境教育实践与研究现状［J］．世界林业研究，2020，33（2）：31-36.

[156] 苏敏，夏杰长．数字经济中竞争性垄断与算法合谋的治理困境［J］．财经问题研究，2021（11）：37-46.

[157] 莫琳玉，刘平. 西藏生态敏感型贫困地区旅游规划 "精准投放" 策略 [J]. 规划师，2019, 35 (5)：46 – 52.

[158] 倪卓. 人类学视域下的朝鲜族民俗文化旅游考察——基于游客与东道主互动关系的讨论 [J]. 延边大学学报 (社会科学版)，2019, 52 (6)：91 – 97, 143.

[159] 牛君仪. 体验型旅游产品类型及开发研究 [J]. 学术交流，2014 (1)：125 – 128.

[160] 潘海颖. 基于生活美学的旅游审美探析——从观光到休闲 [J]. 旅游学刊，2016, 31 (6)：73 – 81.

[161] 潘宏伟. 体育休闲度假区的参与体验与拓展路径 [J]. 社会科学家，2021 (2)：47 – 52.

[162] 潘立新，吴必虎. 基于南京都市圈视角的滁州市承接产业转移研究 [J]. 经济问题探索，2013 (10)：58 – 63.

[163] 庞世明，孙梦阳，宋志伟. "资源诅咒"、旅游供给多样性与可持续旅游发展 [J]. 旅游学刊，2021, 36 (5)：12 – 13.

[164] 庞振宇. 论苏区文化建设中的乡村俱乐部运动 [J]. 江西社会科学，2012, 32 (1)：146 – 150.

[165] 裴超. 会奖遇到 "新风口" ——解析疫情之下康养重塑会奖旅游业发展 [J]. 中国会展 (中国会议)，2021 (2)：72 – 75.

[166] 彭兆荣. 后疫情时代的旅游人类学反思 [J]. 中南民族大学学报 (人文社会科学版)，2021, 41 (1)：71 – 79.

[167] 苏平，党宁，吴必虎. 北京环城游憩带旅游地类型与空间结构特征 [J]. 地理研究，2004 (3)：403 – 410.

[168] 邱均平，董克. 作者共现网络的科学研究结构揭示能力比较研究 [J]. 中国图书馆学报，2014, 40 (1)：15 – 24.

[169] 任明丽，李群绩，何建民. 身体状况还是积极心态？——关于中国老年家庭出游限制因素的经验分析 [J]. 旅游学刊，2018, 33 (5)：26 – 43.

[170] 桑子俞，胡炜霞. 全域旅游背景下旅游经济时空差异研究——以晋陕沿黄七市为例 [J]. 山西师范大学学报 (自然科学版)，2020, 34 (2)：24 – 30.

[171] 沙艳荣，宋宁，杨新春. 秦皇岛探险旅游开发研究 [J]. 经济导刊，2009 (Z1)：47 – 48.

[172] 邵晓莉，李军，刘石军，等. 丹江口库区生态旅游发展总体规划环境影响评价探讨 [J]. 环境科学与技术，2019, 42 (S2)：309 – 312.

[173] 申军波，徐彤，陆明明，等．疫情冲击下旅游业应对策略与后疫情时期发展趋势［J］．宏观经济管理，2020（8）：55-60．

[174] 施媛媛，彭璐珞．神圣性与物质性：民俗旅游开发与现代转型中的文化冲突［J］．复旦学报（社会科学版），2021，63（4）：97-104．

[175] 石培华，陆明明．疫情常态化防控与旅游业健康保障能力建设研究——新冠肺炎疫情对旅游业影响与对策研究的健康新视角与新变革［J］．新疆师范大学学报（哲学社会科学版），2020，41（6）：55-67．

[176] 石培华，翟燕霞．重大公共卫生危机治理中旅游企业复工复产政策差异及协同研究——基于122份政策文本的计量探索［J］．经济与管理，2021，35（4）：74-83．

[177] 石映昕，杨尚勤．传统文化观与现代生态旅游的融合发展价值及路径［J］．社会科学家，2021（5）：45-50．

[178] 石美玉，王春才．会展旅游带动效应的统计研究——以北京为例［J］．经济管理，2013，35（8）：116-125．

[179] 宋文飞，李国平，杨永莲．农民生态保护受偿意愿及其影响因素分析——基于陕西国家级自然保护区周边660户农户的调研数据［J］．干旱区资源与环境，2018，32（3）：63-69．

[180] 宋扬．双城汇源农业及食品饮料产业园概念规划探讨［J］．规划师，2019，35（S2）：135-138．

[181] 宋增文，向宝惠，王婧，等．国内外探险旅游研究进展［J］．人文地理，2009，24（5）：25-30．

[182] 宋增文，钟林生．三江源地区探险旅游资源—产品转化适宜性的ATOS途径［J］．资源科学，2009，31（11）：1832-1839．

[183] 孙凤芝，刘瑞，欧阳辰姗，等．旅游者感知价值与行为意向关系研究——基于民宿旅游者的视角［J］．山东社会科学，2020（1）：126-133．

[184] 孙根年，邓祝仁．旅游体验的意义、经营理念和成功案例——陕西师范大学旅游管理博士点学术带头人孙根年教授访谈［J］．社会科学家，2007（3）：3-5．

[185] 孙雷蕾，王国军．旅游保险：发展潜力、市场需求与制度设计［J］．暨南学报（哲学社会科学版），2021，43（12）：107-119．

[186] 谈思，明庆忠，刘宏芳．旅游业转型、升级特征分析与探讨——以云南省为例［J］．文山学院学报，2020，33（3）：59-65．

[187] 覃建雄．新冠疫情对全球旅游格局的影响及其对策研究［J］．中国软

科学，2020（S1）：72-82.

［188］唐培，何建民. 文化遗产活化体验质量对旅游者目的地忠诚的影响：一个链式多重中介模型［J］. 南开管理评论，2020，23（5）：76-87.

［189］陶少华. 基层政策视阈下民族地区生态移民的现实困境与优化路径——基于渝东南民族地区的调查研究［J］. 西南民族大学学报（人文社科版），2018，39（10）：203-207.

［190］田逢军，沙润，王芳，等. 城市游憩绿道复合设计——以上海市为例［J］. 经济地理，2009，29（8）：1385-1390.

［191］田洪刚，杨蕙馨. 互联网发展与创新绩效：三维理论框架和异质性验证［J］. 南方经济，2021（12）：93-111.

［192］田瑾，明庆忠. 国外山地旅游研究热点、进展与启示［J］. 世界地理研究，2020，29（5）：1071-1081.

［193］田瑾，明庆忠. 山地旅游目的地"山—镇"双核结构空间联系及耦合机理——来自云南丽江的案例剖析［J］. 经济地理，2021，41（1）：212-220.

［194］田里，刘亮. 旅游驱动型区域返贫：内涵、路径与阻断［J］. 湖湘论坛，2021，34（1）：86-92.

［195］田里，钟宏伟. 旅游拥挤事件的形成因素及作用路径研究［J］. 人文地理，2021，36（4）：159-167.

［196］田祥利. 对口援藏资金投入对西藏中南地区旅游经济发展的效果评估与建议［J］. 资源开发与市场，2017，33（1）：105-109.

［197］田晓刚，刘馨越，赵锐，等. 四川省生态保护红线内生态旅游发展空间划分及管控思考［J］. 环境保护，2018，46（12）：50-53.

［198］童永生. 自然环境与民族文化的双重属性：中国北系岩画中的原始农牧业文化考释［J］. 中国农史，2020，39（6）：118-128.

［199］妥艳媜，陈晔. "十四五"时期我国国内旅游消费新趋势与促进战略［J］. 旅游学刊，2020，35（6）：8-10.

［200］汪德根，刘昌雪，苏勤. 基于职业类型的城市居民乡村旅游需求差异分析——以苏州市为例［J］. 中国农村经济，2008（1）：30-39.

［201］王春才. 北京市会奖旅游发展的制约因素及其破解路径［J］. 城市问题，2015（6）：41-45.

［202］王丁，刘宁，陈向军，等. 推动人与自然和谐共处和可持续发展：人与生物圈计划在中国［J］. 中国科学院院刊，2021，36（4）：448-455.

[203] 王芳. 基于体验真实性的南京红楼文化旅游产品设计 [J]. 江苏商论, 2009 (9): 94-96.

[204] 王芳, 林妙花, 沙润. 基于生态位态势的江苏省区域旅游经济协调发展研究 [J]. 南京师大学报 (自然科学版), 2009, 32 (4): 139-144.

[205] 王冠孝, 李小丽, 晋迪, 等. 供给侧改革视角下山西省旅游空间结构的合理性研究 [J]. 地域研究与开发, 2020, 39 (1): 107-111.

[206] 王海荣. 黑龙江省萨满民俗文化旅游开发研究 [J]. 黑龙江民族丛刊, 2018 (2): 72-76.

[207] 王红宝, 杨建朝, 李美羽. 乡村振兴战略背景下田园综合体核心利益相关者共生机制研究 [J]. 农业经济, 2019 (10): 24-26.

[208] 王辉, 栾维新, 康敏捷, 等. 辽河流域社会经济活动的环境污染压力研究——以氮污染为研究对象 [J]. 生态经济, 2012 (8): 152-157.

[209] 王慧. 优质旅游有效供给因素对我国旅游产业效率的影响与区域差异 [J]. 浙江工商大学学报, 2021 (3): 117-128.

[210] 王冀萍, 何俊. 云南省民族传统文化与生物多样性保护 [J]. 西部林业科学, 2021, 50 (5): 124-128.

[211] 王静, 李雪松, 杨丰壕. 基于SWOT矩阵模型的重庆会奖旅游发展策略 [J]. 广西广播电视大学学报, 2019, 30 (4): 74-78.

[212] 王娟, 明庆忠. 山地旅游研究的主要领域及建议 [J]. 桂林理工大学学报, 2017, 37 (4): 724-731.

[213] 王克岭, 董俊敏. 旅游需求新趋势的理论探索及其对旅游业转型升级的启示 [J]. 思想战线, 2020, 46 (2): 132-143.

[214] 王琳, 韩增林. 我国休闲渔业发展现状分析与对策探究 [J]. 海洋开发与管理, 2007 (1): 139-142.

[215] 王琳. 生态游憩视角下的房车营地规划设计——以浙江桐乡良种场房车庄园为例 [J]. 装饰, 2018 (6): 140-141.

[216] 王龙飞, 姚远. 美国户外探险旅游发展经验及其启示 [J]. 体育文化导刊, 2011 (6): 36-40.

[217] 王庆生, 刘诗涵. 新冠肺炎疫情对国内游客旅游意愿与行为的影响 [J]. 地域研究与开发, 2020, 39 (4): 1-5.

[218] 王胜鹏, 冯娟, 谢双玉, 等. 中国旅游业发展效率时空分异及影响因素研究 [J]. 华中师范大学学报 (自然科学版), 2020, 54 (2): 279-290.

[219] 王晓翠, 朱诚, 孙伟, 等. 南京幕燕地区旅游地产开发条件与思路研

究 [J]. 资源开发与市场, 2011, 27 (9): 842 – 844, 865.

[220] 王昕天, 汪雷. 基于文本挖掘的在线旅游热词情报分析——以携程网为例 [J]. 情报理论与实践, 2017, 40 (11): 105 – 109.

[221] 王永贵, 高佳. 新冠疫情冲击、经济韧性与中国高质量发展 [J]. 经济管理, 2020, 42 (5): 5 – 17.

[222] 王永志. 中国狩猎旅游现状与可持续发展研究 [J]. 贵州民族研究, 2010, 31 (6): 91 – 96.

[223] 王云才. 中国乡村旅游发展的新形态和新模式 [J]. 旅游学刊, 2006 (4): 8.

[224] 王兆峰, 鹿梦思. 目的地品牌个性、旅游者自我一致性与行为意向: 以凤凰古城为例 [J]. 中央民族大学学报 (哲学社会科学版), 2019, 46 (3): 93 – 103.

[225] 王兆杰, 姜乃源. 西部地区旅游消费市场升级及其扩大内需效应分析 [J]. 商业经济研究, 2021 (6): 163 – 166.

[226] 王知津, 李博雅. 我国情报学研究热点及问题分析——基于2010—2014 年情报学核心期刊 [J]. 情报理论与实践, 2016, 39 (9): 7 – 13.

[227] 王志东, 丁再献. 山东半岛开拓韩国高尔夫旅游市场研究 [J]. 旅游学刊, 2006 (10): 49 – 54.

[228] 王竹立. 后疫情时代, 教育应如何转型? [J]. 电化教育研究, 2020, 41 (4): 13 – 20.

[229] 魏雷, 朱竑. 房车旅行与流动的家 [J]. 旅游学刊, 2021, 36 (11): 7 – 9.

[230] 魏敏, 徐杰. 珠三角城市群旅游产业转型升级的测度研究——基于PROMETHEE – GAIA 法 [J]. 经济问题探索, 2020 (6): 143 – 154.

[231] 魏翔, 王绍喜. 房车旅游在中国大陆的发展及其战略相互性分析 [J]. 旅游学刊, 2005 (5): 81 – 86.

[232] 吴江, 张秀香, 叶玲翠, 等. 不同时间尺度周期的旅游客流量波动特征研究——以西藏林芝市为例 [J]. 地理研究, 2016, 35 (12): 2347 – 2362.

[233] 吴晋峰. 旅游吸引物、旅游资源、旅游产品和旅游体验概念辨析 [J]. 经济管理, 2014, 36 (8): 126 – 136.

[234] 吴黎围, 熊正贤. 区块链视域下康养休闲特色小镇同质化问题及破解——以云贵川地区为例 [J]. 湖北民族大学学报 (哲学社会科学版), 2020, 38 (3): 64 – 72.

［235］吴文，李冠华，吴德雯，等．基于生态适宜性评价的景区生态旅游规划策略［J］．北方园艺，2019（23）：106-112.

［236］吴文智，唐培，何建民．旅游公共服务质量对游客目的地忠诚的影响机制——来自城市目的地上海的经验证据［J］．华东经济管理，2021，35（4）：118-128.

［237］武晓英，李辉，周彬．基于结构方程模型的社区居民感知对旅游发展态度影响研究［J］．山地学报，2021，39（2）：275-289.

［238］夏春红，章军杰．全球疫情冲击下我国文旅全球化能力建设研究［J］．山东社会科学，2021（9）：188-192.

［239］夏杰长，丰晓旭．新冠肺炎疫情对旅游业的冲击与对策［J］．中国流通经济，2020，34（3）：3-10.

［240］夏杰长．迈向"十四五"的中国服务业：趋势预判、关键突破与政策思路［J］．北京工商大学学报（社会科学版），2020，35（4）：1-131.

［241］夏杰长，毛丽娟，陈琳琳．外部冲击下旅游业的演化与变革——以新冠肺炎疫情为例［J］．新疆师范大学学报（哲学社会科学版），2020，41（6）：43-54，2.

［242］夏杰长，肖宇，孙盼盼．以服务业扩大开放促进中国产业升级：理论逻辑与政策思路［J］．国际贸易，2020（6）：4-13，79.

［243］夏杰长，徐金海．中国旅游业与农业融合发展的实证研究［J］．经济与管理研究，2016，37（1）：77-83.

［244］冼炜轩，尚国琲，刘玉，等．基于POI数据的乡村休闲旅游地空间格局及其影响因素——以北京市密云区为例［J］．江苏农业科学，2021，49（8）：15-22.

［245］肖海婷．我国户外探险旅游意外伤害事故的规避及法律问题研究［J］．广州体育学院学报，2016，36（5）：33-38，52.

［246］谢劲，全明辉，谢恩礼．健康中国背景下健康导向型人居环境规划研究——以杭州市为例［J］．城市规划，2020，44（9）：48-54.

［247］谢璞骅，谢迪辉．做桂林高端旅游的弄潮人——访"愚自乐园"董事长曹光燦［J］．中共桂林市委党校学报，2016，16（2）：36-39.

［248］谢五届，何建民．欧盟旅游资源空间格局及其动态演进：1992-2016［J］．经济地理，2019，39（10）：193-203.

［249］邢震，潘锦旭．政治生态学及其在林业上的应用和发展［J］．世界林业研究，2003（3）：12-15.

［250］邢志勤.民俗文化旅游对区域经济发展的促进作用——评《文化创意旅游发展研究：机制与模式》［J］.广东财经大学学报，2020，35（2）：115.

［251］徐海峰.新型城镇化与流通业、旅游业耦合协调发展——基于协同理论的实证研究［J］.商业研究，2019（2）：45-51.

［252］徐秀美，平措卓玛，胡淑卉.雅鲁藏布大峡谷国家公园生态旅游经济系统健康水平测评——基于信息熵的视角［J］.生态经济，2017，33（10）：139-144.

［253］徐秀美.雅鲁藏布大峡谷国家公园生态旅游经济系统有序度测评［J］.地域研究与开发，2019，38（1）：106-109，122.

［254］杨传喜，丁璐扬，张珺.基于CiteSpace的科技资源研究演进脉络梳理及前沿热点分析［J］.科技管理研究，2019，39（3）：205-212.

［255］杨金华，章锦河，储光.新冠疫情下旅游品质感知与幸福感增强逻辑——基于衡阳居民本地出游的调查及主体间性自省［J］.人文地理，2021，36（3）：167-174.

［256］杨谨铖.国内外反恐情报研究的进展与趋势——基于Citespace V的可视化计量［J］.情报杂志，2020，39（1）：45-55，145.

［257］杨军，黄艳.正确认识有效推进民俗文化保护［J］.前沿，2008（8）：95-98.

［258］杨军辉.居民与游客民族文化补偿认知特征与形成机理研究——以贵州西江千户苗寨为例［J］.技术经济与管理研究，2017（2）：110-114.

［259］杨晓东，牛家儒.黄河几字弯生态文明与文旅融合发展［J］.社会科学家，2021（7）：64-68.

［260］杨秀平，翁钢民，侯玉君，等.基于SD模型的多情景城市旅游环境承载潜力建模与仿真——以兰州市为例［J］.经济地理，2018，38（3）：208-216.

［261］杨延风，马俊杰.对国内生态旅游理论与实践的反思［J］.中国农业资源与区划，2017，38（12）：235-240.

［262］杨勇.常态化疫情防控下旅游经济研究的新问题与新机遇［J］.旅游学刊，2021，36（2）：3-4.

［263］杨振之.论度假旅游资源的分类与评价［J］.旅游学刊，2005（6）：30-34.

［264］杨志军.地方治理中的政策接续：基于一项省级旅游优惠政策过程的分析［J］.江苏社会科学，2021（4）：90-102.

［265］杨佐琴，殳红.黑龙江省森林旅游狩猎业［J］.林业科技，1994
（5）：35－36.

［266］姚艳玲.2017年国际人工智能领域研究前沿的分析与研究［J］.计算
机科学，2018，45（9）：1－10.

［267］姚云浩，高启杰.网络视角下旅游产业集群差异及成因——基于多案
例的比较研究［J］.地域研究与开发，2016，35（1）：102－107.

［268］姚云浩.旅游企业规模与创新策略选择［J］.四川师范大学学报（社
会科学版），2017，44（3）：80－87.

［269］姚云浩，栾维新.基于TAM－IDT模型的游艇旅游消费行为意向影响
因素［J］.旅游学刊，2019，34（2）：60－71.

［270］姚云浩，栾维新.沿海城市经济—海洋生态环境—游艇旅游业耦合协
调发展分析［J］.海洋通报，2018，37（4）：361－369.

［271］姚云浩，栾维新.中国游艇俱乐部区位特征研究［J］.地理科学，
2018，38（2）：249－257.

［272］银元.疫情防控不麻痹旅游安全不大意［N］.中国旅游报，2020－
06－25（003）.

［273］尹春玲，江波.基于旅游动机的探险旅游者类型研究——以长沙地区
为例［J］.求索，2016（7）：60－64.

［274］尹芳.会奖旅游城市竞争力提升路径思考——评《旅游目的地管理》
［J］.人民长江，2021，52（3）：225.

［275］尹晓娟，徐金海.休闲旅游产品多元化供给：属性界定与模式选择
［J］.价格理论与实践，2017（8）：132－135.

［276］尤明慧.大兴安岭鄂伦春族狩猎民俗旅游模式分析［J］.中国商贸，
2011（9）：177－178.

［277］游景如，黄甫全.新兴系统性文献综述法：涵义、依据与原理［J］.
学术研究，2017（3）：145－151，178.

［278］于法稳，黄鑫，岳会.乡村旅游高质量发展：内涵特征、关键问题及
对策建议［J］.中国农村经济，2020（8）：27－39.

［279］于杨，金玥.《情报科学》的文献计量研究：热点主题与知识基础
［J］.情报科学，2019，37（9）：126－132.

［280］袁露，杨彦平，王继建.中国5A级旅游景区发展特征研究［J］.华
中师范大学学报（自然科学版），2014，48（2）：301－306.

［281］曾宜富，喻峰.大融合是旅游产业大发展的最佳路径［J］.江西社会

科学，2011，31（1）：94-97.

[282] 詹新寰. 中国高尔夫产业结构、行为、绩效的相互关系研究 [J]. 武汉体育学院学报，2017，51（5）：32-38.

[283] 张城铭，翁时秀，保继刚.1978年改革开放以来中国旅游业发展的地理格局 [J]. 地理学报，2019，74（10）：1980-2000.

[284] 张春晖，马耀峰，白凯. 旅游流与目的地系统耦合研究——以六大城市入境旅游为例 [J]. 资源科学，2016，38（6）：1013-1027.

[285] 张红，郝庆智. 可替代性旅游在会奖旅游市场开发中的运用研究 [J]. 旅游论坛，2009，2（5）：752-755.

[286] 张洪昌. 新时代旅游业高质量发展的治理逻辑与制度创新 [J]. 当代经济管理，2019，41（9）：60-66.

[287] 张环宙，李秋成，吴茂英. 自然旅游地游客生态行为内生驱动机制实证研究——以张家界景区和西溪湿地为例 [J]. 经济地理，2016，36（12）：204-210.

[288] 张建忠，刘家明，柴达. 基于文化生态旅游视角的古村落旅游开发——以后沟古村为例 [J]. 经济地理，2015，35（9）：189-194.

[289] 张璟，曹阳. 新兴滨海城区旅游开发研究——以上海市为例 [J]. 社会科学家，2007（3）：120-124.

[290] 张倩. 美丽乡村建设视域下的农村休闲旅游规划研究 [J]. 农业经济，2020（5）：54-56.

[291] 张瑞华. 基于产业融合的咸阳市乡村旅游价值体系研究 [J]. 中国农业资源与区划，2017，38（9）：209-217.

[292] 张瑞真，马晓冬. 我国旅游新业态研究进展及展望 [J]. 旅游论坛，2013，6（4）：53-58.

[293] 张树民，钟林生，王灵恩. 基于旅游系统理论的中国乡村旅游发展模式探讨 [J]. 地理研究，2012，31（11）：2094-2103.

[294] 张婷，李祥虎，姚依丹，等. 全域旅游视阈下辽宁省运动休闲小镇发展经验及启示 [J]. 体育文化导刊，2019（3）：76-81.

[295] 张文建. 当代旅游业态理论及创新问题探析 [J]. 商业经济与管理，2010（4）：91-96.

[296] 张文建. 市场变化格局下的旅游业态转型与创新 [J]. 社会科学，2011（10）：30-38.

[297] 张晓磊. 新冠肺炎疫情下我国体育旅游产业困境应对与高质量发展前

瞻 [J]. 沈阳体育学院学报, 2021, 40 (1): 16-22, 78.

[298] 张旭亮, 张海霞. 基于资源分析的生态旅游开发研究——以阿尔金山自然保护区为例 [J]. 商场现代化, 2005 (20): 230-231.

[299] 张岩, 申雨璇. "线上+线下"融合背景下社会支持对家庭休闲旅游意向的影响 [J]. 商业经济研究, 2022 (1): 189-192.

[300] 张宇, 朱立志. 关于我国草原类国家公园建设的思考 [J]. 草业科学, 2016, 33 (2): 201-209.

[301] 张玉钧, 薛冰洁. 国家公园开展生态旅游和游憩活动的适宜性探讨 [J]. 旅游学刊, 2018, 33 (8): 14-16.

[302] 张云飞, 李娜. 习近平生态文明思想的系统方法论要求——坚持全方位全地域全过程开展生态文明建设 [J]. 中国人民大学学报, 2022, 36 (1): 1-10.

[303] 赵亮. 新冠疫情下国内旅游发展趋势分析 [J]. 现代商贸工业, 2021, 42 (36): 19.

[304] 赵蓉英, 许丽敏. 文献计量学发展演进与研究前沿的知识图谱探析 [J]. 中国图书馆学报, 2010, 36 (5): 60-68.

[305] 赵世芳, 闫文彤. 检索词和逻辑运算符 [J]. 情报杂志, 2010, 29 (S1): 202-204.

[306] 赵霞. 我国湿地生态旅游可持续发展研究——评《中国生态旅游发展报告》[J]. 生态经济, 2020, 36 (6): 230-231.

[307] 赵旭东, 李飔飔. 从多元一体到差序多元的世界意识——互惠关系下"走廊民族志"的新范式 [J]. 探索与争鸣, 2021 (3): 47-56, 177.

[308] 赵艺. 后疫情时代稳步推进人民币国际化路径研究 [J]. 理论探讨, 2021 (5): 113-118.

[309] 赵圳. 房山区旅游资源经济分析与产业发展研究 [J]. 中国人口·资源与环境, 2013, 23 (S1): 136-139.

[310] 赵中华, 汪宇明. 主题公园区域交通组织研究——以奥兰多迪斯尼世界为例 [J]. 旅游论坛, 2009, 2 (6): 927-931.

[311] 赵梓渝, 赵世瑶, 韩钟辉, 等. COVID-19疫情对北京市节日休闲区域人口热力影响研究 [J]. 地理科学进展, 2021, 40 (7): 1073-1085.

[312] 郑瑞. 传统村落旅游文化如何实现创新发展 [J]. 人民论坛, 2020 (15): 76-77.

[313] 钟学思, 朱琳琳. 珠江—西江经济带旅游业效率比较及时空演化——

基于 DEA – Malmquist 模型分析 [J]. 技术经济，2021，40（8）：9 – 16.

［314］周锦，王廷信. 数字经济下城市文化旅游融合发展模式和路径研究 [J]. 江苏社会科学，2021（5）：70 – 77.

［315］周美静，许春晓. 红色旅游共生发育水平测评指标体系构建与应用——以韶山为例 [J]. 旅游学刊，2019，34（9）：127 – 144.

［316］周蓝月，王世金，孙振亓. 世界冰川旅游发展进程及其研究述评 [J]. 冰川冻土，2020，42（1）：243 – 253.

［317］周晓琴，明庆忠，陈建波. 山地健康旅游产品体系研究 [J]. 资源开发与市场，2017，33（6）：727 – 731.

［318］周笑源. 生态旅游内涵再论——兼与郭舒先生商榷 [J]. 旅游学刊，2003（1）：64 – 67.

［319］朱炫伯，喻兴洁，张家其. 乡村振兴视域下欠发达地区传统村落旅游开发空间结构探析——以湘西州为例 [J]. 江西财经大学学报，2021（5）：96 – 105.

［320］朱银娇，袁书琪. 论旅游区位对区域旅游市场的影响 [J]. 福建地理，2005（4）：33 – 35.

［321］朱寅健. 乡村旅游：美国经验与中国借鉴 [J]. 西华大学学报（哲学社会科学版），2020，39（2）：66 – 73.

［322］邹光勇，马颖杰. 常态化疫情防控下上海文化和旅游发展的新问题、新机遇与新方向 [J]. 旅游学刊，2021，36（2）：10 – 11.

［323］邹宏霞. 浅析我国休闲旅游发展的主要障碍与解决途径 [J]. 商场现代化，2007（14）：252 – 253.

［324］邹统钎，陈芸，胡晓晨. 探险旅游安全管理研究进展 [J]. 旅游学刊，2009，24（1）：86 – 92.

［325］邹统钎，陈芸，李涛. 探险旅游者认知行为及性别差异分析——以北京地区为例 [J]. 旅游科学，2010，24（1）：52 – 60.

［326］邹统钎，金川，王晓梅. 中国遗产旅游资源管理体制的历史演变、问题及改革路径研究 [J]. 资源科学，2013，35（12）：2325 – 2333.

［327］邹统钎. 旅游目的地品牌如何实现"千城千面" [J]. 人民论坛·学术前沿，2021（4）：90 – 99.

［328］邹统钎. 绿水青山与金山银山转化的乡村旅游机制探讨 [J]. 旅游学刊，2020，35（10）：4 – 7.

［329］邹永广. 意识与应景：中国旅游安全政策演进特征研究 [J]. 旅游学

刊, 2018, 33 (6): 110 – 122.

[330] 邹再进. 旅游业态发展趋势探讨 [J]. 商业研究, 2007 (12): 156 – 160.

[331] Azam M, Alam M M, Hafeez M H. Effect of tourism on environmental pollution: Further evidence from Malaysia, Singapore and Thailand [J]. Journal of Cleaner Production, 2018, 190: 330 – 338.

[332] Carmines E G, Mciver J P. An Introduction to the Analysis of Models with Unobserved Variables [J]. Political Methodology, 1983, 9 (1): 51 – 102.

[333] David Hanley. From la petite Europe vaticane to the Club Med: the French Socialist Party and the challenges of European integration [J]. Modern & Contemporary France, 2017, 25 (2).

[334] Geoffrey Kerr. Himalayan tahr (Hemitragus jemlahicus) recreational hunting values [J]. Wildlife Research, 2019, 46 (2).

[335] Gretzel U. Intelligent systems in tourism: a social science perspective [J]. Annals of Tourism Research, 2011, 38 (3): 757 – 779.

[336] Hu L T, Bentler P M. Cutoff Criteria for Fit Indexes in Covariance [J]. Strutural Equation Modeling, 1999 (1): 1 – 55.

[337] Joanna B, Anna P, Andrzej M. Conference facilities as a key factor in the competitiveness of urban hotels: A case study of 6d (Poland) [J]. European Journal of Tourism, Hospitality and Recreation, 2020, 10.

[338] Kaplan A M, Haenlein M. Users of the world, unite! The challenges and opportunities of Social Media [J]. Business Horizons, 2010, 53 (1): 1 – 68.

[339] Kui Yi, Dian Zhang, Ligang Zhang, Huiting Ji, Junshi Xiao. Paths and strategies to drive MICE into tourism based on gravity model and Wilson model: a case study of Jiangxi Province in China [J]. Arabian Journal of Geosciences, 2020, 13 (23).

[340] Manuel Sand, Sven Gross. Tourism research on adventure tourism – Current themes and developments [J]. Journal of Outdoor Recreation and Tourism, 2019, 28 (C).

[341] Ntounis Nikos, Parker Cathy, Skinner Heather, Steadman Chloe, Warnaby Gary. Tourism and Hospitality industry resilience during the Covid – 19 pandemic: Evidence from England [J]. Current Issues in Tourism, 2022, 25 (1).

[342] Pinho Micaela, Marques Jorge. Business tourism in Porto: an empirical in-

vestigation of its potentialities and development challenges [J]. International Journal of Tourism Cities, ahead-of-print (ahead-of-print), 2019.

[343] Safaeva S, Adilova D . Mice Tourism: Opportunities, Priorities, Problems, Prospects [J]. American Journal of Applied Sciences, 2020, 2 (11): 116 – 121.

[344] Shook, Ketchen, Hult, Michele Kacmar. An Assessment of the Use of Structural Equation Modeling in Strategic Management Research [J]. Strategic Management Journal, 2004 (25): 397 – 404.

[345] Sudeep, Haldar. Book Review: Interaction Effects in Multiple Regression [J]. Journal of Marketing Research, 1992, 29 (3): 384 – 385.

[346] Sung H H, Morrison A M, O'Leary J T . Segmenting the Adventure Travel Market by Activities: From the North American Industry Providers' Perspective [J]. Journal of Travel & Tourism Marketing, 2000, 9 (4): 1 – 20.

[347] Sun Xiaolong, Lin Bishu, Gao Jie, Lin Yuxia. Media Coverage, Tourism Growth, and Spatial Spillover: Evidence from China [J]. Tourism Analysis, 2018, 23 (4).

[348] Susmita Dhakal, Cui Peng, Chandra Prasad Rijal, Su Lijun, Zou Qiang, Mavrouli Olga, WU Chun-hao. Landslide characteristics and its impact on tourism for two roadside towns along the Kathmandu Kyirong Highway [J]. Journal of Mountain Science, 2020, 17 (8): 1840 – 1859.

[349] Teruel Sanchez Ricardo, Briones Peñalver Antonio Juan, Bernal Conesa Juan Andres, de Nieves Nieto Carmen. Improving senior tourism in the Mar Menor: an entrepreneurial viewpoint [J]. Anatolia, 2021, 32 (4).

[350] Wang Kai, Gan Chang, Ou Yan, Liu Hao Long. Low-carbon behavioral performance of scenic spots and the driving mechanism: A case study of Zhangjiajie World Heritage Site [J]. Ying yong sheng tai xue bao = The journal of applied ecology, 2019, 30 (1).

[351] Zheng Xiang, Ulrike Gretzel. Role of social media in online travel information search [J]. Tourism Management, 2010, 31 (2).

[352] zidora Marković Vukadin, Mira Zovko, Damir Krešić. Review and evaluation of existing international systems of tourism sustainability indicators [J]. Hrvatski geografski glasnik/Croatian Geographical Bulletin, 2020, 82 (1).

后 记

回溯 2020 年，新冠肺炎疫情带给全球旅游业重创，国内旅游成为目前旅游市场唯一支柱，如何利用好这一时机，及时打造旅游产业回流国内，是当前至关重要的问题，因此撰写此书以期望能有所帮助。同时，尽管疫情为我的工作和生活都带来了诸多不便，以至于本书的撰写工作与计划时间相比有所延迟，但我相信境由心造，事在人为，态度决定成败，经过一年多的努力，此书的撰写与修改工作也终于接近了尾声。回想起整本书的撰写过程，虽有不易，却使我更加坚定了科研的信心。在写书的过程中，我不断明白自己所欠缺的东西，并挖掘到自己能够努力的方向。这本著作是我们团队共同努力的研究成果，从选题到确定写作提纲，从实地调研到论文撰写，从数据处理到理论分析，既有艰辛和不易，也有快乐和成就。

本书是我主持的 2021 年国家社会科学基金一般项目《后疫情时代低密度旅游业态创新与景区高质量发展协同模式研究》（21BJY029）的主要研究成果。该课题于 2021 年 9 月获得立项，2022 年 6 月被批准结题，并获得"优秀"的等级。

本书是我和黄婉华、邢梦昆同学共同努力的研究成果，从选题确定到写作提纲，从实地调研到论文撰写，从数据处理到理论分析，既有艰辛和不易，也有快乐和成就。

在本书即将付梓之际，著名经济学家、长江学者、山东大学经济研究院院长黄少安教授、北京大学城市治理研究院执行院长沈体雁教授和广西民族大学研究生院院长曾鹏教授等三位老师欣然为本书作序。在此，谨向三位老师表示我最衷心的感谢。

感谢经济科学出版社的李晓杰编辑对本书出版所付出的辛勤劳动，感谢在本书的校对和出版过程中所有付出心血的朋友们。

杨莎莎

2022 年 8 月